Das Schlafende Heer

Clara Viebig

Das schlafende Heer

Von C. Viebig sind folgende Werke im Verlage von Egon Fleischel & Co. / Berlin W / erschienen:

Romane: Rheinlandstöchter / Dilettanten des Lebens / Es lebe die Kunst / Das tägliche Brot / Das Weiberdorf / Die Wacht am Rhein / Vom Müller-Hannes / Das schlafende Heer / Novellen: Kinder der Eifel / Vor Tau und Tag / Die Rosenkranzjungfer / Naturgewalten / Theater: Barbara Holzer. Schauspiel / Pharisäer. Komödie / Der Kampf um den Mann. Dramenzyklus.

Von der ersten Auflage des Romans / Das schlafende Heer / wurden dreißig numerierte Exemplare auf Büttenpapier gedruckt. Diese Ausgabe ist vergriffen.

Das schlafende Heer

Roman

von

C. Viebig

Zwanzigste Auflage

Egon Fleischel & Co.
Berlin
1906

1

Wie im Backofen die Brote, so bräunten sich jetzt die Landarbeiter in der glühenden, vor Hitze flimmernden Sommerluft. Auf den Hütten der Komorniks*), die sich hinter den Steinwall duckten, lastete die Sonne. Heiß, unerträglich heiß war's schon in der Frühe um vier; kein Tau war gefallen, der die Erde erquickt hätte. Dreist spiegelte sich das runde, tiefgelbe Sonnengesicht in den blanken Sensen und leckte mit seiner gierigen Zunge über das flache, schier endlos eintönige Land; über meilenweite Kornfelder, die schwer ihre reifenden Ähren neigen — über dunkelschollige Äcker, in deren fettem Boden, Pflanze an Pflanze gereiht, die Zuckerrübe wächst — über verstreute Herrenhöfe, die sich, durch Baumtrüppchen markiert, aus dem Meer der Felder herausheben — über wenige, dünnen Adern gleichende Straßen, die durchs ewig sich wiederholende staubige Grün der Rüben und staubige Gelb der Weizenfluren ziehen.

Von der Kreisstadt her, deren Straßen, kaum daß man sie verlassen hat, schon verschlungen sind von der Übermacht des Ackers, und deren Dom allein, als einziges Wahrzeichen, noch eine Weile über die Getreidewellen ragt,

*) Gutshörige.

kam ein Gefährt. Eine kleine Britschka, überpackt mit Menschen. Und dahinter, in langsamerer, schwer-ratternder Fahrt, ein Leiterwagen, mit allem möglichen Haus- und Ackergerät belastet.

Der Mann auf dem Vordersitz der Britschka stieß jetzt den Kutscher, der, ihm vor den Füßen hockend, sehr geschickt auf der Deichselstange balancierte, fast herab, so hastig drehte er sich um. Ihm war, als hätte hinten im Korbwagen jemand aufgeschluchzt. Was, fing die Frau schon jetzt mit Heulen an?!

„Kettchen!" Er sagte es halb barsch, halb mitleidig; es war etwas Eignes in dem Ton, der streng sein wollte und doch eine gewisse Bangigkeit in sich trug. Peter Bräuer fühlte selber ein seltsames Kribbeln in den Augen, die ihn schmerzten vom Sonnenbrand.

Zum Donnerwetter, daß auch hier gar kein Schatten war! Warum bepflanzten sie denn nicht die Chaussee mit Bäumen? Chaussee — hoppla, hat sich was mit Chaussee! Au, war das ein Stoß!

Verdrießlich schob Bräuer die Mütze, die ihm vom gewaltigen Ruck über einen Stein ganz auf den Hinterkopf gerutscht war, wieder nach vorn.

„Nennt ihr dat hierzuland en Chaussee? En ganz miserablen Landweg is dat ja," brummte er und stieß den vor ihm Kauernden mit dem Knie in den Rücken.

Keine Muskel in dem stumpfen Gesicht des Kutschers regte sich. Er hob nur die Peitsche und ließ sie mechanisch auf den grau bestaubten breiten Rücken des Braunen niederschwippen:

„Huj, het!"

„Peter," bat jetzt die Frau in der Britschka, „sag

ihm doch, er soll wat ruhiger fahren. Mer is dat gar nit so gewöhnt. Mir tun als so schon alle Knochen weh von dem lange Eisenbahnfahren. Sei so gut, sag et ihm doch!"

„Fahrt langsamer, fahrt wat langsamer!"

„Huj, huj, het!" Der Kutscher hieb wie toll auf das so wie so schon unruhige, von Stechfliegen gepeinigte Pferd ein.

„Hört Ihr dann nit? Langsamer!" schrie Peter Bräuer und faßte ihm über die Schulter in die Zügel. Hinter sich hörte er sein Weib und seine Kinder laut aufkreischen und sein Jüngstes, das der heftige Ruck beim jähen Anziehen des Pferdes aus dem Schlafe geschreckt, jämmerlich weinen. Der Zorn kam ihn an: der Esel mit seinem einfältigen Huihet!

Unsanft packte er den Kutscher an: „He, Polack, habt Ihr dann kein Ohren?"

Der zuckte nur stumm die Achseln und spuckte aus.

Weiter ging es wie bisher, über Steine und durch Löcher.

Die Sonne sengte. Noch war nicht das erste Dorf in Sicht, und zwei Dörfer mußte man passieren, bis ganz hinten auf der Fläche, wie winziges Spielzeug unterm riesenweiten Horizont, die Häuschen der Ansiedlung auftauchen würden, mit ihren Zäunen von unbehauenen Fichtenstämmchen, mit ihren Äckerchen rundum, die noch nicht Teil hatten an der Fülle des Sommers.

Peter Bräuer schob sich die Mütze auf dem Kopfe hin und her und rutschte unruhig auf seinem Sitz. Hm, was die Frau wohl dazu sagen würde? Ach je!

Er war nicht ohne Besorgnis. Und merkwürdig, so weit und unbequem war ihm der Weg von der Bahnstation bis zur Ansiedlung noch nie erschienen! Und er hatte ihn doch schon ein paar Mal gemacht in den acht Tagen, die er nun hier war. Das erste Mal, als der Herr Gutsverwalter selber ihn von der Kreisstadt abgeholt und ihn hinausgefahren hatte, ihm die schriftlich erstandene Stelle zu weisen, hatte ihn Neugier beseelt, eine schier freudige Erregung; da war es ihm gewesen, als führe ihn der, der ihm so klar alle Vorteile des Ankaufs auseinandersetzte, in ein gelobtes Land. Es schien ihm sicher: mit Fleiß und Arbeit mußte es hier gelingen, der Boden würde schon wiederzahlen, was man hineinsteckte an Kraft. Natürlich, das war ja außer aller Frage!

Peter Bräuer reckte sich in seiner ganzen Stattlichkeit, und dann klopfte er, wie prüfend, seinen gewölbten Brustkasten: hei, er war doch noch ein Tüchtiger, trotz seiner Fünfzig, er nahm's noch mit jedem von hierzuland, und war der auch zwanzig Jahre jünger, leicht auf!

Kritisch betrachtete er den halb eingeduselten Kutscher: hatte wohl Schnaps gesoffen, Wudka — wie sie den puren Kartoffelfusel nennen — daß er am hellichten Tage schlief?! Ein verächtliches Lächeln zog des starken Mannes Mundwinkel herab, aber gleich wurde sein Gesicht wieder ernst: 's war doch keine Kleinigkeit, mit fünfzig Jahren noch einmal von vorn anzufangen, noch dazu im fremden Land!

Was ihn vor acht Tagen, an der Seite seines beredten Führers, freundlich angesehn, dünkte ihn jetzt gewandelt.

Blitzte ihn nicht der Himmel, der sich wolkenlos, stahlblau, ehern ob der hartgebrannten Erde spannte, so grimmig an, daß er die Blicke senken mußte?

Bah — er rieb sich ungeduldig die Augen — nur nicht zag! Warum denn bange sein? Es hatte ihn ja auch bisher noch kein banger Gedanke beschlichen, auch nicht, als er zum zweiten Mal allein dieses Weges gekommen. Da war er sogar die vier Stunden zu Fuß herausgewandert und hatte sich, obwohl ermüdet, gleich ans Werk gemacht, hatte seine Stelle abgeschritten und sich den passendsten Platz zum Bau des Gehöfts ausgesucht. Ein Brunnen war schon vorhanden; aber daß er sich nicht auch das Haus von der Kommission hatte herstellen lassen, das reute ihn nicht. Nein, eines, akkurat so wie alle andern, so eine viereckige Dose, in die man Käfer sperrt — oder gar Stall und Scheune mit unter einem Dach — so eines stand ihm denn doch nicht an! Und kein Baum, kein Strauch, kein Garten dabei, nicht einmal eine grüne Bleiche, auf der die Hausfrau das Leinen spreiten konnte, das paßte ihm auch nicht! Nein, ein hübsches rheinisches Bauernhaus sollte es werden — ob weiß, ob wasserblau oder rosenrot getüncht, darüber war er sich noch nicht schlüssig — ein Rebstock mußte am Giebel sein, der sich bis zum Dachfensterchen reckte, daß man droben wie aus einem grünen Rahmen schauen konnte, hin zu den Sieben-Bergen jenseits des Stromes.

Ach, die Sieben-Berge — ein weicherer Ausdruck glitt über des Auswanderers hartes Gesicht — die würde man nun freilich hier nicht zu sehen kriegen! Aber ein Gärtchen wenigstens würde da sein mit einer Laube, um die das Geißblatt am warmen Abend duftete; und Pflaumenbäume würden wachsen und Aprikosen am Spalier, daß die Frau was einzukochen hatte zum Schmierchen für die Kinder.

„Och, sieh ens, Peter! Kein einziger Apfelbaum steht hier im Feld," sagte die Frau jetzt hinter ihm. Da schreckte er zusammen.

Frau Bräuer stellte sich aufrecht, mit beiden Händen stützte sie sich auf ihres Mannes Schultern, um so einen Halt zu haben im hin und her schleudernden Gefährt. Halb neugierige, halb ängstliche Blicke ließ sie über die sonnenflimmernde Ebene schweifen. „Schöne Felder! Jeses, wat en Korn! So'n Felder gibt es bei uns zu Haus doch nit. Sag, wem hören die zu?"

Er zuckte die Achseln: „Weiß ich nit!"

„Och Gott!" — wie in einem plötzlichen Schmerz zog das Weib die Brauen zusammen — „dat weiß mer nit?! Och ja, wat is dat doch all so — so — kein Häusches, kein Dörfches — Jeses, wat is dat all eso leer!"

„No, dat kannste doch wahrhaftig nit sagen!" Er versuchte ein heiteres Auflachen. „Sperr doch dein Augen auf! Du hast et ja selber gesagt: haste je so viel Korn auf einem Haufen gesehen? Kuck emal da, hier rechts, den Schlag Weizen! Kotzdonner, mindestens hundert Morgen sind dat — als immerfort Weizen, un so schön von Farb! Als ganz dunkelgoldig. Et is en Staat! Hier links hat Roggen gestanden, den haben sie als geschnitten. Kuck einer an, den Staats-Klee drunter! Brrr!"

Er faßte wieder über den Kutscher weg nach den

Zügeln und war dann mit einem Plumps vom Wagen. Schon trappste er jenseits des tiefen Grabens in die Stoppel. Und jetzt stand er wieder bei seiner Frau und hielt ihr eine Faust hastig ausgerupften Klees unter die Nase.

„En Mass' Vierblätter drunter! Un eso fett! Wart ens, wann wir erst so 'ne haben! Dann biste auch vergnügt, gelt, Kettchen?!"

„Ja, och eja!" Hastig nickte sie, aber sie vermied seinen Blick, der fragend den ihren suchte. Sie hätte ihren Mann nicht ansehen können; Tränen füllten ihre Augen, der strahlende Tag im wolkenlosen Mittagsglanz war ihr verdunkelt. Sie war froh, als Peter sich wieder vorn auf den Sitz schwang.

Und weiter ging die Fahrt, immer weiter durch die Endlosigkeit der reifenden Felder. Da stand Gerste, da Hafer — hoher, reichbesetzter Hafer, wie schwere Tränen hingen die Körner an der sich bleichenden Fahne — aber meist Weizen, Weizen so weit, bis dem Auge das tiefe Gold sich im gläsernen Blau des Himmels zu verlieren schien.

Hier mußte bald geschnitten werden! Bräuer hielt prüfend Umschau: Herrgott, was war hier zu schaffen! Unwillkürlich wischte er sich den Schweiß von der Stirn. Es reichten tausende von Händen nicht zu, all dieses Korn zu schneiden, zu binden, aufzusetzen, zu verladen, heimzuführen in die Scheunen. Und hier gab's auch riesige Rübenfelder. Wenn deren Ernte auch noch lange ausstand, behackt will die Rübe auch sein, bepflügt und behäufelt.

„Frau, Kettchen," rief er ganz aufgeregt, „siehste

all die Zuckerrüben? Hierzuland kannste billig Zucker in deinen Kaffee tun! Donnerwetter, is da aber en Unkraut zwischen. Da müßten emal so en Stücker hundert Arbeiter erein. Hau, is dat noch en Arbeit!"

„Mer sieht ja hier gar kein Leut," sagte die Frau leise; ihre Stimme klang gepreßt. Die Hand über die Augen haltend, spähte sie in die Ferne mit einem unruhig suchenden Blick. Kam die Ansiedlung denn noch nicht?! So weit waren sie nun schon gefahren! Doppelt weit kam ihr diese Wagenfahrt vor; nun sie dem Ziele so nahe, deuchten sie diese letzten paar Stunden schier länger als die ganzen Tage der Eisenbahnfahrt vom fernen Rhein bis in die östliche Provinz.

Wie mochte Pociecha aussehen? Gab's da Wälder, Berge, einen Fluß? Nein, aber Bäume würden dort sein. Peter hatte gesagt, daß ein Dorf ganz nah sei, ein altes Dorf; es gab da sicher Gärten mit alten, breiten, vielästigen Obstbäumen. Eine wahre Sehnsucht nach Schatten, nach Bäumerauschen ergriff die in Hitze und Seelenunruhe fiebernde Frau.

Wohin führte der Peter sie? So weit in die Fremde! Und wie würden die Kinder sich schicken? Voll zärtlicher Sorge wendete die Mutter ihre Augen auf die Kinder — lauter Blondköpfe waren es, zehn, acht, sieben und zwei Jahre alt — Settchen, Maria, Lena und das kleine Stinchen. Die drei ältesten mußten in die Schule. Frau Kettchen hielt nicht viel vom Studieren, aber schön schreiben und auch richtig schreiben mußten sie doch lernen und hell singen und brav beten. Ob sie das hier auch alles lernen konnten?!

Der Mutter Blick suchte den Himmel: ach, der sah

so verschlossen, so eisern aus wie ein blankes Schild, an dem selbst die Gebete, gestammelt von der Unschuldigen Mund, abprallen! Mit leicht zitternder Hand fuhr sie über einen lieben Kopf nach dem andern.

Schlaftrunken, übermüdet rekelten sich die Kinder. Ihre blonden Häuptchen hingen matt und nickten willenlos hin und her wie schwere Ähren im Wind. Beim nächsten heftigen Rädergerumpel rutschten alle vier vom unbequemen Sitz; da lagen sie zusammen auf einem Häufchen am Boden der Britschka.

Die armen Kinder! Frau Kettchen suchte sie zu ermuntern, aber dann gab sie's auf: es war das beste, sie schliefen; zu sehen gab's doch immer nur dieselbe gleiche, eintönige Weite! Ein Gefühl unendlicher Vereinsamung durchschauerte sie plötzlich, fast überlaut stieß sie heraus: „Peter, Peter!"

„Wat dann, Kettchen?" Er drehte sich rasch nach ihr um, ihre Stimme hatte so verängstigt geklungen. „Is dir wat, Kettchen?"

„Och nix!" Sie schämte sich. Sie hätte es ihm ja auch gar nicht beschreiben können, wie ihr zumute war, nun sie immer weiter und weiter fortkamen von der Station, wo doch wenigstens die Lokomotive schnaufte und dampfte, die sie der Heimat entführt, die sie aber auch wieder dorthin bringen konnte, dorthin, wo der Rhein fließt. War ihr nicht jetzt so, als läge die Welt und alles, was gut und schön und glücklich war, hundert Millionen Meilen weit hinter ihr? Sie schwebte in einem ungeheueren Raum, in dem ihr tastender Fuß keinen Boden, ihre suchende Seele keinen Halt fand.

„Peter, sind wir dann noch nit bald da?!"

„Nur noch en klein Stund!“ tröstete er. „Dat erste Dorf kömmt jetzt gleich. Siehste, da is als Mais!“ Er wies ihr die hohen, tiefgrünen Maisstauden, deren Fruchtkolben noch von weißlichen, löffelförmigen Blättern verhüllt waren, mit deren seidenfädigen Schweifen, die im Sonnenlicht wie silbernes Haar glänzten, aber das heiße Sommerlüftchen winkend wehte.

„Da dervon bauen wir uns auch wat an für die Hühner,“ sagte er, „da legen sie gut nach. Un für die Schwein is dat überhaupt 'ne Leckerbissen. Du sollst emal sehen, wat du für Eier nach der Stadt verkaufen kannst!“

„Och“ — ein wehmütiges Lächeln spielte um ihren Mund — „dat is doch nit wie bei uns zu Haus! Wie soll ich dann hier nach der Stadt kommen?! Die is ja viel zu weit!“

Aber gleich darauf machten sie doch miteinander Pläne: wenn sie erst Pferd und Wagen hatten, dann ging das doch! Oder noch besser, wenn erst die Eisenbahn fuhr — in einem oder spätestens zwei Jahren hatte man die ja, schon war die Strecke abgesteckt, Peter hatte es selber gesehen — dann konnte der Valentin leicht, immer regelmäßig zweimal die Woche, nach der Stadt fahren. Wo steckte übrigens der Junge? Bis vor kurzem noch war der Leiterwagen immer in Sicht gewesen, nun war er auf einmal ganz zurückgeblieben.

Besorgt schaute der Vater aus. Aber so sehr er auch spähte, nichts war zu sehen als das Wogen goldenen Korns und das Sonnengeflimmer zwischen Erde und Himmel. Dem Jungen würde doch kein Malheur passiert sein?! Er war an solche Wege nicht gewöhnt und auch nicht an diese Rackers von Pferden. Bräuer machte sich Vorwürfe: hätte er doch lieber in der Stadt einen Kutscher auch für den Leiterwagen gedungen, anstatt auf den Valentin zu hören, der gemeint hatte, fahren könne er noch leicht so gut wie hier einer. Nun war bei der verdammten Rumpelei gewiß eine Speiche gebrochen, oder der Wagen war in einem Loch stecken geblieben, lag vielleicht gar zur Seite in einem tiefen Graben?! 's war hier keine so glatte Chaussee wie daheim längs des Rheins, auf der die Gäule nur immer so von selber dahin trabten, als machte es auch ihnen ein heilloses Pläsier.

Das konnte eine schöne Bescherung geben! Nun, vorderhand mußte man erst noch mal geduldig ein wenig warten!

Auf den Ruf, den der Vater zurückschickte, kam keine Antwort. Die Britschka hielt an. Die Sonne prallte.

„Fahr ein bißken im Schatten," bat die Frau.

Schatten, wo war der?! Kein Baum, kein Gebüsch, nichts Ragendes in der ganzen Runde.

Doch, halt, dort in der Biegung des Seitenwegs, was war das?!

„Peter, och, kuck da!" Fast jubelnd streckte die Frau beide Hände aus.

Da stand eine Boża męka, ein Heiligenhäuschen, frisch getüncht, mitten im goldenen Korn; die Ähren streichelten seine rissigen Mauern. Wie ein Backofen sah sich's an in seiner rund gewölbten Buckelform; aber, wo man sonst die Brote einschiebt, standen hier drei Steinpüppchen in der Nische, nicht mehr erkenntlich, Steinklümpchen gleich, die tausend Jahre im Acker gelegen. Ein Pflüger hatte sie wohl aufgepflügt, und jetzt standen sie am Sonnenlicht in der Nische, und des gläubigen Volkes Hände hatten die Heiligen mit Flittern und Papierrosen, mit welkenden Sträußchen von Mohn und Kornblumen geehrt.

„Och, Peter, kuck, kuck!“ Die Frau strebte vom Wagen, der Mann mußte ihr herunter helfen. Es zog sie allmächtig zu jener Nische — ach, wenigstens etwas war hier so wie daheim!

Auf die Kniee sinkend, sich bekreuzend und fromm die Hände hebend zum Himmel, der ihr nun auf einmal doch nicht verschlossen schien, murmelte sie jenes Gebet, das sie daheim viel hundertmal gebetet:

„Gegrüßet seist du, Maria, voll der Gnaden,“.... Und die Kinder, aufgeweckt von vertrauten Klängen, falteten auch ihre Händchen und stammelten mit.

Vom polnischen Dorf, vergraben hinter Kornwellen, kam jetzt dünnes Mittagsgeläut. Der Kutscher zog den runden Hut und bekreuzte sich, sich so tief dabei verneigend, als strebe er mit der Stirn zur Erde.

Peter Bräuer stand dabei und guckte ein wenig verdutzt von seiner Frau zum Kutscher und von diesem wieder hin zu jener: sieh mal einer an, der Polack betete ja auch!

Und pötzlich zog es auch ihn hin zu der kleinen Nische — eine Hand hatte ihn berührt, die reichte vom fernen West bis zum fernen Ost. Rasch neben seine Frau tretend, beugte er das Haupt.

Peitschengeknall und ein heller Pfiff schreckte die

gläubig Versunkenen auf. Mit Gerassel und Gepolter kam der Leiterwagen angefahren, Valentin stand aufrecht darin und hieb lustig auf die schnaubenden Gäule.

„He, Vater!“

„Endlich, Jung! Ich kriegt et als mit der Angst!“

Peter Bräuer stieß einen erleichterten Seufzer aus: Gott sei Dank, da war kein Malheur passiert! Die kleinen Schwestern in der Britschka erhoben ein helles Jubelgeschrei, als sie den großen Bruder sahen

„No, wat dann?“ Der hübsche Bursche, dem eine noch unvertragene Soldatenmütze verwegen auf dem Krauskopf saß, zeigte lachend seine gesunden Zähne. „Habt ihr als gedacht, ich wär' verloren gegangen? Ne — haha — so rasch nit!“

„Ne, aber man is doch hier fremd,“ entschuldigte Frau Kettchen und sah ihren großen Stiefsohn freundlich an. „Ich glaub', der Vater hatt' als Angst, du hätt'st Maldr gekriegt!“

Valentin lachte wieder. „Dat hätt ich auch leicht gekonnt. Ich denk' an nix, auf einmal machen die Pferd' 'ne Satz, dat se mir die Zügel aus der Hand reißen. Rechts aus dem Korn springen der Mädcher Stücker zehn, zwölf — wie 'n Volk Rebhühner — husch — über die Straß' in 't Rübenfeld links. Ich glaub', se hatten ihr Mittagsschläfchen gehalten im hohen Korn. Ich schimpf' — sie lachen. Mutter, du glaubst et gar nit, wie die eso frech waren! In eins fort gelacht, und sowie ich wat gesagt hab', haben se noch viel mehr gelacht!“ Jetzt schmunzelte der junge Mensch behaglich in sich hinein. „Un dann haben se mir Kußhändches geschmissen un allerlei gerufen, wat ich nit verstehen konnt. ‚Demibuschi‘ un so wat! Weißte, Vater, polnisch müßt mer hier eigentlich doch können!“

„Unsinn, no, auch noch!“ Bräuer konnte sich ordentlich ärgern. „Laß se doch deutsch sprechen! Un nu voran!“

Staubwolken wirbelten, Hunde kläfften; Kinder, die, nur mit einem Hemdchen bekleidet, halbnackt zwischen den Schweinen auf der Straße herumwuselten, schrieen gellend hinter den Wagen drein, die das Dorf passierten.

Frau Kettchen machte große Augen: gepflastert war hier nicht! O weh, wenn's hier regnete, tunkte man ja ein bis über die Knöchel! Unwillkürlich faßte sie nach ihren sauberen Röcken.

Im großen Pfuhl, den die durstige Sommersonne halb ausgetrocknet hatte, wuschen Weiber ihre Wäsche zwischen dem grünschleimigen Entengries. Überm blanken Hemd nur einen kurzen Kattunrock, aber alle das anliegende Mützchen fest um die Ohren gebunden, schauten sie wenig freundlich den rasselnden Gefährten nach: aha, wieder neue!

Bräuers Kinder quälten die Eltern mit Fragen: war das ein Dorf? Doch nicht das Dorf, wo sie hinsollten?! Kam das denn noch immer, noch immer nicht?

Aber als die letzte der aus grauem Lehm zusammengepatzten niedrigen Hütten mit ihrem, dem Staub der Straße ähnelnden, graubraunen Strohdach verschwunden war, schloß ihnen die gleißende Monotonie der Felder bald wieder den Mund.

Frau Kettchens Gemüt, das sich noch eben im Gedet aufgerichtet hatte, wurde wieder niedergedrückt — also das war ein Dorf?! Die Hände im Schoß verschlingend, starrte sie trübe vor sich hin.

Die Stimme ihres Mannes schreckte sie auf. Peter Bräuer rief seinen Sohn an. Ein Zug nahte aus östlicher Richtung. Buntgescheckt, wie aus allerlei Flicken zusammengelappt, schob er sich heran durchs sonnige Gelb.

Frau Kettchen reckte den Hals: wer waren die Männer im roten Hemd, Sensen auf der Schulter? Woher kamen die Weiber, müde dahinzockelnd, wie Lasttiere beladen mit Sack und Pack? Waren das etwa Zigeuner? Ängstlich sah sie auf ihre Blondköpfe — Zigeuner sollen doch Kinder stehlen! — und dann nach ihrem Leiterwagen, der das erste unentbehrlichste Gerät enthielt.

„Wanderarbeiter," sagte Peter Bräuer und beschattete die Augen mit der Hand, um besser ausschauen zu können. „Die kommen 'rüber von Russisch-Polen. Gott bewahr uns, sind dann noch nit genug Polacken hier?! So'n Gesindel! Aber, ich hab't gehört, selbst der deutsche Herr in Przyborowo soll ihrer welche zum Schnitt gedungen haben!"

„Och, die Weiber, wat die sich abschleppen!" Frau Kettchens Stimme klang mitleidig, und als sie ein paar Halbwüchsige sah, die ins Korn liefen, Ähren abrupften und gierig die Körner daraus aßen, fing sie an, im Körbchen, das ihr zu Füßen stand, zu kramen. „Jeses, die sind hungrig, mer könnt' ihnen doch wat zu essen geben! Uns' Kinder sind ja als satt!"

Aber ihr Mann verwies es ihr: „Laß dich mit

denen nit ein! Die arbeiten im Akkord, die verdienen genug. Im Winter tun se alles verjuxen!"

Doch sie konnte den Blick nicht wenden.

Näher und näher kam der Trupp, langsamen, aber durch seine Stetigkeit unaufhaltsam fördernden Schrittes. All die stumpfen Gesichter mit den breiten Backenknochen glänzten braunrot vom Sonnenbrand.

Am hölzernen Weiser, der dort, wo der breite Fahrweg sich in noch drei andere fahrbare Straßen verzweigt, seine Kreuzesarme reckt, stießen die Wanderer und die Wagen zusammen.

Der stumme Kutscher der Britschka hielt an. Der vorderste der Sensenmänner war vor den Wagen getreten; den Hut bis zur Erde ziehend, schien er nach dem Weg zu fragen.

Bräuer wunderte sich: konnte der denn nicht lesen? Da stand's doch groß und breit, deutlich an jedem Kreuzesarm, wohin!

„Chwaliborczyce," belehrte der jetzt plötzlich lebhaft gewordene Kutscher und wies nach rechts — und dann ein wenig nach links: „Niemczyce" — und dann ganz nach links: „Przyborowo!"

„Przyborowo — Przyborowo!" Mit einem Aufatmen der Erleichterung wiederholte das die ganze Schar.

Mochten die müde sein! Frau Kettchens blaue Augen musterten die braunen Weiber: ach je, die waren ja noch alle ganz jung, nur eine Alte war dabei!

Die Weiber wiederum musterten sie. Plötzlich trat eine der Braunen, der das rote Kopftuch in einer spitzen Falte über der Stirne vorstand, dicht an die Britschka, haschte nach dem Kleid der darin Aufrechtstehenden und drückte es demütig an die Lippen. Aus der an den vier Zipfeln zusammengebundenen Plachta*), die ihr schwer auf dem Rücken hing und ihre Schultern vordrückte, guckte neben dem irdenen Dwojak, dem Zwillingstopf zum Essentragen, neben einer Kesseltülle, einer Hacke und einem Löffelstiel, in ein Bettkissen eingebündelt ein Kinderköpfchen. Allen Strahlen der Sonne preisgegeben, schlief der Säugling, beperlt von Schweiß.

Begehrlich funkelten die Augen der jungen Mutter. Hastig langte Frau Kettchen nach ihrem Körbchen: ach, wie mochte der Armen zumute sein! Und sie teilte aus in die ausgestreckten Hände, denn auch die andern Weiber hatten sich hinzugedrängt. Alle Müdigkeit schien plötzlich von den erschöpften Gestalten gewichen; die bei der Anstrengung des Wanderns zusammengepreßten Lippen hatten sich, glückselig lachend, geteilt; Dankesbeteuerungen und Segnungen, von denen die deutsche Frau nichts verstand, rauschten nur so dahin.

Peter Bräuer hatte seine Frau gewähren lassen; ihn interessierten die Männer, diese untersetzten, muskulösen, sehnigen Gestalten. Also so sahen die aus?! Hm! Sahen schon aus, als ob sie arbeiten könnten! Aber in Arbeit nehmen durfte man die drum doch nicht — nur nicht! Es war eine Gefahr, daß die sich hier festsetzten.

Die Herren hatten schon ganz recht, in der Zeitung, die man ihm zugestellt, zu schreiben: ‚Weg mit ihnen, deutsche Arbeiter her! Nur dann wird man auch deutsches Land haben, und alles‘ — — — —

*) Leintuch.

„No, wat is dann?“ Ein Zetergeschrei hatte Bräuers Betrachtungen gestört.

Die Halbwüchsigen, die sich im Korn verloren, kamen schreiend angerannt: »Poludnica, poludnica!« Und die Weiber griffen den Schreckensruf auf: »Poludnica, poludnica!« und gaben sämtlich Fersengeld.

Die Männer blieben zwar stehen, aber auch sie blickten beunruhigt: war da etwa das Mittagsgespenst, die Poludnica, die, wenn die Sonne hoch steht, durchs Korn streicht, um darin herumstreifende Kinder zu fangen?

Gen Niemczyce zu schlug das Korn im heißen Wind Wellen. Wie flutendes Wasser schwappte und wogte der goldene Schwall, und die scheitelrechte Sonne goß noch einen goldenen Strom vom Himmel dazu nieder. Mitten in diesem Meer, im blendenden Mittagszauber der Ähren war plötzlich eine Gestalt aufgetaucht, hell der Hut und das Gewand, hell das Gesicht, und die Flechten wie reifer Weizen.

»Hu, poludnica« Noch einmal kreischten die Weiber laut auf.

Selbst die Bräuers waren erschrocken, hatten sie doch niemand kommen hören noch sehen. Im wogenden Getreide war jene sacht dahergewandelt gekommen, auf kaum kenntlichen Fußpfädchen. Verdutzt starrten sie in das helle Gesicht.

Aber der Kutscher war blitzschnell von der Deichsel gesprungen; den Hut bis zur Erde reißend, wie vorhin bei der Boža męka, grüßte er ehrfurchtsvoll, untertänig.

Da zog auch Peter Bräuer den Hut, — die schien aber mal eine vornehme Dame!

Ein rascher Blick aus den hellen Augen der blonden Frau streifte ihn, dann nickte sie ihm freundlich zu: „Guten Tag!"

Horch, was war das?! War das Musik? Glockenklang aus heimischem Land? Oder kam's vom Himmel herab?!

Frau Kettchen war auf den Sitz zurückgesunken, ihre Lippen fingen plötzlich an zu zucken; heiß schoß es ihr in die Augen, jähe Tränen der Sehnsucht begannen über ihre Wangen zu rinnen. Aber es waren auch Tränen der Hoffnung. Einen Nebel legten sie wohl vor ihre Augen; doch der Nebel war nicht grau wie die Schleier des Abends, golden durchleuchtete ihn Licht des Morgens, denn mitten in ihm stand eine freundliche Gestalt, die Frau mit blonden Flechten und hellen Augen, und — die sprach deutsch.

„Guten Tag," schrieen die Kinder; es klang jubelnd.

„Guten Tag, gnädige Frau," rief Valentin keck.

„Guten Tag," sprach auch bedächtig und respektvoll der alte Bräuer; und sein Weib stammelte leise nach — es konnte nicht laut sprechen vorm heftigen Klopfen des gerührten Herzens —:

„Guten Tag!"

2

Auf Niemczyce=Deutschau stand die Gutsherrin, Helene von Doleschal, am Fenster ihres Zimmers und schaute, beide Hände auf die Brüstung gestützt, hinunter in den Garten. Die Terrassen abwärts, unten am See, von wo die leichte Brise wehte, spielten ihre Knaben; sie hörte die hellen Stimmen zu sich heraufschallen. Sie wartete auf ihren Mann; der war gleich nach dem Mittagessen wieder aufs Feld geritten. Kam er jetzt bald?! Sie neigte sich weiter hinaus; zwischen den Blumenbeeten herauf führte das Pfädchen, das er gern einschlug, wenn er, ungeduldig abkürzend, den Braunen allein zum Hof traben ließ und sich selber durchs Seiten=pförtchen in den Garten stahl.

Helene blickte über die Hängerosen unterm Fenster, welche die Glocken ihrer Kronen auf den sammetig ge=schorenen Rasen niederstülpten, weg, hinüber zum Hügel. Jenseits des Sees ragte der sandige Gipfel, der, mit einer einzigen Kiefer beflaggt, fast wie ein Berg in der Ebene erschien. Dort hinter jenem Berg lag Kolonie Augenweide! Der Weg dahin war weit, und Hanns=Martin hatte versprochen, heute noch mit ihr hinzufahren. Neue Kolonisten bauten ein Haus — ob das die Leute waren, denen sie neulich an der Grenze begegnet war, als sie mit ratterndem Leiterwagen und müden Kindern einzogen?!

Wenn Hanns-Martin doch bald käme! Schon legte sich ein Schatten über die blanke Metallplatte des Sees; die Schwäne, die zur Zeit der hohen Sonne im Schwanenhäuschen unter der alten Silberpappel der Insel Zuflucht gesucht, ruderten jetzt langsam über die mild beleuchtete Fläche, ihr Bild mit den schön gewölbten Flügelbogen schneeig im tiefen Wasser spiegelnd. Von den Blumenkissen der Terrassen stiegen verstärkte Wohlgerüche auf; die Heliotrope, Levkojen und Reseden, die um Mittag schlaff gehangen, standen jetzt erfrischt. Die waldigen Ausläufer des Parks, bis zum sandigen Hügel hin von beiden Seiten den See umschließend, zeigten um ihre Kronen schon weicheren Flimmer.

Nun kam er wohl nicht mehr zur Zeit!

Enttäuscht wollte Helene vom Fenster zurücktreten, da hörte sie seine Stimme. Die Gruppen der Kannas und Musen verdeckten noch seine Gestalt, aber jetzt — jetzt war er zu sehen! Eiligen Schrittes stürmte er den kleinen Pfad herauf. Die Knaben hatten ihn entdeckt; ausgelassen umsprangen ihn die vier großen, den kleinen Kurt ließ er auf der Schulter reiten. Das Kindermädchen folgte, während wiederum hinter diesem, zeternd vor Besorgnis um ihres Herrn Küchlein, die alte Pelasia dreinhumpelte.

Die Knaben jauchzten: hurra, nun rannte Väterchen auch über den Rasen, und der Gärtner durfte doch nicht schelten!

„Helene!“ Schon war er unter ihrem Fenster. Die weiße Mütze aus der erhitzten Stirn zurückschiebend, schaute er zu ihr hinauf. „Endlich! Entschuldige! Meine liebe Frau! Ich mußte noch aufs Vorwerk, Scheftel aus Miasteczko war da wegen der Milchkälber. Der Vogt wußte sich nicht zu helfen, der Kuhschweizer will sich immer von keinem Stück trennen. Sie zankten. Ich mußte ein Machtwort sprechen.“

„Wie du dich um alles kümmerst,“ sagte sie zärtlich. „Hast du gut verkauft an Löb Scheftel?“

„Es geht. Na,“ — er klopfte sich mit der Gerte den Staub aus den enganliegenden Reithosen — „lassen wir das! Ich werde mich erst ein bißchen menschlich machen, und dann fahren wir.“

Sie lächelte ihn an. „Komm herein, trink nur erst Kaffee! Die Mamsell hat schon sechsmal fragen lassen, ob sie die frischen Waffeln heraufschicken dürfte.“

Weniges später fuhren die Doleschals auf dem leichten Korbwägelchen fort. Kein Diener saß hinten auf. Er kutschierte selber, ein Zungenschlag trieb das gut eingefahrene Pferd an. Der schlichte Schleier, den Helene als einzigen Schmuck um den Hut trug, wehte im Sommerwind.

Dem Park zur Linken, immer am hohen Drahtzaun entlang, führte zuerst die Straße, dann trat sie näher zum See; mühselig knirschten die Räder durch tiefen Sand und dann noch mühseliger die Hügelsteigung hinan. Aber von oben herab lohnte ein herrlicher Blick auf den glatten See mit seiner bebuschten Insel und auf das weiße Herrenhaus jenseits, mit den Blumenbeeten davor, von den grünen Wipfeln des Parkes wie ein freundliches Bildchen eingerahmt.

Noch ein paar Räderumdrehungen, und rasch ging

es jetzt wieder bergab. Der Sandbuckel mit der einsamen Kiefer schob sich wie eine Schutzwand vor die Oase von Deutschau. Nichts begrenzte nun mehr den Blick. Felder, Felder, Felder. Einzig in der Ferne, hinter Chwaliborczyce, ein paar Waldlinien; aber sie erschienen heut noch ferner als sonst, der staubige Dunst, der über der reifen Ebene lagerte, hatte das Blau des Kiefernforstes verhängt.

Überall wurde Weizen gehauen. Auf Deutschauer Land waren die Hemden der Schnitter alle weiß. Die Leute schafften schwer. Jeder Mann hatte ein Weib hinter sich, oft ein kaum erwachsenes Mädchen, das mit keuchender Brust, in unablässig gebückter Stellung hinter ihm drein schritt und die Schwaden raffte, die unter der blanken Sense fielen.

„Wir hätten Schnaps für sie mitnehmen können," sagte Helene, „bei dem Staub tut's ihnen not!"

„Schnaps?! Du weißt, ich bin nicht für Schnaps. Die Vögte sind angewiesen, Kaffee auszuteilen. Aber wie das Volk so ist! Kaffee wollen sie nicht, dann trinken sie lieber gar nichts."

„Sie sind eben mal Schnaps gewöhnt," entschuldigte sie. „Bei uns zu Hause gab es auch immer Schnaps in der Ernte. Mutter mischte ihn selber: ein Liter Kartoffelspiritus, ein Liter Wasser und ein bißchen Himbeersaft dazu. Weißt du, es war für mich das größte Vergnügen, wenn ich mit meinem Pony herumfahren durfte, ihn austeilen. Und wir waren doch ganz deutsch!"

„Nein, Fusel nicht," sagte er fast eigensinnig, und eine Falte der Verstimmung trat ihm zwischen die Brauen.

Sie schwieg, kannte sie doch ihren Mann viel zu genau, um in solchen Momenten dagegen zu reden.

Noch hatten sie Deutschauer Land zu beiden Seiten, aber ein Zipfel von Chwaliborczyce schob sich wie ein Keil von links her, mitten hinein, und aus der Weite zur Rechten tauchten jetzt die Akazien von Przyborowo auf. Auf Chwaliborczycer Land gab's rote Hemden; ihre blutige Farbe, grell leuchtend im staubfarbenen Erntedunst, überschrie jede andre.

Alle Schnitter kannten das Gefährt von Niemczyce, aber nicht alle grüßten. Wenige nur; viele grinsten höhnisch: aha, der Niemczycer! Daß ihn der Donner erschlage! Die Arbeiter sollten nicht Schnaps bekommen? Haha, mochte er dann sehen, wo er noch Arbeiter herkriegte!

Der Chwaliborczycer Inspektor, Herr Szulc, der auf tänzelndem Braunen in der Nähe seiner Schnitter hielt, und, mit der verknoteten, vielschwänzigen Lederpeitsche hier- und dorthin weisend, Befehle schrie, tippte mit dieser nachlässig an seinen Hut.

Das sollte ein Gruß sein?! Unverschämt, dieser Schulz! Helene warf einen schnellen, ängstlichen Seitenblick auf ihren Mann.

Aber die Lider halb über die Augen sinken lassend, ignorierte der Freiherr den Inspektor vollständig. Nur eine feine Röte überzog flüchtig sein blaß-bräunliches Gesicht. „Sieh mal, Chwaliborczycer Weizen!“ Er zeigte mit der Peitsche.

„Aber er ist lange nicht so schwer wie der unsre,“ stieß sie hastig heraus; es drängte sie förmlich, ihm rasch etwas Angenehmes zu sagen.

„Du irrst dich, Kind, er ist ebenso wie der unsre. Er könnte sogar besser sein, denn Deutschau hat längst nicht den famosen Weizenboden wie Chwaliborczyce. Aber Garczyński will eben nichts mehr hineinstecken. Ich denke, er wird verkaufen."

„Was — Garczyński verkauft?! An wen denn? An die Kommission?" Helene blickte ganz entsetzt. „Sein schönes Gut! Über vierhundert Jahre in der Familie — wenigstens sagt er so! Muß er verkaufen? Schrecklich! Sag, Hanns-Martin, geht's ihm denn so schlecht?"

„Ach, bewahre!" Doleschal lachte. „Das verstehst du nicht, Kind! Warum soll es ihm denn schlecht gehen? — das nicht! Aber vielleicht auch, daß er dabei an die Erziehung seines Sohnes denkt — er hat nur den einzigen Jungen —, und seine Frau kann sich absolut nicht entschließen, sich von dem zu trennen, wie er erzählt. Und auf die Dauer geht das doch nicht: nur der Unterricht beim Vikar. Ich bitte dich, so ein katholischer Geistlicher — nur Seminarbildung —, was kann der Junge da lernen? Aber vor allem, wenn es einem so bequem geboten wird wie jetzt! Er kann sich glänzend rangieren. Er geniert sich nur noch ein bißchen. Die Großpolen und die Volkspartei werden es ihm ordentlich anstreichen, wenn er an die Ansiedlung verkauft. Das halftert ihm auch sein Kuryer Poznański nicht ab!"

„Ich mag ihn nicht," sagte die junge Frau heftig, „ich mag ihn ganz und gar nicht. Wie kann er ohne zwingende Not verkaufen? Würdest du je Deutschau verkaufen, Hanns-Martin?"

„Da sei Gott vor — nie!" Sein Gesicht wurde sehr ernst. „Ich würde mich ja versündigen am Andenken meiner Vorfahren. Der Großvater und dann mein Vater haben Deutschau gehalten, mit vielen Opfern. Nun halte ich's!"

Sie lachte fröhlich. „Grade so denk' ich. Und die Jungens sollen auch so denken. Weißt du, und dann werden wir im Erbbegräbnis, das der alte Großvater so schön im Park angelegt hat, alle miteinander schlafen. Es muß einem doch im Grabe noch ein angenehmes Gefühl sein: du liegst im eigenen Grund und Boden!"

Er nickte. „Natürlich! Aber sprich nicht so etwas, Helene, wir sind noch zu jung dazu. Und wir haben ja noch so viel vor uns! So vieles zu schaffen, zu bessern! Wenn die Zeit nur reicht. Übrigens, wenn Garczyński verkauft, soll mir's recht sein. Dann bekommen wir noch mehr Ansiedler her — hoffentlich rein Deutsche und recht viele! Kleine Leute, die machen das Volk aus. Siehst du," — er hob die Peitsche und wies gerade aus, wo einzelne kleine Häuschen, wie ängstlich auf der weiten Fläche, sich zusammenduckten — „da haben wir Ansiedlung Augenweide!"

„Ach, und da ist der Kirchturm von Pociecha-Dorf! Sie haben ihn gerade im Rücken. Wie guckt er schwarz!"

„Laß ihn! Siehst du," — er hielt das Pferd an — „da, selbst der Grenzstein ist jetzt schwarz-weiß! Holla, wer trampelt denn darauf herum? Ist das nicht der Chwaliborczycer Schäfer?"

Auf dem Grenzstein, der auf schwarzgeteertem Grund in weithin leuchtenden weißen Buchstaben ‚Ansiedlung Augenweide' wies, stand Dudek, der Schäfer.

Schwer stützte er sich, um oben auf dem schmalen, scharfgekanteten Stein die Balance zu halten, auf seinen langen Hirtenstab, der mit der eisengekrümmten Spitze wohl gewichtig genug war, einen Wolf niederzuschlagen.

Der blaue Strumpf, an dem er sonst unermüdlich strickte, lag achtlos am Boden. Die vielen hundert Schafe, des Schäfers Obhut anvertraut, hatten sich von Chwaliborczycer Roggenstoppel längst hinüberverloren auf Nachbarland. Auch der Hütejunge war davongeschlichen und träumte im Grenzgraben unterm Dornenbusch einen schönen Traum.

Dudek, der Alte, hatte des alles nicht acht. Er stand ganz versunken, ragend wie ein dürrer, blattloser Baum unterm gläsernen Himmel und starrte vom Grenzstein hinab auf die kleinen Häuschen, ängstlich in der großen Weite zusammengeschart. Er seufzte: was wollten die hier?! Früher, als sein, Kuba Dudeks Vater noch jung gewesen, da war hier nichts gewesen als der Himmel und die Länder des polnischen Herrn, nichts als die Hütten seiner Komorniks. Da konnte der Schlachcic reiten von Sonnenaufgang gen Sonnenuntergang — alles war sein. Und als er, Kuba Dudek, noch jung gewesen, da hatten alle gesprochen in der Sprache, die Gott der Herr spricht, darinnen die heilige Mutter zum Sohne spricht.

Die da — »psia krew!« Energisch hob der Hirt das mit Lappen und Schnüren umwickelte Bein und stampfte mit dem Bastschuh den Grenzstein. Sein Mund, dessen Lippen durchs Alter so schmal geworden, daß sie ganz in der verschrumpften Kinn- und Backenhaut verschwanden, murmelten den Fluch: „Möge sie der feurige Blitz zerschmettern!“ Konnten sie nicht bleiben, wo sie geboren worden — jeder soll bleiben, wo ihn die Mutter geboren — was mußten sie hierher kommen?! Trugen sie keine Scheu, so dicht zu nahen dem Nest des weißen Adlers?

Drohend hob Dudek den schweren Stock, die geballte Faust schüttelte er gegen die kleine Kolonie. Da waren ihrer wieder neue hinzugekommen, — weiße Eindringlinge mit gelben Haaren — sie bauten ein Haus!

Noch schimmerten die unbedeckten Dachsparren wie die Rippen eines Skeletts, aber geschäftig eilten die Männer beim Bau; man sah ihre Gestalten sich richten und bücken, sich drehen und wenden in emsiger Bewegung, wie unruhige Zwerge auf dem Teller der großen Ebene.

„Sie bauen, sie bauen," rief Helene erfreut und klatschte in die Hände.

Da drehte sich der Alte um. Er hatte den Wagen nicht herankommen hören, sein Ohr war nicht mehr scharf, aber sein Auge noch. Ohne Übereilung, schwerfällig stieg er nieder vom Grenzstein und zog, das Knie beugend, den Hut.

Freundlich grüßte ihn Helene, war doch seine Frau die Schwester von ihres Mannes einstiger Amme, der alten Pelasia.

„Tag, Dudek, wie geht's? Kommt ihr nicht auf einen Sonntag die Pelasia besuchen? Sie beklagt sich, daß niemand nach ihr sieht!"

„Wenn sie sich sehnt nach ihren Eigenen, soll sie kommen!"

„Ihr seid viel rüstiger als sie, Dudek, und Eure Frau ist auch wohl noch besser zu Fuß. Sagt, was machen denn Eure Enkel, der Jendrek und die Michalina? Daß ich's Pelasia erzählen kann!"

„Hat der Jendrek bei Soldaten gemußt. Haben

sie ihn geschickt, weit, sehr weit, wo niemand versteht ihn. Is die Michalina zu Herrschaft gezogen, is sich auch Amme geworden bei fremdes Kind!“

„Nun, Dudek, und was machen Eure Schafe? Ich sehe schon, sie sind gut imstande. Sie sind gewaschen, sind ja weiß wie Schnee!“

„Mutterschafe sind sich gewaschen; aber wie lange noch werden Lämmer seinige sein? Alles nimmt sich Fremder, alles!“ In einer resignierten Melancholie ließ der alte Mann den Kopf auf die Brust sinken.

„Wieviel Schafe habt Ihr jetzt?“ fragte Doleschal.

Nun hörte Dudek auf einmal gar nicht mehr. Mit weit ausholenden Schritten in die Roggenstoppel stapfend, schrie er schimpfend nach seiner Herde und dem lässigen Hütejungen. Der wolfsähnliche Hund, der bis jetzt träg am Stein geblinzelt, jagte mit wütendem Gekläff vor ihm her.

Vergebens rief Helene: „Soll ich Pelasia grüßen?“ Keine Antwort mehr. Taub war der Schäfer, aber auch blind, denn er suchte seine Herde, wo diese gar nicht zu finden war. Ein heißer Wind, der plötzlich mit Kraft über die Ebene schnob, lüftete seinen Schafpelz und warf die weißen Haare, die ihm langsträhnig unterm Hut vorhingen, wild durcheinander.

Als Helene nach einer Weile zurückblickte, stand Kuba Dudek wieder auf dem Grenzstein; unbeweglich, wie der Weiser an der Wegscheide, reckte sich sein Arm. —

In der Kolonie war nicht die muntere Geschäftigkeit, die man in der Ferne zu sehen vermeint. Nur die Bräuers waren beim Hausbau; von den andern Ansiedlern ließ sich niemand blicken. Helene war einigermaßen enttäuscht, hatte sie doch geglaubt, die Frauen auf den Türschwellen sitzend zu finden, schwatzend beim Kartoffelschälen, wie sie die Frauen viel hundertmal gesehen hatte im deutschen Dorf beim elterlichen Gut.

Aber Doleschal war sehr befriedigt: noch war nicht Feierabend gemacht! Drüben in Pociecha-Dorf stiegen schon Rauchsäulchen aus den zusammengesunkenen Schlöten der grün vermoosten Strohdächer, hier schafften noch alle fleißig auf dem Felde.

„Soll ich dich mal über die Äcker fahren?“ fragte er seine Frau. „Viel zu sehen wird freilich noch nicht sein. Aber sie haben ja die Freijahre, die sind eine riesig kulante Einrichtung!“

Wohlgefällig schaute er sich um: „Sieh mal, wie nett, wie sauber! Wie aus der Spielschachtel! Unsre Ansiedlung ist die allervielversprechendste. Erinnerst du dich noch, vor fünf Jahren, als sie hier das Gut parzellierten? Wie heruntergewirtschaftet das war?! Und wie sieht es jetzt aus! Freilich, es wird noch eine Weile dauern, bis der ausgesogene Boden sich wieder erholt hat. Aber unter tüchtigen Arbeitshänden — da, sieh mal!“ Sich unterbrechend, zeigte er auf eine kreisrunde mächtige Scheune: „Wie ein Zirkus! Ein bißchen groß, aber, na — die hat sich der Amerikaner gebaut! Famoses Ding, was? Links das niedliche Gehöft gehört einem Schwaben. Ach, sieh mal an, hat sich der Mann neben den Obstbäumchen auch Rebstöcke gepflanzt — ist das nicht rührend? Da hinten sitzen die Kolonisten aus der hiesigen Provinz alle zusammen. Und hier sind wir bei den Rheinländern!“

Sie waren die ungepflasterte Straße, an der die

Häuschen und die Scheunen sich rechts und links verteilten, ein paar Mal auf und nieder gefahren. Nun hielten sie bei dem Neubau an.

Peter Bräuer und sein Sohn sägten gerade an einem Balken. Die Säge war stumpf geworden, widrig klang ihr Gequietsch, und widerwillig nur gab der Balken nach. Mit einer gewissen Verdrossenheit arbeiteten beide Männer; sie blickten auch kaum auf, als Doleschal vom Wagen absprang und seiner Frau die Zügel übergab.

Er trat zu den Arbeitenden und sagte: „Nun, wie steht's mit dem Bau?"

„Tag!" Vater Bräuer faßte nur an die Mütze, während der Sohn die seine wohl heruntertat, aber sogleich wieder aufsetzte. „Könnt' besser sein. Mer kommt nit voran. Hätt' ich dat gewußt!"

„Wieso — hätten Sie was gewußt?" fragte Doleschal lebhaft. „Über was haben Sie sich zu beklagen?!"

„Der Herr ist wohl auch einer von der Kommission?" sagte Peter mißtrauisch und wechselte einen Blick mit seinem Sohne.

„Nein!" Doleschal hatte den Blick aufgefangen. „Aber Sie können mir ruhig sagen, was Ihnen nicht behagt. Ich interessiere mich für die Kolonisation. Ich bin auch Deutscher. Hier in der Nachbarschaft ansässig — Doleschal auf Deutschau!"

„Ah, Sie sind der von Doleschal?! So, no dann" — Peter Bräuer streckte treuherzig die Hand hin — „dann is dat wat andres. Ich hab' als von Ihnen gehört. Un dat is Ihr' Frau?" Er grüßte mit einer ungelenken Verbeugung nach dem Wagen hin. „Ja, wissen Se, Herr von Doleschal, Se müssen mir dat nit übel nehmen, aber mer wird ganz mißtrauisch. Sie haben einem dat doch all ganz anders vorgestellt — oder ob ich mir nur dat eso anders gedacht hab'!? Ich weiß et nit. Jedenfalls hätt' ich, wenn ich früher gewußt hätt', dat mer hier eso schlecht Arbeitskräft' kriegt — ich weiß nit, sind ihrer wirklich kein' da oder wollen se nur nit — mir dat Haus vom Bauamt baue lassen. Sie hatten mir dat angeboten, aber ich dacht', et käm' so billiger. Ja, un wenn ich dat all ganz genau gewußt hätt', wär' ich gar nit hierhin gekommen, da hätt' ich doch ebenso gut nach Amerika auswandern können!"

„Das dürfen Sie nicht sagen!" Doleschal warf einen wohlgefälligen Blick auf den jungen Mann, der zu den Worten des Vaters beistimmend nickte. „Sie müssen doch Ihre Kinder, Ihren Sohn da, dem Vaterland erhalten!"

„Och, wat dat anbelangt, de kann in Amerika eben so gut deutsch bleiben wie hier! Un hier muß mer sich ja plagen, genau so wie wo anders — ne, noch viel mehr!"

Es tat dem Mann augenscheinlich gut, sein Herz zu entlasten. Da hatte ihm wohl die Kommission fast alles, was zum Hausbauen gehörig, prompt und nicht teuer zur Stelle geliefert: Mauer-, Ziegel-, Firststeine, Feldsteine zum Fundament, und auch Bauholz. Auch hatte er für sich und seine Familie derweilen drüben in der Holzbaracke die erste Unterkunft gefunden. Aber nun würde der Bau doch doppelt so lange dauern als vorausgesehen, denn aus Miasteczko der Zimmermann mit seinen Gesellen war nur zwei Tage erschienen, dann nicht mehr; und der Maurer drüben aus dem Dorf, der sich, gegen hohen Tagelohn, für die ganze Zeit verpflichtet hatte, war nach einer halben Woche auch nicht mehr gekommen. Als der Valentin hingegangen, ihn zur Rede zu stellen, hatten sie sich durchaus nicht verständigen können; ein wüstes Gezänke war's geworden. Aber wer konnte es dem Jungen verdenken, daß er mit der Faust auf den Tisch geschlagen? War er denn nicht in seinem guten Recht?! Doch das Gesindel war in lautes Hallo ausgebrochen, und die Frau hatte drohend nach dem Wasserkessel gegriffen, der auf dem Herd sprudelnd kochte. Und niemand, niemand anders war zur Hilfe aufzutreiben gewesen! Ganz allein waren sie sitzen geblieben mit aller Arbeit! Ein Glück noch, daß sie etwas davon verstanden — aber freilich, 's war nur ein Stall gewesen, den sie dazumal allein gebaut hatten, und noch dazu war's zu Hause gewesen, am Rhein!

Der Gutsverwalter auf dem Restgut, an den man sich doch mit allen Anliegen wenden sollte, hatte die Achseln gezuckt bei seinen Klagen: ja, warum mußte denn durchaus selber gebaut sein?! Mit den Leuten hierzulande müßte man eben in Frieden auskommen, er könnte da auch gar nichts bei machen!

Unwirsch fuhr sich der Ansiedler durch die Haare:

„Et geht so langsam, viel zu langsam! Un dat Kettchen jammert in der Barack — kein Ordnung, kein Reinlichkeit is mögelich! — un da sind gestern ihrer noch welche zugekommen — se sagen, se wären deutsch, de Mann spricht auch deutsch, aber die Weibsleut schnattern polacksch — un mit d e n Weibsmenschern soll nun mein Frau in einem Raum schlafen?! Denken Se ens an!

„Un wie lang dauert et noch, un et is hier schon Herbst! Die Tag sind eso heiß, aber die Nächt sind als kühl. Bei uns zu Haus is dat ganz anders, da blühen Allerheiligen die Rosen noch. Och, hätt' ich dat gewußt! Ne, ich sag' schon — wie krieg' ich dat Haus trocken?!"

Eine tief-innere Angst lag unter diesen Worten, Doleschal fühlte sie heraus.

„Ich werde Ihnen meinen Stellmacher zu Hilfe schicken," sagte er. „Der Mann hat zwar noch kein Haus gebaut, aber er wird Ihnen doch jedenfalls von Nutzen sein. Und er ist deutsch!"

„Dat — dat wollten Sie tun?!" Ein Ausdruck freudigster Erleichterung erhellte des Ansiedlers bekümmertes Gesicht. „Den Stellmacher — Donnerschlag! Valentin, Jung, hörste, wir kriegen Hilf'!"

Der Sohn hatte die Mütze vom Kopf gerissen, sein ganzes hübsches Gesicht lachte. Unverfrorene Herzlichkeit lag in der Bewegung, mit der er nun rasch auf den Herrn zutrat; man sah's, er hätte dem gern die Hand geschüttelt, aber der beim Militär anerzogene Drill hielt ihn zurück.

Er nahm die Hacken zusammen: „Besten Dank, Herr Baron!"

Wohlgefällig musterte Doleschal den stattlichen Menschen. „Garde, was?"

„Nein, Herr Baron, Deutzer Kürassier!"

„So, so. Ich bin Rittmeister bei den Garde-Kürassieren!"

Valentin schlug wieder die Hacken zusammen. Er

murmelte etwas von „großer Ehre', und eine helle Röte stieg ihm dabei ins Gesicht; man hörte seiner Stimme die Freude an. Eine Verbindung war plötzlich vorhanden, zwischen ihm und jenem vornehmen Herrn da.

Auch Doleschal sagte: „Wir müssen zusammenhalten hier!" Die Leute gefielen ihm, der Alte war recht ein knorriger Stamm, der dem Wetter trotzte, und der Junge, nun — unwillkürlich verglich er zwischen sich und dem krausköpfigen Burschen — der war ja fast noch schlanker als er selber und elastisch in jeder Bewegung wie ein gut Trainierter! Die Leute mußten unterstützt werden, nach Kräften!

„Ich werde Ihnen morgen meinen Stellmacher herschicken," wiederholte er noch einmal, „und auch noch den Schmied!"

Helene saß schon lange wartend auf dem Wagen. Sie hatte ihren Mann, der, einen Fuß auf den Balken stützend und die Hand mit der Peitsche in die Seite stemmend, den Leuten zuhörte, beobachtet; nun waren alle drei miteinander hinterm Neubau verschwunden.

Sie wartete noch eine Weile ganz geduldig, aber als sie noch immer nicht zurückkehrten, schlang sie die Zügel um den Haken am Kutschbock und sprang vom Wagen. Der Traber stand auch so.

Über den gläsernen Himmel, leicht angegraut vom mehligen Dunst der Felder, kroch schon ein Abendrot. Im Schleier der sich mählich ankündenden Dämmerung wurde alles milder. Noch lag viel Glanz über der Flur, aber kein grausamer mehr, der den Augen weh tat; er wurde friedlich. Aus einem Tümpel, den man nicht sah, stieg Fröschesang, wie im Schlaf, ganz traumhaft.

Und — horch! — war das nicht schon die Wachtel, die zu Abend im Kornfeld rief?

Die junge Frau lächelte: sieh da, ganz dicht hinter jener Ansiedlerscheune, kam jetzt ein Rebhuhn aus dem Acker spaziert! Als wüßte es, daß die Jagd noch nicht drohe, trippelte es, vertrauensselig wie eine gute Henne auf dem Hühnerhof, über die Straße, in den Acker jenseits, und die jungen Hühnchen folgten unbefangen.

Langsam glitt das Abendrot weiter und weiter über die Himmelsglocke, während das kolossale Rund des Sonnenballs ungehindert, von überall frei zu sehen, mehr und mehr hinabrutschte gegen ihren Rand. Wie schön war das!

In einem Gefühl, das sie manchmal überwältigte, angesichts dieses weiten Himmels, der wie ein Meer über dem Meer der Felder schwimmt, ohne Ufer, ohne Begrenzung, schauerte die Einsame. Am wirklichen Meer war sie gewesen, die mächtigen Wogen der Nordsee hatte sie aufgewühlt im Sturm gesehen und auch wieder glatt. Ihr Mann hatte sie auf Schweizergipfel geführt — sie standen auf einem sehr hohen Berg und sahen unter sich alle Schätze der Natur und ihre Herrlichkeit; im sich teilenden Grauen der Morgennebel glänzte die Weite der Welt zu ihnen herauf, und sie selber waren ein junges Paar im ersten Rausche nicht endenden Glücks gewesen — aber nie, nie war ihr die ewige Unendlichkeit so klar geworden wie hier.

Starren Auges schaute sie. Da, grad aus, Pociecha-Dorf, der Turm der schwarzen Holzkirche zeigte es weithin! Dort Chwaliborczyce! Ganz auf der andern Seite: Przyborowo mit Miasteczko, dem kleinen Landstädtchen, im Rücken! Und dort grüßte der Deutschauer Berg! ‚Łysa Góra‘, Kahler-Berg, wie ihn die Leute nannten. Jeden Gutskomplex — eine Insel im Meer — wußte sie zu benennen; wußte, wieviel Pappeln die dünne Allee von Chwaliborczyce zählt, hatte achtmal schon die dornigen Akazien von Przyborowo blühen und sich entblättern gesehen, war so glücklich hier und doch — sie fühlte die Nebel der Niederung, die um Sonnenuntergang plötzlich schauerten, durchs leichte Sommerkleid kalt auf der Haut.

„Hanns-Martin,“ rief sie fröstelnd, „Hanns-Martin, wo bist du?!“

Ihr Ruf hallte. Aus der Holzbaracke, unweit des Neubaus, trat eine Frau, und Kinder drängten sich ihr nach; sie schauten alle neugierig zu der fremden Dame herüber.

Helene erkannte die Frau: es war dieselbe, die sie letzthin bei den einziehenden Kolonisten gesehen hatte, aber das Gesicht sah jetzt älter aus, als seien nicht erst vier Wochen seit jener Begegnung am Kreuzweg verstrichen.

„Wünscht die Dam' wat?“ fragte die Frau höflich.

Helene trat rasch auf sie zu. „Mein Mann ist, glaube ich, mit Ihrem Mann fortgegangen, sonst hätte er mich gehört. Ich werde hier bei Ihnen warten!“ Sie hatte das Bedürfnis, nicht länger allein zu sein.

„Settchen, hol' der Madam rasch 'ne Stuhl heraus,“ wies Frau Kettchen ihr ältestes Töchterchen an. Und als die Kleine einen Schemel brachte, wischte sie, wie entschuldigend, mit der Schürze darüber hin: „Nehmen Sie als vorlieb! Wir sind et auch besser gewöhnt, Madam! Aber mer muß sich als jetzt in alles schicken, sagt meine Mann." Sie seufzte. „Mer darf der Mut nit verlieren, und — sagte der Peter — die Kommission hat uns hierhin gebracht, die hat nun auch für uns aufzukommen. — Sie sind wohl auch nit von hier, Madam?"

Augenscheinlich erkannte die Frau die Dame nicht wieder. Als Helene sie an ihre erste Begegnung erinnerte, schossen ihr plötzlich die Tränen in die Augen.

„Och, wie wir zugezogen sind — dat waren Sie? Och herrje!" Geschwind faßte sie nach Helenens Hand: „Dat freut mich aber, dat ich Ihnen danken kann! Dat erste ‚Guten Tag' — ne, Madam, dat hab' ich nit vergessen! Och, Madam, entschuldigen Sie," — sie fuhr sich mit der Schürze über die Augen — „bei uns zu Haus bin ich gar nit eso, aber hier muß ich immer weinen!"

Helene tröstete: „Das ist nur im Anfang so, der Anfang ist ja überall schwer. Passen Sie mal auf, nächstes Jahr wissen Sie nichts mehr von Heimweh; da lachen Sie drüber! Es ist hier auch schön!"

„Meinen Se?" Zweifelnd schüttelte die Frau den Kopf. „No, wenn Sie 't sagen, dann soll et wohl wahr sein!"

Vertrauend schaute Kettchen zu der hochgewachsenen Dame auf, und dann lächelte sie hoffnungsvoll: „Wenn et so kömmt, wie Sie sagen, Madam, dat et uns gut geht hier, dann will ich auch wallfahren gehen nächst' Jahr. Sicher un gewiß, dat gelob' ich! Hier kann mer doch wallfahren gehen, gelt, Madam."

„O ja!" Eine leichte Zurückhaltung lag plötzlich in Frau von Doleschals Ton — wie schade, diese nette Frau war nicht protestantisch?!

Und als ob die andre instinktiv diese Enttäuschung fühle, hielt auch sie sich mehr zurück.

Schweigend blickten beide hinaus auf die Ebene, in den lastenden Horizont, den flammende Abendröte wie mit blutigen Schwertern zerfetzte.

Als Helene jetzt ihren Mann sehr eilig zwischen den Ansiedlern daherkommen sah, unterdrückte sie nicht einen Vorwurf: „Aber Hanns-Martin — endlich!“

„Verzeih! Ungeduldig geworden, mein Herz?! Bitte, verzeih! Es hatte mich so interessiert! Herr Bräuer hat mir seine ganze Stelle, seinen Bau, seinen Acker, kurz, alles was drum und dran, gezeigt!“ Doleschal war angenehm erregt und reichte beiden Männern die Hand zum Abschied: „Es wird jetzt schon werden, wird ganz famos werden! Auf Wiedersehen!“

„Du,“ sagte Helene leise, als sie am Arm ihres Mannes zum Wagen schritt, „die sind ja katholisch. Und ich dachte doch, hier sollten nur Evangelische her?“ Es klang bedauernd: „So nette Leute!“

„Ja, das läßt sich nun doch nicht ganz streng durchführen, diese Sonderung der Konfessionen. Aber was macht's? Es sind doch wenigstens Deutsche!“

Der Traber, der bis dahin lammfromm gestanden, stutzte plötzlich, nun sie einsteigen wollten.

Unruhig zog er an, stieg wild und prallte dann zur Seite, grade noch, daß Doleschal ihn vom Graben zurückriß. Eine Staubwolke kam vom Dorf her über die Felder geflogen, und in der Staubwolke war Peitschengeknall, Pferdegetrappel und Hundegebell.

„Ach, die Garczynskis!“ Nicht angenehm überrascht, faßte Helene nach dem Arm ihres Mannes.

Da war auch schon der hochrädrige Jagdwagen, glänzend lackiert, mit viel Rot an den Rädern, und innen die Sitze hell ausgeschlagen.

„Atrappiert, meine Herrschaften! He — halt!"

Auf einen Ruck standen die vier jungen Pferde neben dem Korbwägelchen, mit schnaubenden Nüstern, noch zitternd vor Erregung, und schäumten ins Gebiß. Zwei englische Doggen, riesige Tiere mit Stachelhalsbändern, schnackten ihnen dumpf bellend nach den Mäulern.

Der Lenker hoch oben auf dem Bock grüßte galant mit der Peitsche: „Ich lege mich Ihnen zu Füßen, gnädigste Baronin — das nenne ich Glück, Ihnen hier zu begegnen! Ihr Diener, Doleschal! Ihr Weizen ist großartig! Sehr erfreut, wie steht das Befinden?"

Herr von Garczyński hatte viel von einem Pariser oder Wiener an sich. Gewandt schwang er sich vom hohen Sitz herunter, dem Diener, der hintenauf hockte und nun beflissen herbei eilte, die Zügel zuwerfend. An Helenens Seite tretend, führte er ihre Hand an die Lippen.

Die Doleschals mußten halten bleiben.

Im Chwaliborczycer Jagdwagen saßen, gegenüber von Frau von Garczyńska, ihr einziger Sohn, ein vornehm aussehender Junge, und der Vikar Górka.

Frau von Garczyńska hatte sich den Sitz auf der seitlichen Bank noch durch eine Menge von seidenen Kissen bequemer machen lassen; sie lag zurückgelehnt, und der Schirm, den eine blonde junge Person, halb Dame, halb Dienerin, zum Schutz zwischen sie und die feurig untergehende Sonne hielt, ließ warmrosige Schatten auf ihr blasses Gesicht fallen.

„Gnädigste Baronin haben sich wohl Neues in der Kolonie angesehen?“ fragte Garczyński. „Sehr erfreuliche Fortschritte, nicht wahr? Wir haben unsern hochverehrten Herrn Vikar ein wenig entführt — die Herrschaften kennen sich? Ah, nur vom Hörensagen? Gestatten Sie!“ Er stellte vor, und dann verwickelte er, den Arm auf die Lehne des Korbwägelchens gelegt, Helene in ein längeres Gespräch. Eingehend fragte er nach ihren Kindern.

Es blieb Doleschal nichts übrig, als sich mit Frau von Garczyńska zu beschäftigen. Sie winkte ihn zu sich herüber. Mit dem zärtlich-wehmütigen Lächeln, das ihr Gesicht so sehr anziehend machte, lächelte sie ihn an, als er zu ihrem Wagenschlag trat.

Ob diese Frau glücklich war?! Doleschal legte sich im Augenblick, als ihn ihr Lächeln traf, diese selbe Frage vor, die sich schon viele vor ihm vorgelegt hatten. Kam der feuchte Flimmer in diesen schönen Augen von Tränen? Und was suchte dieser starr verlorene Blick in weiter Ferne?!

Als Doleschal die weiche Hand bei der Begrüßung in die seine nahm, fühlte er einen kurzen, festen Druck, den er den zarten Fingern kaum zugetraut.

„Ich werde zu Ihnen hinüber kommen,“ sagte sie. „Ich setze mich in Ihr Korbwägelchen, es ist ganz reizend! Ja, ich will,“ setzte sie im Tone eines verzogenen Kindes hinzu, als er etwas von ‚unbequem‘ und ‚eigentlich nur zwei Sitzen‘ murmelte. „Ihre Gattin wird mit Garczyński auf dem Throne sitzen. Aleksander,“ rief sie ihrem Mann in elegantem Polnisch zu, „wir fahren gleich weiter, ich bin müde! Die Kolonie interessiert mich zu wenig — ein andermal! Nimm die Baronin auf deinen Bock; ich fahre mit Doleschal. Wir fahren über Niemczyce nach Haus zurück!"

Plötzlich lebhaft geworden, drückte sie ihrem Gegenüber, dem priesterlichen Herrn, ein paar der weichen Kissen in die Arme. „Hier, Herr von Górka, seien Sie auch einmal galant! Bitte, tragen Sie mir die dort hinüber! Herr von Doleschal, bitte!" Ganz hilflos streckte sie beide Arme aus. „Der Wagen ist abscheulich hoch, ich traue mich nie allein herunter. Ah —ah —!"

Wie eine Feder flog sie durch die Luft; als Doleschal sie herunterhob, fühlte er ihre ganze Grazie. Ihr ein wenig verschobenes Kleid zurecht zupfend, lachte sie jetzt und klatschte dankend in die Hände: „Scharmant, ganz scharmant! Changez les dames, changez!"

‚Muß ich?' schien Helenes Blick ihren Mann zu fragen, als Herr von Garczyński ihr die Hand zum Umsteigen bot. Doleschal senkte die Lider — sie verstand diese stumme Bejahung; es lag ihm nun einmal daran, mit den Nachbarn, wenn auch nur in rein äußerlich aufrecht erhaltenen, guten Beziehungen zu stehen. So schickte sie sich darein; aber ihre Bewegungen waren steif, ihre Mienen abgemessen.

Mit liebenswürdigen Lobpreisungen nestelte sich Frau von Garczyńska auf dem kleinen Korbwägelchen ein: sie war noch nie so niedlich gefahren, hier war's ja tausendmal bequemer als auf dem großen Jagdwagen! Als der junge Vikar ihr die gewünschten Kissen in den Rücken schob, dankte sie ihm mit ihrem zärtlichsten Lächeln; aber die Kissen wies sie gleich wieder zurück: die hatte sie hier ja gar nicht nötig!

Mit einer stummen Verbeugung trat er zurück. Er hatte sich eben so gut in der Zucht, wie seinen Schüler. Sie hatten beide noch kein Wort gesprochen.

Auch die blonde Zofe, die sich anschickte, mit dem Schirm hinter ihre Herrin zu klettern, wurde abgewiesen. „Ich brauche dich nicht, Stasia! — Wie herrlich ist die Sonne! Wie wunderbar gefärbt die Wolken sind!“ Frau Jadwigas Augen schwammen. „Fahren Sie, Baron, he, voran!“ Ihre Brust hob sich, als wollte sie springen im Übermaß der Empfindung. „Ich bin entzückt! Fahren Sie, fahren Sie — schneller in die Sonne hinein, schneller!“

Der Traber strengte sich an. Mit ausgezeichneter Kunst die vier wilden Pferde, die der Diener inzwischen kaum hatte zügeln können, zu langsamem Tempo zwingend, fuhr Garczyński nach.

Im Jagdwagen lachte die Zofe plötzlich halblaut auf, und dann, wie erschrocken über ihr Lachen, warf sie von unten her einen verstohlen schielenden Bick auf Lehrer und Schüler. Der Vikar hatte ein Büchlein herausgezogen, in das er mit ernster Miene vertieft war; das junge Herrchen dagegen merkte auf. Ein Aufflackern seines Auges begegnete dem leicht schielenden Blick der Blonden. Da lächelte sie kaum merklich, aber weiche Grübchen kamen dabei in ihre jungen Wangen; sie lehnte sich ein wenig hintenüber, ließ die Wimpern über die Augen fallen und spielte am Schirmgriff ihrer Herrin.

Der Traber, durch die vier Pferde, die hinter ihm schnaubten, und durch das Gebell der Doggen, die, wie rasend, zwischen beiden Wagen hin und her sprangen, nervös gemacht, schoß dahin wie ein Vogel auf fliehendem

Flug. Das Viergespann ihm nach. Sich verfolgende Schatten, durch steigende Nebel vergrößert, jagten über die rasch dunkel werdende Ebene.

Dudek, der Schäfer, schlug ein Kreuz: wer war das?! Fliegende Pferde, fliegende Wagen und fliegende Hunde?! Heilige Mutter, hilf, das war Myśliwy pan, der Nachtjäger, auf wilder Fahrt!

Scheu pfiff er seinem Hunde und trieb eilig die Schafe zusammen. Daß die heilige Mutter sie hüte! Auch über ihnen machte er das fromme Zeichen.

Horch, klang's jetzt nicht schon ferner, das „Huch haha' und das „Hoho'? Aber jetzt noch ein Lachen! Hell, wie die Kania lacht, wenn sie am Himmel im Abendrot fliegt und Seelen raubt und sie dahin trägt, von wo sie nie mehr zurückfinden können.

„Herr, Gott, sei bei uns!" Sein Haupt verhüllend vorm Grauen der Ebene, betete Kuba Dudek, der Alte.

3

Tiefes Dunkel der Augustnacht wickelte das Herrenhaus von Chwaliborczyce wie in ein dickes, warmfeuchtes Tuch.

Der Vikar hatte sich eben von den Herrschaften verabschiedet. Es war spät geworden, der Umweg über Niemczyce hatte das Nachhausekommen verzögert. Dann war gespeist worden, und dann hatte der Vikar, wie immer, wenn er in Chwaliborczce als Abendgast blieb, eine Andacht abgehalten, an der auch das Gesinde teilnahm. Frau Jadwiga war ihm dankbar dafür; sie hatte ihn auch heute, trotzdem sie erschöpft war ‚bis zum Umsinken', wie sie sagte, darum gebeten.

Nun stand Górka endlich draußen, unten am Fuß der vielfach ausgetretenen und zerrissenen Freitreppe, die vom Gartenzimmer hinab in den Park führte, und war erschrocken, als ihm seine Uhr — ein kostbares Namenstaggeschenk der Garczyńskis — halb elf wies. Und zögerte doch noch.

Drinnen spielte die Garczyńska Chopin — warum tat sie das, wenn sie so müde war?!

Tadellos perlten die Läufe, aber — Xaverius Górka schüttelte den Kopf — so war's doch nicht gut! Sie spielte denn doch zu willkürlich launenhaft; presto, wo ritardando sein mußte, con dolore statt scherzando! Das hatte er schon sehr oft besser spielen hören.

Aber er blieb noch stehen. Garczyński hatte wie gewöhnlich für ihn anspannen lassen wollen, aber er hatte dankend abgelehnt. Er wollte heute gehen, mußte gehen, es war ihm ein Bedürfnis, sich müde zu laufen.

Zwischen den geborstenen Steinplatten der Treppe und im hohen Grase der verwilderten Parkwiese schirpten Hunderte von Grillen; unausgesetzt, gleich melodielosem Saitenschwirren, klang ihr Gezirp, ohne Tonfülle, ohne Poesie, und doch war etwas Gleiches darin, wie im Lied der Nachtigallen.

Der Nachtigallen hatte es viele gegeben im Seminargarten zur Frühlingszeit, und der junge Górka hatte oft gestanden im weichen Dunkel, damals so, wie heute hier. Hörten die andern Seminaristen denn nicht die Nachtigall? Sie hatten es nie gesagt.

In Chwaliborczyce gab's keine Nachtigall; in den beiden Frühjahren, die der Vikar nun schon hier erlebt, hatte nie eine ihren schluchzenden Aufschrei erhoben. Man hielt ein Katzenrudel, denn aus dem Wallgraben, der den Park umschloß, stiegen Ratten und zernagten die Portieren und Fenstergardinen im großen Eßsaal zu ebener Erde.

Aber jetzt — horch! Durch die zwei Reihen der uralten Hainbuchen, die sich wie ein dichtes Dach über den Wallgang diesseits des Grabens wölbten, fuhr ein halb erschrockener, halb jauchzender Mädchenschrei. Aha, da badeten wieder die Hofmägde im Wallgraben! Und die Knechte kamen ihnen dabei über den Hals!

Wenn die Nächte so schwül sind und der Erntestaub

so brennend, dann heben sich die Leiber, die behend Rock und Hemd abgestreift, wie weiße Statuen jenseits vom dunklen Grabenrain; leuchtend glänzen sie herüber zu der einsamen Bank, die ganz verborgen steht unter den tiefhängenden Buchenästen.

Das Baden im Wallgraben war dem Gesinde verboten — ob man es anzeigte? Lieber nein! Der Inspektor war gleich grob, schlug darauf los mit der Lederschwänzten oder zog Strafgeld vom Lohn ab. Und wusch das etwa die Seele rein, die eine Verfehlung auf sich geladen?!

Ein feines Lächeln überhuschte für einen Augenblick des Geistlichen ernstes Gesicht. Langsam streckte er die Hand aus, hielt sie hinaus in die Dunkelheit und zog sie dann langsam und fest, zur Faust geschlossen, wieder an sich zurück — diese Hand, so dünn, daß die Adern blau durchschimmerten, diese Hand, zart wie eine schöne Frauenhand, diese hielt viel!

Ein Atemzug hob die schmalschultrige Gestalt; sie schien sich höher zu recken. Die trocknen Lippen mit der unruhigen Zungenspitze befeuchtend, lächelte der junge Vikar überlegen. Und diese Vikarzeit bei dem bäuerischen, stumpfsinnigen alten Propst von Pociecha, war sie nicht nur ein Übergang? Was sollte wohl ein Górka bei den Bauern?! Den Zögling, dem man beim Abschied vom Seminar von ‚besonderen Hoffnungen' gesprochen, die man auf ihn setzte, den Erben eines uralten Namens — freilich nur eines Namens — den Verwandten eines Kardinals, ließ man nicht hier verkommen! Und war nicht die Freundschaft mit den Garczyńskis schon ein Tritt auf die erste Sprosse der Leiter? Garczyński würde keinen andern simplen Dorfvikar den ‚hochverehrten Lehrer' seines Sohnes nennen — da hatten sich schon Einflüsse von oben her geltend gemacht. Es war kein Genuß, den jungen Boleslaw zu unterrichten, der Junge war sündhaft faul, — faul wie alle, die einen reichen Vater hinter sich wissen — aber diese Zubereitung des kommenden Geschlechts, das Polens neuen Glanz wieder begründen sollte, war ein Vertrauensvotum. Polens neuen Glanz begründen — die?!

Hastig wendete sich der Einsame um: hatte jemand gelacht? Niemand war da, nur die Nacht auf verfallender Treppe und im verwilderten Park. Nein, diese Jungen, die französisch plapperten bei der Bonne, dann am Wissen herumnippten und dann im preußischen Drill ihr Vaterland öfter verleugneten, wie Petrus Jesus Christus, den Herrn, die gründeten kein neues Polenreich, wenn nicht diese, diese — die Hand wieder ausstreckend, sie erhebend in der Dunkelheit, atmete der Priester tief auf — diese hier sie stützte! — — — —

Vom Dom in der Stadt auf den sieben Hügeln hallen die Glocken weit ins Land. Der Komornik im langschößigen Rock, die Kobieta*) im sonntäglichen Spenzer, das Mädchen mit den vielfarbenen Bändern an der Halsperlenschnur — Männer, Weiber, Burschen, Dirnen, Greise, Kinder, Abgeschiedene und noch Ungeborene — alle liegen vor dem Altar im Staub, gehorsam der einen großen, heiligen, unergründlichen Macht — alle, auch diese da drinnen!

Der Vikar drehte sich um nach den Fenstern des

*) Bäuerliche Ehefrau.

Gartenzimmers — sie waren nicht mehr erleuchtet, das Spiel hatte aufgehört. Da ging er.

Die Grillen im Gras und Gemäuer zirpten immer ungestümer, wie bebend vor Liebesungeduld. Er hörte sie nicht mehr.

Als er über den dunklen Hof stieg, vorsichtig auf den Zehen, und seinen langen Rock raffte, daß die Jauche, die floß, den nicht bespritzte und auch nicht die blanken Schäfte seiner Kniestiefel, hörte er weder das Muhen einer Kuh im dunstigen Stall, das, halb im Schlaf, begehrend durch die nächtliche Stille rief, noch das heisre Schnaufen des Bullen an der ihn fesselnden Kette.

Beim Futterspeicher begegnete ihm der Stróż, der Nachtwächter. Den Spieß vorgestreckt, die trübselige Laterne hochhaltend, daß sie doch wenigstens ein bißchen leuchte, schrie der grob den heimlichen Wandrer an: „Wer geht da? Hundeblut, verfluchter Dieb!"

Aber als der alte Mann den jugendlichen Vikar erkannte, sank er zusammen wie niedergeschmettert. Seine von Nachtwachen und Schnapstrinken rotplierigen Augen verdrehten sich vor Ehrfurcht; demütig küßte er das Kleid des geweihten Herrn. —

An den Hütten der Komorniks vorbei führt der Weg nach Pociecha. Wie dunkle Haufen liegen die Häuser niedrig an der Straße; selten, daß ein plattes Dach sich viel höher erhebt als der aus Feldsteinen unsymmetrisch zusammengetragene Wall, der zu schützen hat gegen Sturm und Schnee, gegen Kälte und Sonne. Vorn an der Straße ein paar halb abgestorbene Pappeln; hinter den Hütten, als einzig Ragendes, die Stange eines Ziehbrunnens, der mit seinem gen Himmel gerichteten hohen Arm, daran der Eimer hängt, einem Galgen nicht unähnlich sieht.

Alle Häuser waren dunkel; nur aus einer Stube, in der man fremde Schnitter untergebracht hatte, flinzelte Lichtschein. Die Männer hatten sich schon aufs Stroh gestreckt; mit dem roten Hemd, wie sie's am Tag getragen, angetan, die Fußsohlen gegen das Fenster gekehrt, schnarchten sie alle in einer Reihe. Die Weiber hatten sich noch nicht hingelegt. Sie kauerten bei der Alten um den Kartoffelhaufen, der inmitten des Raumes auf den Estrich geschüttet war, und halfen ihr die Knollen abkeimen zur morgenden Mahlzeit. Eine junge Dirne saß noch und flickte eine Männerhose; ungeschickt hielten die müde gearbeiteten Finger die Nadel. Sie flickte den Riß zusammen, wie man einen Sack flickt, und doch gab ihr das Lämpchen auch hierzu kaum Licht genug. Trüb nur schwelte es durch die Stube, deren Luft dick war vom Dampf der Feuerstelle, vom kellerigen Dunst der keimenden Kartoffeln, vom Schweiß und Staub und Atem der zusammengepferchten Männer und Weiber.

Aber der durchs Fenster lugende Vikar sah's befriedigt: das Lämpchen brannte unterm Muttergottesbild!

Doch gleich darauf fuhr er vom niedrigen Fenster zurück. Ihm war, als sei durchs trennende Glas der geschlossenen Scheibe doch etwas zu ihm durchgedrungen von der verpesteten Luft da drinnen. Verletzt rümpfte sich seine Nase. Eilig lief er, bis ihn die reine Luft der freien Felder ganz umfing.

Durch die Einsamkeit tönte der zitternde Schrei

eines Brachhuhns. Wie, schon Herbst?! Unwillkürlich verlangsamte Górka jetzt wieder seinen Schritt, nahm den runden glatthaarigen Filzhut ab und ließ den Tau, der in der großen Stille hörbar tropfte, seine Stirn kühlen.

War's möglich, schrie der Brachvogel schon auf der Stoppel?! Der Sommer war vorbei, und er hatte ihn nicht gesehen, trotz Erntefeldern und Sonnenglut?!

Ein flüchtiges Bedauern huschte über das ernste Gesicht und machte dessen Züge für Augenblicke jugendlich weich. Der Mund öffnete sich und sog durstig die von Grün und Tau vollsatte Luft ein.

Ach, jetzt sich hinlegen, dort an den Rain unter die Feldblumen, die, wenn der Nachttau ihnen den Staub abgewaschen, so süß duften! Horch! Die Grillen schrillten noch immer herüber aus dem fernen Park!

Sich umwendend blickte Górka noch einmal zurück nach Chwaliborczyce. Das dunkle Herrenhaus hob sich nicht mehr ab von der dunklen Fläche; auch der Park, die Hainbuchen und die Pappeln waren zerflossen in der Nacht. Doch jetzt blinkten zwei gelbe Pünktchen auf, sie schienen heller und heller — das waren die Lichter im oberen Stock, im Zimmer der gnädigen Frau! Auf einem Nebelstrahl zitterte der Glanz, flimmernd umwoben, hinaus bis in die Felder.

Mit großen Augen starrte der junge Mann — — jetzt sitzt die Garczyńska im Sessel, bereit, sich von der Zofe das lange Haar auskämmen zu lassen! Die runden Arme des dienenden Mädchens bewegen sich zierlich — ah, und jetzt! — die zitternden Strahlen verschwanden — jetzt hat Stasia die Laden vorgelegt, ihr blonder

Kopf neigt sich hinaus mit einem leisen ‚Pst' für den sie unten erwartenden Inspektor. — — — —

Ganz dunkel ward's. Wie aus einem Traum auffahrend strich sich Górka über die taubenäßte Stirn und setzte sich den Hut auf. Nun aber rasch! Piotr Stachowiak, der Propst, würde heut schon vergeblich auf ihn gewartet und noch ein Glas Ungar mehr getrunken haben, zur Tröstung in seiner Vereinsamung.

Wie war es doch geisttötend, alle Abend bis Mitternacht mit dem Alten Karten zu spielen! Aber es half nichts, es war ja nur ein Übergang!

Raschen Schrittes eilte nun der Vikar, unbeirrt vom Spuk der Nachtebene, der den Bauer ängstigt, auf Pociecha zu.

* * *

Das blonde Mädchen hatte wirklich die Läden im Schlafzimmer der Herrin vorgelegt, aber diese schien nicht daran zu denken, sich zur Ruhe zu begeben, sehr zum Verdruß von Stasia, die unruhig hin und her trippelte. Heute war Anastasia, ihrer Heiligen Tag, und Pan Szulc, der Inspektor, wollte den mit ihr feiern. Wie lange das heut wieder dauerte! Zornig biß Stasia die Unterlippe — daß der Teufel sie alle miteinander holte, die einem im Wege waren! Aber beim armen Menschen heißt's eben immer: „Duck dich!"

„Die Nepomucena wartet schon seit einer Stunde," wagte sie endlich leise zu sagen.

„Laß sie warten!" Frau Jadwiga, die im Sessel vor ihrem Bett mit den blauen Seidengardinen saß, hob gähnend die Arme und legte sie hinter den Kopf. „Ich langweile mich, erzähle mir was!"

„Gnädige Pani sollten schlafen gehen — ich weiß nichts!"

„Ich kann nicht schlafen. Wo ist der gnädige Herr?"

„Er sitzt im Bureau. Er wird noch dem Schreiber diktieren."

Frau von Garczyńska zuckte unmutig die Schultern: „Ach, immer diese Rechnereien! Ich komme hier um. Wenn wir nur erst in Posen wären, besser noch in Warschau, am besten in Paris! Was würdest du sagen, Stasia, wenn ich dich mit nach Paris nähme? Oder sonst wohin, wenn der Herr verkauft hat!"

„Wird der gnädige Herr verkaufen?" fragte neugierig-hastig das Mädchen.

„Das gebe die heilige Mutter!"

Die Augen des jungen Mädchens funkelten: ah, das war doch noch eine Aussicht, dafür ließ man sich's schon noch eine Weile gefallen! Unterwürfig schlich sich Stasia zur Herrin heran und küßte ihr die Hand: „Ich danke der gnädigen Pani tausendmal! Gott wolle es ihr segnen millionenmal, ihr, und an dem gnädigen Herrn, und an dem gnädigen jungen Herrn, daß sie will an mich denken, wenn es ihr gut geht! Wird der gnädige Herr bald verkaufen, wenn Pani die Frage gestatten?"

„Ich weiß nicht. Ach!" Ungeduldig seufzend sprang Jadwiga auf und ging hastig hin und her. „Sie finden noch immer den geforderten Preis zu hoch. Ja" — sie lachte laut auf — „das möchten sie wohl, selber abschätzen! O nein! Wir gehen nicht ab vom Preis!

Wenn ihnen daran liegt, nun, dann sollen sie wenigstens genug zahlen, diese —!" Sie verschluckte das letzte Wort.

Die Zofe lachte leise. „Gnädige Pani lieben die Schwabby*) sehr?!"

„Wieso?" Die Garczyńska sah ihre Zofe einen Augenblick hochfahrend an, dann aber lachte sie, wie diese lachte. „Du bist ein Racker!" Doch ihr lächelndes Gesicht wurde plötzlich ernsthaft, zornig zog sie die Brauen zusammen. „Habe ich etwa besondere Ursache, sie zu lieben, he? Und du? Kam nicht deine Mutter zu mir und hat die Hände gerungen: ‚Meine Tochter lernt deutsch in der Schule, wird sie auch nicht verlernen ihre Muttersprache?' Ach, unsre Männer sind feige, kein Wort deutsch dürften sie leiden! Aber sie lassen sich ducken!"

„Ja, Pani haben keine Angst," schmeichelte Stasia. „Was wir gelernt haben, verdanken wir allein unsrer gnädigen Herrin!" Sie küßte, da sie die Hand nicht wieder erhaschen konnte, den weiten Ärmel am Negligé der Dame. „Neulich sprach erst die Michalina zu mir, als sie kam auf einen Sonntag, ihre Familie zu besuchen: ‚Das Glück, was ich gemacht, verdanke ich allein Pani von Chwaliborczyce!' Pani erinnern die Michalina, die mit den schwarzen Zöpfen, die Enkelin vom Schäfer Dudek und der Nepomucena? Sie saß neben mir im Unterricht, den gnädige Pani uns gaben. Es geht ihr sehr gut, freilich bei deutscher Herrschaft, aber —" sie zuckte die runden Schultern — „was tun? Man muß mit den Wölfen heulen!"

*) Verächtliche Bezeichnung für die Deutschen.

„Man muß mit den Wölfen heulen —" nachdenklich wiederholte die Herrin die Worte der Dienerin — „du bist klug, Stasia! Es kommt auch nichts heraus bei der offenen Feindschaft. Ich begreife oft unsre Politiker nicht. Aber ist es denn nicht auch schändlich, wie man uns unterdrückt? Uns, die wir mehr Bildung haben, mehr Vaterlandsliebe, mehr Opferfreudigkeit, mehr Mut, mehr — mehr —!" Die Stimme versagte ihr vor Erregung. Sie war ganz blaß geworden, jetzt wurde sie glühend heiß. Mit dem Fuß aufstampfend, schrie sie laut: „Und wir haben sie arglos aufgenommen, gastfreundlich in unser — ja, in unser Land! Zum Dank dafür wollen sie uns nun ausrauben, ganz herausdrängen. Aber das gelingt ihnen nicht!" Leidenschaftlich ballte sie die Hände. „Wir Frauen werden nicht müde, wir haben unsern Glauben und —" hastig vor den großen Spiegel tretend, sah sie ihr Bild vom Kopf bis zu den Füßen und lächelte dann wieder.

„Ich begreife nicht, warum Pani sich so erregen," sagte die Zofe ruhig.

„Was du verstehst!" Jadwiga kehrte sich vom Spiegel ab und gähnte laut. „Huh, diese Nachbarn, gräßlich! Man verbauert hier. Ich werde krank, langweilig, häßlich! Zum Sterben langweilig, wie die Baronowa mit den strohgelben Flechten!" Sie lachte hell auf: „Als ob sie einen Stock im Rücken hätte, so steif ist sie! Und unsre Przyborowoer Nachbarn — Gott sei uns gnädig! Er ist ein großer Bauer, weiter nichts! Haha! Kriecht dabei um einen Orden — wie alle Deutschen! Hast du gesehen, Stasia, wie betrübt er neulich die Augen auf sein leeres Knopfloch niederschlug?!"

„Unser gnädiger Herr hatte alle Orden zum Diner angelegt!“ sagte geschmeidig die Zofe.

„Ja, ja, das war ganz nett!“ Jadwiga ließ sich lachend in ihren Sessel fallen, aber dann gähnte sie wieder und sah mit einem trostlosen Ausdruck ins Leere. „Das sind aber doch nur Momente! Das Leben ist zu eintönig. Ich kann doch unmöglich, wie die Przyborowoer Frau, in hohen Stiefeln durch den Mist stapfen und höchst eigenhändig die Mägde ohrfeigen!“

„Haha, das tut sie, ja, das tut sie!“ Hell lachend schlug Stasia die Hände zusammen, und dann schwatzte sie: „Gnädige Pani wissen doch? Der Sohn, was Husar ist, der junge Rittmeister, der soll Vater sein zu der Michalina ihrem Kind. War die Michalina doch Stubenmädel in Przyborowo. Und da soll der Alte, der Herr Keszner, sie furchtbar geschimpft und ihr mit dem Stock gedroht haben — aber nur gedroht hat er. Doch die Pani hat sie beim Arme gekriegt und ihr links eine geschlagen und rechts eine. Da ist sie vor Angst gelaufen, so schnell sie konnte, und hat sich nie mehr aufs Dominium getraut. Was sagen gnädige Pani zu der Geschichte?“ Stasia stemmte die Arme in die Seiten und sah ihre Dame erwartungsvoll an; man merkte ihre Freude, ein wenig skandalieren zu können.

„So — nun, und was weiter?!“ Jadwiga gähnte anhaltend. „Man kann hier keinem Menschen was übel nehmen, dem nicht und auch dem nicht — bei dieser Langweile! Ach! Doleschal wäre noch der einzige, der passabel sein könnte!“

„Und hat er sich in die Pani verliebt?“ fragte vertraulich blinzelnd das Mädchen.

„Du bist unverschämt!“ Die Garczyńska zuckte, wie von einer unangenehmen Erinnerung berührt.

Stasia schlug die Augen nieder. „Verzeihen gnädige Pani, ich bin nicht unverschämt. Ich bin nur wißbegierig. Möchte gern wissen, ob der große Niemczycer Baron auch so leicht zuschnappt, wie so ein kleiner Schwabb. Da braucht's nur einen Blick — nur ein ganz kleines Blickchen!“ Sie lachte spitzbübisch und hob die demütig gesenkten Augen mit drolligem Ausdruck.

Die Herrin war schon wieder versöhnt.

Eine Neigung, mit der ihr Mann sie oft neckte, zog Frau von Garczyńska zu Stasia. Als Tochter des langjährigen herrschaftlichen Försters hatte diese von vornherein eine andre Stellung eingenommen als ein gewöhnlicher fremder Dienstbote. Schon die zierliche Siebenjährige war aufs Schloß gekommen; sie hatte der Pani Erdbeeren aus dem Chwaliborczycer Wald gebracht und — wenn auch Förster Frelikowski einst ‚Fröhlich‘ geheißen — zu den polnischen Kindern gehört, die den besonderen Unterricht der gnädigen Herrin genossen.

Wenn Garczyński seine Gattin mit ihrer Vorliebe für die Försterstochter neckte und Jadwiga schlechter Stimmung war, pflegte sie von einer Wüste zu sprechen, in der man einen grünen Fleck schon einen Garten nennt. Dann neckte er nicht mehr, im Gegenteil, er pflichtete ihr bei. Sie hatte recht: wie anders war es früher hier gewesen! Unbefangner der Ton, heiterer die Geselligkeit, gradezu glänzend! Man hatte sich amüsiert auf den Bällen in Posen — auf einem dieser Bälle hatte er die schöne Tochter des reichen Warschauer Bankiers kennen gelernt, dessen Reichtum weder noch dessen Katholizismus ererbt war — und auch die Kasinofeste in der Kreisstadt waren sehr angenehm gewesen. Man war eben unter sich. Aber jetzt —?! Auf dem Lande wenigstens, eingekeilt zwischen deutschen Besitzern, war es nicht möglich, exklusiv zu bleiben. Und immer näher rückte einem Plebs auf den Hals. Wer hatte sonst hier kleine Leute gekannt? Leute, die kaum zehn Hektar ihr eigen nannten — oft nicht einmal so viel — erhoben jetzt den Anspruch, wie Besitzer gegrüßt zu werden. Schmarotzend, wie Milben auf der kranken Rose, hockten die Ansiedler im Land. Unerträgliche Zustände!

Aleksander von Garczyński vergaß ganz, daß in seiner Jugendzeit Przyborowo, und vor allem Niemczyce, längst schon in deutschen Händen gewesen waren; aber er hatte das damals nicht so unliebsam empfunden. Woran lag das?!

Nun, woran es auch liegen mochte, jedenfalls jetzt so schnell wie möglich verkaufen! Und so hoch wie möglich! Wenn Garczyński an die Ansiedlungskommission dachte, fühlte er sich sehr erleichtert. Überdies waren ihm die letzten Jahre nicht günstig gewesen, und die Bank Ziemski*) würde nicht in der Lage sein, ihn so mit einem Ruck sicher hinzustellen.

Noch an diesem späten Abend beschäftigten ihn solche Gedanken. Sie beschäftigten ihn so lebhaft, daß er, trotz der Tinte an seinen Fingern und, ohne den Rock zu wechseln, der von der Nähe des Schreibers unliebsamen Duft angezogen hatte, seine Gattin aufsuchte.

*) Polnische Landbank.

Stasia konnte einen kleinen Freudenschrei kaum unterdrücken, als der gnädige Herr so unvermutet eintrat.

„Soll ich jetzt gehen und die Nepomucena wegschicken?“ sagte sie geschwind. „Sie wartet schon zwei Stunden!“

Aber sie kam so leicht nicht fort, wie sie gehofft hatte.

„Laß sie warten,“ war die Antwort. „Und du wartest auch!“

„Es ist nur Stasia,“ sagte Jadwiga zu ihrem Gatten, als sie seinen unwilligen Blick bemerkte.

„Ich möchte etwas allein mit dir besprechen!“

„Nun, so sprich doch! Wir sind ja allein. Nun? Was willst du?!“

Sich auf die Seitenlehne ihres Sessels setzend, nahm er spielend ihre Hand. Und dann sagte er ihr, daß er eben vom Schreiber habe ausrechnen lassen, daß Chwaliborczyce im Verkauf so und so viel bringen müsse, wenn der Verkauf lohnen sollte.

„Du bist eine kluge Frau, Jagusia,“ murmelte er zärtlich und küßte ihre Hand. „Und —“ er hielt an und ließ seinen Blick über sie hingleiten mit einem leichten lächelnden Nicken — „du bist eine sehr schöne Frau! Was würdest du davon halten, mein Täubchen, wenn wir die Herren von der Kommission zum Diner einlüden? Doleschal möchte ich auch dazu bitten. Er ist mir wichtig. Er ist mit der Regierung liiert; ich habe gehört, daß er erst neulich in Posen war, beim Oberpräsidenten. Ist dir's recht? Mach's echt national, mein Seelchen: Barschtsch*)

*) Rote Rübensuppe.

und Entenpotrawka und — ach, du wirst schon wissen! Und viel alten Ungar! Ich sage dir, sie trinken beim Dessert aus deinem Schuh. Sag, was hältst du davon?"

„Sehr viel," sagte sie lächelnd und lehnte den Kopf an seine Schulter. „Und dann ziehst du auch mit mir hin, wo mir's gefällt, nicht wahr, Olek?"

Er strich ihr sacht über die gelöste Frisur:

„Dein schönes Haar!"

„Laß doch!" Ärgerlich bog sie den Kopf zur Seite; es fing an in ihrem Gesicht zu zucken, als wollte sie weinen. „Verkaufe doch endlich! Was habe ich davon, wenn's zu spät ist! Sieh, hier" — sie ließ die Strähnen durch die Finger gleiten — „ich werde grau! Schon lange Fäden! Aus Kummer, aus lauter Kummer! O, unser armes Polen! Täglich gelobe ich bei der heiligen Mutter: kein Kleid aus Berlin — keinen Hut aus Wien — nicht Wiesbaden, nicht Homburg im künftigen Jahr — nicht einmal in die deutsche Konditorei zu Posen! Ach, hätte ich dich doch nicht geheiratet! Wäre ich in Warschau geblieben! Lieber unter Russen leben als in dieser langweiligen Ödenei!"

Er wollte etwas sagen, aber sie ließ ihren Mann gar nicht zu Worte kommen, heftig schrie sie ihn an: „Gedenke deiner Pflichten gegen Boleslaw! Wenn Górka von hier fortkommt, was doch gewiß bald der Fall sein wird, was dann? Dann ist alles aus! Diese Hauslehrer mit den schwarzen Nägeln, die mit allen Mägden herumliebeln — pfui, widerlich! Wir haben das doch vorher, denke ich, zur Genüge durchgemacht. Górka sagt: ‚die Zukunft Polens ist in der

Mütter Hand gegeben' — nun wohlan, ich bin eine Mutter! Und ich sage dir, wenn du nicht bald verkaufst, so ziehe ich allein mit Boleslaw in die Stadt. Ich bin es meinem einzigen Sohn und meinem Vaterland schuldig!"

Der Gatte erhob sich leise. Seine Frau auf die Schulter küssend, machte er keine weitern Unterhaltungsversuche mehr. Aber er wußte, nun konnte er getrost die Einladungskarten verschicken.

„Schlafe wohl, mein Herz! Stasia —" die Zofe fuhr auf — „rufe die Nepomucena!"

Herr von Garczyński ging wieder ins Bureau zurück, wo der todmüde Schreiber noch immer saß und jetzt krampfhaft die verschlafenen Augen aufriß. Die Einladungen wurden noch diese Nacht postfertig gemacht. —

Oben, ins Zimmer der gnädigen Frau trat derweilen die alte Nepomucena ein; ihr schneeweißes Haar war mit Fett unter die Haube gestrählt, und sie hatte sich gewaschen. Zu den Füßen der Herrin, die regungslos saß, das Gesicht in den Händen verborgen, kauerte sie nieder und begann die Pantöffelchen und Strümpfe abzuziehen. Sacht strich sie dabei über den hohen Spann und dann über die Waden, immer hinauf, herunter — und wieder: herunter, hinauf.

Seit fünfzehn Jahren, seit der Geburt des jungen Panitsch schonte die Nepomucena ihre Nägel und nahm sie in acht, daß sie nicht immer wieder abstumpften bei der Arbeit; die Pani liebte das Kratzen mit stumpfen Nägeln nicht.

Garczyński hatte seiner Frau schon mehrmals einen

hölzernen Kratzer mit langem Stiel aus Posen mitgebracht, auch ein Händchen aus Elfenbein mit spitzen Krällchen, auch ein Bürstensystem; aber das Streichen und Kratzen der alten Hand, deren Haut von der schweren Arbeit eines Lebens so rauh geworden wie ein Reibeisen, war nicht zu ersetzen.

Nun schnitt die Filomena, die Tochter der Nepomucena und die Mutter der Michalina, schon ihre Nägel spitz, denn Großmutter Nepomucena fürchtete, daß bald der Tod kommen würde, sie zu holen — und wer sollte dann die Herrin kratzen?!

Auf den schwachen Knieen liegend, bückte die alte Nepomucena ihren alten Rücken geduldig. Wie früher hinterm raschen Schnitter im Korn, so hielt sie ihn in einem fort gebeugt; sie richtete ihn gar nicht auf.

Die Uhr schlug Mitternacht, da ließ sich die Herrin ins Bett helfen. Das Gesicht nach der Wand gekehrt, auf der Seite liegend, ließ sie sich nun auch den Rücken kratzen. Immer auf, ab — ab, auf.

Stasia schlief in einem Winkel. Der hübsche Kopf war ihr hintenüber gesunken — so pflegte sie immer am Abend zu sitzen, ein Fettfleck an der rissigen Tapete bezeichnete die Stelle — sie hielt den Mund halb geöffnet und lächelte wie ein Kind im Traum.

Auch Frau Jadwiga fielen endlich die Augen zu, aber sie riß sie immer noch einmal auf und dehnte und reckte sich im überrieselnden Wohlgefühl.

Die alte Nepomucena kratzte und kratzte — die Waden, den schlanken Rücken herauf — den Rücken, die Waden herunter — auf, ab — ab, auf — hin, her — her, hin.

Mit seltsamer Kraft strömte etwas aus von diesen verarbeiteten Fingern, von dieser Hand, die noch diente an der Schwelle des Grabes.

4

Wie eine Offenbarung kam es über Herrn Kestner auf Przyborowo, als er, unter seinem Hoftor stehend, von Miasteczko her zwei Wagen in der Richtung nach Chwaliborczyce fahren sah. Sie nahmen nicht die Straße über Przyborowo-Niemczyce, sondern den viel schlechteren, aber direkteren Landweg quer durch die Felder.

Aha, also es war wirklich so, die Kommission, die heute vormittag die Parzellierungen beim Städtchen in Augenschein genommen hatte, fuhr jetzt zu Garczyński?! Ja, der Pole war ein Schlauer, der wußte es geschickt anzufangen! Und hier waren sie nicht einmal vorgekommen! Sie hatten Przyborowo links liegen lassen, als wäre das gar nicht vorhanden!

Der Przyborowoer zog die Stirn kraus: man muß eben Pole sein, um Seide zu spinnen! Diese Bevorzugungen von seiten der Regierung gingen doch wirklich zu weit: das war ja schon das reine Kokettieren!

Die Sonne blendete. Der Gutsherr trat unter die Akazie beim Hoftor, die wenigstens einigen Schatten gab, und blickte, die Hand über die Augen gelegt, hinaus auf sein Reich.

Überall Schober. Räder knarrten. Gleich über die Straße weg, drüben auf der ersten Stoppel standen drei große Weizenschober, und vier, fünf hochbepackte Erntewagen schwankten eben von weiterher noch heran, um auch hier abzuladen. Die Schober standen wie im Feuer; gleich hinter der Stoppel, die mit scharfem Rand gegen den Himmel abschnitt, stand das Riesenrund der Sonne. Als tauchten die Wagen aus der Sonne empor, so erschien es; feinem Gespinst gleich hoben sich die Speichen der Räder gegen die goldrote Scheibe, und die Rothemden, die hoch oben auf dem Korn thronten, flammten. Sie stakten die Bunde auf und schwangen sie, mit starkem Arm die Gabel hochhaltend, von oben niederwärts. Jedes Garbenbündel schwebte für Augenblicke, wie ein dunklerer Fleck, aber von einer Gloriole umstrahlt, mitten im Rund der großen Sonne, als teile die selber gütige Gaben unendlicher Fülle aus.

Der Przyborowoer rechnete: was kostete das nun wieder für Arbeitslöhne! War die Ernte geringer, brachte sie nichts ein — war sie gut, brachte sie erst recht nichts ein. Man wußte wahrhaftig nicht, um was man heutzutage bitten sollte!

Vor sich hin grämelnd stand er.

Gelächter schallte von der Stoppel herüber und dazwischen Kommandorufe des Vogtes. Beim neuen Schober tummelten sich die Arbeiter. Ein paar Abstakerinnen, die kattunenen Kopftücher tief über die Mützchen gezogen, kamen jetzt in flatternden Röcken gegen das Hoftor geweht mit dem staubigen Wind. Ihre geleerten Wasserkrüge brachten sie.

Aber mit strengem „dalli, dalli“ und in die Hände klatschend, wie man die Gänse scheucht, jagte der Herr sie zurück an die Arbeit: hier wurde nicht beim Brunnen gelungert! Kestner schüttelte den Kopf: ja, Therese hatte ganz recht, der Hoppe war gar nicht mehr auf dem Posten, seine Ohren und Augen waren nicht mehr scharf genug, die Leute tanzten ihm ja auf der Nase! Wenn der Inspektor schneidig wäre, würden auch die Vögte schneidiger sein — wie dürften die Dirnen sich sonst unterstehen, mitten aus der Arbeit fortzulaufen?! Ja, wenn man den Szulc aus Chwaliborczyce kriegen könnte! Der verstand die Bande zu nehmen!

Mit weitausholenden Tritten schritt Rittergutsbesitzer Kestner über die Straße auf die Stoppel und weiter über diese auf den neuen Schober zu. Dieser fing schon an, sich zu erheben. Die unterste Runde war bereits gelegt; in der Mitte stand ein Rothemd und ordnete die Bündel, und die Mägde fingen an, hinaufzuklettern und die Mandeln festzutrampeln. Die Knechte starrten mit lachenden Mäulern nach den vom kitzelnden Stroh zerstochenen Waden und nach dem, was sonst noch zu sehen war.

„Wlodasch!" *) brüllte der Herr mit aller Kraft. „Wlodasch!"

Der Vogt, der dem eben anrumpelnden nächsten Wagen entgegen gegangen war, kam eilig gesprungen.

„Wlodasch, daß mir hier ordentlich gerichtet wird! Setzt den Schober nicht auch wieder so schief wie die andern! Wie sieht denn das aus? — Wo ist denn der Inspektor?"

Der Vogt wußte es nicht.

Natürlich, wo wäre denn je ein Inspektor da, wo er sein sollte! Der Herr ließ die Blicke über die Endlosigkeit seiner Felder schweifen.

*) Vogt.

Aha, ganz dahinten, wo die Rübenfelder des Vorwerks einen grünen Strich unter dem Himmel zogen, tauchte jetzt etwas auf: ein krabbelndes Käferchen! So langsam, wie eine Schnecke so langsam! Man sah kaum das Sichbewegen der Pferdebeine. Wahrhaftig, nicht mal mehr reiten konnte der! Nein, nein — Kestner schüttelte energisch den Kopf — man mußte hierzuland keinen Deutschen nehmen; der Hoppe hatte sich kolossal früh verbraucht!

Mit einem »padam do nóg« knicksten die Erntearbeiter, als der gnädige Herr musternd seinen Blick über sie hingleiten ließ. Die Männer sahen rotbraun aus, kupfern wie die Indianer; das Hemd stand ihnen auf der Brust offen, die Hosen in den hohen Stiefelschäften waren bei der angestrengten Bewegung gerutscht, kaum hielt sie noch der verschabte Ledergurt, darin der Wetzstahl für die Sense steckte. Auch die Mädchen waren halb aufgelöst. Wie eine Wolke hüllte ein ätzender Schweißgeruch den Schwarm und den Schober ein.

Befriedigt nickte Kestner: die konnten arbeiten! Schafften in einer Stunde mehr als deutsche Leute in dreien!

„Wlodasch, laßt den Leuten heut die doppelte Ration geben! Auch den Weibern das Mäßchen voll!"

Der Vogt bückte sich.

„Ich falle zu Füßen!" Und dann ermunterte er mit einem Blick ringsum: „Pan Keszner gibt euch doppelt so viel Schnaps heut — dalej, dalej*), arbeitet flink! He, aufgepaßt — wir danken!" Er riß den

*) voran!

runden Hut bis zur Erde: „Daß der gnädige Herr lebe!“

Schnaps, die doppelte Ration Schnaps heut?! Alle Hüte flogen herunter. „Wir danken! Daß der gnädige Herr lebe!“

Alle Arbeitenden stimmten in den Ruf mit ein; in einem kurzen Aufjauchzen schoß das Lebehoch über den Schober. —

Als Kestner in sein Hoftor zurücktrat, prallte die Sonne noch sommerheiß; nur an den verlornen Ähren, die vor den geschlossenen Türen der Scheunen zertreten lagen, und an denen sich eine Schar von Gänsen und Enten, rotgelappter Puten und Perlhühner gütlich tat, merkte man den Herbst.

Wie ein Ungetüm stand unterm schindelgedeckten Remisendach die Lokomobile. Der Monteur aus der Kreisstadt schaffte um sie, und der Stellmacher vom Dominium leistete ihm Handlangerdienste. Morgen sollte sie hinaus und den Anfang machen auf der entferntesten Stoppel und fauchen und fressen, stöhnen und Garben schlucken, als wären's Halme, und sich so immer weiter durchfressen, immer näher heran, bis zu den letzten Weizenschobern auf der nächsten Stoppel beim Hoftor. Ärgerlich genug, daß man schon ausdreschen mußte, aber was sollte man machen?! Die Scheunen waren gestopft voll, man würde viel zu früh verkaufen müssen!

Mit hochgezogenen Augenbrauen stand der Przyborowoer vor der mit eisernen Bändern beschlagenen Tür seines Kornspeichers und besah sich das langgestreckte, das einzige massive Gebäude des Hofes vom untersten Mauerstein bis zum obersten Dachziegel. Für diesmal war's viel zu klein — und doch ein andermal wieder viel zu groß!

Die Mauer entlang, auf dem schmalen Pflasterstreifen, zwischen dessen spitzen Steinen Stechapfel wuchs und sehr viel Brennessel, saßen Weiber, den Rücken gegen die Speicherwand gelehnt, die Beine platt in den Hof hinaus gestreckt. Das waren die Frauen der Komorniks, Mütter und Großmütter, die jetzt die Kornsäcke zu flicken hatten, die von den Mäusen zernagt waren. Alle Säcke würde man brauchen.

„Dalli, dalli," sagte der Herr wieder. Sein Blick streifte die lange Reihe. Wahrhaftig, da hatte schon jede einen großen Topf bei sich stehen! Da würden sie nun sofort in den Kuhstall rennen, sowie nur die Glocke zur Melke ertönte, gierig auf ihr Deputat — keine kleine Abgabe, diese zwei Liter fette Milch täglich!

„Ksch, ksch — wollt ihr gehen?!" Ärgerlich trieb Kestner das Federvieh auseinander, das um verlorene Körner zankte. Wo war denn die Hütemagd? „Marynka, Marynka! — Unverschämtes Viehzeug, ksch, ksch!"

Schnatternd watschelten Gänse und Enten dem kleinen Pfuhl zu, der, mitten in der grasbewachsenen Narbe des ungepflasterten Hofes, wie ein rundes, tiefes Loch sich auftat, während die Hühner verängstigt umherrannten.

„Ksch, ksch, ksch!" Zornig schleuderte Kestner seinen Stock mitten unter sie — ein junges Perlhühnchen sank um und stand nicht mehr auf. Hatte er nicht schon hundertmal befohlen, das Federvieh sollte sich nicht hier bei Futterspeicher und Tennen herumtreiben?! Wie leicht, daß sie ein Loch fanden, um bequem hineinzuschlüpfen und zu fressen und zu fressen! Das verstand Therese nun eben doch nicht, im Kleinen mußte auch gespart werden. Die Ausgaben wurden zu groß, — was kosteten die Jungen nicht alles! Es war schrecklich. Sie dachten wohl gar, des Vaters Tasche wäre unerschöpflich?!

Mit einem Seufzer bückte sich der Vater und las eine Handvoll der verstreuten Ähren zusammen. Sie wie einen Strauß in der Hand haltend, blickte er, den Kopf nachdenklich wiegend, darauf nieder.

Die Hühner, die sich vom ersten Schrecken erholt hatten, kamen schon wieder dreist nach dem Futter gerannt; auch die Enten, ein blaugrüner Erpel voran, nahten mit ‚katsch, katsch'. Selbst die Tauben, die bis dahin in ihrem Schlag, der sein hölzernes Häuschen mit dem runden Durchschlupftürchen auf baumhoher Stange beim Pfuhl erhob, gegurrt hatten, ließen sich jetzt nieder vorm Scheunentor wie eine besonnte weiße Wolke.

„Marynka! He, Marynka!"

Laut hallte der Ruf über den weiten Hof und weckte das Echo, das hinterm Kuhstall wohnte. Zum Kuckuck, wo schlief denn die faule Dirne?! Natürlich, die hatte der Hoppe engagiert — wie der Inspektor, so das Gesinde! Hatte denn niemand Ohren?!

„He — pscha krew!"

Vom verborgenen Plätzchen hinter den Pferdeställen kam jetzt ein Fornal*) gestürzt. O weh, der gnädige Herr war böse! Scheu guckte der Knecht. Es war seines Amtes, draußen bei den Gespannen zu sein, aber die noch grünen Winteräpfel und die Mistbeetmelone, die er heut nacht mit dem Stróż zusammen aus dem Herrschafts-

*) Pferdeknecht.

garten geholt, kollerten ihm arg im Leibe. Sich mit beiden Händen rasch die Hose hochziehend, schnitt er ein vor Schmerz und Verlegenheit klägliches Gesicht.

Aber der gnädige Herr bemerkte es nicht. „Wo ist die Marynka — he?!"

Der Pferdeknecht atmete erleichtert auf, wenn ihm auch grade wieder ein Schneiden durch den Leib ging wie mit dem Messer. „Ah, die Marynka?! Die Marynka, da ist sie, beim Kompost!" Der Schmerz verzog sein grinsendes Gesicht, er verschwand eilig.

Auch Kestner verließ geschwind den Hof; durchs Gittertor mit den Eisenspitzen schritt er in den Garten. Dort lag hinterm Treibhaus der Komposthaufen, an dem Frau Therese die Champignons züchtete, die sie frisch oder auch in Büchsen eingemacht den Söhnen schickte.

Wollte das Frauenzimmer, die Hühnermagd, etwa auch Champignons pflücken, jetzt, wo alles draußen auf dem Felde war und sie sich unbeobachtet wähnte?! Das wäre! Ganz sacht schlich der Herr sich heran, den Stock erhoben — weiß Gott, da kniete die Diebin vorm Komposthaufen, ganz vertieft in ihre Mauserei!

„Daß dich die Kurzepluca*) hole! He, du!"

Schwer ließ der Herr seinen Stock auf die Knieende niederfallen.

Mit einem erschrockenen Aufschrei fuhr die kleine Marynka herum. Ihr Gesicht war ganz von Tränen überströmt; ein sich sträubendes, junges Perlhuhn hatte sie unter den Händen, zwischen den Zähnen hielt sie das zum Schlachten bestimmte Messer.

---

*) kurze pluca — ein Hühnergespenst.

„Werd' ich es ja schlachten, gleich, gleich!" schluchzte sie. „O, mein liebes Hühnchen, so jung und soll schon sterben! Sagt die Mamsell, gnädige Pani hat bestimmt dieses, es muß gebraten werden und fahren weit, wo ist Deutschland. Hat es gelbe Füßchen und ist so schön schwarz und weiß! Ach, Panse Keszner" — sie drückte das zitternde Huhn an ihr Kindergesicht und sah den gnädigen Herrn unter Tränen blinzelnd und bittend an: „Muß Hühnchen wirklich sterben?!"

So — hm — also Therese schickte schon wieder einen Freßkober nach Berlin? Als ob man da nicht genug zu essen kriegte! Der Junge ließ sich doch wahrlich nichts abgehen! Kestner zog die Augenbrauen hoch, aber dann sagte er unwirsch: „Dalli, dalli, laß die Pani nicht warten! Schlachte sofort das Huhn! Und hier" — er scharrte mit dem Stock — „hier gräbst du die Eingeweide ein!" Das gab guten Dung für die Champignonbrut, die wuchs dann reichlicher!

Er ging am Bienenstand und an den Spargelbeeten, die jetzt in hohen grünen Bäumchen mit roten Beeren standen, vorbei und durch das Blumenrondell zur Veranda auf der Rückseite des Wohnhauses.

Die kleine Marynka, das Messer zwischen den Zähnen, sah ihm traurig nach. Ach, armes Hühnchen! Wenn sie „put, put" gemacht, war es immer zuerst gekommen.

Unwillkürlich lockerten sich ihre Hände — mit einem Aufkrähen entwischte ihr das Huhn, fort war es, saß auf dem Gittertor und drehte äugelnd das Köpfchen, war jetzt schon drüben auf dem Hof und stob mit gespreizten Flügeln davon.

Sie war ihm nachgelaufen, die Hände ausstreckend, um es zu greifen. Über den Hof bis zur ersten Scheune hin ging die Jagd. Es ließ sich nicht fangen.

„Put, put — put, put!“ Da hielt es zutraulich an, plusterte sich auf und pickte ein Körnchen.

Heilige Maria, nein, sie konnte es nicht schlachten! Vater, Mutter waren im Himmel, Hühnchen durfte nicht auch dahin gehen!

Sich niederkauernd beim pickenden Liebling, weinte die kleine Marynka aufs neue bitterlich. Hilfesuchend irrte ihr Blick über den öden Hof. Da — sah sie recht? Wie Sonnenschein blitzte es plötzlich durch den Schleier ihrer Tränen, schnell war sie auf den Füßen, schnell zugesprungen — da lag was am Boden zwischen Unkraut und Spreu, mit gelben Füßchen und schön schwarz und weiß, und das war schon tot!

„Heilige Mutter, heilige Schutzpatronin, du hast gesehen armes Waisenkind!“ Entzückt stammelte die kleine Marynka; das Messer entglitt ihren Zähnen, flugs nahm sie es zur Hand: rasch das tote Hühnchen noch abgeschlachtet! Perlhuhn ist Perlhuhn — wer wird es merken?!

Frau Therese war beschäftigt, auf dem Tisch der geräumigen Speisekammer, hinter dem nach dem Hofe herausgehenden stark vergitterten Fenster, die Kiste für ihren Ältesten zu packen. Er hatte geschrieben, daß er einem abkommandierten Regimentskameraden ein letztes kleines Frühstück zu geben beabsichtige. Und das war so viel gemütlicher in den eigenen hübschen Räumen als bei Dressel — und auch so viel billiger, denn die Mutter schickte. Ein Korb Krebse, in Nesseln verpackt, kam morgen früh noch dazu, ‚per expreß‘ zu bestellen. Löb Scheftel hatte sich beim Haupt seiner Kinder verschworen, daß er die in der Nacht gefangenen Krebse bereit halten würde bei Morgengrauen. Dann konnte der Milchjunge sie bei ihm abholen, vielmehr besser, die beiden besorgten miteinander die Kolli zur Post, Scheftel den Milchjungen und der Milchjunge den Löb Scheftel kontrollierend.

Die Krebse aus dem See von Miasteczko hatten eine gewisse Berühmtheit im Kreis der Kameraden; Frau Therese konnte schon eine ganze Anzahl von Ansichtspostkarten aufweisen:

„Der gütigen Frau Mama unseres lieben Kestner heißen Dank!“

Die selbstbereitete Gänseleberpastete — die Mamsell hatte ein Geheimrezept — war auch nicht zu verachten, konnte neben jeder Straßburger bestehen. Die Entenpotrawka in einem hohen Steintopf, sorglich mit Pergament verbunden, brauchte nur warm gemacht zu werden; Rebhühnchen, in Weinblättern und Speckscheiben geschmort, lagen ein Dutzend bei, und für Paul, der keine Rebhühner mehr sehen konnte, wurde eben noch rasch ein ganz zartes Perlhuhn abgebraten.

Wenn nur alles gut ankam, die frischen Butterkuchen nicht zermürbten, die Ananaserdbeeren im dicken Zuckersaft und die Glaskrause mit den Rumfrüchten nicht in Scherben gingen!

Besorgt packte die Mutter, und ihr strenges Gesicht wurde weich dabei. Der gute Junge, wie würde er wieder schmunzeln! Sie sah so deutlich sein gebräuntes Gesicht mit der weißen Stirn über der roten Attila und seine lachenden Augen. Sie konnte es nicht ändern, der Husar war nun einmal ihr Verzug; nicht, daß sie den Referendar weniger geliebt hätte, aber der war ja so in der Nähe, kam fast alle Sonntag von Posen herüber — und Kornelia? Nun, die war ohnehin schon des Vaters Liebling! Frau Therese wußte, ihr Mann legte bereits zurück für eine große Mitgift.

Wenn nur der Hoppe nicht so abgängig wäre, dann würde man noch besser fahren bei den schlechten Zeiten! Solange sie selber ihren guten Augen trauen durfte, ging's ja noch an, aber wenn Gott ihr die Kraft nicht mehr ließ, was dann?! Wenn denn durchaus keiner der Söhne Przyborowo übernehmen wollte — und konnte man's ihnen verdenken, daß sie nicht auf der Klitsche verbauern, sich nicht in der Provinz vergraben wollten?! — war es das beste, zu verkaufen. Der Boden war glänzend und noch hoch in Kultur — das liebe Przyborowo, es war einem doch sehr teuer!

Frau Kestner verschloß ihre Vorratsschränke und hakte die Schlüssel in ihren Schlüsselbund; den überließ sie niemand, auch der Mamsell nur für Augenblicke. Mit dem Bewußtsein, die Kiste bis zum Rande gefüllt zu haben, schritt sie, ihre stattliche Gestalt ein wenig bückend, unter den selbstgegossenen Talglichtern her, die in langen Kränzen von der Decke baumelten, zum Ausgang.

Da hörte sie ihren Mann aufgeregt rufen:

„Therese, Therese!"

Gott verhüte, es war doch etwa keine schlechte Nachricht von den Jungen gekommen?! Eben hatte sie den Landbriefträger mit seinem Knotenstock und der umgehängten Posttasche vom Hof gehen sehen.

Sie lief ins Studierzimmer.

Kestner saß auf seinem Sofa unter dem Bildnis des Kaisers und rang nach Luft.

„Da siehst du's nun, Therese, da haben wir's — da schreibt der Paul schon wieder um Geld!“ Er legte den im ersten Ärger zerknitterten Brief vor sich auf den Tisch. „Und warum? Hahah!“ — er lachte gezwungen — „weil er jetzt, da er Rittmeister geworden ist, noch ein Pferd haben müßte. Was sagt man dazu: zwei für sich, eins für den Burschen und eins für das neue Break?! Der Junge denkt wohl, ich finde das Geld auf der Straße! Lies nur, lies!“

Sie las, las lange. Die großen steilen Schriftzüge waren leicht zu entziffern; viel stand nicht auf dem Bogen, aber sie überlegte bei jeder Zeile: war es wirklich nur wegen des neuen Pferdes, oder hatte er etwa wieder gespielt?!

Kestner stöhnte: „Da hab ich ihm was von ‚ganz leidlicher Ernte‘ geschrieben — natürlich, nun wird gleich darauf losgelebt wie ein Wilder!“

„Das kannst du nicht sagen, das ist unrecht!“ Die Mutter hielt sich den Brief dichter vor die Augen und las und las. „Er schreibt: ‚alle andern haben mindestens so viele im Stall‘!“

„Unsinn! Das soll er jemand andrem einreden — mir nicht!“

„Aber da lies doch! Es ist ihm eben nicht anders möglich!“ Theresens Stimme klang gereizt. „Baron Kramstal hat vier, Herr von Korendowski fünf, Graf Dohnat vier, Falk von Falkenstein fünf! Und der Bleichmeier hat sogar einen ganzen Rennstall! Da kann man es Paul doch wahrhaftig nicht verdenken, daß er nicht gänzlich zurückstehen will. Du mußt ein Einsehen haben, Moritz! Dann hätten wir unsern Sohn eben nicht Offizier werden lassen dürfen!“

„Ja, da hast du recht — hm, ja!“ Er nickte mehrmals rasch hintereinander. „Freilich — was sein muß — hm — muß sein!“ Den Kopf in die Hand stützend, grübelte er vor sich hin.

Therese stand ruhig und wartete. Sie wußte, er würde sich ihrer besseren Einsicht nicht verschließen. Sie würde übrigens einmal selber Hoppe vornehmen und sich informieren, was in diesem Monat einging. Ohnehin wollte sie ihm sagen, daß diese Verschwendung von Hofpersonal nicht am Platze sei. Mochten die Dirnen nur draußen mehr helfen — weibliche Arbeitskraft ist doch immer noch nicht so teuer wie männliche —, wenn zwölf zur Melke daheim blieben, war's reichlich genug. Die zwölf konnten siebzig Milchkühe bequem schaffen — mochten sie ihre Daumen brauchen! Und die Hühnermagd konnte noch die Schweine mit übernehmen — Hühner machen so gut wie keine Arbeit. Man mußte sparen an allen Enden!

Ihre scharfen Augen gingen durchs Fenster auf den Hof, dessen Breite, mit dem Tor in der Mitte, man bequem vom Studierzimmer aus übersehen konnte. Und noch weiter sah man: wie ein Bild, von den Pfosten des offenen Hoftors eingerahmt, ein Stück der Felder, sich in den Himmel verlierend.

Auf der baumlosen Fläche, dunkel gereckt, ragte am Horizont der Turm von Pociecha. So hatte man den immer gesehen all die fünfunddreißig Jahre, die man hier gewohnt! Er würde einem ordentlich fehlen. Aber daß sich da jetzt noch Ziegeldächer erhoben — wenn die Sonne darauf schien, blendeten sie — das war störend!

„Du,“ sagte Frau Kestner plötzlich und wendete sich ihrem Manne zu, „ist es wahr, daß der Niemczycer mit den Ansiedlern fraternisiert? Er soll immer hinfahren, sich um jeden Quark kümmern, als wär's seine eigene Angelegenheit. Wenn Scheftel das Fleisch in die Küche liefert, erzählt er immer der Mamsell — natürlich, der Jude ist entzückt von so was! Ich muß gestehen, ich hätte Doleschal für innerlich vornehmer gehalten. Man sieht, das Hochnäsigsein ist noch lange nicht Vornehmheit!“

„Ein Esel ist er!“ Unwirsch fuhr Kestner auf. „Proletariat ladet er uns auf den Hals! Was sollen wir mit den Leuten? Zu Arbeitern sind sie viel zu anspruchsvoll, sie hetzen uns nur unsre eignen Leute auf. Hätte sich wohl früher einer von den Hiesigen unterstanden, zu sagen: ich will nur bis acht Uhr arbeiten?! Bis die Sterne am Himmel standen, bei Mondschein noch haben unsre Sensen gemäht! Die Russen, die im Akkord sind, hauen sogar die ganze Nacht durch, wenn's sein muß. Und Sonntag, Sonntagsruhe — ei, daß dich!“ Er zog die seidene Mütze herunter, die er immer trug, sowohl im Hause als auf dem Hofe, und warf sie auf den Tisch. „Nun muß man ruhig zusehen, wie einem das ganze Getreide verpladdert!“

„Rege dich nicht auf,“ bat Therese. „Jeder vertritt eben, was er für gut hält!“

„Gut hält — gut hält! Kann ich denn tun, was ich für gut halte?! Wie ein Spürhund ist die Regierung einem auf den Hacken. Und der Doleschal macht den

Aufpasser. Ich werde es aber Paul sagen, daß mir die dicke Freundschaft mit dem nicht paßt! Wenn wir uns hier zusammenschlössen, alle an einem Strang zögen, dann möchte ich doch sehen, wer die Karre anders schöbe?! Aber Doleschal ist liiert mit dem H-K-T — seit der gegründet ist, ist alles zugespitzt. Es ist einfach nicht mehr auszuhalten!"

„Ja," sagte sie rasch, „es wäre das beste, wir verkauften, dann wissen doch auch die Kinder, woran sie sind!"

„Nun natürlich!" Er stand auf und ging an seinen Geldschrank. Umständlich schloß er auf. Und dann entnahm er einem besonderen Kästchen einen Schein. „Da, schick das dem Jungen!"

„Aber nicht von Miasteczko aus," grämelte er nach einer Pause, in der er dagestanden und starr in den noch geöffneten Geldschrank hineingeguckt hatte. „Es wird sonst gleich ruchbar. Ich mag nicht, daß sie wissen, was ich verschicke. Man wird so wie so immer überschätzt!"

„Ich werde morgen nach der Kreisstadt fahren — schade, daß es heute zu spät ist! — und von da schicken, per eingeschriebenen Brief. Bei der Gelegenheit fahre ich bei der Landrätin vor; ich will ihre Kinder in den Herbstferien zu uns heraus laden."

„Die Kinder — in den Ferien?" Sein Gesicht wurde lang. „Muß das sein?!"

„Ich bitte dich, Moritz, es muß nicht grade sein, aber" — eine kleine, ungeduldige Röte stieg in ihr Gesicht — „wenn wir verkaufen wollen! Und — da es mir gerade einfällt —, du hättest auch längst mal einen Besuch bei Doleschal machen können! Garczynski ist zehnmal klüger — neulich sollen sie sogar zusammen spazieren gefahren sein. Das weißt du doch selbst ganz gut, wie man sich heutzutage dazuhalten muß!"

„Gott weiß es — das muß man!" Er stieß einen tiefen Seufzer aus.

Über den Hof kam jetzt der Inspektor Hoppe. Breitbeinig ging er, man sah's, er war steif vom Reiten.

Therese, die schon im Gehen begriffen war, zögerte noch. Da konnte sie ihm ja gleich wegen morgen sagen!

Hoppe trat zugleich mit seinem Klopfen ein; mit den schweren, vom Ackerstaub wie mit grauem Mehl besiebten Stiefeln tappste er achtlos in die Stube.

Ein unwilliger Blick der Gutsherrin traf ihn: hatte der denn noch immer nicht gelernt, eine saubere Diele zu schonen? Womöglich lief er so auf den Teppich! Und nicht einmal die Mütze nahm er ab!

Die Miene des Inspektors war erregt, die Zornesader seiner Stirn dick geschwollen; aber um den Mund lag Bekümmernis. „Herr Kestner," sagte er hastig, „kommen Sie doch, bitte, mal 'raus! Herr Kestner, beim neuen Schober machen sie Skandal!"

„Wo, wer? Ach was!" Ungläubig sah ihn der Herr an.

Frau Therese lächelte ein wenig spöttisch: da wurde mal wieder aus der Mücke ein Elefant gemacht!

„Herr Hoppe," sagte sie, „ich brauche morgen den Landauer. Bitte, um zwei Uhr! Und schicken Sie gefälligst den Milchwagen statt um vier schon um drei Uhr nach Miasteczko. Eine Kiste muß zur Frühpost zurecht kommen!"

Er hörte sie gar nicht. „Sie glauben es nicht, Herr Kestner?! Sehen Sie!“ Er nahm die Mütze ab. Über den grauen Kopf, mitten herüber, lief eine tüchtige Schmarre; das Blut war geronnen und hatte ringsum die Haare verklebt. Der wetterharte Mann schloß einen Moment wie im Schmerz die Augen, und dann machte er sie groß und vorwurfsvoll auf. „Sie haben den Leuten die doppelte Ration Schnaps geben lassen, Herr Kestner! Auch den Weibern! Nun sind sie aus Rand und Band. Halb acht Uhr Arbeitsschluß wollen sie jetzt haben. Der Vogt hat mich zu Hilfe gerufen, er ist ihnen nicht gewachsen.“

„Und Sie auch nicht,“ brüllte der Przyborowoer. „Dummes Zeug! Warum haben Sie nicht drunter gehauen?“

„Ich habe.“

„Aber wie! Ich weiß ja, es widerstrebt Ihnen. Sonst wäre die Sache sofort erledigt gewesen! Also heute abend gibt's keinen Gurkensalat fürs Gesinde und die saure Milch pur zu den Kartoffeln! Und den Komorniks erlaube ich es nicht mehr, eine Sau zu halten, wenn sie nicht kuschen. Über den Scheffel Weizen reden wir auch noch einen Ton zusammen. Und den Wanderarbeitern, den Russen, sagen Sie nur: pascholl! Einfach: pascholl!“

„Herr Kestner, wir brauchen aber die Leute — alle Leute!“

„Ach was! Offner Aufruhr — was wollen Sie denn?“ Er zeigte auf des Inspektors blutrünstige Schmarre. „Sie sind Zeuge. Na, die haben Ihnen ja ordentlich eins ausgewischt! Mütze vom Kopf 'runter geschlagen, und dann mit der Gabel gestochen — was? Und die Weiber waren natürlich die tollsten! Haha, kenne ich! Auf mich sind auch schon mal ein paar Abstakerinnen losgegangen — wegen 'ner Lappalie, sozusagen aus Übermut — ich habe sie aber umgeritten, und nachher waren wir gut Freund. Wie die Kinder sind sie, wie die Kinder. Nicht wahr, Therese?"

Frau Kestner nickte stumm. Sie ärgerte sich über den Inspektor.

Der Gutsherr hatte sich nach und nach beruhigt. „Keine Sorge, Hoppe, die Kerle laufen nicht fort — wohin sollen sie denn auch jetzt? Nur immer gedroht: Ruhe, sonst pascholl! Ich brauche nur zur nächsten Behörde zu schicken, und — eins, zwei, drei — über die Grenze sind sie per Schub!"

Der Inspektor sah vor sich nieder; er ging noch nicht, es kämpfte noch in seinem Gesicht. „Wenn die Weiber wenigstens um halb acht aufhören dürften! Es sind Mütter darunter von ganz kleinen Kindern. Und die Arbeit ist schwer!"

„Lieber Hoppe, tun Sie mir den Gefallen," — verdrießlich faßte sich der Przyborowoer an die Stirn — „kommen Sie mir nicht mit d e n Geschichten! Die Leute sind an Arbeit gewöhnt. Um acht Feierabend! Nicht früher! Sagen Sie ihnen das! Die Leute müssen eben 'ran, jede Minute ist kostbar!"

Schwerfällig wandte sich der Inspektor zur Tür.

„Bitte, einen Augenblick!" Frau Kestner hielt ihn noch zurück. „Also der Milchwagen fährt morgen um drei statt um vier, nicht wahr?"

„Schon um drei?! Gnädige Frau," — er sah sie

verdutzt an — „dann müßten die Mägde ja schon um zwei in der Frühe zur Melke aufstehen?"

„Es muß unbedingt etwas zur ersten Früh-Post zurecht kommen!" Die helle Röte stieg ihr ins Gesicht, und der Ton, in dem sie jetzt sagte: „Um zwei nachmittags den Landauer mit den beiden Füchsen für mich!" hatte nichts mehr von einer Bitte an sich.

Sie sah nach ihrem Manne hin: würde der den Inspektor nicht zurechtweisen?

Hoppe hatte einen ungeschickten Abschieds-Diener gemacht, aber er blieb noch immer stehen wie angewurzelt. „Herr Kestner," sagte er jetzt leise, aber es zitterte etwas in seiner Stimme, „könnte die gnädige Frau nicht vielleicht an einem andern Tag fahren? Muß es grade morgen sein?! Die Gespanne haben dringend zu tun. Das Wetter droht umzuschlagen. Ich brauche alle Pferde — auch die Kutschpferde — sie müssen eben 'ran, jede Minute ist kostbar!"

Kestner zögerte; der Einwand leuchtete ihm ein, Frau Therese sah's an seiner gerunzelten Stirn und dem verlegenen Blick. So mahnte sie schnell — der Schein brannte sie förmlich in der Tasche —: „Moritz, bedenke, Paul wartet!" Und dann sagte sie, mit einem verabschiedenden Neigen des Kopfes: „Überhaupt Feldarbeit ist viel zu schwer für die Füchse, die müssen geschont werden!"

5

Wie der Inspektor auf Przyborowo gefürchtet hatte, so war es bald danach eingetroffen. Das Wetter war völlig umgeschlagen. Regen hatte der Lokomobile den Atem ausgeblasen, tot stand sie unterm Schuppendach.

Landregen. Regen am Morgen, Regen am Mittag, Regen am Abend, Regen den ganzen Tag. Und Regen die ganze Nacht. Er trommelte nicht auf die Dächer im plötzlichen Guß, hart und heftig; nein, friedlich rauschte er, gleichmäßig sacht wie stilles Meer, das an Inseln wäscht.

Alle Höfe sind spiegelnde Seen, die Ställe nur watend zu erreichen; selbst der Herrenhäuser Treppenstufen bis hoch hinauf bespült. Aus allen Dachrinnen gießen Bäche, schwimmenden Blumentellern gleichen die Rondelle der Gärten, tiefgeneigt, beschwert von den Himmelsfluten sind die Bäume des Parkes. Von Nässe dampfen die Hütten der Komorniks, der Rauch der Schlöte ist niedergedrückt von der schweren Luft, der Acker weich zum Versinken. Zähschlammiges, mooriges Land sind Wege und Pfade, kein Vorwärtskommen gibt's für die Räder, keinen festen Grund für den Fuß. Wasserschleier liegen über Stoppel- und Rübenfeldern; fast ertrunken sind die Rebhühner und jungen Häschen, die

Schutz gesucht haben in den Furchen. Lastende, einschläfernde Regenmüdigkeit liegt über Ansiedlung und Dorf. Kein Ton erklingt auf den Feldern, kein Zuruf, kein Peitschenknall; nur die Glocke im Turm von Pociecha-Dorf ruft.

Der Przyborowoer stand am Fenster seines Studierzimmers und sah durchs Hoftor hinaus in die Wasserweite. Seine Ernte war drin, Gott sei Dank! Was die Scheuern nicht zu fassen vermocht, das stand draußen in den Schobern, geborgen unter strohernem Schutzdach. Und für die Rüben war der Regen sogar sehr erwünscht, jämmerlich schlapp hatten die gehangen; jetzt aber standen sie aufgereckt, glänzend und frisch grün mit ihren erquickten Blättern. Seit den letzten drei Tagen sah man sie wachsen. Nur nicht zu lange durfte der Regen anhalten, ja nicht zu lange! Ob der Chwaliborczycer auch alles drin hatte? Und der Niemczycer?!

Ein behagliches Lächeln glitt über Kestners Gesicht: der Niemczycer sollte ja noch was draußen haben in Mandeln — na, das konnte er wohl in den Schornstein schreiben! Nun zeigte es sich mal wieder, was bei dem früh Feierabendmachen herauskommt und auch, was ein Landwirt, der auf dem Platze ist, zu leisten imstande ist! Freilich, der da oben — er sandte einen Blick hinauf zum Himmel, der dicht und gleichfarben wie ein Sack tief niederhing — der mußte seinen Segen dazu geben!

Noch kein Schieben in den Wolken?! Donnerwetter, da mußte sich aber doch bald der Ostwind aufmachen und klären, sonst kriegten die Rüben zu viel Wasser. Und die Kartoffeln, — sorgenvoll schaute der Landwirt auf einmal drein — an die durfte man gar nicht denken! Die faulten sicher! Ein Hundewetter war's, ein ganz miserables Hundewetter, zum Verzweifeln!

Mit finsterem Blick ging Kestner zur Stubentür, und dann auch zur Haustür hinaus und stapfte, trotz des strömenden Regens, mitten durch hochaufspritzende Pfützen zum Hoftor. Unter der triefenden Akazie hielt er Umschau: trostlos, keine Besserung zu hoffen! Niemczyce ganz verhangen, nicht mal der Lysa Góra zu sehen! Auch gegen Chwaliborczyce zu war alles grau. Na, die Garczyńskis würden sich auch schön langweilen! Es war vielleicht ganz angebracht, heute nachmittag zu ihnen hinüber zu fahren — die Füchse würden schon durchkommen. Was mochte der Pole wohl neulich bei der Kommission erreicht haben? Ob sie schon miteinander einig waren? — — Wirklich, freundnachbarlicher Besuch war noch die einzige Rettung bei dieser Sündflut! —

‚Wie bei der Sündflut', so dachte auch die Garczyńska. Sie stand am Fenster und sah hinaus, umflorten Auges. Was sollte sie beginnen, womit sich die Zeit vertreiben?! Das Rauschen des Regens hatte ihren leisen Schlaf gestört, früher als sonst war sie aufgewacht. Sie hatte gefrühstückt, Klavier gespielt — o wie langweilig! — sie hatte sich von Stasia etwas erzählen lassen, dann im Missionsbuch der Redemptoristen-Patres gelesen, das Górka ihr gebracht, auch im neuesten Sienkiewicz geblättert, den er ihr empfohlen — ach, auch ‚Quo vadis' langweilte sie heut. Draußen war eine Wasserwüste, und alles öde, öde, öde.

Sie gähnte. Ein Wind hatte sich plötzlich aufgemacht und schüttelte die schon lang nicht mehr ausgeholzten Wipfel des Parkes, daß dürre Zweige prasselten.

Ha, auch so schütteln und rütteln können! Hei, der Wind hatte Gewalt — sieh, jetzt mußte sich der schlanke Stamm beugen, der dort ganz allein stand und sich nicht an andre Bäume lehnte! Krach — hei, nieder mit ihm auf die Kniee! Auf die Kniee!

Ein grausames und doch wollüstig-weiches Lächeln öffnete die Lippen der Dame. In der nervösen Unruhe, die sie immer peinigte, wenn draußen stark der Wind ging, eilte sie von Fenster zu Fenster. Noch immer nichts zu sehen! Doch da — halt — was zeigte sich da auf dem Łysa Góra, dessen Kopf sich jetzt eben aus Regenschleiern wickelte? Neben der einsamen Kiefer, die man immer dort ragen sah, flatterte heute etwas in der bewegten Luft, nickte, wehte, winkte wie ein Gruß. Ein Gruß!

Ihr matter Blick belebte sich plötzlich, die Augen bekamen Glanz. So nah schien ihr heute der Berg gerückt — sie streckte die Hände aus — und dahinter lag Niemczyce! Heute bei dem schlechten Wetter würde der Baron gewiß zu Hause sein, heute traf man ihn auch daheim, nicht bloß die langweilige blonde Frau!

Jadwiga öffnete das Fenster, nicht achtend, daß der Regen die vielen Wellen ihres Haares verdarb, die Stasia so sorgfältig gebrannt hatte. Sie strengte die Augen an: was, was ließ denn nur der Baron da oben wehen? Wem galt das Zeichen?! Ah — eine jähe Enttäuschung legte sich über ihre Züge — eine Fahne war es, schwarz-weiß-rot!

„Pfui!" Zornig klirrte die Garczyńska das Fenster zu. Daß ihr das auch nicht eingefallen war! Heute war ja der Tag, jener Tag, an dem die Deutschen einst den französischen Kaiser gefangen hatten. Und den feierte der deutsche Baron wieder — wie geschmacklos! — und gab der Nachbarschaft ein Ärgernis.

Heftig riß sie am Klingelzug. Als Stasia kam, ließ sie sich ein schwarzes Kleid bringen, ein Trauerkleid mit Crepe — sie hatte es unlängst um ihre Mutter getragen — und legte es heute wieder an und hatte heute auch Tränen in den Augen.

* * *

Die Garczyńska hatte recht gesehen, auf dem nackten Sandbuckel des Lysa Góra wehte die deutsche Fahne.

Doleschal hatte sie aufrichten lassen, trotzdem es eine große Mühe gewesen war, die Stange in dem vom Regen unterspülten, rutschenden Sand festzurammen. Er selbst war mit den Arbeitern hinaufgegangen. Und als sie nun die Arbeit vollbracht — selbst der deutsche Stellmacher Krauz hatte im strömenden Regen dabei geflucht — war er allein noch oben geblieben.

Schlapp hing der Wimpel an der Stange nieder, schwer von Nässe; aber nun kam hilfreich ein Wind, hob mit starkem Atem das Tuch in die Höhe und blähte es lustig. Die deutsche Fahne flaggte vom Hügel weit ins flache Land.

Hanns-Martin hatte den Arm um die Stange geschlungen. Ihm war, als müßte er, wie einst als Knabe, fröhlich die Mütze vom Kopf reißen und sie mit „Hurra' schwenken.

Siehe, es hatte genug geregnet! Auseinanderweichend zeigte plötzlich das Wolkengefüge, das so undurchdringlich geschienen, einen fein-blauen Streif. Es war doch kein Landregen gewesen, nur der Nachregen eines Gewitters, das irgendwo fern niedergegangen. Schon hoben sich die schweren Nebel von den Äckern, zerrissen vom stöbernden Ost. Es war kühler geworden, fast kalt, aber wie lange noch, und die Sonne würde auch wieder kommen und wärmen. Wind und Sonne, die trocknen rasch.

Der Niemczycer drehte den Kopf nach der Richtung, wo er seine letzten Mandeln liegen wußte. Morgen wurden die umgestellt, heute nicht; heute war Festtag, Ruhetag wie ein Sonntag! Nun, die paar Mandeln würden ja auch noch trocken hereinkommen!

In einem Gefühl großer Sicherheit sah er zu dem sich immer mehr und mehr lichtenden Himmel auf, und dann hinaus ins weite Land, in die Riesenebene bis gen Rußland und dann zurück auf sein Deutschau. Schöner lag kein andres Herrenhaus und auch stolzer keins auf vorgeschobenem Posten!

Es war eine Verantwortung, die der Vater, der jetzt längst am See unterm Stein schlief, mit Deutschau auf seine Seele gelegt; aber auch eine Genugtuung. Damals freilich, als der Tod des Vaters ihn jäh vom Regiment abberufen, hatte er nur die Verantwortung gefühlt — achtundzwanzig Jahre, so jung noch, und ein so großes Gut und so ernste Zeiten! Aber jetzt? Zwölf Jahre seitdem allein gewirtschaftet und jeden Fußbreit Erde lieben gelernt, noch ganz anders lieben, als der Knabe den Boden geliebt, auf dem er gespielt. Hatte er doch darum gekämpft in Sonnenschein und Regen, in hellen und dunklen Tagen, in guten und schlechten Ernten, gekämpft auch darum gegen Böswilligkeit und Unverstand! Ja, die Zeiten waren noch dieselben geblieben, immer noch ernst, dem Anschein nach jetzt fast wirrer noch, aber — Gott sei Dank! — es waren Männer aufgestanden, die die Fahne des Deutschtums hochhielten, unentwegt!

In einem jäh aufwallenden Gefühl schossen ihm Tränen in die Augen, aber er wischte sie hastig weg. Pfui, ein Mann auf der Höhe des Lebens und noch weinerlich wie das Jungchen, das Pelasia einst an der Windel gegängelt?! Mochte man ihn lieber für kalt halten und für hochmütig dazu — er wußte es, Paul Kestner hatte es ihm lachend erzählt —, lieber dafür gelten, als aller Welt zeigen, wie empfindlich man ist, schier überempfindlich, zum Darunterleiden! Selbst Helene durfte nicht alles merken — war es Rücksicht, war es eine gewisse Scham? — ach, nur ja nicht an alles rühren, es war ihm peinlich, wenn sie auch seine Frau war und dazu eine Frau, wie es keine zweite mehr auf Erden gab!

Mit einer tief innerlichen Begeisterung dachte er ihrer. Das hätte er selber nicht geahnt, als er sich damals auf seinem letzten Hofball in das schüchterne, blonde Landfräulein mit der herben Jugendsprödigkeit verliebte, daß er so glücklich werden würde! Die herbe Jugend war mütterliche Weichheit geworden, die mädchenhafte Schüchternheit vornehme Zurückhaltung.

„Meine Frau! Meine Kinder!“ Er sagte es innig vor sich hin. Die Fahnenstange loslassend, fügten sich seine Hände ineinander. Wäre es nicht recht und billig, heute nachmittag, wenn alle, Männer und Weiber, Knechte und Mägde und hintennach noch die Kinder, wenn alle, alle kamen im höchsten Putz, die Erntekrone zu bringen, und er dann von der Freitreppe ihnen entgegentrat, auf die zu deuten, die neben ihm stand? Hinzurufen über all die lauschend gereckten Köpfe:

‚Wem ein tugendsam Weib bescheret ist, die ist viel edler denn die köstlichsten Perlen!'

Und wenn dann alle gaffen würden mit verdutzten Blicken, die Mäuler offen, dann müßte er weiter sagen von der Frau, die ihrem Manne Liebes tut und kein Leid ihr Lebenlang, die mit Wolle und Flachs umgehet und Garn arbeitet mit ihren Händen, die vor Tags aufsteht und Speise gibt ihrem Hause und Essen ihren Dirnen, die an den Acker denket und gürtet ihre Lenden mit Kraft, die ihre Hände ausbreitet den Armen und reicht ihre Hand dem Dürftigen — die ihren Mund auftut zu holdseliger Lehre, daß ihre Söhne aufstehen und preisen sie selig!

Er lächelte: und die Krone reichen würde er ihr, die — ach nein, das blieb doch besser ungesagt! Sie würden ihn ja auch gar nicht verstehen.

Aber von anderm wollte er zu ihnen reden, das ihm gleich teuer am Herzen lag. Nicht umsonst hatte er den letzten Augustsonntag, den hergebrachten Tag des Erntefestes verstreichen lassen und den heutigen gewählt — Sedan! Wann konnten Deutsche wohl je freudiger singen: ‚Nun danket alle Gott'!?

Heiter summend stieg der Niemczycer vom Hügel herab. —

Es wurde ein Sonnentag, als hätte der Morgen nicht noch mit nassen Füßen im Schmutz gestanden. Als am frühen Nachmittag die Niemczycer in den Hof einzogen, der älteste Vogt, auf hoher Stange die bändergeschmückte Erntekrone tragend, voran, tanzten Sonnenkringel über die in aller Eile aufgeschlagenen Bänke und Tische. Hier auf dem Hof sollten sie feiern, nicht im Krug, so wollte es der Herr.

Er selber stand mit der Frau auf der Freitreppe. Helene lächelte glücklich. An ihr Kleid drängten sich die Knaben, alle stramm in blauen Matrosenanzügen, nur der kleinste trug noch sein weißes Mädchenröckchen. Fünf Knaben — und doch sprach die Rosalka, des Vormähers Kurek hübsche Tochter:

„Wir wünschen der Pani 'nen goldenen Tisch,
An allen vier Ecken gebratenen Fisch,
Wir wünschen der Pani 'ne goldene Kron,
Und übers Jahr einen jungen Herrn Sohn!"

Die hübsche Rosalka in der weißen Tüllschürze, viele Bernstein- und Korallenperlen um den Hals, unzählige flatternde Bänder über dem Rücken, stammelte, blutrot im Gesicht, mit ungelenker Zunge die mühsam erlernten Verse; hart klang das Deutsch in ihrem Mund und die ‚r's' rollten.

Aber Helene erklang der schon oft gehörte Reim heute lieblicher denn je, und das schneeweiße Huhn mit den rosenroten Bändern um die Flügel und dem Goldschaum auf dem Köpfchen, das ihr das Mädchen mit Knicksen bot, hatte ihr nie so hübsch gedeucht.

Jubelnd empfingen die Knaben ihre geschmückten Täubchen; der älteste aber, der zukünftige Herr, hielt stolz seinen buntschillernden Gockel.

Der erste Vogt hatte vor dem gnädigen Herrn das Knie gebeugt:

„Nach den schweren Erntetagen,
Hab die Ehr, ein Wünschchen ich zu sagen —“

— — — — — — — — — — — — — — — — —

Der Mann schwitzte; erklang nur irgendwo ein Räuspern oder Fußscharren, so kam er aus dem Konzept. Die schon oft gelernten Reime machten ihm jedes Jahr wieder neue unüberwindliche Schwierigkeiten.

„Wir wünschen dem Herrn für sein ferner Leben
Viel Glück und reichen Erntesegen!
Nehm' er die Krone als Unterpfand
Aus einer braunen Schnitterhand!“

Nun war er glücklich zu Ende.

Freundlich ernst schauten die Herrschaften drein. Helenens Blicke suchten die ihres Mannes. Eine tiefe Befriedigung kam über sie beide, und ihre Herzen waren voll Dank: wieder ein Erntefest, golden der Tag, golden die Ähren der Erntekrone!

Die Krone war schier ein Wunderwerk. Die alte Nepomucena, des Dudek Frau, war eine Meisterin in der Kunst des Kronenwindens. Kein Gut in der Runde — ob polnisch, ob deutsch —, dem sie nicht die Erntekrone flocht; schon wenn das Korn noch Saat war, erhielt sie die Bestellungen. Diesmal aber hatte sie sich selbst übertroffen.

Drei Reihen von tieffarbenen Weizenähren übereinander, durch Stäbe in hellerem Roggen- und Gerstengelb verbunden, umzittert von den vergoldeten Samenkapseln des Flachses und den schlanken Tropfen des Hafers, bildeten die Krone. Die Krone der Kronen war ihr hierdurch geglückt — die Form der Tiara. Selbst das Kreuzchen fehlte nicht oben darauf, von roten Beeren gereiht. Stolz streckte der Vogt das Meisterwerk dem Herrn entgegen.

Eine plötzliche Verstimmung legte sich über des Gutsherrn Gesicht; unter zusammengezogenen Brauen sah er auf die Krone.

Fragend, um Ausrufe der Bewunderung betrogen, starrten ihn seine Leute an: warum gefiel sie dem gnädigen Herrn denn nicht, war sie nicht schön, trug wohl der heilige Vater eine schönere auf seinem heiligen Haupte?!

Da gab Doleschal sie rasch seinem Ältesten, daß er sie hineintrage. Und wie sie ihm aus den Augen war, war auch die Verstimmung fort. Gewiß, die diesjährige Erntekrone war schön, sehr schön! Flatterten doch auch lustige bunte Bänder von ihrem untersten Rand; und sie sollte auch wieder an Stelle der vorjährigen überm Eingang zu seinem Zimmer prangen. Ja, die Leute hatten es sehr gut gemeint!

Und er dankte ihnen. Seine Stimme schallte von der Freitreppe hinunter über den Hof und klang deutlich bis hinüber zu den Wirtschaftsgebäuden. Mochten es alle hören! Die Türen der Ställe standen offen; das Muhen des Rindviehs hörte auf, beim schläfrigen Wiederkäuen gestört von der lauten Stimme.

„Leute, ich danke euch! Wie schon manches Jahr, so auch in diesem. Gott hat mir eine gute Ernte gegeben. Der Winterroggen lohnt gut. Auch die Sommerung ist gut; wir haben schwereren Weizen gehabt als andre Jahre. Die Einsaat ist famos aufgegangen. Die Rübenaussichten sind vielversprechend. Das verdanke ich — nächst Gott — eurem Fleiß! Ihr habt euch für mich gemüht in Sonne und Regen. Und ich —"

er hielt an, mit einem glänzenden Blick sah er sich ringsum —

„ich habe mich auch für euch gemüht, euer Wohl habe ich mir allezeit angelegen sein lassen!

Die patriarchalischen Zeiten sind vorbei, hört man sagen. Das ist in vielem auch gut. Ihr seid freie Leute geworden. Ihr braucht nicht mehr zu scharwerken wie früher. Ihr bekommt nicht nur Naturallohn, ihr bekommt auch festgesetztes Geld. Ihr habt eure große Stube und Kammer, euren Stall, Bodenraum und Keller. Ihr könnt euch im Gartenland Gemüse bauen und Kartoffeln in eurem Stück Acker. Auch eine Kuh, noch neben dem Schwein, zu halten, ist euch gestattet. Ihr braucht nicht mehr dem Herrn mit Zittern zu dienen — nur noch Vertrauen verlange ich von euch und gebe euch das meine dafür wieder. Und wem verdankt ihr das alles?"

Er hielt wieder an und ließ seinen Blick suchend von Mann zu Mann gehen.

Mit gesenkten Köpfen standen die Leute und hörten zu, stumpf-ergeben wie in der Kirche. Kein aufstrahlendes Gegenblicken des Verständnisses war zu finden.

Aber das verwunderte ihn nicht; so war es ihre Art, er wollte sie schon aufrütteln. Und mit stärker erhobener Stimme fuhr er fort:

„Wem ihr das verdankt?! Euren Wohlstand, euer Behagen, menschenwürdige Wohnung, Schule für eure Kinder, daß sie lesen und schreiben lernen und ihr Fortkommen finden auf der Welt?! Nun ich will es euch sagen: dem —"

Das Herz schlug ihm, es versetzte ihm fast den Atem, als er's aussprach, laut und fest und doch wie mit einer stillen Andächtigkeit:

„Dem Deutschtum! Daß ihr's nun wißt und behaltet! Ich sage es euch mit Absicht heute an dem Tage, der unser Vaterland vor nun mehr als fünfundzwanzig Jahren groß gemacht hat und den Erbfeind in unsre Hand gegeben hat. Mit dem Erbfeind meine ich jetzt den Franzosenkaiser, denn es gibt noch einen — einen andern —"

Er stockte plötzlich. Ein Blick Helenens hatte ihn getroffen, überrascht, fast erschrocken, warnend zugleich. Fürchtete sie etwas Unbesonnenes?! Nun ja, es mochte besser sein, sich nicht hinreißen zu lassen! So verschluckte er den Rest des Satzes. Sich räuspernd, sprach er dann, aber mit einer gewissen Strenge und die Stirn zusammenziehend:

„Ich will euch nur noch sagen, daß ihr immer ans Deutschsein denken sollt, ans Deutschsein denken m ü ß t. Ihr sollt es aber nicht nur s e i n, ihr sollt es auch b l e i b e n. Die meisten von euch tragen polnische Namen — ich weiß wohl — aber was tut das? Im Herzen seid ihr deutsch!

Auf dem Lysa Góra weht die Fahne, schwarz-weiß-rot — ‚Niemczyce' ist zu ‚Deutschau' geworden! Unser allergnädigster Herr und König, dem eure Söhne mit derselben Begeisterung dienen werden, wie ich die Ehre hatte, ihm zu dienen, und meine Söhne ihm dienen werden — der Kaiser von Deutschland, u n s e r Kaiser: Hurra!"

Jauchzend riefen's die Knaben dem Vater nach:

„Hurra, hurra, hurra!"

Auch die Leute stimmten mit ein, wie die Herde dem Leittier folgend; aber ihr Hurra hatte kein Mark, matt fiel es zu Boden.

Doleschal merkte es nicht, er hörte seine Söhne so hell um sich. Sein Blick war wieder freudig geworden. Mit kräftiger Stimme intonierte er den Choral, der auf Deutschau gesungen worden war, am gleichen Fest in gleicher Weise, so lange er zurückdenken konnte.

„Nun danket alle Gott,
Mit Herzen, Mund und Händen!"

Helenens hoher Sopran fing hell an zu schweben, die Knaben strebten der Mutter nach; doch der Gesang der Leute fiel auseinander. Ein paar rauhe Bässe veruchten zwar mitzuhalten, die Melodie war ihnen geläufig, aber der Text nicht, so fielen sie polnisch ein; die Weiber, deren einige anfänglich nachgezetert hatten, schwiegen bald gänzlich. Ein unharmonisches Durcheinander, vor dem das Vieh, das laut dreinbrüllte, keine Scheu mehr trug, stieg zum Himmel auf.

Aber unbeirrt, aus allen Kräften, aus ganzer Seele sang Hanns-Martin von Doleschal mit den Seinen — alle Verse.

Und dann, die Hand seiner Frau fassend, rief er froh erregt: „Geht nun und feiert! Trinkt, eßt, tanzt! Man wird euch Kaffee und Kuchen, Semmeln und Würste und Bier geben, so viel ihr mögt. Aber ich bitte, freut euch mit Maßen! Wir wollen uns alle freuen. — So!“ - Die Vögte zu sich heranwinkend, übergab er ihnen das Geldgeschenk zur Verteilung.

Der Sprecher zog tief den Hut und winkte den andern zu: „Unser gnädiger Herr und die gnädige Herrin und die jungen gnädigen Herren, — daß sie leben hoch!“

„Hoch, hoch, hoch!“

Dieser Ruf hatte mehr Kraft; er schmetterte so laut, daß das ‚Niech żyje Polska‘*), das plötzlich verstohlen von der hintersten Reihe her erklang, nicht das Ohr des Herrn erreichte. — —

Über den Hof flatterten die bunten Bänder. Die Ciotka**), die Witwe von Sierakowski, dem Dorfmusikanten, die dessen einzige Erbschaft, die Baßgeige, angetreten hatte, saß auf der umgestülpten Tonne, das Ungetüm zwischen den Knieen, und strich wacker drauf los.

*) Es lebe Polen! **) Tantchen.

Ignaz Ruda, der Lehrer von Pociecha, kratzte die erste Violine; Krzywousty, das Schiefmaul, blies das Horn, und Kurek, das Hähnchen, der Mann ohne Nase, ein kleiner, halb närrischer, immer lachender Alter, spielte den Dudelsack.

Himmlische Musik! Aller Augen funkelten. Sie spielten den Krakowiak — was war schöner als der?!

„Wlodasch, laßt Eure Alte sitzen, versucht's mit 'ner Jungen, da geht's besser!"

„Grykasch, tritt du mit der Magdusia an! Lukasch, nimm die Malgosia!"

„He, he, angetreten, stellt euch auf! Dalej, dalej!"

„Komm, Krajutsch, tanz mit mir," rief die Zosia, die Tochter des Dwornik vom Vorwerk, ihrem Liebsten, dem Stellmacher Krauz zu; sie hatte ihn längst den Krakowiak tanzen gelehrt.

Die Fornals faßten die Melkmägde um, der Schmied nahm die Gänsemagd, der Schafmeister die Gesindeköchin; Schnitter und Schnitterinnen paarten sich. Der Gärtner suchte sich was Feineres aus, die hübsche Rosalka, die den Reim gesprochen, kam ihm gerade recht.

Jeder Tänzer schlägt den langschößigen Rock über den Arm und packt seine Tänzerin mit beiden Händen fest um die Taille — dicht Brust an Brust —, und er schiebt sein Bein zwischen die Beine in den flatternden Röcken.

Józef Grykasch hebt an:

„Päppchen kommt gesprungen,
Um den Wachskopf Löckchen,
Mit dem Holzpupp-Jungen
Im Krakauer Röckchen."

Rechtsum, linksum, immer in der Runde herum, in den Knieen gewippt, fest zugetrampelt, daß der Boden dröhnt. Die Paare sind wie miteinander verwachsen. Rascher wird der langsam begonnene Tanz, enger noch die Umschlingung, stärker das Kniewippen, röter die Köpfe, feuriger der eintömge Rhythmus. Es trampelt und stampft, es dudelt und keucht: rascher, rascher! Die Zuschauenden brüllen den Refrain und klatschen in die Hände.

Der Ciotka war die Mütze ins Genick gerutscht, unbedeckt hingen ihr die grauen Strähnen bis auf die verdächtig erglühende Nase. Ruda, der Lehrer, war totenblaß geworden, auf den Backenknochen brannten ihm hektische Flecken, aber es lohnte sich die Anstrengung schon — wann hätte er je so viel verdient?! Krzywousty schlenkerte sein Horn hastig aus, allen Speichel aus dem Schiefmaul hatte er da hinein getutet. Der Mann ohne Nase blies die Backen auf, daß man die Nase nicht gesehen, auch wenn er noch eine gehabt hätte.

Am Himmel blinkte der Abendstern. Heißa! Krakowiak, Geld in der Tasche! Jetzt fehlte nur noch Schnaps! Aber — o weh! — nur Bier in den Krügen!

Wie sie auch gossen und gossen, kein Schnaps floß heraus. Und auch keiner war zu kriegen.

Es machten sich ihrer ein paar Verwegene auf und stolperten nach der Küche im Seitenbau. Dort hantierte die Mamsell, und auf dem Tisch stand die Satte mit der dicken Milch für die Herrschaft, Zucker und Zimt und geriebenes Brot dabei. Aber das reizte sie heute nicht — auch nicht der Schinken und die Bratkartoffeln in der Pfanne — sie hatten heute selber gut gegessen, nur trinken wollten sie, trinken!

Doch trauten sie sich nicht recht; die Mamsell mußte erst dreimal fragen, was ihr Begehr sei. Sie grinsten verlegen und stießen sich an, traten von einem Bein aufs andre und wichen doch nicht. Endlich stotterte es der eine heraus: »Wódki!«

„Nichts da Wudki! Keinen Schnaps! Der gnädige Herr hat's verboten!" Und als sie nicht gingen, hob die Entschlossene drohend die Schöpfkelle: „Paschol!"

Gehorsam machten sie sich fort, die Köpfe duckend; aber draußen murrten sie. Was, keinen Schnaps?! Nirgendwo ein Erntefest ohne den! Das war auch dem Nüchternsten gegen den Spaß. Wenn denn der Pan durchaus keinen Schnaps gab zur Arbeitszeit, wollte man sich am Ende, wenn auch schwer, darein schicken; aber heute, heute, an dem Tag, wo man nicht Knecht war, wo man feierte, frei wie ein Herr, heute wollte man Schnaps haben!

Bier mochte man gar nicht mehr. Wenn man Krakowiak getanzt hat, gehört sich ein Schnaps drauf, sonst verkühlt man das Blut.

„He, Tantchen, was meint Ihr zu einem Schnäpschen?"

„Streicht auf! Ignaz Ruda, gebt nur den Takt an zum Trinklied! He, aufgepaßt:

‚Kuba trinkt dem Jakob zu,
Jakob trinkt dem Michal zu —'"

„Im Krug von Pociecha gibt's Schnaps genug bei Eljakim Eiweih — Brüder, auf, laßt uns hingehen und einen trinken!"

„Mein Seelchen, mein Täubchen, komme du auch mit uns!"

„Aber sacht — sacht — ganz sacht!" — — — —

„Ich weiß gar nicht,“ sagte Helene von Doleschal, die am offenen Fenster lehnte und auf den dunkelnden Park hinaussah, dem die Nebel des Sees weiße Schleier überzogen, „die Leute sind diesmal lange nicht so vergnügt!“

„Das kommt dir nur so vor!“ Ihr Mann trat zu ihr und legte den Arm um ihre Schultern. Sie waren beide fast gleich groß; hochgewachsen standen Mann und Frau in der Dämmerung und schauten hinüber zum Lysa Góra, auf dessen hochstämmiger Kiefer eben noch ein letzter Tagesstrahl rot geglüht, aber jetzt jäh erloschen war. Von den Farben der Fahne, die den ganzen Tag lustig gewinkt hatte, war auch nichts mehr zu sehen; die Dunkelheit, die herbstlich herangekrochen war, hatte alles verschluckt.

„Ein dunkler Abend heut,“ sagte er, „'s kann leicht sein, daß es morgen wieder trüb ist. Aber der heutige Tag war wie ausgesucht. Wie mich das freut!“

„Nein, ich höre doch gar kein fröhliches Lachen,“ sagte sie und hielt den Kopf lauschend vorgeneigt.

„Du kannst es nicht bis hierher hören. Geh an ein Fenster, das nach dem Hof hinaus sieht, da wirst du schon was zu hören kriegen. Vor einer Stunde etwa war ich draußen, die Tanzerei und die Fröhlichkeit waren in vollem Gange!“

„Nein, nein,“ — sie blieb hartnäckig dabei — „andre Male habe ich den Jubel gehört, fast bis zur Qual. Aber es war mir doch lieber. Weißt du, Hanns, die Leute sind wie die Kinder; wenn die so still sind, ist's immer nicht recht geheuer!“

Er lachte laut auf. „Da merkt man die Mutter

von Fünfen! Nein, nein, du kannst dich beruhigen, die Leute sind kreuzfidel, harmlos vergnügt. Und seit ich dem Schnapstrinken Einhalt getan habe, auch viel gesitteter!"

„Warum wolltest du heute eigentlich von dem — dem — nun von dem ‚andern Erbfeind' anfangen?" sagte sie ganz unvermittelt. „Ich weiß wohl, was du damit sagen wolltest, aber ich meine —"

„Habe ich nicht gut gesprochen?" fragte er rasch.

„Doch — das wohl — aber —"

„Du bist nicht zufrieden mit mir, Helene?" Es klang leicht verletzt. „Das Herz floß mir über. Wenn man, wie wir, auf so vorgeschobenem Posten steht — eigentlich ‚exponiert' — ohne rechten — nun, wie soll ich sagen? — ja, ohne rechten Rückhalt, dann klammert man sich um so fester an sein Deutschtum an. Es wird einem A und O. Man steift sich darauf. Verstehst du das?"

„O ja!" Ihr sehr regelmäßiges und dadurch Fremden oft ausdruckslos erscheinendes Gesicht wurde klug. „Ich verstehe es. Aber man dürfte nie vergessen, auch den Gefühlen andrer —"

„Verstimme mich nicht!" Er unterbrach sie mit einer gewissen Gereiztheit. „Es tut mir leid, daß dir nicht gefallen hat, was ich sagte, aber ich mußte so sprechen, ja, ich war in heutiger Zeit geradezu verpflichtet dazu. Wären nicht die Kontraste in unsrer Provinz jetzt so zugespitzt, und spitzten sie sich nicht noch immer mehr zu, hätte ich gewiß was andres gesprochen. Dann hätte ich" — er sah sie mit einer aufleuchtenden Freundlichkeit an — „von dir geredet! Ja, ihr Leute, wem ein tugendsam Weib bescheret ist, die ist viel edler denn köstliche Perlen!"

Er zog ihren Kopf an seine Brust und strich ihr zart über das blonde Haar.

„Und dann hätte ich auch von ihren Frauen gesprochen, daß sie die in Ehren halten sollen, — ‚hebt nicht die Hand gegen sie, sie sind die Mütter eurer Kinder!' Und den Weibern hätte ich auch ins Gewissen geredet, daß sie nicht herumschlampen sollen, wie sie es so gerne tun!"

„O, hättest du's gesagt!" Das brach laut aus ihr heraus. Den Kopf aufrichtend, warf sie beide Arme um des Gatten Hals. „Warum nicht das?! Dann, ja dann hätten sie dich verstanden! Mein guter Mann!"

Sie hatte es mit großer Innigkeit gerufen, fast wie in zärtlicher Besorgnis; er fühlte, wie fest sie ihn umschlang.

Er küßte sie. Mund ruhte auf Mund in einer glücklichen Versunkenheit.

Da schreckten sie auf: horch, was für ein Schrei?! Kein Schreckensruf war es, vielmehr ein Aufjohlen des Jubels. Vom Lysa Góra her kam's.

Aber wie sie auch lauschten und sich spähend zum Fenster hinausneigten, der Schrei erklang nicht zum zweiten Mal. Überm See lastete schweigend der dunkle Herbstabend, der Berg drüben war nicht mehr zu erkennen.

Sie wandten sich ins Zimmer zurück.

Als der Diener jetzt die Lampe hereinbrachte und die Mamsell erschien, die Herrschaften zum Abendbrot zu bitten, sagte Doleschal: „Friert dich, Helene, du bist so blaß?!"

„Ja.“ Sie schauerte leicht zusammen. „Und ich habe mich erschrocken.“

„O! Hier nimm dieses Tuch um!“ Es hing eines über ihrem Stuhl am Nähtisch, er legte es ihr sorglich um die Schultern. „Geh schon hinüber ins Eßzimmer — ja, wir müssen im Kamin zum Abend heizen, es wird Herbst — ich will nur eben noch einmal nach den Leuten sehen, ehe wir uns zu Tische setzen. Zwei Minuten, entschuldige!“

„Die wird der gnädige Herr nicht mehr finden,“ sagte die Mamsell. „Nicht wahr, Karl?“

Der altgeschulte Diener verzog keine Miene. „Zu Befehl, gnädiger Herr, fort sind sie, ganz heimlich. Nur ein paar kleine Kinder haben sie da gelassen und die Ciotka. Die liegt unter ihrer Tonne.“

„Was — fort?! Und ganz heimlich?! —“

Helene sah, wie ihr Mann die Farbe wechselte. Er wurde glühend rot und dann ganz fahl.

Aber er verlor kein Wort mehr darüber. Er sagte nur noch: „Sorgen Sie, daß die Ciotka ins Stroh kommt, in den Stall oder sonst unter Dach. 's ist nicht mehr die Jahreszeit, um draußen zu liegen!“

„Ist schon besorgt, gnädiger Herr!“ Die alte Mamsell lachte. „Sternhagelvoll, mit Erlaubnis zu sagen. Na, so was kann vorkommen!“

* * *

Helene wachte in der Nacht einmal auf — was, was war? Seufzte hier jemand? Wer — wo?!

Was war's, das sie geweckt hatte?! Verschlafen, mit

noch geschlossenen Lidern, tastete sie nach ihrem Manne — nein, der lag ganz still, der schlief ja! Beruhigt horchte sie ein paar Minuten auf seine Atemzüge. Sonst alles still! Dann schlief sie weiter.

Aber sie träumte — — — — — —

Aus der Ferne, vom Łysa Góra her, kamen Stimmen: Gesang, den Park entlang, am Garten vorbei — ah, hin zu den Leutehäusern! Es war Sommer, ein schöner Tag — froh zogen die Schnitter heim, die Sense über der Schulter — — — —

Aber jetzt — — — —

In jähem Schreck fuhr sie empor: o, es graute ja schon der Morgen! Die schweren Lider aufreißend, war sie plötzlich ganz wach.

Von jenseit der Parkmauer kam trunkenes Gröhlen. Und dann, wüst geschrieen, und doch pathetisch, ein Lied — jenes Lied —:

„Mit dem Rauch von Feuersbrünsten,
Mit des Bruderblutes Dünsten
Steigt, o Herr, zu deinem Thron
Unsrer Rächerstimme Ton!“

6.

Die Fahne auf dem Buckel des Lysa Góra hatte Doleschal umgestürzt gefunden am Morgen nach seinem Erntefest, die Stange zerbrochen und zertreten, in Atome zersplittert, die deutschen Farben zerfetzt. An den unteren Ästen der Kiefer waren noch ein paar Läppchen hängen geblieben, er nahm sie da herab; alles übrige hatte der Wind verweht, ersäuft im See.

Zu niemandem hatte er darüber gesprochen — Gott sei Dank, daß Helene nicht fragte! Er hatte auch nicht nach den Schuldigen geforscht. Wozu? Sollte er sie schlagen? Zur Anzeige bringen? Das hätte doch an der Tatsache nichts geändert. Eine schmerzvolle Scham hielt ihn ab: nur nicht darüber reden müssen! Der Mund war ihm wie verschlossen.

Jenen Schrei, den einzigen, aber lauten Schrei des aufjohlenden Triumphs am dunklen Abend vom Lysa Góra hörte er immer noch; der hatte ihn nervös gemacht. —

Nun waren auch die letzten Mandeln längst eingebracht. Schwarz hing das Kartoffelkraut, und sein starker Geruch zog wie Verwesungsdunst über die Felder.

Der Przyborowoer war schon dabei, seine Rüben

herauszunehmen. In Chwaliborczyce waren sie noch nicht so weit; in Niemczyce erst recht nicht, da stand die Rübenernte noch am längsten aus, denn der Boden war nässer, kälter wie bei den andern.

Überall knallten Schüsse. Die Hasen, die sonst so frech im Acker gesessen und Männchen gemacht hatten, sah man jetzt nur in langgestrecktem Lauf auf der Flucht; die Rebhühner hatten längst den Reiz der Neuheit verloren, bloß die Bauern warfen sie noch mit Steinen tot.

Der herrschaftliche Förster Frelikowski lief herum und warb bereits Treiber, da sich ihrer von selber nicht genug meldeten, zu der ersten großen Hasentreibjagd auf Chwaliborczycer Flur. Nüchterne Leute sollten es sein — Trunkenbolde sind nicht verläßlich — aber da er selber gern eins trank, nahm er es mit dieser Bedingung nicht so genau.

Beim ersten Novemberschnee würde die Jagd stattfinden, bis dahin waren ja die Äcker sämtlich blank, leer wie eine gekehrte Tenne. Die Einladungen waren schon ergangen: den Landrat hatte man zuerst bedacht und diejenigen Herren von der Kommission, die Jäger waren; und Doleschal.

Auch die Przyborowoer hatten angenommen; der Rittmeister war nach dem Manöver zu Hause eingetroffen, um sich bei vier Wochen Hasenjagd von den Strapazen zu erholen.

Paul Kestner schlenderte viel umher. Die Flinte über der Schulter, die Hände in den Hosentaschen, stieg er über die Felder. Nie ging er an einem Acker vorbei, ohne daß die Weiber, die beim Rübenausziehen so gebückt standen, daß sie mit der Nase den Erdboden berührten und man nichts von ihnen sah, als das in die Luft gereckte Hinterteil und die Waden bis zur Kniekehle, leise kicherten. ‚Pan Pawel‘, der war ein lustiger Herr!

Es verging fast kein Vormittag, an dem Paul Kestner nicht in Niemczyce erschienen wäre. Dann frühstückte er mit den Doleschals, und wenn Hanns-Martin zu tun hatte, blieb er bei Helene sitzen. Wenn sie nähte oder strickte — die Weihnachtsarbeiten für die Leutekinder fingen jetzt schon an —, guckte er unverwandt auf ihre schönen, schlanken Finger, die den dickwollenen Strickstrumpf hielten. Und beim Rasseln der groben Nadeln kam sein leicht entzündliches, alle paar Wochen neu entflammtes Herz zur Ruhe. Vor diesem Klappern und den friedlichen Augen dieser Frau flüchteten alle Gedanken, die nicht schneeweiß waren wie Lämmchen auf der Weide, sagte er lachend selber. Hier war er ganz der gute alte Freund — den flotten Husaren hatte er in der Garnison gelassen —, der mit Hanns-Martin einst Habichte in den verkrüppelten Akazien von Przyborowo gejagt und den Sandbuckel des Lysa Góra gegen die anstürmende Meute der Polenjungen verteidigt. Sie hatten miteinander im See getaucht und zu gleicher Zeit die Schulbank in der Kreisstadt gedrückt. Der Ältere, Doleschal, war zuerst fortgekommen in die Welt. Sie hatten nichts Direktes voneinander gehört, Knabenfreundschaften pflegen sich nicht in Briefschreiben zu äußern, aber als spätere Jahre den Gardeküraſſier und den kleinen Husaren aus der benachbarten Garnison wieder zusammen führten, hatten sie stundenlang oft nichts anderes getan, als von ‚damals‘ und von ‚zu Hause‘ erzählt.

Als Hanns-Martin den Dienst quittierte, das väterliche Erbe übernahm und Helene, die Tochter des Herrn von Reder auf Klein-Höfchen freite, war Paul der erste Brautführer gewesen, der hinter dem schönen Paar zum Altar geschritten. Doleschal trug damals noch den Trauerflor um den Arm für den verstorbenen Vater, sein ‚Ja' hatte sehr ernst geklungen, und der damals überschlanken Braut waren Tränen tiefster Bewegung auf den Myrtenstrauß geflossen.

Donnerwetter, wenn man doch auch eine solche Frau kriegen könnte! Aber eine zweite solche gab's eben nicht mehr!

Die Mutter, die gern Heiratspläne für ihren Paul schmiedete und nicht verfehlte, sämtliche erreichbare Töchter des Landes — vorausgesetzt, daß sie vornehm oder reich genug waren — ihm vorzuführen, hatte bis jetzt kein Glück gehabt. Wozu heiraten?! Der Rittmeister fühlte sich ja äußerst wohl in seiner Haut: ‚Laß doch Papa mit Kornelia erst mal den Anfang machen! Ich habe noch Zeit!'

Die Vierzehnjährige war in dem letzten halben Jahr gehörig in die Höhe geschossen. Ein allerliebster Racker! Der Bruder zog sie schäkernd am langen Zopf, der ihr noch nach Kinderart über den Rücken hing.

Ein allerliebster Racker war aber auch die Gouvernante, das Fräulein Wollenberg, trotz der etwas verdächtig geformten Nase und der zu gescheiten Augen. Der Rittmeister verschmähte es nicht, mit dem Fräulein oft und lange im Garten auf und ab zu promenieren und angelegentlich Konversation zu machen.

Kornelia hatte infolgedessen gute Zeit. Zu den

Mahlzeiten brachte sie einen ganz intensiven Stallduft mit herein, immer steckte sie im Pferdestall; und wenn sie sich vor der Mutter Augen ganz sicher wußte, ritt sie sogar, ein Bein hüben, ein Bein drüben, die Pferde zur Schwemme in den Hofpfuhl.

Das gab mal eine tüchtige Landwirtin! Kestner bedauerte es aufrichtig, daß die Tochter nicht ein Sohn und zwar nicht gleich der älteste war; dann würde er doch vielleicht nicht an Verkaufen denken. Aber so —?! Er animierte den Sohn zu Besuchen in Chwaliborczyce.

„Ich mag nicht," sagte der Rittmeister. „Die Garczyńska erwartet immer, daß man ihr die Cour schneidet. Und der Vikar, der immer da herumsitzt, ist mir unheimlich. Potz Kuckuck, so 'n junger Kerl muß doch auch noch Wünsche haben! Und er — Garczyński selber — na, weißt du, Papa, dem traue ich erst recht nicht! Die einzig nette ist die kleine Stasia, die Zofe — wirklich ein allerliebstes Mädel!"

Der Vater überhörte das letzte. „Ein sehr intelligenter Mensch, der Garczyński — und so zuvorkommend! Kein Wunder, daß er diverse Orden hat! Ich muß gestehen, mir sind die Polen noch immer lieber als diese — nun, diese Leute, die sich jetzt auf einmal berufen fühlen, hier die Vorsehung zu spielen. Alle Welt stoßen sie vor den Kopf, ihr Deutschtum tragen sie in geradezu herausfordernder Weise zur Schau!"

Das ging auf Doleschal! Paul klapperte ungeduldig mit seinen langen, spitzen Nägeln auf den Tisch.

Sie saßen im Studierzimmer des Vaters. Draußen auf dem Hof kommandierte Kornelia, man hörte ihre spitze Jungmädchenstimme; sie ließ die kleinen

Schecken anspannen, um zur Post nach Miasteczko zu fahren.

„Es ist ekelhaft," grämelte der Vater weiter, „wozu das Geschrei? Wir sollen uns keine Wanderarbeiter aus Russisch-Polen mehr kommen lassen?! Das wäre ja noch netter! Da könnten wir ja bald unter Armenlasten und dergleichen ersticken! So, wenn einer seine Arbeit getan hat und seine Bezahlung gekriegt hat, geht er eben wieder. Dem Doleschal werden sie schon noch die Haare vom Kopf fressen — na, mir kann's gleich sein! Nur uns soll er ungeschoren lassen!"

„Aber, Papa!" Der Rittmeister amüsierte sich über seinen alten Herrn. „Hanns-Martin tritt dir doch wirklich nicht zu nah, du siehst ihn ja kaum!"

„So, so — was du weißt! Ich sehe ihn nicht — ganz recht — aber ich höre ihn desto mehr. Er verdirbt alles hier! Rein alles! Ich bin wahrhaftig ein Reichsgetreuer und gut protestantischer Christ — unsre Familie hat seit Generationen den Protestantismus hochgehalten in der Provinz — aber warum denn dieser Trara mit Sedan? Das ist ja schon so lange her! Und was hat das mit hier zu tun? Er soll übrigens an dem Tag grade eine höchst taktlose Rede gehalten haben; der Propst von Pociecha war tief verletzt. Und mit Recht. Ich sprach ihn kürzlich. Wir spielen manchmal 'nen Skat zusammen — ein ganz gemütlicher Herr! Das geht nicht, hier immer den Deutschen 'rausbeißen! Hier haben Polen und Deutsche mitsammen auf der Schulbank gesessen, hier können wir keine Hetzer brauchen. Und noch dazu sind wir ja auf die Leute angewiesen! Ich habe mich aber amüsiert, die Fahne auf dem Lysa

Góra haben sie ihm 'runtergerissen und in tausend Stücke zerfetzt!"

„Lassen wir das, Papa!" Des Sohnes lachendes Gesicht wurde ernst, und er runzelte die Brauen. Was ihm Helene erzählt, ganz im geheimen — sie hatte ihn dringend gebeten, bei Hanns-Martin nichts davon zu erwähnen, durfte der doch gar nicht ahnen, daß sie darum wußte — das, was sie ihm mit bebender Stimme, Tränen des Zorns und der Kümmernis in den schönen Augen, anvertraut hatte, das wurde nun schon öffentlich bespöttelt!

„Ich muß doch sehr bitten!" Er sprang auf, wie die Herren im Offizierskasino aufzuspringen pflegen und hielt sich sehr gerade. „Freiherr von Doleschal ist mein Freund. Kein Wort mehr auf ihn. Adieu, Papa!"

Er ging steif zur Tür und machte sie unsanft hinter sich zu.

„Na, na!" Ganz verdutzt sah ihm der Vater nach. Aber dann ärgerte er sich: was war denn das für eine Manier? Und das alles wegen Doleschal?!

Er trat ans Fenster und sah Paul auf den kleinen Wagen klettern, den Kornelia eben vom Hof herunter kutschieren wollte. Wahrhaftig, da fuhr der Junge mit, und sie hatten sich doch verabredet, zusammen zu den Fohlen zu gehen! Noch schöner, nun hatte man schon mal endlich den Sohn hier und hatte doch nichts von ihm!

Ein heftiger Zorn gegen Doleschal erhob sich in ihm: wäre der doch, wo der Pfeffer wächst! —

Die Geschwister fuhren gen Miasteczko. Kornelia hatte sich die Zügel nicht nehmen lassen. Der Husar fand rasch seine gute Laune wieder. Die Kleine fuhr ja wie ein Daus, immer auf dem Strich, trotz des miserablen Weges! Er fragte sie aus nach Fräulein Wollenberg: wie alt war die eigentlich, noch unter zweiundzwanzig?

„So sagt sie!“ Die Kleine lachte verschmitzt. „Weißt du, die, die ich voriges Jahr hatte, sagte zwar auch so, aber sie war viel älter; so gräßlich alt ist die jetzige nicht. Panienka ist ganz nett, was, Pawelek?“ Die Augen halb schließend, so daß die langen Härchen der Wimpern sich goldig auf die leicht besommersproßte blühende Wange legten, blinzelte sie den großen Bruder an.

Der Rittmeister hatte sich selten so gut amüsiert wie auf dieser Fahrt mit der kleinen Schwester. War die ein gescheites Mädel! Über alles wußte sie Bescheid: was dieser Acker einbrachte und jener, wie der Roggen gelohnt und wie hoch die Weizenpreise, und daß Papa verkaufen wollte — an die Kommission natürlich, wer sollte sonst so hoch bezahlen?! Das Verkaufen war Kornelia unangenehm. Sie wollte gern auf dem Lande bleiben — was sollte man in der Stadt? Wie ein Stoßseufzer klang's: wenn doch einer käme und sie heiratete, der ein recht großes Rittergut hätte! Am schönsten wäre schon eine Herrschaft. Schade, daß der Boleslaw von Garczyński erst fünfzehn war — Papa würde gar nichts gegen den haben!

Angeregt plauderte sie weiter: wußte der Bruder schon, daß der Inspektor ging? Mama konnte ihn nicht mehr sehen. Es hatten sich schon andere gemeldet, aber Papa hatte sich noch zu keinem entschließen können; im Winter war ja so wie so faule Zeit, vielleicht, daß Papa einen dann ganz sparen wollte! Wenn doch ein recht netter genommen würde, ein junger, nicht so ein alter Knopp!

Sie sagte ‚Knopp', nicht ‚Knopf', und beide Geschwister lachten herzlich darüber.

Der leichte Wagen flog lustig dahin. Weiße Fäden flogen auch lustig über das Land. Altweibersommer. Aber heute merkte man es der Natur gar nicht an, daß sie traurig war über ihre scheidende Jugend. Die Sonne lachte noch einmal freundlich, nicht wie im Sommer — da tat sie weh —, aber wie in einem guten April. Klar wie reines Glas war die Luft. Man konnte noch weiter sehen als sonst, als sei der Horizont in ewige Fernen gerückt. In den Akazien von Przyborowo flüsterte ein Windchen und schaukelte die reifen Fruchtschoten.

Der See von Miasteczko, an dessen hinterem Sandzipfel sich das kleine Städtchen mit der großen Kirche um den freistehenden Glockenturm scharte, wurde gekräuselt von Wellen und Wellchen. Milchiges Weiß schwamm auf dem heut tiefblauen, himmelfarbenen Becken; der mutwillige Wind hatte darin Schaum geschlagen. Kräftigen Odem hauchten das letzte Grün der Raine und die schon wieder neu eingesäten, feingedrillten Äcker aus. Der Abdecker, der sonst, dicht beim Städtchen, die Luft verpestete, hatte heute nichts in Arbeit.

Ganz oben auf der Himmelsbahn tummelten sich unzählige runde, weißwollige Wölkchen gleich Lämmern, die auf der Weide springen; und wie ein Aufpasser stand schon der blasse, schmalwangige Halbmond bei ihnen.

Es war wirklich schön.

„Hui, het!“ Mit dem gellenden Zuruf, den sie vielhundertmal im Felde gehört hatte, feuerte Kornelia ihre russischen Schecken an. Fast wäre Inspektor Hoppe überfahren worden, der vom Städtchen her dem Wagen entgegen kam. Er war auf der Post gewesen und so vertieft in die Briefschaften, die er sich abgeholt hatte, daß er gerade vor die Pferde rannte.

Kornelia riß sie noch eben zurück.

»Psia krew!« und brummte dann ein „Dämelak“ bei seinem Gruß.

Er war in den Weggraben gesprungen; mit trübem Ausdruck sah er dem Wagen nach, dann ging er langsam weiter wie einer, der müde ist. Der Briefbogen, den er entfaltet in der Hand hielt, zitterte — oder war es der Wind, der ihn knisternd schwanken machte?

Der letzte Brief — wieder eine Absage! Und auf so viele Annoncen hin hatte er sich gemeldet, selber so und so viel Offerten eingerückt! Einen Inspektor, der den Fünfzigen nicht mehr viel näher ist als den Sechzigen, den nimmt man nicht; warum blieb der nicht auf der Stelle, auf der er elf Jahre lang gewesen?

Ein unendlich bitteres Lächeln verzog das wettergegerbte Inspektorengesicht. Ja, wenn er noch jung wäre, frisch und kräftig wie der Herr Rittmeister dort auf dem Wagen, oder wenigstens noch um zehn Jahre jünger wie jetzt, da käme er wohl schon an! Damals, als ihn das Mißgeschick getroffen, als er, kein weiteres Vermögen im Rückhalt, sein Gütchen nicht hatte halten können, als alles unter den Hammer gekommen, ihm nichts zu eigen geblieben war, als der Stock in der Hand und der Rock auf dem Leib, damals war er nicht so unglücklich gewesen wie heute. Er hatte rasch eine Stelle gefunden, trotz seines Bankerotts — vielleicht gerade darum: man denkt, so einer macht wenig Ansprüche! Auch Herr Kestner hatte sich vor elf Jahren nicht daran gestoßen, jetzt aber hieß es immer: ‚Schlechte Wirtschaft!' Grämlich wurde es ihm zum Anhören gegeben, alle Tage — das eigne Unglück. Und so hatte er selber gekündigt, überwältigt von seinem Gekränktsein, fortgerissen von einer Empfindlichkeit ohne Besinnung, wie ein Jüngling. Er war dem Herrn damit entgegengekommen, das fühlte er wohl. Herr Kestner hatte zwar verwundert getan, geradezu gekränkt, aber dann die Achseln gezuckt: „Wenn Sie denn durchaus wollen, lieber Hoppe! Ich denke, wir haben lange genug zusammen gewirtschaftet, um zu wissen, was wir aneinander haben. Aber ich will Ihnen nicht im Wege sein!"

Wohin — wohin nun?!

Mit einem verdüsterten Blick sah der alte Mann um sich: da war der Acker, den er nun elf Jahre bestellt hatte, als sei er ihm selber zu eigen. Wenn man nichts Teures auf der Welt hat — die Eltern längst im Grab, Frau und Kind nie besessen, nichts, für das man zu sorgen hat, und das für einen sorgt —, dann hängt man sein Herz an ein Stückchen Erde. Und es war ein dankbares Land, dieses Land von Przyborowo. Nie hatte es ihn enttäuscht. Wo gab es so schweren Weizen, so zuckerhaltige Rüben? Keines der Güter ringsum konnte konkurrieren, und wenn Herr Kestner ewig klagte, so geschah das mehr aus Angewöhnung.

Der Inspektor bückte sich und raffte eine Handvoll Erde vom nächsten Acker. Das war schwarze, gut gedüngte, schwere Krume. Den Schweiß, der auf sie niedertroff, zahlte sie reichlich wieder. Und hier sollte er nun nicht mehr herumwandern — wenn es auch oft mit müden Füßen geschehen — hier diese Wintersaat sollte er nicht mehr aufgehen, nicht mehr fett grünen sehen unterm Schnee?!

Ein Schmerz ohne gleichen bewegte sein einsames Herz, und zugleich übermannte ihn die Bitterkeit. Er haßte den Besitzenden — wußte der denn eigentlich, was Liebe ist? Ja, wenn hineinstecken, um doppelt herauszupressen, wenn das Liebe ist, dann liebte Herr Kestner in der Tat sein Przyborowo.

Mit einem tiefen Seufzer setzte sich Hoppe auf den nächsten Grenzstein. Er fühlte sich auf einmal so müde; die Füße waren ihm dick geworden in den schweren Schmierstiefeln. Nun merkte er's erst, daß er schon viel zu weit gegangen war; der Gutshof von Przyborowo lag ihm bereits im Rücken. Nur Hahngekräh schrillte noch von dort bis hierher. Hier fing schon Niemczyce an.

Niemczyce — hm, auch ganz nett! Der Niemczycer plagte sich redlich, das mußte man zugeben. Die Brache war auch schon umgebrochen, — da stand eine Drillmaschine — aber — aha, der säte jetzt erst ein! Mit liebendem Stolz vergleichend, blickten des Inspektors Augen hinüber und herüber: mit Przyborowo war's nicht in einem Atem zu nennen!

Dort, mitten im Acker, lag ein Luch! Ja, Niemczyce war etwas naß — schade, trotz allen Drainierens entschieden zu naß — und sich, wie unvermittelt, gleich neben dem schweren Land wieder ein Sandstreifen! Hm, komplizierte Bestellung!

Kopfschüttelnd war Hoppe aufgestanden und niedergestiegen zum umbuschten Tümpel. Nun stand er an dessen Rand, zwischen dem Weidengestrüpp, und guckte ins Wasser.

Schnitter und Schnitterinnen badeten hier am heißen Tag; es war zwar verboten — der Luch war tückisch, in der Mitte stieg er einem ausgewachsenen Mann bis unters Kinn, eine ungeschickte Bewegung nur, und, schwupp, hatte man den Mund voll Wasser — aber die leichtsinnige Jugend badete doch und lag dann in den Büschen, wo die Störche spazierten. Jetzt waren die Störche auch schon fort, fort wie alle Freuden!

In tiefer Niedergeschlagenheit stand der müde Mann. Ach, wäre man doch auch erst fort! Aber nicht wie jene, um nächstes Jahr wiederzukommen — nein, ganz fort!

Wohin — wohin?! Der Winter war vor der Tür! Wie lange noch, und dieser Kopf beugte sich schneeweiß?!

Eine plötzliche Verzweiflung packte den Heimatlosen. Schweiß trat ihm auf die Stirn, sein Gesicht verzerrte sich wie im Krampf. ‚Siehe, ich stehe vor der Tür und klopfe an,‘ hatte Herr Kestner gestern als Text der allabendlichen Betrachtung gelesen — wer tat ihm, ihm denn auf?! Niemand! Er hatte keine Stelle und würde auch keine mehr bekommen, er war ja alt!

Immer heftiger wurde das jähe, schreckliche Gefühl, das ihm so am Herzen riß, daß dieses zitterte und alle Glieder mitzitterten, ohne Kraft zum Widerstand. Das Maß war voll bis zum Rand, voll wie der tiefe Luch hier, den der Herbstregen geschwellt — nur e i n Schritt tat not!

„Hoppe! Pst, Herr Hoppe!“

Eine Stimme rief aus den Büschen, ganz leise, doch für den Zusammenschreckenden überlaut.

Hinter einer Strauchweide richtete sich der Niemczycer auf. Dort hatte er auf den Knieen gelegen, das Gewehr im Anschlag.

„Aber, bester Hoppe, pst — gehen Sie weg, weg da!“ Er winkte. „Sie verscheuchen mir ja alle Wildenten! Husch, — da haben wir's!“

Ein kleines Volk der buntschillernden Vögel war aufgeschwirrt; der Schuß knallte zwar, aber unverletzt fielen die Enten an einer entfernten Stelle des Röhrichts wieder ein.

Mit einem unbefangenen Lachen kam der Niemczycer auf den Erschrockenen zu.

Der stand da wie ein ertappter Knabe.

Doleschals Augen blieben, trotz des Lachens, ernst; sie forschten in dem zerwühlten Gesicht. „Hören Sie mal, Hoppe, meine Frau wird Ihnen sehr böse sein, wenn ich heute, ohne was geschossen zu haben, nach Hause komme; sie rechnet auf ein paar Enten. Gehen Sie mal hier weg, mein bester Inspektor! Zum Kuckuck, was haben Sie denn an meinem Luch zu suchen?!“

Das klang alles sehr scherzhaft.

„Herr Baron, Herr Baron,“ stotterte der sehr Blaßgewordene. Weiter brachte er nichts heraus. Die Kniee knickten ihm ein. Sein Gesicht verzog sich, wie bei einem, der weinen möchte. Es war ein kläglicher Anblick.

„Hören Sie,“ sagte Doleschal und drängte den andern leicht vor sich her, die Böschung hinauf aufs

Ackerland, „hätten Sie jetzt vielleicht ein wenig Zeit für mich? Ich würde gern über einiges Ihre Meinung hören. Sie sind ein so gewiegter Fachmann!“

„Ich — ich?! O, Herr Baron!“ In einem harten Lachen rang die Bitterkeit nach Ausdruck. „Ich verstehe nichts, gar nichts! Fragen Sie Herrn Kestner — ich bin entlassen!“

„So, also darum —,“ das fuhr Doleschal so wider Willen heraus, er versteckte es unter einem Räuspern. Und dann sagte er, hinter einem harmlos gleichgültigen Ton sein Mitgefühl verbergend: „Wenn ich bitten darf, hier entlang! So — bitte, nach meinem Gerstschlag zu!“

Er ließ den andern vor sich her durch die Ackerfurche schreiten, blieb ihm aber immer dicht auf den Fersen.

„So — also Sie gehen von Przyborowo fort?!“

„Ja, ich gehe!“ Der Inspektor sah nicht den ihm dicht Folgenden, er hörte nur eine Stimme im Wind, wie einen freundlichen Klang aus bessrer Zeit. Und er redete, gleichsam zu sich selber, immer vor sich hin, in den Acker hinein: „Ich habe Unglück gehabt — ich habe mein Gut verloren. Ich habe eine gute Stellung gehabt — ich habe sie verloren; mein Prinzipal starb, die Erben verkauften. Ich habe eine schlechte Stellung gehabt — elf Jahre bin ich bei Herrn Kestner gewesen, — ich habe auch die verloren. Ich habe Unglück gehabt — unsereiner hat immer Unglück —, wer keinen Geldsack hinter sich hat, der hat keine Berechtigung zum Glück! Krepieren sollte er lieber gleich, der Hund!“

Er schrie das letzte heraus.

Sichtlich unangenehm berührt furchte der Niemczycer die Stirn: war das ein gehässiger Mensch, der reine Sozialdemokrat! Aber es war doch ein Unglücklicher! Und so blieb sein Ton freundlich, wenn er auch um eine Nuance kühler wurde. „Seien Sie außer Sorge, Herr Hoppe, für Sie findet sich leicht etwas!"

„Für mich — für mich? Haha! Für mich findet sich nichts! Ich weiß das jetzt besser. Hab's auch gedacht und habe gekündigt — ich selber Herrn Kestner! Und doch, wenn er jetzt sagen würde: wollen Sie bleiben? — ich weiß nicht ob —!" Er stockte und drehte sich dann plötzlich jäh nach dem hinter ihm Schreitenden um. „Sehen Sie, Herr Baron, solch ein Hund wird man. Aber" — er lachte wieder auf, daß es dem Hörer weh tat — „er sagt's ja gar nicht! Er ist ja froh, mich los zu sein. Ich bin ihm zu alt. Und sie, die Gnädige, die mag mich nicht leiden, die —"

„O bitte sehr, Herr Inspektor, lassen wir das!" Der Niemczycer machte eine abwehrende Handbewegung. „Es interessiert mich nur, was Sie jetzt zu tun gedenken. Werden Sie nach Posen ziehen, bis Sie etwas gefunden haben?"

„Sie hören doch, ich finde nichts! Ich bin vierundfünfzig Jahre — noch älter, denn ich bin verbraucht!" Hastig riß der Inspektor seinen Rock auf und suchte mit zitternden Händen nach der Brieftasche. „Hier: eins, zwei — sechs, sieben, acht Briefe! Da — da — da —! Lesen Sie! Immer abschlägig beschieden! Und mehr als fünfzig solcher Wische hab' ich noch zu Hause! Auf jedes ‚Inspektor gesucht' habe ich mich gemeldet, gleichviel wohin. Und selber inseriert — wie oft! — mehr als ein ganzes Monatsgehalt hat's mich gekostet. Immer umsonst. Immer: zu alt, zu alt, zu alt — ich kann's nicht mehr hören, ich kann's nicht mehr ertragen! O, Herr Baron" — ein trockenes Schluchzen erschütterte die Gestalt des Mannes, der zermürbt war wie ein von Gewürm und Wetterunbill ausgehöhlter Akazienstamm an der Straße von Przyborowo — „hätten Sie mich doch ruhig gelassen! Mit mir ist's doch vorbei!"

Eine Klage tönte aus der rauhen Stimme, die Doleschal erschütterte. Wie, hatte er's nun doch wieder nicht recht gemacht?! Zurechthelfen hatte er doch gewollt!

‚Hätten Sie mich gelassen' — eine Verantwortung für dieses Leben legte sich plötzlich auf seine Seele. Seine Hand hatte diesen vom Tode zurück gehalten, seine Hand mußte diesen nun auch stützen!

Inspektor Hoppe nahm die Mütze ab und fuhr sich durch sein ergrautes Haar. „Ein paar Groschen habe ich mir erspart," sagte er tonlos, „viel ist's nicht. Ich habe noch lange Zeit Schulden nachgeschleppt. Und wenn man auch freie Station hat, Kleidung und Stiefel müssen doch sein — anständige Kleidung, man kann nicht wie ein Bauer zu Tisch kommen, wenn die Herrschaften befehlen, — und ein Pfeifchen und 'ne Zeitung sind doch nicht gerade Luxus, und über landwirtschaftliche Neuerungen soll man doch auch informiert sein. Zum Hinfristen bis zum Sterben — wenn's nicht zu lange währt bis dahin — und dann zum Begrabenwerden würd's nun vielleicht reichen. Aber leben ohne den Acker, ohne das hier" — er breitete beide Arme gegen das Land — „Herr Baron, das kann ich nicht! Gott sei mir gnädig, ich kann's nicht, Herr Baron!"

Der helle Tag hatte sich verdunkelt; über die freundliche Sonne waren Wolken gezogen, und sie zeigte sich auch nicht mehr.

Doleschal fühlte den winterlichen Hauch, der ihn streifte. Eine Sehnsucht überkam ihn nach Helene, nach den Kindern, nach seinem ganzen Glück, aber zugleich auch ein Mitleid, das ihm jede weitere Überlegung raubte. Nein, dieser alte Mann sollte nicht von hier gehen!

Er zauderte nicht; wie ein edles Pferd, das dem leisesten Sporn gehorcht, gehorchte er einer ritterlichen Regung. „Herr Hoppe, wie wär's, wenn Sie bei mir einträten? Bis jetzt habe ich mich auf dem Vorwerk mit einem einfacheren Inspektor, sagen wir Wirtschafter, und auf Deutschau selber mit Vögten beholfen, aber es wäre doch ganz gut — es wäre wirklich wünschenswert, ja, ich — ich —", er suchte nach einem glaubhaften Vorwand, und plötzlich fiel's ihm ein: „ich könnte dann so viel mehr für die Allgemeinheit leisten!" Mit einer aufquellenden Freudigkeit sagte er das, der Gedanke war ihm gekommen, wie ein schneller Lohn für eine freundliche Tat. Fast im Ton eines Bittenden wiederholte er noch einmal: „Wie wär's!"

Und als der andre ihn mit großen ungläubigen Blicken, in denen es aber doch wie von aufsteigender Hoffnung glimmte, anstarrte, nickte er lächelnd: „Helfen Sie mir, damit mir Zeit bleibt, auch noch einer andern Pflicht zu gedenken! Deutschwerden, aber auch deutschbleiben, das dünkt mich ein Ziel, aus allen Kräften anzustreben. Und sollte es auch Opfer kosten!"

* * *

Der alternde Mann und der auf der Höhe des Lebens stehende gingen miteinander über den Acker. Ringsum war die große Ebene. Nichts Ragendes weit und breit als der schwarze Kirchturm von Pociecha-Dorf und der Schäfer Kuba Dudek in seinem schmutzigen, einst weißen, jetzt auch fast schwarzen Schafpelz.

Der Schäfer stand bei seiner Herde, seltsam groß und hager, auf seinen langen Stab gestützt und schaute angestrengt hinüber zu den Zweien, die da so ganz vertieft miteinander redeten. Was sie sprachen, verstand er nicht, auch wenn er es hätte hören können — die sprachen ja deutsch, die Hunde!

Er machte eine Faust hinter ihnen: dort, der Niemczycer, der dem Land auf den Nacken tritt, der Teufel, der allerschlimmste! Und neben ihm der andere, mit wirrem Haar und bösem Gesicht, einer wie der Räuber Zagac, der im Korn raubt! Ei, er, Kuba Dudek, der schon ein langes Leben gesehen, wußte gar wohl, was das für Vögel waren, wenn sie auch ein gar feines Lied zwitscherten, Polen zu betören — aber nein, das würde ihnen nie gelingen!

Der Alte öffnete seine kleinen, sonst immer von den schrumpligen Lidern halb verdeckten Augen mit einem innigen, sehnsüchtig-traurigen Ausdruck weit. Er suchte den Berg dort am Rande des Sees, der alle Tage schaute, was der Böse trieb — jenen Berg der Verheißung, darinnen die Hoffnung schlief.

Hunderttausend Ritter und noch viele mehr, ein ganzes großes Heer, schlafen tief im Lysa Góra. War es noch nicht an der Zeit?! Würden sie noch nicht bald erwachen, aufstehen zu Polens Befreiung?!

Horch! Ach, noch rührte sich kein Waffengeklirr im Lysa Góra! Noch klang nicht Kommandoruf und Marschieren im Takt! Noch war die Zeit nicht da!

Zitternd vor Inbrunst ließ der Alte seinen Stecken fahren; das Gesicht zum Berge gekehrt, streckte er bittend die Hände aus. Halb singend, halb sagend, ohne Melodie in eintönigem Rhythmus klagte er in den Wind:

„O, mein Polen, wann wirst du vom Schlaf auferstehen?!

„Wann, mein Polen, zerbrichst du das Eis und stehst wieder blühend?!

„Ein Jahrhundert schon liegst unter Schnee du und schlummerst.

„Wann steht der Sturzbach der Lüge still? Wann straft Gott die Hunde?!

„Wann erhellt sich dein Angesicht, Polen, meine Mutter?!

„Wann wirst du dich setzen mit deinen Kindern zur Hochzeit?!

„O wann?! Gib Antwort! — Werde auch ich dich noch sehen?!“

7

Förster Frelikowski hatte heut viel zu tun, darum war er unwirsch. Sein Weib, das gegen sieben Uhr früh ihn wecken kam, ward angeschnauzt: wie, war sie toll, mitten in der Nacht sollte er schon aufstehen?! Darin ähnelten er und seine Tochter Stasia sich, sie schliefen beide gern bis in den hellen Tag.

Gähnend wälzte der Mann, der noch in den besten Jahren war, seinen starken Körper und drohte seiner Józefa, als sie zum zweiten Mal unter der Tür erschien, mit dem Revolver, der immer geladen am Haken über dem Bette hing. Er riß ihn herunter und legte auf sie an. Mit lautem Aufkreischen entfloh die Geängstigte, er aber lachte dröhnend hinter ihr drein: das war einmal ein feiner Spaß gewesen, so gut wie lange keiner!

Verdammt, daß der Schnee auch dieses Jahr schon so früh gefallen war! Daß sie alle zusammen eine Ladung Schrot in die Beine kriegten, diese Sonntagsjäger, denen zulieb er heute so früh aus dem Bette mußte!

Förster Frelikowski machte sich sein Amt nicht schwer, er hatte ja noch ein paar Jagdburschen unter sich, den Feldschütz und auch noch einen Waldhüter — mochten die sich doch plagen! — aber heute galt es zu repräsentieren.

Seine Frau, die sonst nicht gerade die pünktlichste war, hatte heut schon alles zurecht gelegt; sich duckend vor der schweren Hand, die an solchen Tagen immer bereit war, niederzufallen, half sie ihm in die beste Montur. Er sah sehr schmuck aus, fast vornehm, in seinem grünen Jägerrock mit den Hirschhornknöpfen, auf den der noch nicht angegraute, rotblonde Bart lang herab hing, in der Mitte geteilt.

Seine stämmige Figur aufreckend, trat er endlich vor die Tür. Da harrten die Treiber, alte Männer und halbwüchsige Buben, schon seit ein paar Stunden; ‚beim ersten Tageslicht‘ war ihnen anbefohlen worden. Am Rand der Sumpfwiese, die sich vom Waldsaum gegen die Flur zog, lungerten sie in Trüppchen; es hatten sich ihrer welche, trotz der Kälte, platt auf die Erde gesetzt. Gern hätten sie ein Feuerchen angemacht — trockenes Reisig lag genug herum — aber sie fürchteten den Förster. So hatten sie sich nur an der Schnapsflasche gewärmt.

Ein schneidender Wind ging. Wenn er ein paar Augenblicke gerastet hatte, nahm er die Backen doppelt voll und pustete über die Leere der Äcker. Schnee flog, dessen Flocken hart waren wie Eis.

„He, he!“ schrie Frelikowski und klatschte in die Hände: waren sie alle da? Er ließ zählen: wie viel Stück?

Ein Jagdgehilfe trieb sie, immer zehn und zehn, an ihm vorüber.

Zehn, zwanzig, dreißig, vierzig, fünfzig, sechzig, siebzig, achtzig, neunzig — so! Das waren ihrer nicht zu viele, der Kessel war weit, sie würden tüchtig rennen müssen.

„Hundeblut, was lungert ihr?! Soll ich euch Beine machen? Dalej, dalej! Und die Mäntel ab! Das wäre so was, Hasen drunter verstecken! Diebsgesindel, verfluchtes!"

Mit scheuem Blick, die Mäntel abwerfend und den Kopf zwischen die hochgezogenen Schultern duckend, passierten die Treiber. Unter ihnen war auch die Ciotka. Ihre Hütte war eiskalt, im Krug gab's keinen Schnaps umsonst, Lustbarkeiten, bei denen man der Baßgeige bedurfte, waren jetzt rar — warum sollte sie sich nicht die paar Groschen verdienen?! Sie hatte dem Förster Frelikowski wohl zehnmal bittend und winselnd den Rockzipfel geküßt.

Nun flog ihr armseliger Lumpenrock — ihren Mantel hatte sie abtun müssen — frei im Wind. Einen alten Schalfetzen hatte sie über die Haube geknüpft, darunter glühte ihr pockennarbiges Gesicht, auf dessen klobiger Nase eine Riesenwarze hockte, in blaurotem Feuer. Ein paar Kesseldeckel hatte sie mitgebracht, rasselnd schlug sie diese zusammen: das war Musik, die die Hasen schreckte.

Die Alte war fett, trotz ihrer Armut. Frelikowski hob den Stiefel und gab ihr lachend einen Tritt gegen die breite Kehrseite. „Da hast du einen Gruß, Alte, von deinem Liebsten mit dem Pferdefuß!"

Meckernd nahm sie den Spaß auf. Wenn sie trunken über die Dorfgasse trudelte, die ganze Jugend mit Gejohle hinter ihr drein, regnete es noch ganz andre Späße. „Hehe, der Herr Förster," griente sie, „Panie Frelikowski, ich falle zu Füßen, hehe!" Sie schielte ihn an. „Schönes Herrchen mit dem schönen Bart, Ziegenböckchen, willst du mit mir tanzen?!

„Podkoziolek, schönes Herrchen,
Mußt du geben, mußt du geben'" —

begann sie mit überschnappender Stimme zu krähen und, die Deckel zusammenschlagend, sich wie ein Kreisel vor ihm herumzudrehen.

Seht, die Ciotka war am frühen Morgen schon voll! Die Männer lachten.

Des Försters Hunde, die hinter ihrem Herrn herliefen, fuhren ihr an die Waden, über die die blauen Strümpfe halb heruntergerutscht waren.

„Apport! Faß — kß, kß, kß!"

Mit wütendem Gebelfer faßten die Tiere den verlumpten Kattun des armseligen Rockes zwischen die Zähne.

„Dann wirst du das ganze Jährchen
Ohne Armut glücklich leben!"

sang die Ciotka und sprang immer toller und schlug ihre Becken. Die Teckel, die nicht losließen, schleifte sie mit sich im Kreise herum.

Der Förster hielt sich die Seiten. Schon hundertmal hatte er's erlebt, daß sie tanzte, bis sie umfiel, aber so komisch wie heute mit den rasselnden Deckeln und den Hunden, die ihr am Rock baumelten, hatte sich's noch nie angesehen!

„Haha, hohoho!" Er feuerte sie noch an: „He, Ciotka, dalej! Tanze, mein Täubchen, tanze! Faß, mein Hündchen! Ei, schönes Hündchen — faß, kß, kß, kß!"

Und die Hunde belferten und verbissen sich von neuem, schäumend vor Wut, in die flatternden Röcke. Die Fetzen flogen, die Ciotka quirlte herum, immer toller, immer wilder, wie behext, wie besessen.

„Podkoziolek mußt du geben — mußt du — geben —“

Der Atem war ihr ausgegangen, keuchend lallte sie nur noch abgerissene Worte. Pardauz, jetzt lag sie da, die breite Kehrseite in die Höhe gereckt. Das Lachen der Männer stieg wie ein Brüllen zum winterlichen Himmel.

„Will sie wohl aufstehen, psia krew!“ Ein Tritt und ein Zerren brachten das Tantchen wieder auf die Beine.

Von fernher war jetzt ein Rollen gekommen, ein Dröhnen über holprigen Sturzacker. Aha, da waren schon die ersten Jagdwagen!

„Wollt ihr wohl das verdammte Lachen lassen, ihr Hunde! Schweine! Achtung, aufgepaßt!“

Mit abgezogenem Hut, respektvoll zur Seite stehend, die Brust, auf der die Kriegsmedaille und das eiserne Kreuz von 1870 prangten, vom langen Bart überwallt, begrüßte Förster Frelikowski die Gäste seines gnädigen Herrn. —

* * *

Ein schlimmer Tag war es heute für die Hasen von Chwaliborczyce. Löb Scheftel, der in respektvoller Entfernung von der Schußlinie mit seinem Wägelchen hielt, sagte zu Isidor, seinem Sohn: „Gott soll hüten, ich rechne an die zweihundert! Was rechnest du?“

„Bin ich allwissend?!“ Der Sohn zog die Schultern hoch. „Wer' ich der schon sagen wieviel, wenn ich wer' gezählt haben de Fellcher!“

Löb Scheftel hatte sich eingefunden, weil er ein

Geschäft zu machen hoffte. So viel wußte er, hätte er vorher um die Ehre ersucht, von den zu erlegenden Hasen welche erhandeln zu dürfen, wäre er rundweg abschlägig beschieden worden: der Herr von Chwaliborczyce machte keine Geschäfte mit Juden. Aber sein Förster nahm's nicht so genau. Nun, und was wußte denn der gnädige Herr davon, ob fünfzig Hasen mehr oder weniger an den Wildhändler Janiszewski nach Posen abgingen?!

Scheftel zog die Stirn in tiefe Furchen und legte den Zeigefinger bedenklich an die große Nase: wenn der Frelikowski nur nicht gar so teuer mit seiner Ware wäre! Wer konnte dann an einem Hasen noch etwas verdienen bei den schlechten Zeiten!

Er seufzte und sah bekümmert in die wintergraue Weite. Gar keine Aussichten mehr! Vor zwanzig Jahren war's anders hier gewesen und vor fünfzig erst recht. Da waren die ‚Faktors' gefahren von Gut zu Gut, und man hatte sie in die Stube geführt und hatte sie auch wieder hinausbegleitet und hatte ihnen die Hand gereicht. Kein Handelchen war gemacht worden ohne einen jüdischen Mann, kein großes und auch kein kleines. Jetzt besorgten sie's alle alleine!

„Ei weih!" Da war die Madame Kestner auf Przyborowo, eine reiche Dame, eine vornehme Dame, aber handeln konnte die — Gott soll hüten! Die redete um einen Groschen und um ein Viertelpfündchen, was am Gewicht fehlte — nein, um zehn Gramm stritt sie, als ging's um einen Ochsen!

Löb Scheftel seufzte tief und fuhr sich mit dem Ärmel des Flauschrocks unter der schnüffelnden Nase her:

es war ein Elend mit der Konkurrenz! Und daß dem Leiser Hirsch, seinem Schwiegersohn, dem einzigen Warenhaus-Inhaber im Städtchen, sich jetzt auch noch einer auf den Hals gesetzt, der eine große Spiegelscheibe im Ladenfenster hatte und Nepomuk mit Vornamen hieß, wie der Heilige, zu dem sie hier beteten, das war gar nicht zu verwinden. Ehe der seinen Laden eröffnet hatte, war der Herr Propst um den Ladentisch geschritten und hatte seinen Segen gesprochen und mit dem Weihwedel die Wände angespritzt. Wer konnte da noch konkurrieren?! Und war auch der Kleiderstoff bei Leiser-Hirsch drei Groschen billiger, der Kaffee das Pfund fünf Pfennige billiger, der Sirup süßer, das Petroleum heller, der Schnaps stärker, der Hering salziger, kostete die Hose auch nur einen Spottpreis, verloren auch die Kessel nicht gleich die Böden und die Kartoffelhacken nicht gleich die Stiele, sie liefen doch alle zum Nepomuk Wisniewski, denn der Herr Propst hatte gesprochen: ‚Kauft bei dem!‘

„Isidor,“ sagte Löb Scheftel und kraute sich nachdenklich den spitz zugeschnittenen, von den Ohrläppchen in schmalen Streifen nach dem Kinn ziehenden Bart, „wirste sehen, wird er mir nich verkaufen die Hasen, nich einen einzigen. Wird er mer nehmen so hoch, daß es geht über meine Kraft. Nix mehr zu wollen, nix mehr zu handeln! Seit der Herr Propst hat's Geschäft eingeweiht, können wir gehen mechulle.“

„Nu, mer hofft doch!“ Der junge Mann blickte seinen Vater verweisend an. „Wenn du tust deinen Mund immer zum Bösen auf! Ich zieh nach Posen, ich wer' mer nich ärgern hier alle Tag!“

„Gott soll hüten, in die große Stadt?!“ Ängstlich

sah der Alte seinen Sohn an, als wolle er ihn mit den Augen festhalten.

Aber Isidor lachte. „Bin ich 'n Schlemiehl?! Werden se mer aufessen, de Posener?! Wer versteht's Geschäft, kann da machen auch seins. Ich bin nich meschugge, es fällt mir nich ein zu warten, bis der Propst auch wird weihen 'nen Fleischer. Dann werden se dem verkaufen 's Rindvieh, und du kannst wieder laufen nach Hasenfellcher!"

„Tu du deinen Mund nicht zum Bösen auf!" Ganz erschrocken duckte Löb Scheftel den Kopf zwischen die Schultern und hob abwehrend beide Hände: „Gott der Gerechte wird's nicht leiden, daß er mer ruiniert auch mein Geschäft! Soll mer jedes Pfund Fleisch auf der Seele brennen, was ich je hab' zu spitz gewogen!"

„Nu nu!" Isidor fing leise an zu pfeifen, und dann machte er eine weite Handbewegung: „Ich wer' der sagen, Vater, mir is es auch in Posen zu eng. Ich wer' lieber gleich ziehen nach Berlin. Da kann mer machen noch e besseres Geschäft. Und wenn ich heirate 'ne Frau mit Mesummes, wer' ich der lassen kommen nach. Un meine Söhne wer' ich lassen studieren Rechtsanwalt!"

„Wie heißt?!" Der Vater sah ganz verdutzt drein. „Du wirst heiraten 'ne Frau mit Mesummes?! Du, dem Löb Scheftel sein Sohn aus Miasteczko?! Du wirst studieren lassen de Herren Söhne Rechtsanwalt?!"

„Nu, mer hofft doch! Nu, un warum nich?!"

Der junge Mensch mit dem intelligenten Gesicht lächelte siegesgewiß. „Was ich jetzt noch nich kann, wer' ich schon lernen nach und nach. Was meinste, bin ich der erste, der zieht nach Berlin? Der Naphtali Cohen, mit dem ich hab' auf der Schulbank gesessen, und mit dem ich hab' Makkes gekriegt von den andern Jungens, der soll schon gehen an de Börse für eigne Rechnung. Und der Salomon Itzig, der gewohnt hat zuerst in der Straße, die se heißen Rosental, die aber keins is, der wohnt jetzt im Tiergarten, soll fahren auf Gummi und hat 'ne Frau aus 'ner feinen Meschboche. Bin ich 'n Chammer, daß ich soll bleiben noch länger in Miasteczko?!"

„Isidor" — der Alte sah ihn an mit einer gewissen Bewunderung — „du bist 'n Chochum! Du hast recht, 's Geschäft ist zu mies!" Er gähnte und horchte dann. „Gott der Gerechte, se knallen noch immer! Was meinste, ob er mer wird lassen de Hasen zu zivilem Preis?!"

„Nu, mer hofft doch!" sprach Isidor.

Dann schwiegen sie beide und harrten fröstelnd.

Es war sehr rauh geworden. Den ganzen Tag hatte sich keine Sonne vorgewagt, jetzt am Nachmittag kam die Dämmerung noch früher geschlichen als sonst. Wie ein Rauch stand die Luft über den Feldern. Der Atem der Kälte legte sich über den Wald in zuckrigem Guß; das struppige Kieferngebüsch am Rand zeigte jede Nadel besetzt von weißen flimmernden Härchen.

Heiser klangen die Stimmen der Treiber, müde geschrieen, zwischen dem Lärmen der Hasenklappern und dem Knallen der Schüsse. Ein Höllenspektakel war's, der die Hasen schreckte, daß sie aufsprangen aus ihren Lagern und davon rannten, blindlings rannten, immer der Schützenlinie entgegen.

Ein Blitz — ein Knall — jeder Schuß ein Treffer! Allenthalben ballen sich kleine Rauchwölkchen, für kurze Augenblicke über den Furchen schwebend, und verschwinden dann jählings, zerrissen von der harten Luft.

„Hallo! — huch, hassa — hoho — het, hetz!"

Neues Geschrei, ohrenbetäubendes Klatschen. Klappern, Knarren, Knattern, Krachen, Kreischen, Tuten, Pfeifen, Trommeln, Deckelschlagen. Wütend bellen die Apporteure, hinter der Schützenlinie von den Jagdgehilfen am Strick gehalten. Schaum vorm Maul, die Leiber lang gezerrt, gieren sie nach etwaigen Durchbrennern. Ein ‚Apport', ein Loslassen vom Strick und — schnapp — mit gebrochenem Genick liegt das angeschossene und doch noch flüchtige Häschen in der Ackerfurche.

Auch hinter den Treibern in den Kusseln am Waldrand haben sich noch einige Schützen aufgestellt. Oft macht das gehetzte Wild in der Todesangst Kehrt und sucht auszubrechen; zwischen den Beinen der Treiber durch springt es verzweifelt zurück ins Versteck des Buschwerks.

Hinter einer Kiefer, gut gedeckt, stand Doleschal. Es machte ihm mehr Spaß, auf einzelne Entkommene gut gezielte Schüsse abzugeben, als blindlings hinein zu feuern in die ganze getriebene Herde. Er hatte Feinschrot geladen.

Ferner und ferner klang schon das Geschrei der Treiber, fast ruhig ward's im dämmernden Wald. Da — ein Sichrühren im dürren Reisig!

Gewehr an die Backe, Finger an den Hahn — knall! Der Rammler schnellt heftig in die Höhe und überschlägt sich dabei. Aus — ein Kopfschuß.

Und da — dort in der Dickung — noch ein zweiter! Jetzt sieht man ihn deutlicher: ein kranker ist's, er schweißt schon stark, sein zerschossener Lauf schleudert auf der Flucht hin und her. Auch der andere Lauf ist verletzt. Jetzt scheint der kranke Hase nur mehr über die Erde zu rutschen — jetzt verschwindet er ganz — rasch, auch ohne genauen Zielpunkt den erlösenden Schuß! Ein Blitz — ein Knall —

He, was ist das?!

Doleschal steht noch immer, das Gewehr an der Backe. Eine Weiberstimme ist laut geworden, gellend hat sie aufgeschrieen. Nun ist alles still.

Wer — wo — ist da jemand getroffen?! Ein Treiber vielleicht?! Ach was! Und doch — doch —

Vor Doleschals Augen flimmerte es. Er stand wie angewurzelt. Da hörte er den Förster Frelikowski laut schelten. „Psia krew, kann sie den Hintersten nicht einziehen, muß sie ihn hinstrecken, wo er nichts zu suchen hat?! Dämliches Luder!"

Es war jemand getroffen! Da — ja da!

Aus seiner Erstarrung auffahrend, stürzte der Schütze hinter die Dickung. Da lag eine Gestalt.

„He, Ciotka! Auf! Psia krew!" Frelikowski zerrte an der Liegenden.

„Ist sie getroffen? Um Gottes willen!"

„Der Herr Baron brauchen sich nicht zu ängstigen, das hat gar nichts zu sagen! Schmeißt Euch nicht hin! Wollt Ihr wohl?! He, Ciotka!"

„Ist sie getroffen — habe ich sie getroffen?!"

Doleschal war totenblaß geworden, auf dem durchlöcherten Rock des Weibes sah er Blut.

Beim Klang dieser zitternden Stimme erhob die Getroffene ein lautes Lamento. Eben hatte der Förster sie auf die Füße gebracht, mit einem gewaltigen Plumps ließ sie sich nun wieder niederfallen: nein, sie konnte nicht gehen, sie war tot, mausetot! Furchtbar stieg ihr Heulen in die dämmernde Winterluft.

Der Förster fluchte. Doleschal war zur Ciotka hingekniet — wo, wo war sie denn getroffen? Gefährlich?! Seine bebenden Finger befühlten die zerlumpten Röcke, ein Grausen schüttelte ihn: Blut! Reichlicher begannen die Tropfen zu sickern, er hatte das klebrige Naß an den Händen. „Um Himmels willen, rasch zum Doktor! Schicken Sie nach Miasteczko! Zu Doktor Wolinski, schnell!“

„Ach, Herr Baron“ — Frelikowski blieb ganz ruhig — „das ist ja alles nur Anstellerei! Willst du jetzt wohl gleich still sein, alte Vettel?“ Er schnauzte sie gewaltig an. „Diebsgesindel! Dem gnädigen Herrn die Hasen stehlen, hinter 'nem angeschossenen dreinlaufen, dem eins ins Genick geben und ihn dann unter den Rock verstecken, das ist so die Manier! Das kommt jetzt davon — seht ihr wohl?!“ Er wendete sich drohend zu dem Treibern, deren einige herbeigelaufen waren und mit aufgerissenen Augen glotzten. „Daß ihr euch nicht untersteht, auch nur einen einzigen Hasen zu mausen! Nicht ein Löffel kommt mir fort, hört ihr? Diebsbande, ihr!“ Und dann fuhr er die Verwundete an: „Halt's Maul jetzt! Der gnädige Herr Baron wird dir ein Trinkgeld geben.“

„Ja, natürlich, ja, ja!“ Doleschal fühlte eine ungeheure Erleichterung: wenn das mit Geld gut zu machen wäre! Er zog seine Börse und schüttete sie in des Försters Hand aus: „Geben Sie ihr das, bitte, geben Sie ihr das!“

„Ein Schmerzensgeld! Was Angenehmeres kann der ja gar nicht passieren,“ sagte irgend jemand.

Das Geheul der Ciotka hatte auch Schützen herbeigelockt; die standen nun im Kreise herum und zeigten lachende Gesichter. Auch die Treiber, deren immer mehr und mehr geschlichen kamen, grinsten. In ihren Mienen lag sogar Neid: was war denn da weiter? Eine Ladung Schrot ins Dickfleisch! Das machte doch nichts! Jeder von ihnen hätte das gern hingenommen, denn der gnädige Herr würde nun zahlen: eine Mark, einen Taler, ein Goldstück vielleicht gar!

Ha, wie die Ciotka sich wälzte, die verstand's! Immer wenn man sie ein wenig aufgerichtet hatte, fiel sie wieder platt hin; ihre Hände krallte sie ins Gebüsch: au, au, au, sie mußte sterben! Au, au, au, sie war schon tot!

Bei jedem neuerhobenen Schmerzensgeheul zuckte der Baron zusammen. Wie war es nur gekommen, wie war es möglich, daß er sie getroffen hatte?! Sie mußte hinterm Buschwerk gekrochen sein, auf allen vieren, gegen das Verbot. Aber wenn auch, wie konnte er nur so unvorsichtig sein, so leichtsinnig — es war unverzeihlich! Er stöhnte.

„Aber Hanns-Martin, laß dich doch nicht von der alten Hexe ins Bockshorn jagen!“ Das war Paul Kestners fröhliche Stimme. Er stand neben dem Freund und legte ihm die Hand auf die Schulter.

„Meinst du, meinst du wirklich, daß es nicht gefährlich ist?“ Doleschal hob sein ganz verstörtes Gesicht. „Ich begreife gar nicht, wie mir das passieren konnte, ich — ich —“ Er wischte sich über die Stirn, auf der, trotz der Kälte, Schweiß stand.

Der Rittmeister lachte. „Wie das passieren konnte? Nichts leichter als das! ’s wäre doch nicht das erste Mal! Die wollte auch was bei der Jagd lukrieren. Ist dem kranken Hasen nachgekrochen — nun hat sie ’ne Ladung Schrot im Gesäß, statt den Hasen in der Tasche. Geschieht dem Volk ganz recht, warum will’s mausen?! Na, nun laß die Geschichte aber ruhen, komm!“

Er zog eben den Freund von den Knieen auf, als der Chwaliborczycer kam. Garczyński hatte sich, in äußerster Zuvorkommenheit gegen seine Gäste, den entferntesten und ungünstigsten Standpunkt ausgewählt gehabt, nun eilte er atemlos herbei.

„Ich bitte Sie, lieber Nachbar, entschuldigen Sie nur! Ich bin außer mir, ich bin ganz empört! Wie kann man solche Treiber einstellen?! Es ist unverantwortlich! Nein, nein“ — abwehrend hob er die Hände, als der andre etwas sagen wollte — „nein, nein, kein Wort, sehr liebenswürdig von Ihnen, aber es ist meine Schuld!“ Er kehrte sich ab, sein Blick suchte den Leiter der Jagd: „Frelikowski!“

In einer Weise, zu der er sich sonst kaum je hinreißen ließ, fuhr er den Förster an: „Habe ich nicht befohlen: nüchterne, zuverlässige Leute?! Wie können Sie sich unterstehen?! Sie können gehen — auf der Stelle — Sie können gehen!“ Er schrie und stampfte mit dem Fuß.

In dienstlich-unterwürfiger Haltung stand der Förster da, ohne ein Wort, die Blicke niedergeschlagen auf die Ehrenzeichen seiner Brust.

Doleschal ließ sich von Paul Kestner fortführen. Die Jagd war so wie so zu Ende, es wurde rasch ganz dunkel.

Munter schwatzte der Rittmeister: Gott sei Dank, daß man bald was zu essen kriegte, seit der ersten Streife hatte man nichts über die Lippen gebracht, nur mal ab und zu einen Schluck aus der Jagdflasche! Das Diner würde famos munden. Und Garczyński hatte gute Weine. Und Frau Jadwiga würde alle Minen springen lassen.

„Auf dich hat sie's ja besonders abgesehen," sagte er vertraulich und pufft den Freund leicht in die Seite. „Donnerwetter, wird die 'ne Toilette gemacht haben — ich möchte sie nicht bezahlen! Na, Garczyński wird sich auch Zeit damit lassen. Weißt du, die kleine Stasia hat mir's verraten — allerliebste Person, ich habe sie Sonntag ein Stückchen auf dem Wagen mitgenommen, als sie aus der Predigt kam — nimm du dich in acht vor der Garczyńska, alter Junge! So 'ne unverstandene Frau geht gleich auf's Ganze!"

„Keine Sorge!" Ein geringschätziges Lächeln zog für einen Augenblick über das vornehme Gesicht.

„Du bist heute ja in scheußlicher Stimmung," sagte der Rittmeister, „warum denn? Wegen der alten Weibsperson? Ah bah, davon wirst du dir doch nicht gleich die Laune verderben lassen?!" — — —

„Nebbich, die Ciotka!" hatte Löb Scheftel gerufen und die Hände hoch erhoben, als er, seine Neugier in der Entfernung nicht länger bezähmen könnend, herbeigeeilt war.

Nun luden sie ihm die Last auf sein Wägelchen.

Von der Seite schielend sah Isidor zu: da packten sie seinem Alten die ‚Schickre‘ auf statt der erhofften Hasen! Hatte er nicht recht, nach Berlin zu ziehen? Das Geschäft war mies!

Löb Scheftel hatte nicht den Mut, zu opponieren: was ging ihn eigentlich die Ciotka an, hatte er sie geschossen? Aber freilich, da waren nur lauter herrschaftliche Wagen, und, Gott soll hüten, es ging doch nicht an, daß die wurden mit dem Blut besudelt!

So schickte er sich ergeben drein und half den vier Mann, die jetzt vom Schreck und Schreien Schwachgewordene aufs Wägelchen zu schroten. Die Decke, die er mitgenommen hatte, die Hasen zu bedecken, gab er her, um sie ihr noch überzuspreiten.

Huh, war das kalt! Die Zähne klapperten ihm. Er hatte schon einen halben Tag auf die Hasen gewartet und noch nichts Warmes im Magen.

„Ihr fahrt sie nach Pociecha,“ hatte der Förster Frelikowski gesagt, „Ihr wißt, wo sie wohnt. Und dann holt Ihr den Doktor — dalej, dalej!“

Nun rasselten sie hin auf eiliger Fahrt; hin und her gerüttelt jammerte die Ciotka bei jedem Stoß.

„Nebbich, die Ciotka,“ sagte Löb Scheftel wieder. Und dann: „Was meinste, Isidor, wird der Herr Baron dran denken, mer zu zahlen de Fuhre?“

„Mer hofft doch,“ sprach Isidor mit undurchdringlicher Miene.

„Nu —,“ der Alte zuckte die Achseln — „wenn

er auch nich wird dran denken, mer zu zahlen de Fuhre, wer' ich drum doch nich machen en langes Geseire. En braver Mann, en aufgeklärter Mann! Un vielleicht, daß er mer nu wird lassen 's nächste Kalb billiger!"

3

Es wäre Doleschal eine Wohltat gewesen, nach Hause fahren zu können, anstatt beim Diner sitzen bleiben zu müssen. Das Geschwirr um ihn her quälte ihn. Durch das Klirren der Gläser und das Klappern des Silbers, im Durcheinanderwirren der lebhaften Tischunterhaltung hörte er immer den einen Ton: er hatte einmal einen alten räudigen Hund totgeschossen hinter der Scheune, der hatte gerade so aufgeheult.

Wenn das Weib nur nicht ernsthaft verletzt war! Was gäbe er darum, wäre ihm das heute nicht passiert. Wäre er doch gar nicht zu der verwünschten Jagd gefahren! Es hatte ihm nicht umsonst so widerstrebt. Aber er hatte sich gezwungen: war es denn nicht klug, mitzumachen?

Fast die ganze Kommission war da und der Landrat und alle großen Besitzer der Umgegend. Man sprach davon, daß Boguszynski auf Groß-Wirschowitz sein Mandat niederlegen würde; Differenzen waren aufgekommen zwischen ihm und seinen Wählern, man war nicht zufrieden mit seiner Haltung im Reichstag. Ja, es war so, der alte Herr hatte ihm neulich selber Andeutungen gemacht! Wenn er nun daran dächte, sich aufstellen zu lassen für die nächste Reichstagswahl?! Er war noch jung, er würde ihnen schon entschieden genug sein. Und warum sollten sie ihn eigentlich nicht wählen? War er nicht aus gutem altem Haus — sein Wappenschild zeigte keinen Flecken —, lebte er nicht in geordneten Verhältnissen, förderte er nicht die Kolonisation nach besten Kräften, in jeder Weise? Die Leute hatten Zutrauen zu ihm, vielleicht fast mehr als zu dem eigens dazu bestellten Vertrauensmann, dem Gutsverwalter. Der Bräuer zum Beispiel hatte sich lieber bei ihm die Zugochsen gekauft und die Kühe, anstatt durch Vermittlung der Kommission; und auf sein Saatgetreide setzten sie auch mehr Hoffnungen als auf das gelieferte. Und vor allen Dingen, war sein Deutschau nicht der innerste Kernpunkt des hiesigen Deutschtums? Und war das auch stets gewesen, mitten im Polentum, schon von Vaters, von Großvaters Zeiten her? Wer konnte sich desgleichen rühmen?!

Stolz hob er den Kopf und ließ seinen Blick die Tafel hinunterschweifen. Wer konnte wider ihn sein? Höchstens doch der Pole!

Aber da — halt! Er stieß auf das Gesicht von Kestner, und seine Brauen schoben sich zusammen. Leider verknüpfte nicht alle Deutschen miteinander das gleiche starke Band! Da waren manche, denen es schwer wurde, die eignen kleinlichen Interessen dem großen allgemeinen Interesse unterzuordnen. Pah, aber nur keine Sorge, die —

„So in Gedanken?“

Doleschal fuhr zusammen. Die Hausfrau, die neben ihm saß, hatte für einen Augenblick die Hand auf den Ärmel seines Jagdfracks gelegt.

„Haben Sie mich denn ganz vergessen?“

„Verzeihung, Gnädigste!“ Er errötete: sie hatte recht, er hatte sie schmählich vernachlässigt! Ihre Fingerspitzen ergreifend führte er sie leicht an die Lippen; sein Schnurrbart kitzelte die schöne Hand.

Frau Jadwiga lächelte ihn an, den entblößten Nacken näher zu ihm neigend wollte sie ihm eben eine ihrer amüsanten Bemerkungen zuflüstern, die sie machte, wenn sie in Laune war, als gegenüber der Landrat an sein Glas schlug.

Ah, ein Toast! Das Stimmengewirr verstummte nur allmählich, wie widerwillig; die Herren waren schon äußerst animiert. Es war scharf getrunken worden. Überall erhitzte Gesichter. Kestner am linken Flügel, in einer Gruppe von Landwirten, hatte bereits ganz kleine müde Augen, aber er beteiligte sich doch noch interessiert an der Unterhaltung. In der eintretenden Stille hörte man ihn gerade noch grämeln: „Das sagen Sie so: hochnehmen, hochnehmen! Natürlich, höheren Zoll verlangen wir — müssen wir verlangen! Ganz meine Meinung. Herunterhandeln wird uns der Staat doch schon wieder was! Å, der —“

„St —!“

Der Landrat klopfte noch einmal energischer ans Glas.

„Gnädigste Frau! Meine Herren!“

Was würde nun kommen?! Doleschal sah ernst-aufmerksam drein. Der Landrat war nie ein hervorragender Redner, heute schien er es noch weniger zu sein; sein Kopf war sehr rot, die Zunge gehorchte nur schwerfällig.

Himmel, was redete der denn da von Deutschtum, immer von Deutschtum?! Das war doch kein Thema zwischen Eis und Käse! Und gerade hier in diesem Hause! Man war doch bei einem Polen zu Gast! Peinlich berührt biß sich Doleschal auf die Lippen.

Einen raschen Blick warf er die Tafel hinunter: Lauter Deutsche! Kestner und seine beiden Söhne — hier: Rittergutsbesitzer von Klinkor auf Ustaszewo — da: Amtmann Rittner aus Paulsborn bei Miasteczko — dort: Müller aus Wilhelmshöh und Riedemann aus Bismarcksau — drüben: Baron Bobrau auf Bobrowo — dann der Laskowoer, der Zajezierzer und Herr von Libau auf Michalcza — unten am Tisch ein paar Gutsverwalter, frühere Offiziere — links und rechts vom Hausherrn die Herren der Kommission! Garczyński war der einzige von der andern Nationalität. Wahrhaftig, dieses starke Betonen des deutschen Übergewichts war in dieser Situation nicht am Platze!

Doleschal rückte unruhig mit seinem Stuhl, das Blut stieg ihm zu Kopf: welche Verlegenheit! Der Gastgeber mußte sich ja verletzt fühlen. Er, der ein so außerordentlich liebenswürdiger Wirt war, mußte sich im eignen Hause sagen lassen, daß nur dort, wo Deutsche zusammensitzen, ein einiger Geist, eine harmlose Fröhlichkeit zu finden seien, daß nur dort, wo deutsche Herzlichkeit und deutsche Bildung in schöner Paarung den Ton der Gesellschaft beeinflussen, sich — sich —

Jetzt stockerte der Redner etwas, um dann mit kühnem Sprung auf den eigentlichen Zweck seines Toastes zu kommen, nämlich den: den liebenswürdigen Jagdherrn und seine ebenso liebenswürdige, durch Gaben der Schönheit und des Geistes gleich ausgezeichnete Frau Gemahlin leben zu lassen.

„Meine Herren, und dann erheben Sie sich von Ihren Sitzen! Unser verehrter Garczyński, als getreuer Nachbar und lieber Freund — nein, mehr als das — als Vertreter einer Nation, die allzeit dafür berühmt war, Ritterlichkeit und Gastfreundlichkeit in vollendetster Weise zu üben, wird, wenn er auch —"

Der Landrat stutzte. Ein Klirren störte ihn. Das Sektglas, dessen feinen Stiel Doleschals Hand umfaßt hielt, war zerbrochen — ein Knick, die kristallenen Scherben lagen auf dem Tisch.

Aber es war nur eine flüchtige Unterbrechung. Wenn auch nicht ganz den abgerissenen Faden wiederfindend, schloß der Redner doch siegreich:

„Unser liebenswürdiger Gastgeber wird mit uns rufen: Dem obersten Jagdherrn aller Jagden, dem starken Schirmherrn unsrer Ostmark, ein donnerndes Weidmannsheil!"

Was nun?! Von Verlegenheit übermannt, wagte Doleschal kaum zu Garczyński hinzublicken, aber — verwundert und zugleich erleichtert sah er's — dieser lächelte und hob sein Glas.

Im allgemeinen, jetzt doppelt laut losbrechenden Geschwirr, hörte man deutlich die scharf akzentuierende Stimme:

„Meine Herren, ich trinke noch besonders auf das Wohl der starken Stützen unsrer Ostmark — meine Gäste, sie leben hoch!"

„Hoch! Hoch! Hoch!"

Allgemeine Begeisterung. Man war aufgesprungen, stieß die Gläser aneinander und ließ sich mit Vergnügen selber leben. Ein famoser Kerl war doch der Garczyński! Ja, die Polen, die verstanden's!

Alle Gäste, auch solche, die nicht mehr ganz fest standen, strömten zu Garczyński hin. Jeder wollte mit ihm anstoßen. Es gingen der Sektgläser noch mehrere in Scherben. Man lachte, klopfte sich auf die Schultern, ja, man umarmte sich sogar.

„Du, mein alter Herr hat einen sitzen! Hör' mal!" flüsterte Paul im Vorbeipassieren, sein Glas hochhaltend, lachend dem Freunde zu.

Kestner hatte eben mit dem Hausherrn angestoßen. „Mein lieber Garczyński, das haben Sie gut gesagt! Alter Freund, sehr gut! Wir, starke Stützen der Ostmark, starke Stützen —" das Wort schien ihm ausnehmend zu gefallen, er konnte sich gar nicht davon trennen — „starke Stützen, prost, prost!"

Doleschal fühlte eine jähe Gereiztheit. Seine Brauen zogen sich zusammen, seine Lippen schürzten sich. Als nun Kestner auch auf ihn zutrat, vergnüglich sein Glas hinhaltend, in Weinlaune, zeigte sein Gesicht eine eisige Abwehr.

Aber Kestner bemerkte diese nicht. Er stieß gegen des andren Glas, das unerhoben auf dem Tische stand.

„Na, da wollen wir uns mal leben lassen! Hoch, hoch, — wir, starke Stützen der Ostmark — starke Stützen — prost!" Sein sonst so verdrießliches Gesicht lachte heut breit; er war sehr gemütlich.

Aber in Doleschal stieg etwas Unbezähmbares auf; die Nervosität, die heute in ihm vibrierte, wurde zur Heftigkeit. Bis in die Lippen erblassend, lachte er laut heraus: „Stützen der Ostmark?! Haha!" Dieser hier mit seiner erbärmlichen Krämerpolitik wagte sich eine Stütze der Ostmark zu nennen, eine Stütze? Sein Lachen wurde beleidigend.

Jetzt dämmerte dem andern doch etwas, trotz der Benebeltheit. Ganz verdutzt sah Kestner erst drein, dann zog er argwöhnisch die Brauen hoch: „Was — warum lachen Sie denn so?"

Da drehte sich Doleschal kurz von ihm ab: „Über die starken Stützen," und hatte zugleich das Gefühl: sag's nicht, du machst dir einen Todfeind! Aber er sagte es doch.

Um ihn her ging die Unterhaltung weiter, immer angeregter wurde sie und immer zwangloser. Man war jetzt vom Dessert aufgestanden, hatte sich gesegnete Mahlzeit gewünscht und stand in Gruppen beisammen. Er stand allein; wie lange schon, wußte er nicht, aber er fühlte sich plötzlich vereinsamt. Er sah sich nach Paul um; dem präsentierte die hübsche Zofe eben Likör, und er beugte sich gerade mit einem Scherz zu ihr nieder, und sie lächelte, die Augen niederschlagend auf das silberne Tablett. Auch der jüngere Kestner war in Anspruch genommen. Der Vater hatte seinen zweiten Sohn, den Referendar, den Herren von der Kommission präsentiert und hatte ihn nun mit dem Landrat zusammengebracht; der junge Mann stand, respektvoll zuhörend, in wohlerzogener Haltung.

Aha — um Doleschals Lippen zuckte es sarkastisch — überall die eignen kleinen Sonderinteressen! Und von dem warmen erleuchteten Eßsaal, auf dessen Tisch, unter den dicken, duftenden Wachskerzen der Armleuchter, reiches Silber stand und eisgekühlte Sektflaschen glitten seine Gedanken hinaus ins weite Land. Draußen war's rauh. Von allen Seiten schnob der Wind über die ungeschützte Fläche; um die kleinen Häuschen der Ansiedlung fauchte er wie ein böses Tier. Und schwarz drohte der Kirchturm von Pociecha-Dorf.

„Gesegnete Mahlzeit — na, immer noch so schlechter Laune?“ Paul war zu ihm getreten und hatte ihm die warme Hand auf die Schulter gelegt. „Na, warum denn nur? Ich begreife dich nicht. Doch ganz famos heute! Ich muß wirklich Garczyński alles abbitten — Diner tiptop, Sektmarke vorzüglich — glänzender Wirt! Komm, setzen wir uns jetzt ein bißchen zusammen, sei nicht ungemütlich!“

Auch der Referendar kam nun heran: „Kommen Sie, Doleschal, im Nebenzimmer gibt's Kaffee! Paul, ihr seid doch dabei? Wir wollen dann eine kleine Bank auflegen. Was sagst du?“ — er stieß lachend seinen Bruder an — „Garczyński hat selbst unsern alten Herrn 'rumgekriegt!“ Beide Brüder waren höchlichst amüsiert.

„Ich spiele nicht!“ Doleschal warf den Kopf in den Nacken.

„Aber warum denn nicht?“ Ganz verwundert riß der Rittmeister seine gutmütigen Augen auf. „Was soll man denn sonst machen nach Tisch?“

„Ich werde mich empfehlen. Adieu, Paul! Adieu, Richard!“ So kühl hatte Doleschal sonst nie den beiden Brüdern die Hand gereicht. „Ich gehe ganz still fort, macht kein Aufhebens, adieu!“

Er war zur Tür hinausgekommen, ohne daß jemand sein Fortgehen bemerkt hatte. Draußen auf dem Steinflur, dessen ausgetretene rote Ziegel heute mit kostbaren Teppichen überdeckt waren, stob bei seinem Nahen ein Pärchen auseinander. War das nicht der Inspektor Schulz und ein Frauenzimmer?! Aber er hatte nicht weiter acht auf die beiden; all seine Gedanken, all seine Sinne waren in Anspruch genommen von einem Gefühl, dessen Ursprung ihm nicht klar zum Bewußtsein kam. War es einzig sein Jagd-Malheur, das ihn so niederdrückte?

Mit eiligen Schritten ging er auf den Hof, sich selber seinen Kutscher zu suchen. Rasch anspannen, nach Hause! Sowie er nur wieder in Deutschau war, nur wieder Helenens Auge auf sich ruhen fühlte, ihre Hand in der seinen hielt, würde ihm leichter sein und freier zu Sinn!

Aber wie er auch rief und pfiff, kein Kutscher kam. Wo steckte der? Den Nachtwächter, der gerade die erste Runde machte, schickte er auf die Suche.

Der Stróż fand den Säumigen denn auch gleich. Aus der nächsten Scheune kam der Niemczycer Kutscher angelaufen, kurz von Atem und sehr verlegen. Er behauptete, geschlafen zu haben, Strohhalme hingen ihm auch noch an, aber Doleschal sah, trotz der spärlichen Beleuchtung, einen fliehenden Weiberschatten aus der Scheune huschen. Schämte sich der Mensch denn gar nicht, war ein alter Ehemann, hatte schon große Kinder und gab sich noch mit den Hofdirnen ab?!

Heut schien alles darauf angelegt, ihn zu verstimmen. Mit gerunzelter Stirn stand Doleschal und wartete, bis angespannt war, da kam die Zofe aus dem Hause gelaufen:

„Herr Baron, Herr Baron! Die gnädige Frau läßt doch sehr bitten, der Herr Baron möchten doch nicht fortgehen, ohne der gnädigen Frau Adieu zu sagen!"

Doleschal fühlte sich ganz beschämt. Er hatte sich heute so wenig um die Dame des Hauses gekümmert — gar nicht — er hatte es nicht einmal bemerkt, daß sie sich beim Dessert schon zurückgezogen. Es war wirklich liebenswürdig von ihr, ihm das nicht nachzutragen! Ja, die Frauen waren doch immer noch die Großherzigen in dieser Welt voller Kleinlichkeiten!

Willig folgte er der Zofe, die in ihrem, für eine dienende Person unverhältnismäßig eleganten Kleide, mit ihren langen baumelnden Goldgehängen in den Ohren, vor ihm her huschte. Er sah nicht ihr verschmitztes Gesicht. Die Treppe hinauf, durch einen langen halbdunklen Gang führte sie ihn, dann öffnete sie rasch eine Tür und schloß diese eben so rasch und leise wieder hinter ihm. Es wäre ihm an einem andern Tag vielleicht aufgefallen, daß sie so heimlich tat, als führe sie ihn zu einem Stelldichein; heute hatte er des nicht acht.

Sie hatte ihn in Frau Jadwigas Zimmer eingelassen. Auf der roten rissigen Tapete lag ein vertrauliches Halbdunkel; die verhängte Lampe auf dem Tischchen warf nur einen weichen Schein auf die Dame im Sessel und auf das elegante, seidenverhängte Himmelbett hinter ihr. Das ganze Zimmer war durchduftet von dem Parfüm, das Frau Jadwiga liebte.

Sie war noch in Toilette; der schöne weiße Hals frei. Ungezwungen reichte sie ihm die Hand. „Sie wollen schon fortgehen, Baron?“ Ihre langbewimperten Lider schlugen rasch auf und nieder, wie die zarten Flügel eines Schmetterlings.

„Gnädigste Frau, ja! Ich bin heute ein schlechter Gesellschafter, verzeihen Sie — aber — aber — Sie wissen vielleicht“ — ihm kam's plötzlich wie ein rettender Gedanke, sich dahinter zu verschanzen — „welch ein Malheur ich heute bei der Jagd gehabt habe?“

„Ich weiß. Sie Guter!“ Sie nahm seine Hand und drückte sie herzlich; fast liebkosend glitt ihr Blick über ihn hin. „Das tut mir ja so leid! Mußte gerade Ihnen das passieren! Wenn's einem andern passiert wäre, meinem Mann zum Beispiel,“ — sie lachte hart und zog wie in plötzlicher Schmerzempfindung die Brauen zusammen — „der hätte sich gar nichts daraus gemacht. Aber beunruhigen Sie sich nicht, bleiben Sie nur noch, ich habe ja schon nach Pociecha geschickt. Es hat gar nichts auf sich, es geht der Person ganz gut!“

„Sie — Sie haben sich schon erkundigen lassen? O!“ Er war völlig überrascht. „Gnädigste Frau, das haben Sie getan?“

Sie lachte wie ein Kind, dem eine Überraschung geglückt ist. Und dann sagte sie leise, fast schüchtern, mit gesenktem Blick: „Ich wußte ja, daß es Sie freuen würde!“

„Liebe gnädige Frau!“ Er faßte ihre Hand und küßte sie. Aber diesmal war es nicht bloß der blonde Schnurrbart, der ihren Handrücken streifte, sie fühlte seine kühlen und doch so warmen Lippen.

Für einen Moment schloß sie die Augen — ah, das war dasselbe wonnige, zum Vergehen angenehme Gefühl, das sie stets durchrieselte unterm Kratzen der alten Nepomucena! Mehr — mehr! Sie öffnete die Lippen, den Kopf ein wenig hintenüber legend, schlug sie die großen schwimmenden Augen auf.

Er sah den Blick nicht. Neben ihr sitzend, sah er gerade aus und sprach wie zu einer Dritten, in einem warmen Gefühl: „Das Beste, was wir haben, sind doch unsre Frauen! Eines Mannes größtes Glück ist eine gute Frau!“

Wie er das sagte! Ganz einfach, schlicht, in einem Ton, den sie noch nicht von ihm gehört hatte — aber das galt nicht ihr, nein, das galt einer andern — jener — seiner Frau!

Wie das Fell einer Katze, das man gegen den Strich streichelt, vibrierte ihr Gesicht. Ihre Nasenflügel bebten nervös, die kurze Oberlippe zuckte. Das Taschentuch in ihren Händen zu einem Bällchen drehend und wieder auseinander zerrend, hörte sie gar nicht mehr, was er sprach. Diese Worte galten nicht ihr — sie fühlte das. Und ein Haß stieg in ihr auf gegen jene langweilige blonde, deutsche Frau. Und auch gegen ihn. Er war beschränkt — o, diese großen, blonden, deutschen Männer, o wie dumm! Sie gähnte.

„Sie sind abgespannt!“ Doleschal sprang hastig auf. „Verzeihung, ich hätte längst gehen sollen, aber Ihre große Güte und Liebenswürdigkeit haben mir das Herz warm gemacht. Haben Sie tausend Dank! Nun“ — ein freundlicher Glanz machte sein Gesicht sehr anziehend, — „nun, rasch zu meiner Frau!“

Sie hielt an sich, bis sein fester Tritt draußen auf dem Gang ausgehallt hatte, bis sie drunten nicht mehr seine Befehle an den Kutscher hörte, auch nicht mehr das Rollen seines Wagens auf dem hartgefrornen Hof; dann brach sie in ein Lachen aus. Das war einmal verlorene Mühe gewesen — haha — nicht einmal angesehen hatte er sie!

Glühendes Rot der Beschämung und des Zorns stieg ihr zu Kopf. Das Lachen ging in ein Weinen über, in ein heftiges ungebärdiges Schluchzen. Sie biß in ihr Taschentuch, zerriß es und schleuderte die Fetzen in einen Winkel; ihr Schluchzen wurde zum Schreien. Ein

Krampf schnürte ihr die Brust zusammen; in die Kehle stieg es ihr wie eine Kugel. Kaum noch, daß sie den Klingelzug erreichte.

Als Stasia nach geraumer Weile erschien, lag die Herrin vorm Bett auf den Knieen, stöhnend, das Gesicht verzerrt. Kein Cognac half, keine Eau de Cologne; die Zofe lief, den Herrn zu rufen.

Garczyński blieb sehr ruhig; er kannte diese Zufälle. Geschickt das enge Kleid aufschnürend, hob er seine Frau aufs Bett und füllte dann die kleine Spritze mit der wasserhellen Flüssigkeit, die Doktor Wolinski verschrieben hatte — freilich nur für den äußersten Notfall. Aber war's jetzt nicht der äußerste Notfall? Vielleicht schaffte der Anblick allein schon Linderung; er legte die Spritze aufs Tischchen am Bett. Sich über die Leidende beugend, hauchte er erst auf ihre linke, dann auf ihre rechte Wange einen leichten Kuß: „Gute Besserung, meine Teuerste!" und stahl sich dann auf den Zehenspitzen wieder hinaus. Nach dem Doktor hatte er schon einen Wagen geschickt, auch die alte Nepomucena rufen lassen. Etwas andres konnte er wirklich beim besten Willen nicht für sie tun — seine Gäste warteten, er hielt die Bank, ohne ihn stoppte das Spiel!

Jadwiga lag, mühsam atmend, wie unter einer schweren Last. Sie fühlte Schmerzen in der Brust, im Magen, im Rücken, ein Ziehen bis in die Fingerspitzen und um die Taille ein eisernes Band.

Kam der Doktor denn noch nicht, wo blieb der saumselige Mensch?! Sollte sie hilflos sterben? Ach, da war keiner, dem sie teuer war! Ihr Mann saß unten bei seinen Spielern, und — er — bei seiner Frau!

„Ha!“ Wieder ein neuer Anfall; sie knirschte mit den Zähnen und verdrehte die Augen. Stasia näherte sich mit einer Wärmflasche; die Herrin hatte über eisige Füße geklagt.

„Au, du brennst mich ja! Tolpatsch!“ Die Hand der Kranken fiel klatschend auf die Wange des Mädchens. Und dann ein Tritt — krach — die Wärmflasche flog zum Bett hinaus und ergoß, aufspringend, all ihr heißes Wasser über den Teppich.

„Ach, ich sterbe! ich sterbe! Gnade! Heilige Mutter! Au, diese Schmerzen! Bete, Stasia, bete!“

Die Zofe war's gewohnt: wenn die Herrin litt, mußte sie beten. Und so kniete sie denn, ihr elegantes Kleid ein wenig raffend, auf den durchnäßten Teppich nieder, kehrte die Augen nach oben, legte die Hände zusammen und begann. Ihr monotones Leiern verfehlte seine Wirkung nicht. Der Herrin starrer Blick begann sich allmählich zu mildern, die Lider zuckten — nun senkten sie sich, und Tränen in schier unendlicher Flut strömten darunter hervor.

„Bete, bete, ich schenke dir auch die rotseidene Bluse — den Sonnenschirm — ach, bete nur, bete!“

Stasia leierte noch eine Weile. Ah, nun hatte die Pani die Augen zugemacht! Wenn sie doch rasch einschliefe! Das würde wohl wieder eine schöne Nacht werden! Statt sich zu amüsieren, konnte man wohl gar hier auf den Knieen liegen?! Psia krew! Wenn doch wenigstens die Nepomucena bald käme, das alte Gespenst!

„Bete, bete!“ stöhnte die Herrin.

„Ich bete ja in einem fort!“ Stasia schnitt eine unartige Grimasse: was scherte sie die rotseidene Bluse und der Sonnenschirm! Sie wollte viel lieber bei Pan Szulc auf dem Sofa sitzen.

Draußen raschelte es, leise wurde an die Tür geklopft. Aha, die Nepomucena!

Aber es war nur der Bote, den man nach ihr geschickt hatte. Die Nepomucena war krank, lag im Bett und schwitzte, und der Husten quälte sie auf der Brust.

„Krank —?!“ Stasia machte ein langes Gesicht.

„Krank?“ wiederholte auch die Leidende. Sie setzte sich hastig aufrecht in den Kissen, ihr Gesicht rötete sich: die Nepomucena sollte kommen, mußte kommen!

„Die Filomena läßt fragen, ob die gnädige Pani nicht will erlauben, ihr zu kommen, anstatt der Mutter?“ flüsterte der Bote.

„Die Nepomucena soll kommen, auf der Stelle!“ Die Herrin schrie laut. „O, diese Schmerzen, diese Schmerzen.“ Nein, das Morphium half diesmal gar nichts! „Die Nepomucena, die Nepomucena!“

Weniges später jagte ein zweiter Wagen zum Hoftor hinaus, hin nach den Hütten der Komorniks. Wenn die Nepomucena denn durchaus nicht gehen konnte, so sollte sie fahren.

* * *

Der Stróż auf dem Hofe hatte längst Mitternacht gepfiffen, als endlich Ruhe ins Herrenhaus kam.

Die alte Nepomucena war da gewesen; von zweien geführt war sie hinauf gewankt, aber da war die Herrin schon eingeschlafen gewesen.

Frau Jadwiga schlief so fest, daß sie nicht einmal

mehr die Abfahrt der Gäste gehört hatte. Mit viel Gepolter war diese vor sich gegangen und mit viel Gelächter. Türen waren geworfen worden; über den Flur schlorrten die Herren und verstrickten die schweren Füße in die Teppiche. Auf den Stufen der Hoftreppe, die die Mitternacht mit ihrem eisigen Hauch überglast hatte, waren ihrer einige fast zu Falle gekommen. Noch auf den Wagentritten strauchelten sie.

Garczyński taten Arm und Schulter weh, denn er hatte es sich nicht nehmen lassen, persönlich jedem seiner Gäste in den Wagen zu helfen. Der Diener durfte nur ein wenig nachlupfen, die Pelzdecke zurechtzupfen und den Schlag schließen. Erleichtert atmete der Hausherr auf, als die letzte Verbeugung gemacht, zum letzten Mal grüßend mit der Hand gewinkt war: „Auf Wiedersehen, auf Wiedersehen! Herzlichsten Dank! Wohl bekomm's!"

Mit dem befriedigenden Gefühl, ein gutes Stück dem Ziele näher gekommen zu sein, suchte Garczyński sein Bett auf. Er überdachte: das hatte wiederum eine Menge Geld gekostet, aber der Erfolg würde schon zeigen, daß es sich verlohnte, noch einmal zur Bezahlung der notwendigsten Rechnungen ein Stückchen Wald zu schlagen. Die Kommission würde ja doch wahrscheinlich alles herunterhauen. Eigentlich schade um den Wald, in dem die alten Garczyńskis einst Wolf und Bär und Hirsch und Elch gejagt hatten! Pah, jetzt gab's ja doch nur noch miserable Hasen, selten genug Rehe darin, und die Hauptsache war, daß die Kommission kaufte! Und die würde kaufen; angebissen hatte sie bereits. Das heutige Jagddiner hatte das Objekt entschieden um zwanzigtausend Mark Wert erhöht; viel fehlte nicht mehr am geforderten Preis.

Und die Kandidatur war entschieden auch aussichtsreicher geworden. Alle Gäste hatten ihn ihrer Hochachtung versichert, der Landrat ihn sogar noch vor der Abfahrt heimlich in eine Ecke genommen: „Mein Bester, ich höre, Sie wollen sich aufstellen lassen bei der nächsten Wahl? Gratulor! Gratulor!" Er hatte mit den weinmüden Augen ihm zugezwinkert und ihm verständnisinnig die Hand gedrückt. Wenn die nicht wider ihn waren, wer sollte denn wider ihn sein? Górka hatte ihm versichert, daß er die Kandidatur wagen könne: von höchster Stelle aus werde die Hand über ihn gehalten, und — der Pole dehnte sich behaglich in seinem weichen Bett und gähnte aus Herzensgrund —, dann war ja kein Fehlschlag zu fürchten! Der Niemczycer konnte einem ordentlich leid tun — wenn der sich etwa mit Hoffnungen trug?!

Ganz ruhig schlief Aleksander von Garczyński ein. —

Der Hauptbau lag nun dunkel, nur im Seitenflügel, im Zimmer von Pan Szulc brannte noch Licht. Man genierte sich da so wenig, daß man nicht einmal die Rouleaux herunterließ. Stasia hatte die steile Dienerstiege, die verfetteten und bespuckten Steinstufen, die zur Inspektorwohnung führten, manches hinaufgeschafft: Austern, Pastete, Mayonnaise, Kompotts, Torte, Eis und vor allem Wein: Ungar und Sekt. Der kleine Tisch in der engen Inspektorstube war überladen; im Waschbecken standen die Sektflaschen.

Gott sei Dank, die Mamsell schlief schon! Die hatte genug von den Lasten des Tages. Aber der fremde Koch, den man aus Posen hatte kommen lassen, würde mitmachen. Stasia hatte auch einen anstrengenden Tag hinter sich, vom frühen Morgen an war sie auf den Füßen gewesen, man hatte sie hier und dorthin gerufen, überall gebrauchte man sie — und was hatte allein die Frisur der Herrin für Schweiß gekostet! Und zuletzt noch diese Beterei!

Und doch tanzten Stasia jetzt noch die Augen im Kopf. Nur mit einem ganz leichten Gähnen lehnte sie sich an Herrn Szulc. Ein klein wenig maulte sie: kaum ein Trinkgeld hatte es gegeben für all die Plackerei! Alle Herren hatten in den Taschen gesucht — der Herr Rittmeister war ganz schamrot geworden, daß er keinen Taler mehr für sie fand, nur ein lumpiges Markstück!

„Hihihi!" Sie kicherte in sich hinein, und dann schüttelte sie sich vor Lachen, daß ihre langen goldenen Ohrgehänge baumelten: die hatte der gnädige Pan einmal wieder ordentlich ausgeleert!

Der hübsche Inspektor schlang den Arm um die Lustige. Sie saßen miteinander auf dem harten Ledersofa, dessen Heufüllung durch verschiedene Schlitze herausquoll. Szulc spießte mit seinem Taschenmesser die Leckerbissen auf — Gabel und Messer hatte man nicht —, Stasia aß mit den Fingern. Nur ein paar Biertulpen waren oben, so tranken sie den Sekt aus diesen. Übermütig goß das Mädchen die Neige seines Glases dem Mann auf den Kopf: „Wohl bekomme es dir!"

Der Posener Koch amüsierte sich königlich: ei, konnte die saufen!

Die Männer hätten sie gerne trunken gemacht, aber Stasia widerstand schlau: sie würde sich schön hüten, dazu konnten sie sich andre holen!

Ja, das wollten sie auch! Szulc schlug auf den

Tisch. Eine, noch dazu eine, die nicht trunken war, war viel zu wenig! Wenn die Hofmägde nicht struppig waren, nicht voll vom Staub des Ackers oder der Kuhjauche, waren sie hübsch genug!

Stasia lachte: mochte er sich denn doch welche holen! Aber daß er sich nicht verriet, wenn er zum Mägdehaus tappte! Leise, leise! Und dann mußte man durch die Gitterstäbe des Fensterchens die Hand zwängen und anpochen, dann machten sie auf.

Er lachte sie aus: als ob er das nicht selber wüßte! —

Ihrer fünf, die Hübschesten, fanden sich bald ein; wie durften sie zögern, wenn Pan Inspektor sagte: ‚Dalej!'

Mit rotgeschlafenen Backen, die Zöpfe hängend, die Augen erschrocken aufreißend, drückten sie sich erst stumm auf einen Haufen. Aber der süße Wein, den man ihnen reichlich gab, löste ihnen bald die Zungen. Sie schwatzten und sangen; am liebsten hätten sie getanzt. Die kleine Inspektorstube, die so niedrig war, daß man die Decke fast mit der Hand erreichen konnte, war überfüllt. Auch den Schreiber, der nebenan wohnte, hatte man noch zuziehen müssen. Man mußte sich dicht zusammendrängen, jeder Mann hatte zwei Mädchen auf dem Schoß.

Ein Gekicher, ein Gejuchze, ein Gepolter, ein Gekreisch, ein Gesinge, ein Gegröhle war in der Inspektorstube, daß der Stróż, der seine einsame nächtliche Runde über den Hof machte, unterm Fenster stehen blieb und verlangend mit seinen roten Augen hinaufplierte: die tranken, wenn doch auch für ihn etwas abfiele! Er pfiff, daß sie doch merkten, daß einer unterdes für sie wachte.

Da öffnete sich das niedrige Fenster: „He, Stróż!"

Der Stróż glotzte nach oben mit offenem Munde. Im Lichtstreifen, der aus der Stube fiel, schwenkte ein Arm eine Flasche. „He, Kopf hintenüber, Maul auf! Sollst auch was abkriegen! Aufgepaßt!"

Der Nachtwächter riß den zahnlosen Mund auf und streckte gierig die Zunge aus.

Von oben herunter goß jetzt eine Sekttraufe, aber sie traf nicht ins geöffnete Tor; auf die Pflastersteine unterm Fenster plätscherte sie.

Da kniete der alte Mann nieder und leckte.

Oben waren sie jetzt alle des süßen Weines voll. Die Hofmägde lachten sinnlos. Pan Szulc hatte sie heimlich mit ihren langen Zöpfen aneinander gebunden; nun hieß er sie aufstehen, und sie rissen sich kreischend zu Boden.

In diesem Augenblick öffnete sich die Tür. Auf der Bordschwelle stand der junge gnädige Herr, im eleganten Nachthemd, nur die Hosen an. Sein Knabengesicht blickte mit weitaufgerissenen Augen.

„Psia krew!" Der Inspektor taumelte auf, um hastig die Lampe zu verlöschen.

Aber Stasia hatte noch Besinnung genug: 's war ja nur Pan Bolek, das machte nichts!

Und sie sprang auf den jungen Menschen zu, faßte ihn um den Hals und zog ihn vollends in die Stube.

— — — — — — — — — — — — — — —

Der Tag graute, frostig und nüchtern. Wie Opfer der Seekrankheit über Bord, beugten die Hofmägde ihre Köpfe über die Fensterbrüstung. Drinnen auch ein Bild der Verwüstung. Flaschen und Schüsseln und Überreste am Boden, schwerer Zigarettenduft in der Luft, gemischt mit dem Duft der Weinneigen.

Grünblaß saß Herr Boleslaw auf dem Ledersofa zwischen Stasia und Herrn Szulc. Vergebens pries der Inspektor lallend einen kräftigen Schnaps an. Der junge Herr schüttelte verneinend den Kopf, wie zerbrochen hing er in des Mädchens Armen. Auch Stasia war jetzt kreidebleich, aber durch ihr umnebeltes Gehirn schoß doch noch ein Gedanke: der junge Herr mußte zu Bett — fort — zu Bett! Sie rüttelte ihn, er fiel ihr weinend um den Hals.

Drunten ertönte plötzlich ein donnerndes Pochen am hölzernen Hoftor — Wortwechsel — Schlüsselrasseln —, zögernd machte der Stróż auf. Ein Wagen fuhr ein.

Jetzt gellte ein Reißen an der Klingel — noch einmal — ein Läuten wurde es, ein unausgesetztes. Das kam aus dem Zimmer der Herrin!

„He, Stasia, pst!" Der Nachtwächter pfiff unterm Fenster. „Is sich Pan Doktor gekommen für gnädige Pani! Stasia, he, du!"

Aha, sie wurde verlangt! Aus alter Gewohnheit taumelte Stasia auf. Der Knabe entglitt ihren Armen, sie ließ ihn fallen. Über ihn weg stieg sie und stolperte zur Tür.

Aber weit kam auch sie nicht. Ihr schwindelte — sie wußte gar nichts mehr — mochte die läuten, läuten, läuten! In einem Winkel des Ganges sank sie hin.

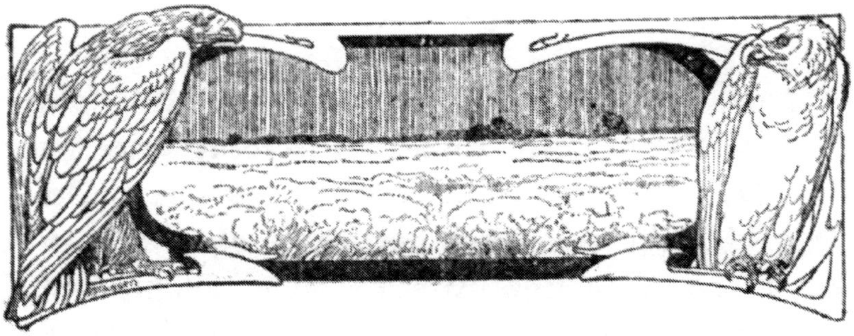

9

Doktor Wolinski in Miasteczko war nicht zu Hause gewesen, als der Wagen gekommen war, ihn nach Chwaliborczyce zu holen. Da hatte sich der Kutscher, auf den Herrn Doktor wartend, in die Schenke gesetzt, durch deren Lädenritzen noch Licht schimmerte; der Schenkwirt neben Löb Scheftel hatte auch Bäckerei, darum kümmerte ihn die Polizeiverordnung nicht, denn wer konnte wissen, ob er Brot buk oder Schnaps schenkte?!

Doktor Wolinski war nach Pociecha-Dorf gefahren. ‚Spaß, hab' ich 'ne Fahrt gehabt,' hatte Löb Scheftel, der ihn rufen gekommen, gejammert und die Hände hoch erhoben. Er hatte es mit der Ciotka sehr gefährlich gemacht. Nebenbei interessierte den Arzt dieser Fall noch ganz besonders — wie, ein polnisches Weib, angeschossen von einem deutschen Herrn —?!

Die junge Frau Wolinska, die, in Nachtjacke und Nachthaube, sich und den Chwaliborczycer Kutscher mit der Versicherung tröstete, der Herr Doktor käme nun bald, wurde Lügen gestraft.

Als Wolinski in seinem, vom Vorgänger übernommenen alten Kutschkasten von der Hütte der Ciotka zurückgerasselt kam, war er an der Propstei aufgehalten worden. Der junge Vikar war unbedeckten

Hauptes herausgeeilt und hatte ihn gebeten, doch einmal einzutreten. Und Wolinski war gern gefolgt; die Nacht war rauh, ein Glas Ungar würde erwärmen — und überdies drängte es ihn zu einer Aussprache. Mit der Ciotka stand's zwar weiter nicht gefährlich — bei richtiger Behandlung würde die Ladung Feinschrot im Gesäß keinerlei nachteilige Folgen haben — aber war die ganze Sache nicht doch empörend und tief betrübend?! Armes polnisches Volk, fremdherrlicher Ausnutzung, fremdherrlichem Übermut ausgesetzt! Diese Sache mußte in die Zeitungen. Eine genaue Schilderung mußte gegeben werden. Das arme Weib! Nun lag es darnieder, nicht imstande, seiner Arbeit nachzugehen; infolgedessen war die Hütte kalt und kein Labetrunk da für die dürstenden Lippen!

Der Doktor erregte sich sehr; leidenschaftlich bebten seine Lippen: nein, dieser Notschrei durfte nicht ungehört verhallen!

Piotr Stachowiak, der Propst, hörte zu mit rotem Kopfe. Er vergaß dabei nicht, sich einzuschenken. Stöhnend rieb er sich ab und zu die mit Flanellbinden dick umwickelten Beine. Au, wie das bohrte und riß und stach! Jede Aufregung mußte er büßen. Mit Zetern war ihm, noch in seinem besten Nachmittagsschlaf, die Köchin in die Stube gestürmt; und einen Zusammenlauf hatte es auf der Gasse gegeben, daß man hätte meinen können, das Dorf brenne.

Seit er seiner leidenden Beine wegen sich so wenig Bewegung machen konnte, war Piotr Stachowiak cholerisch geworden. Mit einem ‚psia krew‘ ließ er jetzt die Faust, die noch immer eine Bauernfaust geblieben, schwer auf den Tisch fallen: wer hieß das dumme Weibsbild denn auch treiben?!

„Sie ist arm," sagte der Vikar, weiter nichts, und schloß dann herb die Lippen.

„Sehr richtig, sehr richtig!" Wolinski nickte ihm zu. „Sie sagen's in drei Worten, Herr Vikar! Das empört ja gerade so, daß die Armut unsre Landsleute zwingt, den fremden Herren aufzuwarten! Empörende Zustände! Armut hat es natürlich immer gegeben, aber noch zu meiner Knabenzeit nicht in dem Maße. Die letzten fünfundzwanzig Jahre haben uns wirtschaftlich grausam zurückgebracht. Deutsches Gesindel, das es daheim zu nichts gebracht hat, macht sich hier breit und bereichert sich. Ist es nicht zu bitter, unser Bauer muß zusehen, wie sein Land, seine Muttererde, die er seit Generationen mit seinem Schweiß gedüngt hat, verschleudert wird zu halbem Preis, halb verschenkt wird, an fremde Ansiedler? Unsre alten polnischen Edelsitze werden umzingelt, belaufen, überkrochen von diesen — diesen —" heftig suchte er nach einem Ausdruck.

„Sagen Sie: Wanzen! Wanzen!" Piotr Stachowiak lachte gemütlich. „Brüderchen, man weiß doch, ist erst ihrer eine wo, sind ihrer auch gleich viele da. Nicht weit von Biala hatte ich meine erste Stelle — Hasen und Füchse sagten sich da gute Nacht, aber Wanzen waren da genug. Und hier, na," — er machte eine kleine Pause und beschmunzelte wohlgefällig seinen Witz — „hier herum haben wir nun schon an die hunderte!"

Der Doktor lachte nicht mit. Um Górkas ausdrucksvollen Mund zog ein flüchtiges Lächeln, aber etwas Verächtliches war in diesem Lächeln.

Wolinski sagte ernst:

„Kann man es unserm Adel verdenken, daß er sich fortmacht aus dieser Nachbarschaft?! Und — was fast noch schlimmer ist, — unser Landvolk verläßt uns auch. Unsre Burschen, unsre Mädchen — Polens Zukunft — ziehen zu fremden Ernten, in die Fabriken des Rheinlandes, Gott weiß wohin. Unsern Landleuten hat man die Söhne verschickt, hundert Meilen weit, zum Militär, nun bleiben die da, wo sie Lohn finden. Was sollen sie auch hier?! Unser Wohlstand liegt danieder, wir haben kein Geld. Und ‚deutsche Arbeiter, nehmt deutsche Arbeiter!‘ ist die Losung. Der Pole muß nachstehen!“

„Sie würden aber doch wohl keinem Polen zureden, bei einem Deutschen Arbeit zu nehmen?“ sprach rasch der Vikar. „E i n e Mark Tagelohn bei einem polnischen Besitzer ist besser als z w e i Mark bei einem solchen Deutschtumsförderer!“ Er schwieg einen Augenblick und setzte dann hinzu im Ton einer überzeugenden Feierlichkeit: „Gott wird ihm diese eine Mark verdoppeln; er wird mit ihr ebensoweit reichen als mit jenen zweien!“

„Sehr gut, sehr gut,“ rief Piotr Stachowiak erfreut, „das werde ich mir merken! Das ist mal ein einleuchtender Trost!“

„Ja,“ — der Arzt zuckte die Achseln und seufzte — „dann müssen wir eben zusehen, daß unsre strammen Burschen, unsre frischen Mädel fremdem Land ihre Jugendkraft geben. Daß von polnischen Müttern polnische Kinder geboren werden, die doch deutsch sprechen und deutsch denken!“

„Sie irren!“ Górka lächelte fein. „Deutsch s p r e c h e n — vielleicht! Aber deutsch d e n k e n, niemals!“

„Wieso?!“ Wolinski hob den Kopf, den er kummervoll in die Hand gestützt hatte und sah den Vikar an: dieser junge Mann mit der schmächtigen Gestalt hatte eine Unbeugsamkeit im Ausdruck, eine Zuversichtlichkeit im Ton, die wahrhaft beruhigte!

„Trinkt, Brüderchen, trinkt!“ schwatzte Piotr Stachowiak dazwischen und schenkte die Gläser voll. „Prost!“ Er stieß gegen das noch unberührte Glas seines Vikars: „Alles kann er, nur das Trinken nicht! Zulpt den ganzen Abend an einem Gläschen. Gelobt sei Jesus Christus und seine Mutter Maria — ja, die Hand unsers Herrn Erzbischofs reicht weit!“ Behaglich dehnte er sich: „Sehen Sie, Doktor, mein Seelchen, wenn mir hier so 'n Mädel in die Ernte zieht oder in die Fabrik oder sonst wohin in Dienst, dann rede ich erst mit ihr — ich!“ Er stieß sich mit dem plumpen Zeigefinger vor die Brust und nickte bekräftigend. „Und da ist wirklich keine, die meine Mahnung vergäße!“

„Ach, ich bitte Sie, Hochwürden, wie wollen Sie das kontrollieren?“ Der Arzt war noch nicht überzeugt, bedenklich schüttelte er den Kopf. „Da müßte man doch der miserabelste Stümper im Beruf sein, ein Esel, wenn man nicht wüßte, daß, wenn das heiße junge Blut wallt, alles andre vergessen wird. Polnisch — deutsch — a bah, da gibt's dann kein Bedenken mehr, alles egal!“

Wieder spielte das feine Lächeln um den Mund des Vikars. Er war aufgestanden; die eine Hand auf den Tisch gestemmt, reckte er sich, als sei ihm die eigne Länge noch nicht lang genug. „Und wenn auch! Haben Sie aber je gehört, daß eine Mutter ihrer Kinder vergäße?

Und wären sie noch so weit, unsre Kirche wird immer über sie wachen!" Er setzte sich wieder.

„Ja, ja, ich weiß wohl, man tut sehr viel: eigne Gemeinden, eigne Geistliche, eigne Zeitungen, eigne Kassen — aber —"

„Na, siehst du wohl, Doktorchen" — der Propst hub sein dröhnendes Lachen wieder an, — „warum denn bange sein?"

„Sie werden ausziehen und Seelen gewinnen, weit eher, als daß sie die eigne verlieren," sprach Górka.

„Sehr richtig!" Der Propst sah fast zärtlich-bewundernd seinen Vikar an. „Du verstehst's! Doktor, da sehen Sie mal" — er streckte das eine umwickelte Bein steif von sich — „was sollt' ich bloß machen, wenn ich den Górka nicht hätte?!"

„Nicht so viel trinken," mahnte der Arzt.

„Trinken — trinken, psia krew, was Sie da sagen! Mal ein Gläschen! Was soll man denn machen die ganze Zeit?!

„Na ja, man weiß schon!" Wolinski lachte. „Aber, eh' ich's vergesse, sagen Sie mal, Hochwürden, säuft das Weib, die Ciotka? Die Nase sieht so aus; der Puls ist auch danach."

Piotr Stachowiak machte ein Gesicht, wie weiland sein Ahnherr, Pieczor Stachowiak, der Dorfgeiger — der, trunken von einem Tanze heimkehrend, in die Wolfsgrube fiel und dem Wolf, der drunten saß, aufspielen mußte, damit ihn der nicht fresse — so bittersüß, so gegen den Strich. „Mal ein Gläschen, ein Gläschen!" stammelte er, „wer wird nicht?! Aber saufen, was denken Sie? Hier säuft kein Mensch!"

„Na, Sie müssen's ja wissen!"

Der Arzt empfahl sich, der Vikar gab ihm höflich das Geleit.

Draußen schnob der Wind, das Dorf lag still und dunkel, die Hütten ruhten wie schwarze Särge, in denen kein Leben mehr atmet. Als die davonrumpelnde Doktorkalesche längst nicht mehr zu hören war, stand der Vikar noch immer unter der Haustür — — — ganz fern, in Chwaliborczyce, saßen sie jetzt noch beim Jagddiner — wie Frau Jadwigas weißer Nacken blendete! — — Diener in der Garczyńskischen Livree präsentierten! Als die Górkas noch ihre Güter besaßen, hatten sie auch Jagddiners gegeben und schöne Frauen gehabt und — bah, alles vergänglich!

Der junge Geistliche hob sein blasses Gesicht: nur, was zur Ehre Gottes geschieht, das allein bleibt!

* * *

Als der Niemczycer am andern Vormittag zeitig in Pociecha-Dorf einritt, saßen bei Eljakim Eiweih ihrer etliche im Wirtshaus. Als sie den Hufschlag des Pferdes hörten, stürzten sie alle neugierig vor die Tür. Der Herr hielt an. Der Wirt zerriß sich fast: wollte der gnädige Herr nicht einen trinken, 'nen ganz extrafeinen, eiweih, viel zu fein für die Bauern?!

Nein, trinken wollte der Herr nichts. Er fragte nur den sich immer wieder von neuem tief bückenden Wirt nach der Wohnung der Ciotka.

Ah, der Herr Baron wollten zur Ciotka?! Durfte man dem Herrn Baron zeigen?! Durfte man dem gnädigen Herrn Baron das Pferdchen halten?!

Alle waren dazu erbötig.

Ein zerlumpter Bursche trabte vorauf. Doleschal trabte nach; seine Augen waren nicht hell, der Kopf war ihm schwer. Dei Weine beim gestrigen Diner konnten das nicht gemacht haben, die waren gut gewesen, aber doch war ihm, als hätte er einen Katzenjammer.

Helene hatte schon geschlafen, als er nach Hause gekommen war, und es hatte ihm leid getan, sie zu wecken. Er hatte nur an ihrem Bett gestanden, die Kerze hochhaltend, daß ihr Schein voll auf das helle Gesicht fiel, und ihren Schlaf betrachtet. Die Lider waren so sanft geschlossen, die Stirn glatt — sollte er diesen Frieden stören? Es dünkte ihn grausam, wußte er doch, beim ersten Wort würden sich diese graden Brauen gespannt ängstlich hochziehen — nein, nicht sie erschrecken! Warum hatte er sich auch zu einem Benehmen fortreißen lassen, das ihn jetzt reute?! Er hatte das Gefühl, etwas Dummes gemacht zu haben und wußte doch nicht recht, was — nein, zu erzählen war da eigentlich gar nichts! Und das mit der Ciotka erfuhr sie morgen noch zeitig genug!

Am andern Morgen aber fühlte Helene sich nicht ganz wohl, und so konnte er ihr dann auch nichts erzählen, würde sie doch sicher darauf bestanden haben, ihn trotz ihrer Erkältung nach Pociecha-Dorf zu begleiten. Also später, später einmal! —

Der Niemczycer mußte sich bücken, als er jetzt unter der Ciotka Tür trat. Er fand sie nicht allein, ein halbes Dutzend Weiber waren bei ihr; die Stube war voll von Geschwätz und Gestank. Es verneigten sich alle tief.

Die Ciotka, die bäuchlings zwar, aber sonst ganz

vergnügt auf der Ofenbank lag, erhaschte seinen Mantelzipfel: ‚Der gute gnädige Herr, der beste gnädige Herr im ganzen Königreich! Jesus Christus und seine Mutter Maria sollen es ihm gesegnen, millionenmal, ihm und seinen Kindern und seinen Kindeskindern!‘ Nein, es war gar nicht schlimm, es hatte ihr gar nichts getan, nur der Schreck hatte sie zu Boden geworfen, nur der Schreck! Wenn der gnädige Herr nur ein paar Groschen würde geben, um Feuerung zu kaufen, und ein paar Groschen für Brot, würden alle Heiligen es ihm gesegnen hundertmillionenmal!

Wie? Hatte sie denn noch kein Geld bekommen?! Er hatte doch Frelikowski solches für sie eingehändigt!

Nein, so wahr ihr Gott helfe! Gleich auf der Stelle wollte sie sterben, fahren in die unterste Hölle, wenn sie schon hatte einen Pfennig gesehen. „Daß der Wolf ihn fresse, der Donnerstein ihn erschlage, den Dieb, den Schinder, den Räuber, den Zagac!“ Sie schrie Zeter.

Mit glänzenden Augen lugten die Weiber: nun würde der Herr Baron gleich seine Börse ziehen! Ach, sie waren auch alle sehr arm, sehr bedürftig! Kalte Zeit und keine Feuerung, hungrige Zeit, kein Mehl im Kasten, die Kartoffeln schlecht geraten — bitte, bitte!

Sie drängten sich alle um ihn und küßten seinen Rock. Die Ciotka ließ den Zipfel seines Mantels nicht fahren.

Er teilte noch einiges aus, vertröstete auf Frelikowski — der mußte das Geld ja bald bringen! — und entkam so aus der Hütte, von den Segnungen der Weiber umrauscht.

Draußen bei dem Burschen, der das Pferd hielt, hatten sich einige Männer eingefunden. Demütig zogen sie die Hüte tief: sie waren auch Treiber gewesen gestern bei der Jagd, wenig gefehlt, und der Herr Baron hätte auch ihnen eine Ladung Schrot zu kosten gegeben — sollten sie denn gar nichts haben? Ein Gröschchen für ein Bier, ein halbes Gröschchen nur für einen Wódka!

Aber Doleschal schwang sich aufs Pferd: „Aus dem Weg!" Das fehlte noch, das Schnapstrinken unterstützen! Rasch ritt er davon.

Eine große Erleichterung fühlte er, als er zum Dorf hinaus war: Gott sei Dank, mit der Ciotka stand es gar nicht schlimm! Der Kopf ward ihm auf einmal viel leichter, der Nebel, der ihm vor dem Blick gelegen, verschwand. Der schwarze Kirchturm blieb hinter ihm zurück, vor sich sah er die saubern Häuschen der Ansiedler und drei kleine Mädchen, die auf Pociecha-Kolonie zuwanderten. Alle drei waren in wollenen Kapüzchen, darunter hingen die blonden Zöpfchen ordentlich geflochten. Alle drei trugen Tafel und Griffelbüchse und ein Büchlein unterm Arm.

Aber was war ihnen denn? Die Größte in der Mitte weinte laut, und die Kleineren, rechts und links, troddelten still betrübt. Arme Kleinen! Der Wind hatte sich in ihre Röckchen verfangen und trieb sie vor sich her wie vom Stengel gerissene Blumen.

Doleschal hielt sein Pferd an — das waren deutsche Kinder! „He, ihr da, warum weint ihr?"

Zu Tode erschrocken blickten die kleinen Mädchen auf. Er lächelte sie freundlich an, aber scheu sich an den Händen fassend, rannten sie davon, querfeldein, bis sie sich duckten im nächsten Graben. —

Doleschal ritt durch die Ansiedlung. Vom Haus der Rheinländer her wurde ihm ein Gruß. Das stand nun schon seit Ende Oktober recht stattlich unter Dach, aber die Hilfe der Kommission hatte man doch noch in Anspruch nehmen müssen, sonst wäre es nimmer so rasch fertig geworden, der Winter wäre einem über den Hals gekommen.

Peter Bräuer stand unter seiner Tür, breitbeinig die mächtige Gestalt hingestellt. Aber seine Stirn war nicht frei; dem Wind entgegen, der ihm ganze Hände voll winterharten Ackerstaubes ins Gesicht warf, blinzelte er finster in die Weite.

„Kommen Sie von Pociecha-Dorf, Herr? Haben Sie mein' Kinder nit unterwegs gesehen?"

„Ich sah drei kleine blonde Mädchen unterwegs — wenn das die Ihren waren?" Doleschal hatte angehalten.

Bräuer kam dicht zu ihm heran. „Wissen Sie, Herr," sprach er gedämpft, „mer darf et ja nit laut sagen — hier nebenan die polackschen Weiber tun einem sonst gebrannt' Herzeleid an, die Poln'schen hangen ja all zusammen wie die Kletten — aber dem Ruda, dem Kerl, dem Schwein, dem brech' ich noch ens dat Genick! Dat will 'ne Lehrer sein?! De verwechselt ja die Artiklen un mir un mich, wie die ganz gewöhniglichen Leut'! Aber de soll't dat doch besser wissen, de soll doch die Kinder wat lernen!" Er schüttelte ärgerlich den Kopf.

„Ich begreife Sie nicht" — Doleschal war ungeduldig, immer, wenn er den Mann traf, hatte der was zu klagen — „der Ruda ist doch ein tüchtiger Mensch und auf dem deutschen Lehrerseminar in Fraustadt gebildet!“

„No, da hat de aber sein Deutsch schnell verschwitzt!“ Bräuer lachte erbittert. „Un denn hat er mich dat Settchen als schon e paarmal nachsitzen lassen. Dat is doch en klug' Kind un macht sein' Arbeit — dat darf de Kerl nit tun! Dat hat mer nit nötig, sich gefallen zu lassen! Hören Sie, Herr,“ — etwas ruhiger werdend lenkte er das Pferd am Zaum seinem Hause zu — „steigen Sie 'ne Momang ab! Dat Kettche möcht' Ihnen doch so gern wat sagen!“

Was war denn nun schon wieder?! Es war wirklich schlimm mit den Bräuers, so umgänglich sie auch schienen, so kribbelig waren sie! Und so breitspurig!

Die klobige Gestalt des starken Mannes füllte fast den ganzen Flur aus. Vor seinem Gast herschreitend, riß er die Tür zur Küche auf: „Kettche, da is de von Doleschal!“

„O, nit hier erein,“ rief erschrocken die Frau, die beim Abwaschfaß stand, „drüben in die gute Stub'!“ Und die nassen Hände an der Schürze trocknend, stürzte sie vor den Männern her und riß das weiße Schutzlaken vom Kanapee. Nun stand es, prangend in seinem geschonten grünen Rips mit seiner Garnitur Häkeldeckchen unter dem Glaskästchen mit dem Goldrahmen, darin die Frau ihren Brautkranz verwahrt hielt.

Doleschal wollte ihr ein Vergnügen machen und sah sich um. „Wie hübsch haben Sie's hier!“ sagte er, obgleich ihm die feuchtkalte Luft im Zimmer unangenehm auffiel. An der Wetterwand drohte die neue Tapete schon wieder abzufallen; das Haus war gar zu schnell bezogen worden.

„Gelt ja, dat is ganz nett hier," seufzte die Frau und strich wie zärtlich mit der Hand über die Häkeldecke der Kommode, auf der Familienphotographieen standen und bunte Tassen mit Goldrand. „Se sagen all, dat wär 'ne Unsinn, dat wir so viel hierhin mitgeschleppt hätten, aber mer kann sich doch nit von allen Andenken trennen! Dann fühlt mer sich ja nie zu Haus!"

„Und geht's denn jetzt besser?" Doleschal nickte ihr zu; ihr Wesen und ihr Gesicht, das einst hübsch gewesen sein mochte, als es noch rund war, gefielen ihm wohl.

„Och eja, danke, et is ja soweit ganz gut hier! De Herr Propst is 'ne freundliche Mann, und de Herr Vikar hat uns als en paar Mal besucht. In der ersten Zeit, als ich eso unglücklich war und mich gar nit schicken konnt', hat de mich immer so schön getröst'. Un et is ja auch schon besser geworden, Gott sei Dank!" Sie faltete die Hände. „Un et wird noch immer besser, sagt de Herr Vikar. Aber traurig is dat doch, dat ich nit verstehen kann, wat se in der Kirch' sagen. Am zweiten Weihnachtsfeiertag kriegen wir en deutsch' Predigt, sagt de Herr Vikar, aber wat is dat doch noch eso lang hin! Ich soll mir nur Müh' geben, sagt de, dat ich sein' Predigt verstehen lern', — und wenn ich se auch nit verständ', zum Segen tät se mir doch gereichen. Dat soll ja wohl eso sein, wann de Herr Vikar dat sagt — aber, kucken Se, lieber Herr, et hängt doch nu jeder an seinem Glauben, und et is mich doch immer so, als wär dat hier wat ganz andres. Ich sagt' als zum Peter, dadrum möcht ich de Herr Baron wohl emal fragen, dat wird de sicher verstehen, wenn de auch nit unsern heiligen Glauben hat!"

Sie sah den Herrn vertrauend an, über und über errötend ob ihrer Kühnheit.

Doleschal errötete auch. Eine Verlegenheit ergriff ihn: was sollte er dieser armen Seele sagen, die, von der alten Heimat losgerissen, in der neuen ängstlich nach ihrem alten Glauben suchte?! War es nicht unrecht, ihr zu sagen: hüte dich —!? Es würde ihr den Boden noch fremder machen. Mochte sie sich nur erst einwurzeln — dann war's ja noch immer Zeit, ihr die Augen zu öffnen. Aber es würde sich schon einmal eine Gelegenheit finden, mit dem Mann ein Wort zu reden!

„Sie sagen ja nix, Herr von Doleschal?" fragte die Frau. „Sie haben mir doch mein' Freiheit nit übel genommen?"

„Nein, nein, Frau Bräuer!" Er reichte ihr die Hand. „Aber es ist gar nicht so leicht, Ihnen zu antworten. Im Grunde ist es ja eigentlich ebenso egal, ob ich deutsch oder polnisch bete, wie evangelisch oder katholisch, wenn ich nur —"

„Och ne," unterbrach sie ihn rasch, „dat is et doch nit! Evangelisch oder katholisch — ne, dat is nit einerlei, dat dürfen Se nit vergleichen!" Sie war förmlich beleidigt und hatte ihre Schüchternheit ganz hintan gesetzt.

„Sie haben mich ja nicht ausreden lassen, liebe Frau! Aber am Ende ist es auch besser, wir sprechen jetzt nicht darüber" — er sah auf die Uhr — „es ist Zeit, ich muß fort!"

„Och, nu sind Sie doch bös," jammerte sie.

„Laß die Dummheiten, Kettche," fuhr ihr Mann auf. „Sie glauben et nit, Herr von Doleschal, wat die mich jetzt als der Kopf warm macht!" Sie wollte etwas entgegnen, da schrie er sie an: „Halt der Mund!" Und sie lief, die Schürze vors Gesicht haltend, rasch hinaus.

In verlegenem Schweigen blieben die Männer zurück.

„Sie hätten Ihre Frau aber auch nicht so anfahren sollen," sagte Doleschal endlich.

„Anfahren — och wat, anfahren!" maulte der Mann. „Dat Kettche is en brav' Frau, und ich bin ihr von Herzen gut. Ich hab se fast noch lieber als ich mein' erste hatt', und dem Valentin sein' Mutter war auch keine Pappenstiel, dat kann ich Ihnen sagen. Die war so en richtig resch un lustig rheinisch' Mädchen — de Jung, de Valentin, hat viel von ihr un dat schöne Gesicht auch — aber ‚nit anfahren', dat sagen Sie so! Wat soll mer dann machen, wann einem die Gall' überläuft?! Denken Se an, sagt neulich de Propst zum Kettche — de junge geistliche Herr hätt' dat nit getan — et soll en Haub' tragen, wie die polnischen Weiber ein' tragen, dat gehörte sich so für en gute christliche Ehefrau! Zum Donnerwetter noch ens, wat geht dat de Propst an?! Dat Kettche soll ihr schön' Haar so unter en' Haub' stechen? Ja wohl!" Er hub ein herausforderndes Lachen an. „Wann mir auch katholisch sind, Polacken sind mir deswegen doch nit!"

„Das hat er gesagt — verlangt?! Nicht möglich!"

Doleschal machte die Augen weit auf. Er war ganz blaß geworden. Ein paar Mal setzte er zum Sprechen an und biß sich dann auf die Lippen — nein, lieber nichts weiter sagen, der Mann da wußte schon ganz genau, woran er war!

„Wissen Se“ — Peter Bräuer stellte sich breitspurig hin und stemmte die Fäuste in die Seiten — „laß' die nur ens kommen! Denen werd' ich schon zeigen, wer Herr hier ist!“ Er spuckte auf die Diele und verscharrte es dann mit dem Fuß: „So viel kehr' ich mich dran — 'ne Dreck! Aber wissen Se“ — seine Stirn runzelte sich — „Ärger hat mer en Mass' dadrum. Die Frau tribuliert einen. Un die andern“ — er machte eine umfassende Bewegung nach allen Seiten hin, — „die geben ei'm immer so Nadelstich', un die kann ich gar nit gut vertragen. 'ne ordentliche Rippenstoß kann mer doch wiedergeben, aber so en Pisackerei —! Sehn Se, wie mit der Schul' — wat mach' ich da nu? Dat Settche“ — er stutzte plötzlich und horchte: „Da is dat Settche!“

Draußen hörte man jetzt ein Weinen, und dann ein tröstendes: „Bis still, bis still“ der Mutter.

Bräuer riß die Tür auf: „No, wat is dann?!“

Sein Liebling, das Settchen, flog ihm entgegen und hing sich an seinen Hals. „Pappa, Pappa!“

Sie war gar nicht zu beruhigen, zu aufgeregt, zu unglücklich in ihrem kindischen Weinen. Das Schluchzen stieß sie so, daß man kein Wort aus ihr herausbrachte. War sie gescholten worden, hatte sie nachsitzen, in der Ecke stehen müssen? Auf alles Befragen nur ein stumm-jammervolles Kopfschütteln.

„Zum Donnerwetter, jetzt tuste der Mund auf!" Dem Vater war die Geduld gerissen.

Da streckte sie mit erneut heftigem Weinen beide Hände aus und hielt sie ihm vors Gesicht. Die Handrücken waren rot und aufgelaufen wie von einem Schlag.

„No, wat is dann dat?" Bräuer rollte die Augen.

„Et hat wat auf de Fingern gekriegt!" sagte jetzt das kleinste der drei Mädchen und nickte wichtig mit dem runden, weinerlich verzogenen Apfelgesicht. „Weil et schon so groß is und gibt doch immer noch kein' Antwort!"

Da schrie das Settchen auf: „Ich kann ihn nit verstehn" und klammerte sich fester an den Vater. „Pappa, och Pappa, lassen wir doch wieder nach Haus gehn!"

Peter Bräuer hielt sein Kind im Arm, das vor Schluchzen zitterte, und machte ein seltsames Gesicht: bekümmert, wütend, verdutzt zugleich. Was, der Lehrer hatte sein Settchen geschlagen?! Der hatte sich das unterstanden?! Die Wut stieg ihm zu Kopf: „Hingehen tu' ich auf der Stell', Red' stehn soll er mir, drei Tag soll de Kerl nit mehr sitzen können, de — de — de Polack!"

„Ich bitte Sie! Bräuer!" Doleschal legte dem Aufgebrachten die Hand auf die Schulter. „Seien Sie nicht so unbesonnen! Sie machen sich nur Ungelegenheiten!"

„Och wat!" Der beleidigte Vater schüttelte die Hand ab. „Ich laß' mir dat nit gefallen, ich laß' mir dat nit gefallen!"

„Bräuer, es nützt Ihnen gar nichts. Sie vergreifen sich an dem Lehrer, er zeigt Sie an, Sie werden verurteilt, ich garantiere Ihnen!"

„Jesses, ich sag' ja" — die Miene des Ansiedlers wurde tief niedergeschlagen — „da hat mer et nu! Och, wär' ich doch nach Amerika verzogen, ganz weit weg, wo et noch Wilde gibt. Da kann mer sich doch wenigstens selber sein Recht verschaffen!"

Es war Doleschal nicht heiter zumute, aber er mußte doch über den Mann lächeln — als wäre man hier im wildesten Westen, wo die Justiz nicht hinreicht und jeder auf eigne Faust Richter spielt, den Revolver im Gurt! „Ich rate Ihnen," sagte er, ernst werdend, „begehen Sie keine Gewaltakte! Die könnten Ihnen hier teuer zu stehen kommen!"

„Och Gott, och Gott, Peter!" Die Frau hing sich an ihren Mann. „Jesus Maria, sei doch nit gleich eso rappelig! Och, ich bitt' dich, hör' auf mich, Peter! Peterken!" Sie flehte ihn an mit weicher Stimme und strich ihm immerfort die harte Wange. „Et is ja nit eso schlimm! Dat Settche quatscht immer gleich! Du wirst dich doch deswegen nit mit dem Lehrer hauen?! Un dat nützt ja auch nix!"

Doleschal winkte der Frau ermutigend zu: so war's recht! Wirklich, die war verständig! Wenn Bräuer glaubte, daß seinem Mädchen unrecht geschehen sei, konnte er sich ja bei der Schulinspektion beklagen. Jedenfalls war der Lehrer verpflichtet, deutsch zu unterrichten. Nur der Religionsunterricht durfte eine Ausnahme machen, mochte der den polnischen Kindern polnisch erteilt werden — schlimm genug! — aber sonst durfte keine Rücksichtnahme walten, und säße die ganze Klasse voll polnischer Kinder. Deutsch mußte gelehrt werden, deutsch mußten sie lernen!

„Ich werde übrigens dem Landrat über die Sache berichten!"

„Och, de Landrat, de Landrat!" Bräuer spuckte wieder aus. Er schien kein rechtes Vertrauen zu dieser Behörde zu haben.

„Sag' et dem Herr Vikar," drängte Frau Kettchen. „Bei dem mußte dich beklagen. Vor dem hat de Lehrer der größte Respekt!"

„Hm," — der Vater kraute sich nachdenklich den Kopf — „bei den Vikar soll ich gehen? Och ne!"

„Wenn de et dem Lehrer sagt, da kannste sicher sein, dann läßt de uns' Kinder zufrieden!"

„Meinste?"

„Sicher un gewiß!" Sie sagte es mit vollster Überzeugung.

„So — no dann!" Peter Bräuer entschloß sich ungern dazu, aber was half's, so konnte das nicht weiter gehen, eine Abhilfe mußte geschafft werden, und zwar ganz direkt! Man merkte es ihm an, er konnte es kaum abwarten, daß sein Gast sich verabschiedete. —

Doleschal ritt davon. Er hatte sich fest in seinen Mantel gewickelt, aber ihn fror doch. Vom Dorf her schnob ihm der Wind in den Rücken und trieb ihn vor sich her, als sei er, wenn auch hoch zu Roß mit Peitsche und Sporn, nur ein ohnmächtiges Garnichts, ein bißchen Spreu.

Über die toten Äcker flogen ganze Schwärme schwarzer Vögel. Dicht vor dem Reiter flatterten ihrer ein paar und zankten um eine arme Maus. Ein Peitschenhieb — noch einer — aber kaum, daß sie sich stören ließen, die Maus entkam ihnen nicht. Häßlich klang das „Krah, krah'. Es war der einzige Laut in der winterlichen Todesstille. Und grau war die unabsehbare Weite, grau der schwere Himmel wie die Ebene unter ihm.

Der einsame Reiter suchte mit sehnendem Blick: fern, ganz fern noch der Łysa Góra! Aber er gab seinem Pferde die Sporen und jagte dem Berge zu, als sei dort das Heil.

10

So leicht sich die Verwundung der Ciotka angesehen hatte, so wenig gut nahm die Heilung ihren Fortgang. Doktor Wolinski schüttelte den Kopf bei seinem nächsten Besuch: die Wundränder sahen häßlich aus, blaurot entzündet und dick verschwollen, der Puls der Patientin war fiebrig. Aber das Medikament, das der Arzt verordnete, wendete die Ciotka darum doch nicht an, eine gefällige Nachbarin schüttete es den Schweinen vor — mochten die's saufen, für 'nen Menschen war das doch kein Getränk!

Die Stube der Ciotka wurde nicht leer von teilnehmenden Besucherinnen, denn einen Groschen nach dem andern holte die Leidende unter ihrem Bauche vor aus dem Bettstroh. Das Geld, das der Niemczycer dagelassen, wanderte zu Eljakims Krug.

Ungefähr acht Tage nach seinem ersten Besuch betrat Doleschal wiederum die Hütte. Er gedachte sich im Vorüberfahren zu überzeugen, daß die Ciotka wieder ganz wohlauf sei, statt dessen lag sie noch immer, sogar jetzt im Bett.

Bei ihr saß der Vikar. Er erhob sich sofort, als der Niemczycer eintrat, mit einem stummen Gruß und einer Verbeugung, die höflich waren, aber zurückhaltend.

Welch ein interessantes Gesicht! Doleschal, der den jungen Geistlichen noch nie so in der Nähe gesehen hätte wie jetzt, kaum auf Armeslänge entfernt, musterte die hager vorspringende und doch fein geformte Nase, den etwas eingesunkenen, festgeschlossenen Mund und die schön gebaute Stirn. Er fand gar nichts Slawisches in diesen Zügen; unwillkürlich verglich er in Gedanken dies stolze Gesicht mit dem roten bäurischen des alten Propstes. Gemütlicher war das freilich, viel gutmütiger!

Eine unbehagliche Empfindung überkam ihn plötzlich; er fühlte: hier war eben von ihm gesprochen worden! Noch schien der Nachhall davon geblieben zwischen den rußigen Wänden. Die Weiber, die sich unten am Bettende aufgestellt hatten, glotzten ihn dreist an, ohne das gewohnte demütige ‚Ich falle zu Füßen'. Die Ciotka sah ihn gar nicht an, und der Blick des Vikars streifte ihn kaum von der Seite.

Was hatte er diesem Menschen getan?! In der jähen Stille, die seinem Eintritt gefolgt war, überkam Doleschal eine verlegene Beklemmung. Um ihrer Herr zu werden, reckte er sich höher auf und sah von oben herunter auf die Gruppe am Bett.

Des Vikars schmale Lippen schlossen sich noch fester; auch er reckte sich höher auf.

Ohne Wort, wie zwei Gegner, die ein böses Geschick plötzlich zusammenhetzt, maßen sie sich.

Was fiel dem Pfaffen ein? Stellte er sich nicht vor das Bett, als wollte er den Zutritt wehren?! Doleschal sagte kurz: „Sie gestatten!" und machte einen so entschlossenen Schritt, daß der andre zur Seite treten mußte, wollte er nicht geradezu unartig sein.

„Nun, Ciotka, wie geht es Euch?“ Er ignorierte den Vikar gänzlich.

War das Weib harthörig geworden? Es antwortete nicht. Doleschal wiederholte die Frage noch einmal in erhobenem Ton; da schüttelte sie den gedunsenen Kopf und brummte mürrisch: »Nie rozumiem po niemiecku!«

Was — nicht Deutsch verstehen?! Neulich hatte sie sein Deutsch doch gut verstanden, und alle diese hatten ihn gut verstanden, einige der Weiber ihn sogar angebettelt auf gut deutsch! Was sollte denn jetzt die Komödie?

Er fuhr sie an: „Gebt Antwort!“

Aber statt der Antwort fing die Ciotka an zu jammern — eigentlich war es mehr ein Schimpfen —, und schnatternd wie eine Herde Gänse fielen sämtliche Genossinnen ein.

Doleschal stieg das Blut zu Kopf; er sah ein Lächeln um den Mund des Vikars. „Antwort,“ sagte er sehr laut und schlug mit der Peitsche, die er noch in der Hand hielt, auf das Deckbett, daß die Hühnerfedern, mit denen es gestopft war, aus dem verlumpten Überzug herausflogen.

„Sprechen Sie polnisch, mein Herr!“ sagte der Vikar.

„Mein Name ist Doleschal, Baron von Doleschal!“ Es klang hochfahrend. „Ich glaubte von Ihnen gekannt zu sein!“

Der Geistliche sagte lächelnd: „Pardon, Herr Baron!“ Und dann in verbindlichem Ton: „Wenn ich raten darf: sprechen Sie hier polnisch, Herr Baron!“

„Bedaure!“

Wieder dieses Lächeln! Es raubte Doleschal jede Besinnung. Also so weit war es gekommen, daß man gezwungen werden sollte, polnisch zu sprechen?! Die Empörung machte seinen Ton rauh: „Hier ist deutsches Land und hier wird deutsch gesprochen!"

Er wendete sich rasch, so daß er dem andern den Rücken kehrte, und ging mit erhobenem Kopf davon.

Wie ein Sieger ging er, aber innerlich fühlte er sich doch geschlagen: der andre blieb! Draußen vor der Hütte hörte er jetzt die sonore Stimme — die sprach polnisch!

Ein bitterer Geschmack kam ihm auf die Zunge. Undankbares, wankelmütiges Volk! Wie hatte das Weib ihn neulich mit Segnungen überschüttet — und heute?! Warum war sie heute nur so ganz anders?

Pah, es war nicht wert, weiter darüber nachzudenken; die Sache war erledigt, mußte erledigt sein! Hatte der Landrat nicht grade heute noch zu ihm gesagt: ‚Sie nehmen alles zu persönlich warm. Wenn ich so wäre, ich käme ja vor Ärger um bei den hiesigen Verhältnissen!' — — — Ja, ja, der Landrat hatte ganz recht, man mußte gelassener sein! Aber freilich, der hatte gut reden, war ihm dieses Land denn Heimat? Vom Staate ward er bestellt, vom Staate bezahlt, er tat seine Pflicht. Aber *lieben* kann nur der die Provinz, dem der Wind über die eigne Scholle bläst, der allzeit steht an seiner Grenze wie eine Schildwacht in finstrer Mitternacht.

Das alte Soldatenlied, das er in seiner Kürassierzeit so oft gehört, beim Biwak, um stille Lagerfeuer, von kräftigen Soldatenstimmen hinausgesungen in die dunkle Nacht, schoß ihm plötzlich durch den Sinn. Und wenn er jetzt die Augen schloß, konnte er wähnen, auch dort auf dem Gipfel des Lysa Góra brenne ein Feuer, und, getragen vom Wind, klang's stark hinaus über unabsehbares Land:

‚Steh' ich in finstrer Mitternacht
So einsam auf der stillen Wacht —‘

So einsam — ja, einsam! Er senkte den Kopf. Da gab es kein Verhehlen: ja, er hatte sich in letzter Zeit oft einsam gefühlt, einsam, trotz Weib und Kind! Man verlangt nach männlichem Austausch gleicher Gedanken, gleicher Meinungen. Das hat etwas so Kräftigendes; es gibt das beruhigende Gefühl, Freunde, Gefährten hinter sich zu wissen, nicht allein zu stehen auf verantwortlichem Posten. Freunde?! Paul Kestner war abgereist, aber wäre der auch hier, ändern würde das doch weiter nichts; er war ein guter Mensch, ein lieber Freund, aber was kümmerten den Land und Leute?! Ob polnisch, ob deutsch?! Der führte sein Leben in der Garnison. Der säte ja auch nicht und erntete nicht — die Ernte interessierte ihn nur insoweit, als sich seine Extraausgaben bei guter Ernte noch vergrößerten.

Der Einsame seufzte: kam das mit den Jahren, daß man die Unbefangenheit verlor, grüblerischen Gemüts wurde und mißtrauisch fast? Oder spitzte sich wirklich alles zu? War's nicht recht geheuer im Schoße dieser hartgefrorenen Erde, über die der Wagen jetzt mit Poltern holperte?!

Im Rollen der Räder klang ein Grollen mit. Tief unter dieser Ackerkrume schlief etwas, das schlief nicht in ewigem Frieden. Hier war gedüngt mit Blut. Noch war kaum ein halbes Jahrhundert verstrichen, daß die

Koschiniere*) zwischen diesen Feldern gezogen waren, ihre blinkenden Sensen geschultert, und daß der weiße Adler auf rotem Grund seine Krallen gestreckt hatte. Daß die Posener Infanterie die Saaten zerstampft und die Breslauer Jäger die Empörer zusammengeschossen hatten, wie Hasen auf der Treibjagd. Nein, diese Erde konnte noch nicht ruhig sein, dieses Land hatte noch nicht vergessen! Würde es je vergessen? Das walte Gott!

Mit Schwermut ließ der Deutschauer Herr seinen Blick über die winterliche Ebene schweifen. Von der siegessicheren Freudigkeit, die er an jenem Sedantag beim Aufpflanzen der Fahne auf dem Lysa Góra empfunden hatte, war jetzt nichts mehr in ihm. Man hatte die Fahne vom Gipfel gerissen und in den Schmutz getreten — es galt, sie wieder neu aufzurichten. Aber wer, wer half dabei?!

‚Kulant, tolerant,' hatte der Landrat gesagt und die Achseln dabei gezuckt, ‚es hilft nichts, wir müssen es sein! Mit der Faust ist hier nichts zu machen. Ich werde dem Herrn Schulinspektor Dzieciuchowicz Ihre Klagen wegen des mangelnden Deutschs beim Unterricht sehr schonend stecken — wir stehen uns gut, ich denke, er wird entgegenkommen — aber, sehen Sie: auch entgegenkommen, so weit als möglich, das ist meine Taktik!'

Immer entgegenkommen? „Nein!" Doleschal hatte es so laut gerufen, daß der Kutscher sich erschrocken nach seinem Herrn umdrehte.

Tief verstimmt saß der Deutschauer in seine Wagenecke gedrückt. Wohin er auch sah: nirgend ein Stütz-

*) Sensenmänner.

punkt, nirgend ein andrer Anhalt für das schweifende Auge als hier der schwarze Turm von Pociecha-Dorf und dort der Łysa Góra. Zwischen diesen beiden rollte sein Wagen dahin, fortgerissen von den schnaubenden Pferden.

Hinterm Fenster der Propstei hatte Piotr Stachowiak dem herrschaftlichen Wagen nachgeschaut, dessen Rasseln in der Stille des öden Dorfes einen großen Lärm machte. Die Schweine in den Koben fingen erschreckt an zu grunzen, und die Habichte, die dort in den zwei Pappeln am Pfuhl auf die Enten lauerten, flatterten mit gellendem Schrei davon.

Auch der Propst war unsanft aus seinem Mittagsschlaf — den er jetzt, in der dämmernden Winterszeit, bis Abend auszudehnen pflegte — geweckt worden. Sich mit der einen Hand am Tischrand haltend und mit der andern auf den Stock stützend, humpelte er ans Fenster seiner Studierstube. Er mußte doch was sehen. Aha, der Niemczycer! Psia krew, was brauchte der einen solchen Skandal zu machen! Ja, diese Herren, die denken, sie können sich alles herausnehmen! War der ein Schwabb, daß er nicht lesen konnte, was auf gut polnisch am Eingang des Dorfes angeschlagen stand: ‚Schritt fahren‘ —?! Es hatte schon einer von diesen Deutschen einmal ein Kind überfahren und ein junges Ferkel dazu. Jetzt hieß es: Bauer, hüte dich! Daß diese Herren der Wolf auffresse! Überhaupt der Niemczycer, das war der Allerschlimmste, hochmütig wie Satanas vor dem Fall, ein rechter, dicker, eingebildeter Deutschschädel! Und in alles mischte er sich. Górka hatte schon recht, auf den hieß es doppelt Obacht geben!

Piotr Stachowiak stand und guckte noch in müßiger Langeweile, als das Gefährt längst außer Hör- und Sehweite war. Auf dem Pfuhl vorm Haus schwammen zwei Enten und ein Erpel; der Erpel mühte sich galant mit seinen stärkeren Ruderbewegungen das freie Wasserloch in der Eiskruste für seine Schönen größer zu machen, das machte dem Propst Spaß. Als er noch nicht Hochwürden war, sondern der kleine Pièsio, der mit nackten Füßen lief wie alle Dorfkinder, hatte er gern mit Steinen nach Enten auf Pfuhlen geworfen, — o la, wie alle Kinder! Er lächelte in der Erinnerung: es war zu entschuldigen, man hatte ja damals noch nicht die Bildung!

Es klopfte.

Aus seinen Jugenderinnerungen aufgeschreckt, rief der Propst: „Herein!" Aha, der Ruda!

„Gelobt sei Jesus Christus," sprach der Lehrer und stolperte mit seinen aus Tuchleisten zusammengenähten Flickenpantoffeln über die Schwelle. Er schien erregt, das hektische Rot auf seinen heraussstehenden Backenknochen brannte abgezirkelter.

„Hochwürden, Hochwürden," stammelte er hastig, „haben Hochwürden nicht den Niemczycer durchfahren sehen?"

„Nun wohl, er fuhr wie der Teufel — was sonst?"

„Hochwürden, er ist in der Kreisstadt gewesen! Sein Kutscher hat es dem Löb Scheftel gesagt, derweilen er, der Niemczycer, drinnen war bei der Ciotka! Der Löb Scheftel nun hat es mir wieder gesagt."

„Nun, und was denn?" Piotr Stachowiak sah den

Aufgeregten verständnislos an und lachte dann gutmütig. „Laß ihn doch fahren in die Kreisstadt! Hat er sich auch einmal ein Vergnügen gemacht!"

„Nein, nein," jammerte der Lehrer, „er ist beim Landrat gewesen, Hochwürden! Beim Landrat, sagt der Löb Scheftel. Und ich weiß, warum. Hat sich der Ansiedler Bräuer bei dem Niemczycer beklagt; der ist mit dem Niemczycer unter einer Decke. Und der Niemczycer wieder hat sich beim Landrat beklagt. Das ist so sicher wie zweimal zwei vier ist. Löb Scheftel hat es mir vorgerechnet an seinen fünf Fingern!"

„Ei, daß dich! Wer gibt sich denn mit dem Juden ab!" sprach verweisend der Propst.

„Halten zu Gnaden, Hochwürden" — den Lehrer in seinem abgeschabten Röckchen fröstelte vor Kälte und Angst —, „man kann sein Ohr doch nicht verschließen. Der Löb Scheftel hat Eier gekauft von der rheinländischen Frau, da hat er mit ihr geschwatzt im Hühnerstall. Ihr Mann ist sehr böse auf mich, sagt sie, daß ich habe seine Tochter geschlagen. Hochwürden, bei meiner Gesundheit schwör' ich's, geschlagen nur mit dem Recht, das mir zusteht — nur einen kleinen Streich über die Hände! Aber, jetzt ist der Niemczycer in der Stadt gewesen und hat mich verklagt. Und der Landrat hetzt mir die Schulinspektion auf den Hals — heilige Mutter! Sie werden mir vom Gehalt abziehen, mich vielleicht gar meines Amts entsetzen!" Er hustete und hielt sich die eingesunkene Brust.

„Hab' ich doch erst gestern drei Mark in der Apotheke gelassen und eine Mark bei Doktor Wolinski in der Sprechstunde. Ich habe mir nichts gespart. Was soll ich machen? Spreche ich deutsch, kommen mir die Mütter in die Klasse, schreien sie mir nach auf der Straße, und die Väter rempeln mich an. Ich bekomme das Brennholz nicht, das die Kinder sonst oft mitbringen in die Schule, kriege nie einen Fisch in der Fastenzeit, kein Stückchen Speck, wenn sie schlachten, auch zu Ostern kein einziges Ei, kein Bröckchen vom Kuchen. Ich bin schlecht zu Fuß und muß oft zum Arzte, da ist keiner, der mich aufsitzen hieße nach Miasteczko! Wenn ich Hemd und Strümpfe zum Sonntag wasche und hänge sie auf, daß sie trocknen, kommen meine Hausleute heimlich und gießen Wasser darüber; sie sagen, das Dach ist schadhaft. Und halte ich Klasse, schlägt nebenan der Schmied so hart aufs Eisen, daß ich nicht verstehen kann mein eigen Wort und schreien muß, bis ich fürchte, die Brust springt mir.

„Ich soll die Kinder lehren: ‚Ihr sollt nicht stehlen' — ‚ihr sollt den Kaiser lieben!' Wie mache ich das?! Mit der Anschauungslehre schaffe ich nichts; ich kann wohl einen Ochsen an die Tafel malen und auch eine Kuh, aber das Stehlen kann ich doch nicht malen! Spreche ich aber polnisch, so schlägt der große Ansiedler Lärm — Löb Scheftel sagt, daß er kommen wird, mich zu verhauen — ach, ach, was soll ich machen?!" Ratlos faßte sich der Lehrer an den Kopf und rang nach Atem.

„Hochwürden wissen, ich bin ein friedfertiger Mensch. 's ist ein saures Brot! Wenn Hochwürden doch würden sprechen mit dem Herrn Schulinspizienten, daß er ein Einsehen hat mit meiner Lage. Ach, ach!" Der armselige Mensch blickte ganz verzweifelt.

»Psia krew!« Piotr Stachowiak strich sich über

den runden Leib. „Das ist eine dumme Geschichte! Deutsch ist die Lehrsprache, aber es ist ganz in der Ordnung, daß du polnisch sprichst — hm, hm, was macht man da?"

Das Gesicht des Lehrers wurde immer angstvoller, ganz kreidig, die Backenknochen glühten.

Der alte Herr sah's mit Bedauern. „Nur keine Angst, man muß keine Angst haben," tröstete er. Und dann, wie selber von einem erlösenden Gedanken beruhigt, sprach er: „Warten wir, bis der Vikar kommt!" —

Górka hatte derweilen bei der Ciotka gesessen. Das ging doch nicht an, daß sie ihr Recht nicht bekam, sie war ein armes Weib und der Niemczycer ein reicher Herr — nicht ungestraft spielt der Deutsche mit polnischem Leben! Sie war verpflichtet, zu klagen, schon um der guten Sache des Vaterlandes willen! Einen Rechtsanwalt mußte sie sich annehmen! Wer weiß, ob sie je wieder arbeitsfähig wurde? Der Niemczycer durfte ihr eine jährliche Rente nicht versagen!

Auf diese Weise zu einem schönen Geld zu kommen alle Jahr, ohne auch nur die Hand darum zu regen, das hatte der Ciotka eingeleuchtet: nun natürlich, heute noch würde sie klagen!

Als der Vikar heimkehrte, fand er den Lehrer, sehnsüchtig seiner harrend, vor.

Ein Schauer der Ehrfurcht lief Ignaz Ruda über den Rücken: was war der Herr Vikar doch für ein kluger, für ein seltener Mann! Es tat gar nicht not, daß er dem sein Leid klagte, der wußte bereits schon alles.

„Sie tun Ihre Pflicht, Sie dürfen keine Angst haben!"

Das klang ganz anders als die Tröstung des Herrn Propstes. Aber ein banges: „Ich bin staatlich angestellt — und der Erlaß, ach, ach!“ konnte der Ängstliche doch nicht ganz unterdrücken.

„Schämen Sie sich, Ruda!“ sprach da ernst der Vikar. „Wir sollen nicht Menschen fürchten. Erst Gott, dann das Vaterland, dann erst —“ er sprach nicht zu Ende. In leichterem Ton fuhr er fort: „Glauben Sie übrigens, daß Herr Dzieciuchowicz so wenig Einsicht hat?“ Er lächelte. „Fahren Sie ruhig fort wie bisher, und was man auch gegen Sie in Szene setzen wird, ich“ — seinen nachdenklich ein wenig geneigten Kopf richtete er kräftig auf, und es blitzte in seinem Blick, — „ich werde auch das meinige tun!“

Lehrer Rudas Besuch war heute nicht der einzige in der Propstei. Draußen saß Förster Frelikowskis Tochter schon eine lange Weile bei der Köchin Zuzanna und wartete auf Vorlaß.

Die blonde Stasia sah verweint aus und gar nicht guter Dinge. Auf ihrer weichen Wange brannten fünf rote Striemen, als hätten fünf kräftige Finger ihren Abdruck daraufgelassen.

War's möglich, sie war entlassen worden von der gnädigen Herrschaft in Chwaliborczyce? Und so auf einmal, mir nichts dir nichts, Knall und Fall? Wegen dieses kleinen, kleinwinzigen Späßchens, das man sich gemacht hatte?! Die Pfarrköchin tat ganz außer sich und schlug die Hände zusammen: „Heilige Mutter!“ Aber im Grunde gönnte sie es der Stasia wohl: die war denn doch gar zu üppig!

„Was wirst du nun beginnnen, mein Täubchen,

mein armes, was fängst du nun an?“ sprach sie. „Einen so guten Dienst kriegst du nie wieder! Heilige Mutter, erbarme dich um deines heiligen Sohnes und seiner heiligen Wunden willen!“

Stasia saß auf dem Schemel beim Küchenherd, holte nun ihr Schnupftuch hervor — ein battistenes der Herrin — und wischte zierlich die Tränen, die ihr über die Wangen tröpfelten. Ja, und der Vater war so entsetzlich grob geworden! Beim Arme hatte er sie gegriffen und gerüttelt, daß ihr die Nadeln aus den Flechten geflogen, die schönen Schildpatt-Nadeln, und zerschellt waren auf dem Ziegelboden!

„O heilige Mutter!“ Sie schluchzte laut auf. Und gar nicht behalten wollte er sie zu Hause, sie sollte gehen und Geld verdienen — aber wo denn jetzt so schnell? Sie mußte sehen, daß sie Stellung fand in der Kreisstadt oder in Posen — ach, und die Pani hatte sie doch mitnehmen wollen nach Paris! Es war viel Schmerz in diesen Tränen, immer reichlicher begannen sie zu tröpfeln. Aber noch mehr Wut war dabei: also das war der Lohn dafür, daß man all die Jahre ein Sklave gewesen war, weiter nichts als ein Sklave?! Mochte die Pani ihre Blusen für sich behalten, die Schmucksachen und den Sonnenschirm auch! Aber den Schlaf der Nächte sollte sie ihr ersetzen, den jungen gesunden Schlaf, den sie versäumt hatte, weil sie immer aufsitzen gemußt beim Kratzen der alten Nepomucena! So viele Nächte geopfert! Und nun man einmal eine einzige Nacht für sich genommen hatte, da, ja da — ei, was hatte die Pani für einen Lärm geschlagen: ‚Verführerin, Dirne, Kanaille!‘ Und der Herr würde sie niedergeschmettert haben mit der erhobenen Faust, wäre nicht grade der Vikar dazu gekommen und hätte sie geflüchtet aus dem Zimmer!

Das hübsche Gesicht des Mädchens verzerrte sich bei der Erzählung, das weiche Grau der Augen bekam einen schielenden, grünlichen Schiller, auffahrend ballte sie die Faust. Aber dann lachte sie spöttisch: nun, eine Erinnerung würden die auch behalten! Bolek, das gehütete Herrensöhnchen, war nun auf einmal kein Kind mehr; mochten sie ihn nur hüten, das nützte jetzt alles nichts mehr! Ei, war der ein verliebtes Jungchen! Und betrunken hatte er sich, daß er krank gelegen hatte drei Tage lang! Das gönnte sie ihnen. War sie denn eine Nepomucena, so ein altes dummes Tier, das die Hand noch leckte, die es quälte?! Nein, e i n Gutes war doch dabei, daß die Deutschen ins Land gekommen: nun wußte man, daß man nicht mehr ein Sklave war wie früher!

Die Zuzanna sah ganz verblüfft drein, so heftig lachte jetzt Stasia.

„Weißt du," sprach sie dann und trocknete sich ebenso zierlich die Lachtränen, wie vorher die Schmerzenstränen, „ich wundere mich nur, daß der Herr Propst noch immer nicht wird gerufen zur alten Nepomucena. Sie hat Wasser. Wenn sie sich bückt beim Kratzen, so gluckst es!"

„Sie wird doch nicht gerade sterben zur Winterszeit?" sagte die um ihren Herrn besorgte Pfarrköchin. „Da darf der Herr Propst nicht selber hin zur Ölung! Aber, mein Seelchen, mein Täubchen, was schwatzen wir! Geh du jetzt und klopfe an — der Hungerleider, der Lehrer, ist fort, ich hörte die Tür klappen. Sieh aber zu, daß du dich beeilst! Polnischer Karpfen ist fett und süß und das Leibgericht von Hochwürden, da muß er um sechse schon nachtmahlen, damit er ihn im Bette nicht drückt!"

Der Köchin Zuzanna Geduld wurde auf eine harte Probe gestellt, ihre Karpfen drohten zu zerfallen, so lange blieb die Besucherin drinnen. Ein paar Mal schon hatte sie an der Tür gehorcht — was redeten die?! Ins Studierzimmer hineinzugehen getraute sie sich nicht, so blieb ihr nichts übrig, als mit den Herdringen zu rasseln, mit den Topfdeckeln zu klappern und das Mädel zu verwünschen, die Hexe, die schielige, die einen nicht gerade ansehen konnte. Die war sicherlich, bevor sie getauft war, dreimal unter einem Tisch und zwischen dessen Beinen durchgezogen worden! Betrachte nur einer ihre Augen: der Augenstern war ja nicht rund, sondern länglich wie bei einer Katze. Die hatte den bösen Blick. Alles, was die anschaute, mußte eingehen!

„Auf den Hund den bösen Blick!" Zuzanna spuckte dreimal aus und bekreuzte sich dann dreimal. Die würde doch nicht etwa Pfarrköchin werden wollen?!

Es war schon längst dunkel, als Stasia aus der Studierstube wieder herauskam. Sie hatte dem Herrn Propst gebeichtet und viel dabei geweint. Sie schluchzte noch, als der Herr Vikar sie hinausgeleitete in den Flur. Er schloß fest die Küchentür, die Zuzanna aufgelassen hatte; so konnte diese gar nichts mehr hören. Es dauerte wiederum noch eine geraume Weile, bis die Haustür klappte und der Herr Vikar zurückging ins Studierzimmer.

Winzigen Sternen gleich flimmerten die Lichtchen von Pociecha-Ansiedlung, auf die Stasia jetzt zuschritt. Sie eilte, denn sie fürchtete sich ein wenig. Das Dorf lag weit hinter ihr, schwach hörte sie nur noch sein Hundegebell, und sonst war ringsum nichts als die ungeheure nächtliche Weite. Ihren Rock raffend, schritt sie hurtiger aus. Pah, an Gespenster glaubte sie nicht, wie die dummen Bauern — was schwatzten die da vom Lysa Góra?! Wenn wenigstens ein Feuer dort brennen würde, wie im Berg der heiligen Dreifaltigkeit bei Miloslaw! Dann würde sie hingehen, selbst wenn der Teufel dabei säße und den brennenden Schatz bewachte, und sich die ganze Schürze voll Goldstücke raffen; sie fürchtete den Teufel und alle Geister nicht. Aber jetzt hatte sie Angst; es war so einsam hier, schon so spät und sie ganz allein. Wenn nun einer käme und sie anfiele?! Huh, trappste da nicht schon hinter ihr ein Schritt?!

Sie traute sich nicht, nach hinten zu schauen, aber hastig fuhr ihre Hand nach den langen baumelnden Ohrgehängen — wenigstens die retten, wenn ein Räuber nahte! Aber sie hatte die Ringe noch nicht ausgehakt, als der Gefürchtete auch schon neben ihr war.

Sie guckte von der Seite. So viel sie sehen konnte beim schwachen Sternenlicht: ein blonder Krauskopf, breit in den Schultern und doch schlank wie eine Fichte. Ein Schwabb!

Richtig, er redete sie an auf deutsch: „'n Abend, Mädchen, gehst du“ — er verbesserte sich rasch, als er ihr vornehmes Kleid sah — „gehen Sie so allein, Fräulein?“

Sie lachte leise: nein, der tat ihr nichts! Aber dann schauerte sie zusammen wie ein banges Kind und sprach auch auf deutsch: „Ich fürchte mich!“

„No, warum dann? Vor mir doch etwa nit?“

Sie nickte.

Da machte er wieder
traße zurück an ihre
hre Taille. Sie trug
egung ihrer Hüften.
und als sein Arm
s sich gefallen.
n Schritt auf dem
lter reibend, gingen
dämpften sich ihre
chen des Mädchens
ließ Valentin den
ingen miteinander

ers Haus vorüber
ätlich fiel Lampen-
rachte die Mutter
dann würden sie
zum Pferdemarkt
n — zum Früh-
ten die zu Haus
itte! Das ging
durch die Nacht

— die paar
og sie näher

danken schoß
Sohn, der
ein hübsches
Posen in
n von einer

Nein, das hatte sie wirklich nicht nötig! Gutmütig lachend ging er ein wenig von ihr ab auf die andere Seite der Straße. „Ich tu Ihnen nix, Fräulein," sagte er treuherzig, „wahrhaftigens Gott nit! Aber wenn et Sie nit geniert, geh' ich en Stückſen mit Ihnen langs! Wohin wollen Sie dann, Fräulein?"

Sie sagte ihm, wer sie wäre, und daß sie zurück ins Forsthaus wolle.

Aha, da hatten sie ja bis in die Kolonie denselben Weg! Er nannte ihr auch seinen Namen. Das beste Haus in der Ansiedlung — 's war ihr gewiß schon aufgefallen? — das mit den Fenstern rechts und links von der Haustür, mit den Ställen apart und mit der Scheune, die das Viereck schloß, gehörte seinem Vater. Es tat ihm gut, ihr das zu sagen, sie war so ein hübsches Mädchen und gefiel ihm wohl. Bewundernd betrachtete er den zierlichen und doch vollen Wuchs. Hm, die polnischen Mädchen waren alle nicht übel, aber die hier stach doch jede andre aus! Behend ging sie und so leicht, man hörte kaum ihren Tritt. Das matte Sternenlicht zeigte nicht viel, aber es zeigte doch genug; es umflimmerte ein blaßrundliches, blutjunges Gesicht mit einem weichen Stumpfnäschen. Als sie ihn anlächelte, sah er Grübchen. Und blonde Haare kamen unterm Hut vor, eine ganze mächtige hochgekämmte Tolle über der Stirn.

Er machte verliebte Augen. Um sie beide war eine große Stille; wohin man auch blickte: nirgendwo ein Mensch, nicht einmal ein Tier. Die flinzelnden Lichtchen der Ansiedlung blinkten noch fern, kein Hundegebell aus dem Dorf war mehr zu hören, selbst der Wind hielt sich still und pustete nicht. Da machte er wieder rasch die paar Schritte über die Straße zurück an ihre Seite und legte keck den Arm um ihre Taille. Sie trug kein Korsett, er fühlte die weiche Biegung ihrer Hüften.

Stumm ließ sie sich's gefallen, und als sein Arm etwas fester drückte, ließ sie auch das sich gefallen.

Dicht nebeneinander, bei jedem Schritt auf dem holprigen Landweg Schulter an Schulter reibend, gingen sie in die Einsamkeit. Unwillkürlich dämpften sich ihre Stimmen, zuweilen nur girrte ein Lachen des Mädchens auf. Als sie in die Kolonie kamen, ließ Valentin den Arm von ihren Hüften, aber sie gingen miteinander weiter.

Der Bursche ging an seines Vaters Haus vorüber — dort war's, gefiel es ihr? — gemütlich fiel Lampenschein durch die Ladenritzen. Jetzt brachte die Mutter die kleinen Schwestern zu Bett, und dann würden sie mit dem Nachtessen auf ihn warten. Zum Pferdemarkt war er gewesen, einen Gaul sollte er kaufen — zum Frühjahr vielleicht noch einen zweiten — mochten die zu Haus nun denken, daß er sich dabei verspätet hätte! Das ging doch nicht an, daß eine so Hübsche allein durch die Nacht wanderte! „Gelt?"

Er faßte sie wieder um die Taille — die paar Häuser lagen bereits hinter ihnen — und zog sie näher an sich.

Sie ließ sich ziehen. Und durch ihre Gedanken schoß es: zwei Pferde, das ging an! Hofbesitzers Sohn, der einzige noch dazu, das ging auch an! Und ein hübsches Haus, besser fast als die Propstei! Nach Posen in Stellung zu gehen, sich wieder quälen zu lassen von einer neuen Herrin, das war doch gar nicht angenehm! Sie murrte und ballte die Hand: »Psia krew!«

„Wat gefällig?" fragte er, „sagt'st du wat?"

Da lächelte sie ihn an und lehnte sich für einen kurzen Augenblick ganz weich gegen seine Schulter. „Ich danke der heiligen Mutter, daß sie mich hat lassen dich treffen!" Fest drückte sie seine Hand: „Walenty!"

Wie seltsam sein Name aus ihrem Munde klang, ganz anders als sonst! Aber hübscher, viel hübscher! „Sag et noch einmal!"

Und als sie mit schmeichelnder Stimme wiederholte: „Walenty, Walenty," seufzte er in plötzlichem Begehren auf: „Stascha, Stascha!"

Sie korrigierte ihn: so war's noch nicht ganz recht gesprochen! Zehnmal wohl ließ sie ihn sagen: ‚Stasia.' Nun war's richtig! O, er hatte eine gelenke Zunge — wie ein Pole —, er würde gut lernen!

Und sie redete ihm Schmeichelnamen vor:

»Moja duszko! Moje serce!«

Er wiederholte gelehrig und lachend; dies Lernen machte ihm viel Spaß.

Dann machte sie sich plötzlich von seinem Arm frei und stellte sich vor ihn hin. „He, aufgepaßt: daj mi buzi!"

Was hieß das?

„Rate!" Die Hände auf den Rücken gelegt, den Oberkörper immer mehr nach ihm hinneigend, lachte sie schelmisch und sah ihn doch zärtlich dabei an: »Daj mi buzi!« Sie spitzte den Mund.

Da begriff er. Mit beiden Armen sie um die Schultern fassend, zog er sie gegen sich und drückte ihr einen derben Schmatz auf. —

Es war ihm, als hätte er eins über den Durst getrunken, als er endlich zu Hause war. Schon manches Mädchen hatte er geküßt; schon ehe er zu den Soldaten kam, und dann erst recht — da war sogar eine in Köln, dem schönen Städtchen, die wartete nur darauf, daß er sie hierher nachkommen ließ, und die war eine Bürgerstochter und hatte auch Geld — aber er dachte jetzt nur an Stasia. Ach, die war doch ganz was andres!

Seine Augen glänzten. Er war viel zu spät heimgekommen, sie hatten schon gegessen und sich auch fast schon geängstigt um ihn. Die Mutter hatte ihm Kaffee warm gehalten, nun prasselten noch die Bratkartoffeln in der Pfanne, und zwei mächtige Scheiben schnitt sie ihm vom Schinken ab. Der Junge mußte ja tüchtig hungrig sein.

Das war er auch, aber er saß beim Tisch, hintenüber gelehnt an die Bank, die Faust mit der aufrecht darinsteckenden Gabel neben dem Teller und spießte doch keinen Bissen auf.

„Jung, haste nit Hunger? Du bist wohl arg müd?" fragte die Mutter. Und der Vater, der, seine Pfeife rauchend, in der Stube auf und ab ging, wollte gern etwas vom Markte hören. Aber Valentin blieb einsilbig, nur das Notwendigste brachte er heraus: ja, ja, sie würden schon einen Braunen kriegen, aber nicht vom Markt in der Kreisstadt, da wurde man nicht handelseinig, die Polen wollten einen ja alle übers Ohr hauen. Ein Glück, daß er den Löb Scheftel aus Miasteczko getroffen! Der war mit seinem Sohne und dem Wägelchen dagewesen. Mit zurücknehmen hatten sie ihn auch freundlichst gewollt, dann hätte er schon am Nachmittag daheim sein können — aber mit 'nem Juden fahren, nein, da hatte er sich doch bedankt. Morgen würde der Scheftel ihnen nun ein Pferd vorführen, zu zivilem Preis, und ein viel besseres, als die Ware auf dem Roßmarkt gewesen. Morgen — ja, morgen!

Den Teller zurückschiebend, versank der junge Mann mit offenen Augen in ein Träumen: morgen, ja morgen! Ob er die Stasia vielleicht dann wieder traf?

Bis an die Sumpfwiese vorm Walde, die jetzt so fest gefroren war, daß man über sie hinweg den direkten Weg nehmen konnte, hatte er sie begleitet. Weiter wollte sie sich nicht bringen lassen: nein, nein, der Vater war so streng! Wollte der Walenty wissen, wie es ihr, dem armen Mädel ergangen war? Und sie hatte ihm die Wange hingehalten, deren weiches Fleisch die Spuren einer Züchtigung wies.

Der Alte war aber mal ein Grobian! Was konnte die Tochter dafür, daß sie hübsch war, so hübsch, daß der Herr von Chwaliborczyce ihr nachstellte und sie, da sie ihm nicht willig war, bei seiner Frau so verpetzt hatte, daß diese sie Knall und Fall aus dem Dienst entlassen?! Das arme Mädchen! Valentin fühlte ein inniges Mitleid und einen Zorn dazu: mußte der Grobian denn nicht ein Einsehen haben? 's war doch brav von der Stasia, daß sie sich dem Herrn widersetzt hatte!

Ach, die Stasia! Die Sternlein hatten nicht mehr allein geleuchtet, auch der Mond hatte angefangen zu scheinen und schien gerade in das liebe, runde Gesicht. Am Sumpfrand, beim Dornenstrauch, der jetzt ganz entblättert stand — nur ein paar verschrumpelte Hagebutten waren hängen geblieben — hatte sie ihn zum Abschied um den Hals gefaßt: ‚Dobra Noz‘! das hieß: ‚Gute Nacht‘! Sie hatte es mit besonderer Betonung gesagt, ihn warm dabei gedrückt, und dann war sie schnell von ihm fortgelaufen, mitten aufs Moor hinaus. In dessen Mitte hatte sie sich noch einmal umgedreht, ihm gewinkt, eine Kußhand zugeworfen und war dann lachend verschwunden gewesen hinter dem Kieferngestrüpp des Waldrandes.

Als Valentin seine Schlafkammer aufsuchte oben im Giebel, lief ihm das Blut rasch durch die Adern. Der Mond schien ihm aufs Bett; es war eisig kalt in der Kammer, aber er lag, nur lässig zugedeckt, mit offenen Augen auf dem Rücken und fror nicht. Vergnügt war er eigentlich immer, konnte es gar nicht begreifen, daß die Eltern so manches zu klagen hatten, aber so gut wie heute war ihm noch gar nie zumute gewesen. Des Neuen hatte er hier schon viel zu sehen und zu hören gekriegt, aber das Allerneuste war doch, daß er — schon halb im Schlaf lachte er übers ganze Gesicht und spitzte dann den Mund: ‚Demi Buschi‘ — daß er einen polnischen Schatz hatte!

11

Frau von Garczyńska konnte es noch immer nicht verwinden, daß sie ihre Zofe verloren hatte. Das Stubenmädchen war jetzt zu diesem Posten erhoben worden, aber es hielt gar keinen Vergleich aus mit Stasia. Jeden Morgen flossen die Tränen der Dienerin, und die Herrin schalt und stampfte mit den Füßen, riß oft die ganze mühselige Frisur wieder auf und warf der Ungeschickten die Haarnadeln an den Kopf. Frau Jadwiga gestand sich oft mit Seufzen: diese Stasia war eine greuliche Person gewesen, leichtsinnig, verdorben, ganz gemein, aber höchst brauchbar!

Die alte Nepomucena hatte viel zu tun, um die Herrin, die der verlorenen Dienerin nachtrauerte, zur Ruhe zu bringen.

Auch Garczyński vermißte seinen Szulc. Der Inspektor hatte zu gleicher Zeit mit der Zofe den Laufpaß bekommen, darauf hatte Jadwiga bestanden: war er denn nicht der viel Schuldigere? Er hatte das Mädchen verführt!

Vergebens suchte ihr Gatte ihr verständlich zu machen, daß man einem Manne mehr nachsehen könne, mehr nachsehen müsse als einer Frauensperson; es half nichts, sie bekam ihre Zufälle.

Ein treffliches Zeugnis konnte Garczyński seinem Inspektor aber nicht versagen, zumal der so anständig gewesen war, nur noch für einen Monat sein Gehalt zu beanspruchen, das er, wäre er böswillig gewesen, für ein ganzes Vierteljahr noch hätte verlangen können. Doppelt fatal war Garczyński seine Kündigung, als ihm zu Ohren kam, daß Inspektor Szulc sich vom ersten Januar ab bei Kestner in Przyborowo verpflichtet hatte — nun hatte der den tüchtigen Kerl! Er war gereizt gegen seine Frau.

Jadwiga empfand die trübseligen Wintertage trübseliger, nichts unterbrach deren Eintönigkeit. Die neunerlei Gerichte hatten auf der Weihnachtstafel gestanden, der Gesindemarkt in Posen war abgehalten worden, viel neues Gesinde war in Chwaliborczyce aufgezogen, überall war ein Kommen und Gehen, aber keine Stasia kam wieder. Wenn die noch dagewesen wäre, so hätte die Herrin in der Sylvesternacht Blei gegossen; Stasia war immer so behend gewesen in allerlei drolligen Auslegungen. Vergangenes Jahr, war's da nicht ein Ritter geworden, zu Pferd wie der heilige Georg, der den Drachen niedersticht? Stasia hatte den Ritter auf den deutschen Baron gedeutet.

Ach —! Frau Jadwiga konnte jetzt nur seufzen und beten. Der Vikar war ihre einzige Zuflucht. Es war zur Gewohnheit geworden, daß er, wenn der Unterricht von Boleslaw erledigt war, bei ihr eintrat. Dann sprachen sie von Musik uud Literatur und von den ewigen Zielen. Górka hatte eine angenehme Art, über alles Mögliche zu plaudern; er war belesen und verschloß sich nicht engherzig. Jadwiga, die zwei Jahre ihrer

Mädchenzeit in einem Genfer Pensionat verbracht und oft mit ihrem Vater, dem reichen Bankier, Paris und die Modebäder besucht hatte, bevorzugte die französische Literatur. Wenn sie um ein Dichtwerk herumtändelte und mit einer gewissen Naivetät und angeborenen Vorliebe bei heiklen Themen verweilte, kam oft ein unruhiges Blicken in seine Augen und eine feine Röte in seine Stirn. Aber er wußte bald — ohne daß sie es merkte, wie er Seite nach Seite umblätterte in ihrer Seele — sie fortzuführen von dem Weg, den zu gehen, gerade mit ihm, dem Geistlichen, ihr einen heimlich aufregenden Reiz gewährte. Wo sie auch geweilt hatten, unterm Kreuz langten sie doch zum Schlusse an. Sie war oft in tiefer Zerknirschung, wenn er sie verließ — ach ja, ein Leben der Heiligen zu führen, ohne irdische Wünsche, welche Seligkeit!

Frau von Garczyńska fuhr jetzt alle Woche nach Pociecha-Dorf zur Beichte. So stieß sie nach dem Fest der Heiligen drei Könige auf Stasia; diese trat aus der Kirche heraus, gerade als die Gnädige hineintrat. Eine fast eifersüchtige Regung durchschoß das Herz der Dame unterm kostbaren Zobelpelz — gehörte das Ohr im Beichtstuhl ihr nicht allein?! Wenigstens das wollte sie doch voraushaben vor diesem Mädchen, das sich so ausleben konnte ganz nach Gefallen! Diese Unverschämte! Nicht einmal zerknirscht hatte sie die Augen niedergeschlagen, nein, zierlich geknickst hatte sie und mit einem raschen Blick die Toilette der Herrin gemustert.

Jadwiga glaubte den Beichtstuhl noch warm zu finden; eine quälende Neugier erfaßte sie: was mochte das Mädchen alles hier durch das mit dunklen Gardinchen verhangene Gitter geflüstert haben? Was Górka sich wohl dabei gedacht haben mochte? Ob in seine Augen da auch das unruhige Flimmern gekommen war und in seine Stirn die Röte?!

Sie war erst beruhigt, als statt der schönen Stimme des Vikars das bäurische Organ des alten Propstes an ihr Ohr drang.

Górka war zu Schäfer Dudeks Hütte gegangen. Dort war nun wirklich der Tod in der Stube. Gestern abend noch war die alte Nepomucena ‚zu Hofe‘ gegangen, aber heut früh war der Schäfer aufgewacht von einem harten Klopfen. Es klopfte, als schlüge einer mit einem Stein aufs Hüttendach. Da wußte Kuba Dudek: das war der Tod, der saß oben und meldete sich an. Und als er nach seiner Ehefrau guckte, saß die wie immer aufrecht in den Kissen — platt liegen konnte sie schon seit einem Jahr nicht mehr — und rang nach Atem; aber die Augen waren glasiger, die Nase spitzer. Er weckte die Filomena, daß sie auf die Mutter passe, und machte sich selber auf nach Pociecha-Dorf. Der Lehrer sollte ihm nach Poznan*) an die Michalina schreiben, daß sie schnell heimkomme, auf daß ihre Großmutter sie noch segne.

Der Lehrer hatte geschrieben — einen Groschen für die Bemühung, einen Groschen fürs Papier, einen Groschen für die Postmarke — beruhigt hatte sich der Alte wieder heimbegeben wollen, da war er angerufen worden aus der Ciotka Tür.

Wollte er nicht einmal nach ihr sehen? Der Doktor

*) Posen.

war für nichts gut, nicht einmal Pferde und Schweine verstand der zu kurieren! Die Ciotka hatte wahrlich lange genug gedoktert. Da hatte sie nun ein bißchen zum Tanze aufgespielt am Heiligen-drei-Königstag, hatte beim Nachhausegehen — da sie ein ganz klein wenig betrunken war — nur ein Stündchen vielleicht auf den Steinen gelegen, und nun war sie schon wieder so krank! Kalt war's freilich gewesen; den Leuten, die morgens Bernstein und Kreide zur Kirche getragen hatten, um diese weihen zu lassen zum Schutz gegen böse Geister, waren die Finger erfroren. Oder ob sie vielleicht ‚verrufen' war?! Man hatte schon die Probe darauf gemacht und brennende Kohle ins Wasser geworfen.

Fast sämtliche Weiber des Dorfes waren um die Ciotka versammelt, die in brennender Fieberhitze lag. Sie beteten und klagten: die Ciotka würde wohl sterben, wenn nicht die heilige Mutter Gnade gab, und Dudek, der Alte, sie heilte!

Dudek war ein wenig gekränkt: warum hatte man ihn denn nicht schon längst geholt, gleich damals nach der Ciotka Unfall? Da hätte die in acht Tagen wieder getanzt!

Die Weiber entschuldigten sich: man hatte doch nicht gekonnt, denn der gnädige Herr aus Niemczyce hatte ja den Doktor geschickt, und er wußte doch: Doktor und Schäfer kurieren nicht zusammen!

Der alte Schäfer lächelte geringschätzig: so ein junger Mensch, wenn der auch in Büchern lesen gelernt hatte, was wußte der von den geheimnisvollen Kräften, die da wirkten zwischen Erde, Wasser, Luft?!

Er hieß die Weiber die Kranke auf den Bauch

legen und hieß sie dann alle rundum niederknieen. Er selber machte das Zeichen des Kreuzes dreimal über die entzündeten Wunden, wendete sich gegen Osten und sprach leise, dreimal:

„Rose, ich sage dir:
Geh hinaus, geh hinein,
Geh in Gottes Haus hinein.
Im Namen des Vaters, des Sohnes und des heiligen Geistes!“

Und er pustete dreimal: nun war das Übel weggeblasen gen Sonnenaufgang. Nun ging es, woher es gekommen: zurück zu Gott, dem Allmächtigen, der es gesandt hatte. Hier hatte der Tod noch nicht auf dem Dache geklopft.

Aber daheim, bei der Nepomucena, gab's keine Besserung mehr; man soll auch nicht wehren, wo der Tod geklopft hat. Dudek fand sein Weib bedeutend schwächer, als er es verlassen hatte. Er sah's an der Nase, um die hatte der Tod bereits mit dem Finger gewischt.

Die Filomena saß beim Bett und verlas Erbsen; ihr zu Füßen hockte der kleine Jasio, der Michalina Kind, und sah mit verwunderten Augen der sterbenden Urgroßmutter zu. Diese war ganz teilnahmlos, sah nicht Mann noch Tochter noch Enkelkind. Schade, daß der Brief an die Michalina schon fort war, sie hätte ruhig fern bleiben können, einen Segen kriegte sie nun doch nicht mehr!

Der alte Schäfer zupfte ein Flöckchen aus seinem Schafpelz und hielt das seiner Frau an die Lippen — ei, die atmete noch! Aber ihre Hände, ihre Füße waren schon eiskalt.

Eine grimmige Kälte ging draußen über die Flur

und schnob durch alle Fugen der Hütte. Durch den großen Riß der Lehmwand hinter dem Bett blies sie und blies dem alten Weibe ins Gesicht. Aber das fühlte den Zugwind nicht mehr.

Der Vikar kam. Da er auf die Fragen der Beichte keine Antwort mehr erwarten konnte — die müden Augen schlossen sich schon — gab er der Sterbenden rasch die letzte Ölung. Die Wachskerze, zu Lichtmeß geweiht, brannte, der kleine Meßner hinter dem Geistlichen reckte sich auf den Zehen, um ja was vom Sterben zu sehen zu kriegen, die Filomena betete laut, und draußen vor der Tür antwortete das Gemurmel der versammelten Nachbarinnen.

Es war um die Stunde, in der die Nepomucena sonst zu Hofe zu gehen pflegte, daß sie sich noch einmal belebte. Sie streckte die Arme aus, damit man ihr helfe. Wie, wollte die sich erheben, aus dem Bette steigen und wandeln?! Fast schien es so. Und sie lallte: »Dalej« und in einem Röcheln dann noch etwas, das man nicht mehr verstand. Unruhig glitten ihre Blicke zur Tür — einen Fuß noch streckte sie aus dem Bett, dann war's zu Ende.

Nun konnte sie platt liegen. Man deckte ihr ihre Plachta übers Gesicht.

* * *

Als sie die Nepomucena begruben, ging der Wind sehr hart. Die Komorniks, die den Sarg trugen, froren, denn er war nicht so schwer, daß sie unter der Last geschwitzt hätten. Zwischen das Trauergeleit, das hinter dem Sarg her betete, fuhr ungehindert der Nordost und jagte die Leidtragenden auseinander, daß sie die Ordnung bald aufgaben und durcheinander liefen wie eine verwirrte Herde. Jeder erkämpfte sich einzeln seinen Weg nach Pociecha-Dorf.

Als sie vom Kirchhof zurückkehrten, der hinter dem Dorf, nur durch eine dürftige Fliederhecke vom Acker geschieden, preisgegeben allen Winden lag, tat ihnen ein Schnaps wahrlich not. Sie traten alle in den Krug, nur die Enkelin des Dudek, die Michalina nicht, die wollte nicht mit einkehren. Die andern schalten über sie: ei, warum wollte sie denn nicht? War sie etwa so vornehm geworden in Poznan, daß es ihr nicht mehr paßte bei Eljakim Eiweiß?!

Nein, das war es nicht! Michalina war nur sehr betrübt. Als sie nun so allein zum Dorf hinaus ging, weinte sie vor sich hin. Ach, da war sie nun gestern aus Posen gekommen, so schnell als möglich, aber die Großmutter hatte sie doch nicht mehr am Leben gefunden, und die war immer so gut gewesen! Nun würde sie die nie mehr auf Erden sehen! Die würde ihr nicht mehr die Zöpfe flechten, schön zwölfsträhnig, daß sie handbreit standen, eine wahre Pracht! Ach, die gute Babusia!*)

Sie heulte laut, ihr Herz floß über von Trauer.

Und daß der Jendrek nicht beim Begräbnis sein konnte! Den hatte die Babusia doch auch immer so lieb gehabt. Aber der wußte ja nicht einmal, daß sie gestorben war. Wo mochte der Jendrek jetzt sein in der

*) Großmutter.

weiten Welt? War er noch bei den Soldaten oder war er schon frei? Sie hatten von Hause nicht an ihn geschrieben, schon lange nicht, Großvater hatte das Schreiben nicht gelernt, Großmutter auch nicht, und die Mutter hatte es längst vergessen. Ihr selber, der Michalina, wurde es auch schwer, und der Jendrek sparte auch gern die Tinte und das Papier. So hatten sie sehr lange nichts voneinander gehört.

Ach, wer doch als Sternlein am Himmel stehen könnte, heruntergucken auf die weite Welt! Wer sich doch aufschwingen könnte wie ein Täubchen und fliegen mit dem Wind hin bis wo der Jendrek wäre! Daß sie doch singen könnte über ihm in der Luft: ‚Jendrek, kehre wieder, Brüderchen, komm zurück!‘

Als sie noch Kinder waren, nur mit dem Hemdchen angetan, da war er mit ihr über die Felder gegangen und hatte sie sorglich an der Hand geführt; und als sie größer geworden war und die Buben sie närrten, hatte er sich vor sie hingestellt und alle abgewehrt. Und die dicksten Äpfel hatte er für sie geholt aus dem Herrschaftsgarten und einmal sogar einen Salzhering aus der Herrschaftsküche! Er war immer ein sehr guter Bruder gewesen. Beim Raffen und Mandelaufstellen in der schweren Erntezeit war er ihr stets beigesprungen, und als sie dann später Stubenmädel geworden in Przyborowo, da war er freilich schon beim Militär gewesen, aber er hatte geschrieben:

‚Liebe Schwester, gräme Dich nicht, wenn ich werde zurück sein, werde ich ihn verwammsen, wenn Du nur wirst sagen können, wer Vater ist‘.

Das konnte sie wohl sagen, aber was nutzte es ihr?

Wie dürfte der Jendrek seine Hand erheben gegen einen so vornehmen Herrn? Seine Hand mußte er an die Mütze legen und stramm stehen — ja, das mußte er! Ach, wie war das alles so traurig, so traurig!

„Heilige Mutter!“ Eine Boža męka stand am Wege zwischen Dorf und Ansiedlung, da knickste die Weinende tief und schlug vielmals das Kreuz. Ihre Hände erhob sie flehend: mochte die da oben nun alles machen, wie sie's für gut fand! Die Großmutter saß ja nun neben der auf dem goldenen Thron, und die beiden würden jetzt wohl miteinander sorgen für die Michalina, bis der Jendrek heimkam.

Die traurige Michalina trocknete ihre Augen. Was hilft's, man muß ja getröstet sein! Nach Posen zurückkehren würde sie nun nicht mehr; die Mutter hatte auch gesprochen: ‚Spare das Geld, das die Bahn kostet!‘ Amme konnte sie ja nun doch nicht länger sein; das kleine Kind kriegte jetzt ein Fräulein. Sie war nur noch gut, die Windeln zu waschen und die Dielen zu scheuern, und der Lohn war auch danach. ‚So viel‘, sagte die Mutter, ‚kannst du auch hier verdienen, bleibe jetzt; vielleicht, daß du wieder einmal Glück hast, eine so feine Stelle annehmen zu können in Poznan!‘

Michalina wußte nicht, ob sie sich darüber freuen sollte, daß sie nun hier blieb, oder traurig sein. In Posen hatte sie immer schönste Nationaltracht getragen: getollte Häubchen, weiß wie Schnee, schwerseidene Bänder — handbreit, bunt wie alle Farben des Regenbogens — einen Spenzer von Sammet, Perlschnüre so viele, daß der Nacken sich bog. Wenn sie doch wenigstens die Tüllschürze behalten dürfte, sich darin zu zeigen am Festtag!

Und zu arbeiten hatte sie dort gar nichts gehabt. Aber auf die Dauer hatte es ihr doch nicht behagt; das gute Essen, das bequeme Leben hatten sie dick gemacht, und sie sehnte sich nach ihrer vormaligen Schlankheit. Wie behend hatte sie sich bücken können, wie flink springen! Das Kattunmieder von früher wollte ihr jetzt gar nicht mehr passen, die Brust quoll über den Rand, die Haken platzten ab. Nein, es war nichts mit dem Faulenzen! Sogar der Kopf wurde einem dick davon, man kriegte Gedanken. Wo hätte sie sonst je Gedanken gehabt — gepriesen sei Gott! — wozu auch? Wenn man zu arbeiten hat und zu essen, ist's gut.

Nun würde sie wieder mit den andern Mädchen auf den Acker gehen und am Fest den Krakowiak tanzen und immer singen! Hell lachte sie auf bei dem Gedanken und sah dann hastig, ganz beschämt nieder: ei, das war doch nicht fein von ihr, daß sie lachte, heut am Begräbnis der Großmutter! Und die war doch so gut gewesen! Nun war die nicht mehr da, die dem Jasio den Brei gegeben und ihn auch gewaschen hatte. Der Großvater war zu taub, der hörte nicht, wenn der Kleine weinte, und die Mutter mußte zu Hofe gehen; aber sie würde es jetzt hören, denn er war ein niedlicher Knabe — Gott erhalte ihn, und die heilige Mutter schenke ihm Gnade! Als sie gestern angekommen war und sich über ihn gebeugt, hatte er mit beiden Händchen in ihre Perlenschnur gegriffen und sich so aufgerichtet auf seine Füße. Die Perlenschnur war zerrissen, aber es tat ihr nicht leid darum — so stark war das Bürschchen schon! Der würde einmal tüchtig die Sense schwingen bei der Ernte — und hatte er nicht jetzt schon brav Geld eingebracht?!

Michalina fühlte nach jener Stelle ihres Unterrocks, wo sie, in einen Leinwandflecken eingenäht, Goldstücke barg. He, sie war jetzt gar keine schlechte Partie! Wollte Gott, daß sie einen braven Mann kriegte, der sie auch nicht schlug, und mit dem sie alt und grau wurde bei Sommersonne und Winterschnee!

Sie ließ ihre Blicke schweifen: hier war's noch immer gerade so wie vor anderthalb Jahren, als sie nach Posen gefahren war. Nur dort in der Ansiedlung waren der Häuser mehr geworden. Vorzüglich das eine Haus stach ihr in die Augen: Fenster rechts und links von der Tür, auch im Giebel eine blanke Glasscheibe; die Ställe ebenso wie das Haus und die Scheune mit Ziegeln gedeckt — das war einmal ein feiner Hof! Mußten das reiche Schwabby sein, die darin wohnten!

Bewundernd hafteten die Augen Michalinas auf dem Haus der Rheinländer. Sie konnte ihre Neugier nicht zähmen, sie ging rund herum um das Viereck und lugte dann an der Zaunseite in den Hof.

Eine Frau trat jetzt aus der Hintertür und schritt eilig dem Stalle zu. Bescheiden grüßte das Mädchen, verlegen errötend; die Frau nickte freundlich wieder, aber ihr Gesicht war besorgt.

Aus dem Stall drang dumpfes Muhen, es hörte sich gar kläglich an.

Michalina schaute, sich auf den Zehen reckend, neugierig über den Zaun weg in den geordneten Hof: wie fein! Da standen Eimer und Mistgabel in einer Ecke, keine Jauche floß, aller Mist war auf einen Haufen zusammen gekehrt, an der Stallwand war hoch das Reisig geschichtet, hübsch in Bündel gebunden. So ordentlich war's hier wie in einer festtäglich geputzten Stube! In Posen hatte sie wohl schöne Zimmer gesehen, auch in Przyborowo war's stattlich gewesen, in Chwaliborczyce sollte sogar Sammet an den Wänden hängen und das Sofa von Seide sein, wie die Stasia Frelikowska erzählte, aber einen so schönen Hof gab's gewiß nicht wo anders!

Michalina staunte noch, als die Frau wieder aus dem Stall herauskam. Das Muhen wurde immer kläglicher; es klang schier menschlich, wie lautes Stöhnen.

Frau Kettchen war allein zu Haus, die Kinder waren noch nicht aus der Schule zurück, das Kleinste schlief in der Wiege. Die Männer, die mit Löb Scheftel noch nicht handelseinig geworden wegen des Gauls, waren heute mitsammen nach Miasteczko gegangen. Und gerade heute mußte es die junge rotbunte Kuh überkommen! Die wollte kalben zum ersten Mal. Was anfangen?! Ratlos sah Frau Bräuer in die meilenweite Ferne: Jesus, Maria, Joseph, welch eine Lage! Wann kamen die Männer zurück? Der Weg war weit, und keine, keine Hilfe in der Nähe!

Verzweifelt irrten die Augen der Frau umher; sie weinte fast. Horch, wie jammervoll das Tier klagte! Sollte sie bei dem nächsten Nachbar anklopfen? Der würde doch nicht kommen, ihr Peter war nicht Freund mit ihm. Und mit dem zweitnächsten auch nicht; mit kaum einem hier. Er hatte ja auch recht, 's war ja meist Gesindel; aber nun war man so ganz allein hier, so ganz verlassen! Und allein traute sie sich nicht, Hand anzulegen; sie hatte nicht die Kraft — und wenn sie das Tier verletzte, das kostbare Stück?!

„Jesus Christus, erbarme dich!“ seufzte sie in höchster Not.

Da traf ihr hilfesuchender Blick die verschämt lächelnde Dirne am Zaun. Frau Kettchen konnte nicht mehr an sich halten, weinend vor Angst schlug sie die Hände zusammen: „O Jesus Maria!“

Was war denn? He, warum weinte die reiche Ansiedlerfrau?! Michalina wagte es, näher ans Gattertürchen zu kommen.

Frau Kettchen winkte ihr, da trat sie in den Hof. Beide sprachen sie zu gleicher Zeit aufeinander los und verstanden sich nicht; Michalina hatte auch bei der deutschen Herrschaft kein Deutsch gelernt, denn die sprach immer polnisch mit ihr. Aber das Brüllen der Kuh verstand sie. Vor der blonden zitternden Frau her eilte sie zur Stalltür. Sie traten beide miteinander zur Leidenden ein. Ihre Blicke trafen sich; da nickte die stämmige Dirne ermutigend und streifte sich die Ärmel auf. —

Als Peter Bräuer und sein Sohn eine Stunde darauf nach Hause kamen, den gekauften Braunen hinter sich herziehend, fanden sie die Mutter geschäftig in der Küche; sie kochte einen Trank für die Wöchnerin. Was, die Rotbunte hatte gekalbt?!

„Donner und Doria!“ Ohne weiter zu hören, stürmten die Männer zum Stall.

Dort hatte Michalina unterdessen das nasse Stroh ausgemistet und frisches untergebreitet. Mit offenen Mäulern standen Bräuers Kinder, die eben aus der Schule heimgekehrt waren, an der Stalltür und glotzten, was die fremde Magd schaffte. Grade als die Männer auf die Schwelle traten, kniete das Mädchen, ihr Begräbniskleid hochgeschürzt über dem feuerroten Rock, bei der jungen Mutter und legte ihr den Säugling an. Liebreich stützte Michalina das auf seinen hohen Beinen noch schwache Tierchen beim Trinken mit ihren Armen. Sie gab dabei der Kuh, die, noch Angst im feuchten Blick der schwarzbraunen Augen, den Kopf nach ihrem Kälbchen drehte, Schmeichelnamen.

Des Mädchens braune Wangen waren gerötet; zutraulich in seiner Freude übers niedliche Kalb, nickte es den fremden Männern zu.

Diese standen erst verdutzt; Peter Bräuer runzelte sogar die Stirn: was wollte die Polackin hier?! Aber dann vergaß er das Fragen vor Freude über das kräftige Kalb. —

Als Michalina ein wenig später den Bräuerschen Hof verließ, geleitete sie der Sohn bis vor die Haustür. Der Vater hatte ihm einen Taler gegeben, — man durfte sich doch nicht lumpen lassen, vor dem Volk erst recht nicht! — und nun versuchte Valentin ihr das Geld in die Hand zu stecken. Aber sie widerstrebte: die Hilfe hatte sie aus freien Stücken und gern geleistet! Einmal der armen Kuh zuliebe und dann auch der Frau zuliebe, die sie so freundlich gegrüßt, nicht fortgejagt hatte vom Zaun, als sie neugierig dort gestanden. So gern Michalina auch sonst Bezahlung nahm, hier beleidigte es sie fast, daß man ihr welche anbot; der dankbare Händedruck der guten Frau hatte ihr wohlgefallen, und wenn ihr nun der schöne Bursche vielleicht auch noch die Hand reichen würde! Den Kopf heftig verneinend schüttelnd, wies sie das Geld zurück: »Nic, nic!«*)

*) Nein, nein.

Verlegen stand Valentin: also sie schien kein Geld annehmen zu wollen?! Nun, dann würde er ihr später einmal eine Perlenschnur mitbringen oder einen Rosenkranz aus der Bude am Dom; aber es war doch unangenehm, daß er jetzt nichts für sie hatte — man darf sich nicht lumpen lassen, sagte der Vater.

Ihre blanken braunen Augen schauten ihm treuherzig, in offen gezeigtem Wohlgefallen, ins Gesicht; ein Erröten nach dem andern jagte über ihre Wangen und machte sie hübsch.

Da wiederholte er lachend, was er gestern gelernt hatte: „Demi Buschi!", bückte seine schlanke Gestalt herunter zu ihrer kleinen untersetzten und drückte einen scherzenden Kuß auf die errötende Wange.

Michalina war sehr vergnügt, als sie ihren Weg fortsetzte; der Tag hatte so traurig begonnen, noch klangen ihr die Sterbegebete in den Ohren, und doch mußte sie jetzt schon singen. Die Erde war gefroren, so hart, daß sie unter ihren Schuhen klapperte; die Krähen schrieen hungrig über den toten Äckern, aber sie schaute doch unwillkürlich, ob da nicht irgendwo eine Lerche säße, ganz verborgen in beschneiter Furche. Ihr war, als hörte sie immerfort leises Gezwitscher. Da fing auch sie an zu summen; wehmütig und lustig zugleich klang das Liebeslied:

„O wär' ich ein Sternlein, wie droben
Am Himmel so viele stehen,
Ich blickte von droben herunter
Nur auf dich, mein Bürschchen, zu sehen!"

Immer wieder von neuem das Liedchen beginnend, trabte sie munter gen Chwaliborczyce. Als sie sich den

Hütten der Komorniks näherte, hörte sie schon ihren Jasio schreien. Aha, noch niemand zu Hause, das Bübchen war immer noch allein! Unter der ausgehöhlten Schwelle lag der Schlüssel, rasch holte sie ihn hervor und schloß auf.

In Schäfer Dudeks einziger Stube war, trotzdem man mit Wacholderbeeren geräuchert und Essiglappen aufgehängt hatte, doch noch der ganze Leichendunst. Das Kind saß am Boden auf dem nackten Estrich und hatte sich ganz rot und heiß geschrieen. Ei, das war ganz gut, so hatte es auch nicht gefroren!

Die junge Mutter legte flink ihr sonntägliches Kleid ab, zog den alten Rock der Großmutter an und schlüpfte in deren Pantoffeln; dann nahm sie ihren Buben auf den Arm. Von neuem summend, tänzelnden Schritts, begann sie ihn durch die Stube zu tragen.

„Ei, was fehlt denn dem Bürschchen, dem kleinen, daß es weint? Hat es nicht Härchen wie Flachs, einen Mund wie 'ne Kirsche, Äugelchen wie schwarze Beeren? Hat es nicht ein rotes Bändchen um sein Ärmchen, daß keine Hexe es behexen kann! Bschi, bschi — still, still! Ist der böse Wil*) hinter dem Balken hervorgekrochen und hat dem Kindchen die Zähne gezeigt? Fürchte dich nicht, bschi, bschi! Geh, böser Wil, geh zu unartigen Kindern, mein Bürschchen ist lieb, mein Bürschchen ist brav! Mein Bürschchen bekommt ein Schlittenpferd, eine Kamieniarka**) mit einem Glöckchen dran, und, wenn es groß ist, ein Schwert. Bschi, bschi, schlafe, mein Täubchen!

*) Hageres Gespenst mit gelbem Bart und langen Zähnen.
**) Kutschierwägelchen.

Daß alle Engel dich hüten — bschi, bschi, — Jesus, Maria, Joseph und der heilige Geist!"

Michalina machte über ihrem Bübchen das Zeichen des Kreuzes und drückte es kosend an die volle Brust.

Jasio lächelte und schmiegte sich an; die Mutter lächelte auch, hell jauchzend schwang sie das Kind in ihren starken Armen hoch in die Höhe und wieder tief zum Boden und wirbelte sich dann mit ihm herum. Unterm Mützchen hatte sich einer der festgeflochtenen Zöpfe gelöst und hing ihr, stark und straff, über den Rücken; ein paar Haken am Mieder waren aufgeplatzt, unterm weißen Hemd quoll die weiße Brust, und in der weißen Brust klopfte das rote Herz.

12

Während nun die alte Nepomucena von langer Arbeit ausruhte und die junge Enkelin ihr Kind herzte, saß der Witwer in der Schenke. Heute mußte er die Leidtragenden sämtlich freihalten und selber fleißig das Gläschen leeren. Es half ihm nichts, daß er sich lange Jahre des Schnapses enthalten hatte, heute durfte er nicht gegen das Hergebrachte verstoßen.

Sie saßen am Tisch auf Bänken: die Männer zusammen und die Frauen zusammen. Auch den Weibern waren die Kehlen trocken geworden, denn sie hatten viel geweint und gebetet.

Auf die Leidtragenden herunter blickte das Bild Kaiser Wilhelms II. Ein Öldruck war's, wundervoll bunt in Uniform, mit einem goldenen Stern auf der Brust.

Eljakim Hirsch war sehr stolz darauf, stolz auf das schöne Gemälde, stolz auch auf seinen Mut. Im stillen hoffte er freilich, daß die von hier zu Land es nicht erkennen würden. Dagegen würde der Herr Landrat, erfuhr er davon, ihm sicherlich hold sein, und die deutschen Ansiedler würden nun auch einkehren, da, wo ihres Kaisers Bild hing!

Der alte Dudek sah stumm ins Glas, als sie seine

Verstorbene lobten. Er hatte an ihrer Leiche nicht geweint, nun weinte er; langsam sickerte eine Träne nach der andern aus den des Weinens unkundigen Augen nieder auf den Tisch. Sie trösteten ihn alle: ei ja, das wollten sie wohl glauben, daß es ihm schwer ankam, die Nepomucena in der Grube zu wissen, die gute Babunka, mit der er ein halbes Hundert Jahre immer Seite an Seite gelebt, Tag und Nacht! Sie war eine treue Seele gewesen — daß Gott es ihr lohne! Aber der Witwer mußte nun nicht mehr weinen, denn wie lange noch und die Nepomucena würde sich ihm zeigen im Totenhemd, ihn aufmerksam zu machen auch auf seinen baldigen Tod!

Aber Kuba Dudek schüttelte den Kopf: nein, das konnte ihn nicht trösten! Sie würde sich auch nicht zeigen, denn sie wußte wohl, daß er zu warten hatte — und würde er hundert Jahre alt und darüber — immer zu warten!

Auf was denn warten, he? Hatte der Alte einen Pakt mit dem Teufel geschlossen, daß er sprechen konnte: ‚Tod, bleib' draußen‘ — und erst, wenn er's satt hatte: ‚So, nun hol' mich‘ —?! Sie waren alle neugierig. Die Köpfe steckten sie überm Tisch zusammen: auf was wartete denn der Dudek nur?! Daß er's ihnen doch erzählen möchte! Von einem geheimen Gruseln überlaufen, starrten sie nach ihm hin.

Er saß da und schaute ganz verloren. Die Schöße seines Kirchenrocks lagen rechts und links von ihm auf der Bank, wie die gespreizten Flügel eines großen Vogels. Vom ungewohnten Schnapsgenuß war er müde geworden, die Lider wollten ihm zufallen. Da rückte die

Filomena rasch neben ihn und stieß ihn in die Seite: „He, Vater, schlafe nicht, erzähle, sie warten darauf!"

„Erzähle, erzähle," riefen alle, wußten sie doch, der Schäfer hatte viel geheime Wissenschaft. Der kannte die Unterirdischen, die kleinen Zwerge, die die Kinder vertauschen, und die Hauskobolde, die als schwarzer Fleck an der Wandtünche sitzen. Wenn der Dudek, in der Nacht von Allerheiligen auf Allerseelen, beim letzten Schlag der Mitternacht auf die Kirchschwelle trat, sah er drinnen alle die, die einst zu Lebzeiten hier die Messe gehört hatten, knieen, sah die Kerzen am Hochaltar brennen, sah den Priester beim heiligen Meßopfer und hörte das Miserere vom Chor. Er sah, was jedem andern verborgen war. Konnte es auch gleich einem Weibsbild anmerken, ob das eine Hexe war oder nicht, wußte ein Mittel gegen die fallende Sucht und wie man den Weichselzopf los wird, konnte das Fieber austreiben und die Rose besprechen, schaffte Hilfe gegen den bösen Blick und gegen 's Behexstsein der Schafe und Kühe, hörte in der heiligen Nacht die Tiere sprechen und prophezeite aus Wind und Wolken, ob es ein gutes Jahr ward oder ein schlimmes.

„Was soll ich erzählen?" sprach Kuba Dudek, als sie ihn bedrängten.

„Sag, auf was wartest du? Warum sprichst du immer: ‚ich warte' —!?"

Da machte er seine müden Augen auf, so groß er konnte, und sah sie ernsthaft alle der Reihe nach an: „He, und wartet ihr denn nicht?!"

„Gott verdamm mich," sagte Krzywousty, das Schiefmaul, das sich bei jeder Festlichkeit, sei es Hochzeit oder Kindtaufe, Begräbnis oder Tanz, mit seinem Horn einfand, „ich warte nicht! Auf was soll ich denn warten?“ Er schlenkerte mit der Hand, als schwenke er den hineingetuteten Speichel aus seinem Horn: „Ich habe nichts zu erwarten!“

Und Kurek, das Hähnchen, der Mann ohne Nase, krähte vergnügt: „Sage uns, Väterchen, auf was wir denn noch warten sollen?! Ich meine, wir haben schon nicht umsonst gewartet: du hast uns ja Schnaps gegeben. Väterchen, liebes Großväterchen, Kuba Dudek, du sollst leben! Wiwat, Wiwat!“

Sie stießen alle mit dem Gastgeber an.

„Vater,“ sagte die Filomena und puffte ihn wieder in die Seite — sie war stolz auf ihres Vaters Wissenschaft — „nun sage ihnen doch schon, auf was sie warten sollen!“

„Ich werde ihnen sagen,“ sprach Kuba Dudek. Er reckte seine hagere Gestalt auf in einer gewissen Würde. Mit den Fingern seiner Rechten fuhr er wie mit Zinken durch sein langes strohernes Greisenhaar; und dann kratzte er sich. „Ihr wißt nicht, auf was ihr warten sollt?! Seid ihr denn schon ganz blind gemacht, ganz taub?! Weh, das ist das Werk des Teufels! Und der Teufel, das sind die Deutschen! Alle Deutschen sind Teufel, aber ihr oberster, das ist der, der hinter dem Berge wohnt. Der hat auch die Ciotka geschossen. Der tut immerfort Böses; der ruft auch die Schwabby in unser Land, daß ihrer mehr werden als unser sind, daß sie uns verdrängen von unserm Acker, daß man immerfort deutsch reden hört und unsre Kinder polnisch verlernen. Polen schläft!“ Mit einem tiefen Seufzer stützte er den Kopf in die Hand und schwieg. Seine Gestalt sank ganz zusammen.

Die andern schauten betroffen: was hatte der Dudek, warum war er so traurig? Freilich, der Niemczycer war ein hartherziger Herr — keinen Groschen hatte er den Männern für ein Schnäpschen gegeben, als sie ihn darum gebeten vor der Ciotka Tür — aber, daß er die Ciotka geschossen hatte, potztausend, das war doch nichts Böses! Die hatte so viel Geld von ihm gekriegt, daß sie nun immerfort betrunken sein konnte, alle Tage. Und der Ansiedler waren doch eigentlich nicht zu viele. Die waren ja nur wie die kleinen Mäuschen und verkrochen sich!

„He, Großväterchen, warum sollen wir traurig sein? Polen schläft — laß es schlafen! Wir schlafen ja auch, wenn wir müde sind!"

„Dummköpfe!" Der Alte fuhr auf. „Wo stammt ihr her?! Seid ihr Hundeblut? Ich sage euch: eure Väter haben nicht geschlafen. Die haben ihre Sensen geschliffen, daß sie schärfer wurden denn Schwerter und haben die deutschen Hunde gemäht bei Koschmin und Tschemieschno, bei Minoslaw und Sokolowo. Bei Stenschewo sind die Kugeln um uns geflogen wie Hagelkörner, aber die heilige Mutter hat sie aufgefangen in ihrer Schürze. Und die polnischen Mütter haben auch nicht geschlafen. Höret zu!

„Als die deutsche Landwehr bei Buk im Quartier lag, in jedem Haus ihrer zwei und drei, da hat die Mutter Gottes der Weiber Herzen gestärkt, daß die Tauben zu Adlern wurden. Und sie haben den Deutschen zu trinken gegeben — sehr viel — bis sie alle waren betrunken. Und als sie schliefen in Ställen und Scheunen, auf Tennen und Heuböden, da sind Polens Mütter hingeschlichen mit ihren Messern und haben den Teufeln die Bärte abgeschnitten, die Nasen und Ohren, die Finger und Zehen, und haben das Blut hinströmen gemacht von Polens Feinden."

„He, ihr!" Mit so starker Stimme schrie Dudek sie plötzlich an, daß der Wirt vom Schenktisch gelaufen kam mit erhobenen Händen.

Mißtrauisch und ängstlich blickte Eljakim: wollte der Alte etwa machen Skandal? Wußte er denn nicht, daß der preußische Gendarm fleißig vigilierte? Wenn der nun Lärm hörte und schrieb auf in sein Buch?! „Eiweih, eiweih," jammerte Eljakim und wand sich wie in Schmerzen, „se werden mer schließen 's Lokal, se werden mer entziehen de Konzession! Eiweih, eiweih!"

Die Gäste lachten. Aus der Ecke drüben lachte plötzlich einer laut mit; er war eingetreten, als sie tranken, und sie hatten ihn bis jetzt gar nicht bemerkt. Nun grüßten sie ihn.

Es war Pan Szulc, der Inspektor. Er kam an ihren Tisch, aber als er Dudek die Hand reichen wollte, ballte der die seine zur Faust und legte sie schwer auf den Tisch: nein, einem, der zu den Niemcy*) gegangen war, gab er die Hand nicht!

Der junge Mann lachte und zuckte die Achseln, aber dann wurde er ernsthaft.

„Was glaubst du wohl, altes Kamel," sagte er mit einem freundschaftlichen Puff, „nutzt die Art mehr

*) Die Deutschen.

in der Hand oder am Nagel an der Wand? Bin ich darum deutsch, daß ich deutsches Brot esse? Glaubst du nicht, daß ich der guten Sache jetzt mehr nutzen kann als zuvor?" Er klopfte dem Schäfer gegen die Stirn: „Denke darüber nach, Väterchen! Und der Teufel soll mich holen und seine Großmutter mich freien, wenn ich Polen nicht liebe — Gott erhalte es! Hört ihr?!" Musternd ließ er seinen gestrengen Blick über die stumpfen Gesichter streichen. „Hört ihr nicht: Gott erhalte Polen!"

Da murmelten sie alle, die Köpfe gesenkt, kaum wagend aufzuschauen: „Gott erhalte Polen!"

„Sie schlafen," klagte der Alte, „sie warten nicht. Wenn sie warten würden wie ich, dann würde der Lysa Góra sich bälder auftun. Ich allein kann sie nicht erwecken, die Dreimalhunderttausend, die da schlafen im Berg. Ich warte und horche, aber ich kann noch nicht hören, daß ihre Waffen klirren!" Kopfschüttelnd legte er die Hand hinters Ohr. „Meine Ohren sind alt. Panie Szulc, hört Ihr was?"

Der Inspektor gab keine Antwort, aber er winkte dem Wirt: „Mehr Schnaps! Und — psia krew — was für Finkennäpfe sind denn das! Ordentliche Gläser her! Diese Herren sind jetzt meine Gäste!"

Er schenkte ihnen selber ein und stieß dann mit allen an.

Die Scheu verließ sie nach und nach. Pan Szulc, der Gestrenge, dem immer die Neunschwänzige am Sattelknopf baumelte, war doch ein guter Herr, ein freundlicher Herr! Und Späße machte der —! Sie prusteten vor Lachen.

Die Weiber stießen sich in die Seiten und fielen fast von der Bank: ein schöner Herr war der, ein freigebiger Herr!

„Wiwat! Wiwat!"

Das Hähnchen krähte vor Vergnügen. Das Schiefmaul hatte schon vollgeladen, und manch andrer auch noch.

Plötzlich schrieen alle hell auf: „Die Ciotka!"

Richtig, die dem Tod Nahegeglaubte trat plötzlich in den Krug. Die hatte eine gute Nase, der brauchte sie nur nachzugehen. Und munter war sie — war's möglich?!

Mit Ehrfurcht sah man auf Dudek, wußte man doch, er hatte sie besprochen, im Namen des Vaters, des Sohnes und des heiligen Geistes. Drei Tage war's her, und nun wandelte sie schon!

Filomena rückte bereitwillig und ließ die Ciotka neben sich sitzen. Man gab ihr gleich ein volles Glas, und sie versicherte allen, die sie eifrig befragten: nichts tue ihr mehr weh, glatt und zart sei ihre Haut wie ein junges Kalbsfellchen, mochten sie alle nur gucken kommen! Sollte sie etwa tanzen, he?! Und sie hob schon die Beine:

„Podkoziolek, mußt du geben —"

Ihre Partner, die zwei Musikanten, spitzten bereits die Ohren — sollte es etwa doch noch eine Musik geben?

Aber der alte Dudek hob abwehrend die Hand: 's war nicht die Zeit für den Podkoziolek!

Da fiel ihnen allen die Nepomucena wieder ein, und die Weiber begannen herzbrechend zu schluchzen: was war sie doch für eine Gute gewesen!

Der Stróż aus Chwaliborczyce hob sein Glas,

wehmütig mit den roten Plieraugen blinzelnd: „Wiwat, daß sie lebe!" Wie manche Nacht, wenn er Wache gehalten hatte, war die gute Babunia über den Hof geschlichen. An der Stallwand hatte sie gelehnt, wenn die Atemnot sie überkam, und dann war sie weitergeschlichen, immer ganz langsam, sich mit der Hand gegen die Mauern stützend. Ja, die gnädige Pani war gut bedient gewesen, die hatte nie zu warten gebraucht! Jetzt hatte die Filomena die Ehre!

Und er machte einen Diener vor dieser.

Geschmeichelt lächelte Filomena.

Eifersüchtig guckte die Ciotka. Der Stróż war einmal ihr Liebster gewesen, es war schon lange her, aber sie hielt noch darauf. Zornig fuhr sie auf die Filomena los: wer hieß sie Blicke werfen? Schickte sich das für eine, die schon Großmutter war?!

Die Filomena, nicht faul, schlug ihr eine Maulschelle: da hatte sie Bescheid! Schickte sich das für eine, die immer betrunken war, über anständigere Leute sich aufzuhalten?!

He, wer war nicht anständig?

Ei, sie nicht, die Ciotka!

Nein, sie nicht, die Filomena!

Laut kreischten beide auf. Der Ciotka Faust griff nach der Filomena Haube, der Filomena Nägel in der Ciotka Gesicht. Die Männer trennten sie, aber auch ihre Augen funkelten — wenn zwei sich prügeln, wacht beim dritten die Lust auf. Unternehmend sahen sie sich um, die stumpfen Gesichter flammend rot; leise fingerte die Hand am Knippel*) in der Tasche. —

*) Taschenmesser.

Es war früh, gegen die Mittagsstunde gewesen, als sie die Nepomucena begruben, jetzt fing das Dunkel schon an, sich zu recken. Vom westlichen Horizont her kam eine Röte über den Himmel gekrochen und überzog das ganze Gewölbe. Sie strahlte die weißgrauen Wolken an, daß die wie Rauch aus Flammen stiegen. Die Ebene lag im Widerschein; der Pfuhl im Dorf mit seinen aufgehackten schwarzen Wasserlöchern bekam einen schmutzig-roten Spiegel, und am schwarzen Turm der Kirche wischten blutige Finger.

Das düstere Winterrot machte das Dorf nicht freundlicher, auch die Gedanken des Vikars nicht, der, von Ignaz Ruda geleitet, jetzt vor die Türe der niedrigen Hütte trat, deren eine Seite die Schulstube und die Wohnung des Lehrers enthielt, während auf der andern Seite der Häusler Jezierski mit seinen neun lebendigen Kindern hauste.

Ruda, in seinen Tuchleistenschuhen, das Röckchen vorm Stöbern des blasenden Windes über der Brust zusammenhaltend, stammelte, halb sinnlos vor Angst: „Was nun, was nun, Herr Vikar, was mache ich nun?! Jesus, Maria! Sagt' ich's nicht, daß der Herr Baron wird mich ins Unglück bringen? Kein Mensch kümmert sich sonst um mich, aber nun, nun — da ist der daran schuld, der ganz allein!“ Sein zitternder Finger wies gen Niemczyce.

Blaß bis in die Lippen geworden, blickte er wie ein mißhandeltes Tier, das sich gern rächen möchte und nur nicht weiß, wie. „Ich bin ruiniert, ich Unglücklicher! Was soll ich machen?“ Hilfesuchend faßte er den geistlichen Herrn am Ärmel.

Górka kniff die Lippen zusammen. Unter der gerunzelten Stirn bekamen seine Augen einen düsterbrütenden Ausdruck. Er war immer bleich, aber heute zeigte sein gelbliches Blaß einen Stich ins Grünliche wie bei einem, dem die Galle ins Blut getreten ist. Heute, vor wenig Stunden, war mit der Mittagspost ein Brief gekommen, ein Schreiben der Behörde an den geistlichen Vorstand der Schule von Pociecha. Weder scharfe Worte noch eine Drohung waren darin ausgesprochen, in höflich amtlichem Stil wurde nur die Verfügung des ‚deutsch abzuhaltenden Schulunterrichts' wiederholt. Aber den jungen Priester hatte beim Lesen die Wut gepackt; die Hände ballend war er in der Stube auf und ab gestürmt, während Piotr Stachowiak, in seinem Lehnstuhl beim Ofen sitzend, verwundert dreinsah: nun, was war denn da weiter? „Laß sie schreiben, man tut doch, was man will!"

Ah, diese Unverschämtheit, diese Überhebung! Über Geweihte des Herrn einfach hinweg zu verfügen, als seien sie dumme Jungen!

In Górka wallte das Blut seiner Ahnen auf: einem elenden Dorfhuhn mag man wohl den Wurm abjagen, den es im Schnabel trägt, einem Adler nie! Sollten sich Szenen des Kulturkampfes noch einmal erneuern? Nun wohl, man würde den polnischen Unterricht der Kinder jetzt ebenso verteidigen, wie damals die Märtyrer der Kirche ihre geheiligten Rechte verteidigt hatten! Es sollte den Widersachern nicht gelingen, der verfolgten Kirche eine ihrer kräftigsten Stützen aus der Hand zu winden. Aber Ruhe, Besonnenheit gehörten dazu.

Zum Brevier hatte der Erregte seine Zuflucht genommen. Und wie er, die Lippen lautlos bewegend, wieder und wieder las, was er längst auswendig wußte, wurden seine Züge glatt. Dann war er zum Lehrer gegangen.

Eine mehrstündige Unterredung hatte er mit Ruda gehabt, aber sie hatte doch nicht viel gefruchtet.

Mit einem verächtlichen Blick sah der Vikar jetzt auf den sich in tausend Ängsten Windenden herab. Unsanft befreite er seinen Ärmel aus den sich daran klammernden Händen.

„Tun Sie Ihre Schuldigkeit, Ruda! Ich habe Ihnen unlängst schon einmal gesagt, daß ich Sie nicht im Stich lassen werde. Aber zweien Herren können Sie nun einmal nicht dienen. Entweder Sie sind ein guter Christ, ein treuer Sohn Polens, oder —“ er sprach nicht aus, er machte nur eine wegweisende Handbewegung. Und dann ließ er fest seinen Blick auf dem Schwankenden ruhen: „Es gibt hier nur ein Entweder — Oder!“

„Ich muß ja wohl, ich muß ja wohl! Ich kann ja gar nicht anders, sie schlagen mich sonst tot hier,“ jammerte der Erbarmungswürdige.

Der Geistliche zuckte die Achseln: „Können Sie es Eltern verdenken, daß sie das Beste ihrer Kinder wünschen? Welche Mutter möchte ihr Kind verlieren — mit der fremden Sprache kommt der fremde Glaube — und ist sie nicht dereinst verantwortlich für seine Seele vor Gottes Thron?!“ Seine Stimme hatte etwas Pathetisches bekommen. Nun änderte sich deren Klang: „Aber tun Sie, was Sie wollen und — verantworten können!“ Ernst neigte er den Kopf und ging.

Er ging die einzige Dorfstraße hinab — sie führte zwischen Pfuhl und Propstei durch — aber er trat nicht ins Haus ein. Er ging weiter. Noch war es ihm nicht möglich, zwischen den engen Wänden zu sitzen, die Piotr Stachowiaks engen Horizont begrenzten; draußen in der großen Einsamkeit der winterlichen Scholle mußte er den Blick schweifen lassen über unendliches, unbegrenztes Land.

Der Himmel glühte nur noch ganz im Westen, und da hinein, in das letzte Blutrot, das sich wie eine Fackel aus dem Dunkel hob, mündete die Dorfstraße. Der Priester ging sie mit erhobenem Haupte wie ein Herrscher, festen Trittes wie ein Streitbarer, der da auszieht, das Seine zu verteidigen.

Hier und da grüßte ein Weib, das mit dem Futtereimer zum Stalle schritt, demütig den Herrn Vikar: „Gelobt sei Jesus Christus!"

Und er sprach, das Haupt neigend und die Hand erhebend zum friedlichen Gruß: „In Ewigkeit, Amen!"

Ganz still, wie erfroren lag das Dorf in der kälter und kälter werdenden Nachtluft. Nur aus dem Krug schallte lauter Lärm. Die Schenke war das erste Haus im Dorf und auch das letzte, je nachdem, von welcher Seite man kam. Der Vikar mußte daran vorbei auf seinem Weg in die Felder.

Er hielt an und horchte: welch ein Geschrei! War das nicht eine Weiberstimme, die da kreischte, wie in höchsten Nöten?! Er stand noch lauschend, da wurde die Krugtür plötzlich aufgestoßen; von einem kräftigen Tritt befördert, flog eine Gestalt wie ein Bündel hinaus ins Dunkel, überschlug die Stufen im Bogen und lag ihm nun zu Füßen. Er bückte sich danach: war's ein Mann, eine Frauensperson?!

Da rief auch schon eine Männerstimme vom Eingang greuliche Flüche her, und innen jauchzten viele: „He, Ciotka, ade! Lebe wohl, Ciotka!" und brüllendes Gelächter folgte.

Es war Frelikowski, der Förster, der die Trunkene hinausgeworfen hatte. Er pflegte oft im Krug von Pociecha einzukehren — dieser war der nächste seinem Revier — wer wollte es ihm auch wehren? Aber jetzt stand der stämmige Mann doch einigermaßen verlegen vorm jungen Vikar und zwirbelte die Spitzen seines mächtigen Bartes. Er entschuldigte sich: der Herr Vikar sollte nur nicht denken, daß er etwa nicht nüchtern sei, aber wer hieß das Weib, ihn anfallen? Ganz ahnungslos war er hier eingetreten, um bei der grimmigen Kälte was Warmes zu trinken — der Herr Vikar glaubte es gar nicht, was so ein Förster eine Not mit den Wilddieben hatte, kaum daß es dunkelte, mußte er auf den Beinen sein und das Revier im weiten Umkreis durchstreifen! Psia krew! Die Ansiedler, ja, die waren's, die alle keinen Respekt hatten vor des Herrn Wild!

„Die Ansiedler?" Der Vikar wurde rot. „Die Ansiedler — irren Sie sich auch nicht, Herr Frelikowski?"

Der Förster lachte. „Ich kenne meine Vögel! Fuchseisen legen sie auf den Äckern, die Halunken, hat sich neulich mein bester Hund drin gefangen. Daß der Wolf sie fresse! Ich werde einmal ihre Gärten visitieren — bei dem großschnauzigen Rheinländer zuerst — möcht' ich doch wetten, daß da Hasenschlingen sind, die Masse! Glauben der Herr Vikar," — er blinzelte —

„daß man darum kurzen Prozeß mit ihnen machen dürfte? Der Herr Vikar könnten uns raten, wir würden dem Herrn Vikar sehr dankbar sein!“

Frelikowski hoffte, so das Gespräch von der Ciotka abzubringen, aber der Vikar ging auf den Grund: was hatte das Weib getan, daß es hinausgeworfen ward?!

Man hörte jetzt in der schnell sinkenden Dämmerung, wie sie sich jammernd und schimpfend davon machte.

Zum Teufel, wenn der Herr Vikar es denn wissen wollte — Frelikowski hatte sich wiedergefunden, brutal stellte er sich auf —, ja, wenn er es nur selber wüßte! Eingetreten war er eben hier, ganz harmlos, da war ihm die Hexe an den Hals gesprungen wie eine Katze, hatte geschrieen: ‚mein Geld, mein Geld!‘ und hatte ihn wütend dabei gekratzt. He, war's nicht so gewesen?!

Mit seinen kalten Augen sah er sich scharf im Kreise um; da nickten sie alle: ja, ja, so war's gewesen!

‚Hundeblut‘ hatte sie ihn geschimpft, ‚Spitzbube!‘ Und das sollte er sich gefallen lassen?!

„Hier, Hochwürden, hier,“ — er schlug auf seine Brust — „hier schmücken die Ehrenzeichen meinen Rock! Ich habe gedient! Ich werde mich von so einer Sau doch nicht ‚Spitzbube‘ schimpfen lassen?! Sie hat wohl geträumt oder war betrunken, die Ciotka, oder —!“ Er hielt an und sah sich um, als traue er sich nicht recht, und sprach dann leiser, mit Achselzucken: „Sie spricht, der Niemczycer habe gesagt, daß er mir Geld für sie gegeben habe — der Donnerstein soll mich erschlagen, wenn dem so ist! Ich denke, der Niemczycer wird wohl gelo—, aber nein, ich will's nicht gesagt haben!“ Rasch hielt er sich selber den Mund zu. „Das wissen doch der Herr Vikar am besten, wer nicht den rechten Glauben hat, der —"

Er brach wieder ab und zuckte die Achseln.

Zerstreut nickte der Geistliche, er hatte gar nicht recht zugehört. Sein Blick hatte die Wirtsstube durchforscht, unter deren Eingang er jetzt stand; der widrige Dunst von Fusel und Tabak, der ihm entgegenschlug, machte ihm Übelkeit, aber er zwang sich, zu bleiben.

„Geliebte," sprach er mit leiser und doch eindringlicher Stimme, indem er jeden einzelnen besonders ins Auge faßte, „es ist nicht fein, wenn ein Bruder und eine Schwester miteinander streiten. Seid einig — um zu streiten gegen die — so nicht von den Euren sind!" Er sprach ein wenig stockend, ein Gedanke war ihm erst jetzt gekommen, plötzlich, beim Anblick der erhitzten Gesichter; nun nützte er ihn aus.

Rascher, fließender sprach er weiter: „Ihr habt gehört, was der Frelikowski gesprochen hat: ‚so jemand nicht den rechten Glauben hat'. Am nächsten Sonntag werde ich euch eingehender von jenen sagen, die nicht den rechten Glauben haben, heute aber schon sage ich euch: Hütet euch!" Er sprach das ‚Hütet euch' plötzlich ganz stark, so daß auch diejenigen, die verschlafen die Lider gesenkt und die Lippen hatten hängen lassen, aufmerkten.

„Hütet euch vor den Wölfen, die in Schafskleidern zu euch kommen, vor den Vögeln, die eine liebliche Stimme haben und euch mit Versprechungen locken! Ihre Versprechungen halten sie nicht, sie sagen: sie wollen euch wohl, aber — hört!" Die Stimme dämpfend, flüsterte er ganz leise, als raune er, selber erschrocken, ihnen etwas Entsetzliches zu: „Man bedroht euren Glauben! Man bedroht euer Vaterland! Eure Kinder sollen nicht polnisch mehr sprechen! Nicht polnisch mehr soll der Lehrer sie unterrichten! Ihre Muttersprache werden sie verlernen! Ihr werdet eure Kinder nicht mehr verstehen, und eure Kinder werden euch nicht mehr verstehen!"

Er machte eine Pause, und als sie ihn alle verdutzt anstarrten, erhob er laut die Stimme wie zu einem Schrei, während leidenschaftliches Rot seine bleichen Wangen überflammte: „Polnische Väter — polnische Mütter vor allem! — wollt ihr das leiden?!"

»Psia krew!« Einer, der noch ein wenig helle war, fluchte. Die Kinder sollten nicht mehr polnisch sprechen? Ei, das wäre, was sollten sie denn sprechen?!

„Deutsch, du Esel," brüllte der Inspektor, der auch noch zugegen war, und stampfte mit dem schweren Stiefel auf. „Deutsch! Nur deutsch werden sie sprechen — ‚evangelisch', wenn du das besser verstehst! Ein Hundsfott, wer das zuläßt!"

„Hussa, kommt mir einer unter die Finger aus der deutschen Schule," drohte Frelikowski, „der soll mich kennen lernen! Ich hänge ihn an den nächsten Baum!" Sein kalter Blick suchte unter den Leuten: „Frykacz, hattest du gestern nicht einen Hasen im Kartoffelsack? Ein zweites Mal lasse ich dich nicht durchschlüpfen! Und du, Stróż," — der Nachtwächter machte sich noch kleiner, als er so schon war —, „dir sage ich, wenn deine Enkeltochter noch einmal Reisig sucht und knickt dabei Äste ab, so werd' ich der Stute eins auf den Hintern geben, daß er ihr morgen wird blau sein!"

„Kommt einer zu mir und fragt um Arbeit, der seine Kinder deutsch sprechen läßt," schrie der Inspektor, „der wird sich schneiden! Ich habe keine Arbeit für solches Pack! Niech žyje Polska!"

»Niech žyje Polska!« Sie schrieen es alle nach.

Da fuhr der alte Dudek, der, den Kopf auf beide Arme gelegt, ganz allein noch am Tisch gesessen hatte, empor. Das ‚Es lebe Polen!', das hörte er bis in den tiefsten Traum.

Die Hand hinters Ohr legend, sich vorneigend, wie ein zitternd Lauschender, drängte er: „Hört ihr sie? Trommeln sie im Lysa Góra, Brüder?" Schluchzend lallte er und fiel dem nächsten um den Hals: „Die Stunde ist da! Auf, laßt uns eilen — ihnen entgegen — noch ist Polen nicht ver—lo—ren!"

Er raffte sich auf und wollte zur Tür, mit den Händen wild fuchtelnd; aber der Schnaps war zu kräftig gewesen, der zog ihn zu Boden.

Die andern wollten lachen, aber der Vikar sprach rasch:

„Hört ihn, er hofft auf das schlafende Heer! Polen hofft auf das schlafende Heer! Aber nicht aus dem Lysa Góra wird das schlafende Heer auferstehen, nein, ihr selbst, ihr alle hier, ihr seid das Heer, das erstehen wird, Polen zu befreien! Stehet auf, rüstet euch! Ihr seid bestimmt dazu von Gott dem Herrn, des Vaterlandes Retter zu sein!"

In leidenschaftlichem Drängen streckte er die Arme gegen sie: „Ich bitte euch, ich beschwöre euch, erwachet! Halte jeder seinen Glauben hoch! Euer Glaube ist eure Waffe, das stärkste Schwert zu Polens Befreiung! Und laßt eure Kinder nur polnisch sprechen, nur polnisch lernen! Haltet an eurer Sprache fest — wie wollt ihr recht glauben, wenn ihr nicht recht sprechet?! Nur polnisches Gebet dringt zu Gottes Ohr! Und so jemand hier wäre, der" — langsam blickte er in der Runde, seine bis dahin weichströmende, bittende Stimme wurde streng — „der dieses vergäße, so hätte ich das Recht, ja die Pflicht, ihm die Segnungen und Gnaden der Kirche zu verweigern. Bedenket alle, jetzt ist die Zeit, in der der Teufel umhergeht, euch zu sieben. Wie das Sieb unzählige Löcher hat, so gibt es zu dieser Zeit unzählige Gelegenheiten zum Abfall vom Glauben. Hütet euch!"

Er hob den Finger, seine Miene ward undurchdringlich ernst. „Wer sein Kind lieb hat, der gibt seinem Kinde Brot — aber er gebe ihm vorerst das Heil der Seele. Denn man wird dereinst die Seelen eurer Kinder von euch fordern! Hütet euch!"

Stark hatte er geschlossen. Totenstill war's im Raum, kein Füßescharren, kein Räuspern zu vernehmen. Rasch sah der Vikar noch einmal rundum — ein leichtes Neigen des Kopfes und fort war er.

Da brach es los: „Was, was hat er zu uns gesprochen?"

„Unsre Kinder sollen nicht polnisch mehr sprechen dürfen?"

„Unsre Kinder werden nur deutsch sprechen?"

„Nur deutsch wird der Lehrer sie fortab lehren?"

„Wir werden unsre Kinder nicht mehr verstehen, und unsre Kinder uns nicht mehr!"

„Ihr Gebet wird dann nicht mehr erhört werden, und sie werden in die Hölle kommen!"

„Und wir werden auch brennen, weil wir sie evangelisch werden ließen!"

»Psia krew« — sie brüllten alle auf — „unsre Kinder sollen nicht verderben! Schlagt die tot, die ihnen Übles wollen, die Wölfe in Schafspelzen, die Vögel mit der lieblichen Stimme!"

Wen meinte eigentlich der Vikar damit: Wölfe in Schafspelzen?! Ganz verstanden hatten sie ihn doch nicht.

„Ei, Dummköpfe, wen anders denn, als die Deutschen?!" Wußten sie das denn noch nicht? Die waren eine gefährliche Sippschaft, aber der schlimmen Sippe Schlimmster war der Niemczycer! In des Inspektors Stimme bebte Haß: der Niemczycer, der hochnäsige Niemiec, der sich zu vornehm deuchte, einen polnischen Inspektor zu grüßen, über den wegguckte, als wäre er Luft, der war schuld, daß die Kinder nicht mehr polnisch sprechen durften! Der war an allem Übel schuld!

„Der Niemczycer, ja der ist schuld," das wiederholten sie alle; es leuchtete ihnen ein, denn Pan Szulc wußte es ja genau: der Niemczycer war beim Landrat in der Stadt gewesen, um zu verpetzen; Löb Schöftel hatte seinen Wagen dort halten sehen.

„Gerbt ihm das Fell, dem Kerl, dem Niemczycer!" brüllte der Förster, „was braucht's da noch lange Reden!" Frelikowski hatte es dem deutschen Baron nicht vergessen, daß er ihm bei der Treibjagd einen Anschnauzer eingetragen, wie er zeitlebens keinen hatte einstecken müssen, und noch dazu vor den Gästen. Er hetzte: „Nehmt ihn nur scharf aufs Korn, wenn er euch in Schußweite kommt! Piff, paff! Bringt ihn zur Strecke!"

Sie schrieen alle durcheinander. Hei, dem Teufel, dem Schuft, dem Drachenkopf, dem wollte man wohl das Handwerk legen! Der sollte sich unterstehen, polnischen Kindern ihr Polnisch zu verbieten! An den Beinen aufhängen wollte man ihn, ihm die Ohren abschneiden, die überall hinhorchten! Könnte man ihm nur an den Leib, dem Niemczycer, dem Hund, dem verfluchten Niemiec!

Ein entsetzlicher Lärm entstand. Vergebens warf sich Eljakim Hirsch über den Tisch und breitete die Arme schützend über seine Gläser, er wurde zur Seite gestoßen, und die Gläser wurden gegen die Wand geschleudert, daß sie klirrend zerschellten. — — — — — — — — — —

Lehrer Ruda wälzte sich unterdes unruhig in seinem Bett, ihm schwante nichts Gutes. Ein Geschrei kam vom Krug her; über die nachtstille Dorfstraße drang es weit, bis hin zur Schule. Hilf Himmel, heilige Mutter, jetzt klang es schon näher! Horch!

‚Es lebe Polen!‘

O weh! Ignaz Ruda wickelte sich fester ein, ihn fing sehr an zu frieren. Warum brüllten die so? Wußten die schon etwas? Sie würden doch nicht ihm auf den Hals rücken?!

Ein Stein, plötzlich gegen die geschlossenen Fensterläden der Schulstube geschleudert, war die Antwort.

Furchtsam zog sich Ruda das dünne Deckbett bis über die Ohren.

„Hund, Spitzbube, Halunke, komm heraus!“

Da fuhr er geschwind aus dem Bett in die Hose.

„Schwein, komm heraus, oder wir schmeißen dir die Schule über dem Kopfe zusammen!“

Da schlüpfte er zitternd in die Flickenpantoffeln.

Ein Hagel von Steinen prasselte gegen Läden und Wand. Blaß wie der Tod stand der Lehrer, die Zähne klapperten ihm.

„Du Hundeblut, für hundert Groschen würdest du die Seelen unsrer Kinder verkaufen! Wir wollen es dir schon beibringen, das Polnisch-Lehren! Komm heraus! In den Pfuhl werden wir dich tauchen wie die Mädchen beim Dyngus!*) Bei der heiligen Mutter, wir schwören es dir!“

Da machte er sich sinnlos vor Angst auf die Flucht.

Durch das kleine Hinterfensterchen der Schlafkammer zwängte er sich, durch eine Lücke des Hofzaunes kroch er und entkam so, hinter den Zäunen her, auf allen Vieren schleichend. Nur mit Hose und Pantoffeln angetan, klopfte er, Zuflucht suchend, an der Hintertür der Propstei. —

Die eisige Kälte der Nacht scheuchte die Trunkenen bald unter Dach. Der Niemczyzcer war nicht da, und der Lehrer, dem sie an seiner Statt an den Kragen gewollt hatten, kam nicht heraus; so gaben sie sich zufrieden. Noch einmal kehrten sie in den Krug zurück.

* * *

Als Eljakim, der Wirt, beim Morgengrauen, nachdem die letzten davongewankt waren, sich in seine Schenkstube hineingetraute, etwaige neue Scherben aufzulesen, konnte er wohl ‚Eiweih‘ schreien und die Hände jammernd

---

*) Dyngus oder Smigust: Sitte des Begießens oder des Untertauchens ins Wasser am zweiten Osterfeiertag.

erheben: das Bild, sein schönes Bild, auf das er so stolz gewesen, war von ruchlosen Händen aufs gröblichste schimpfiert! Zerschnitten die Uniform, die blitzblauen Augen ausgestochen! In der Brust des deutschen Kaisers steckte ein polnischer Knippek.

13

Wenn sie auch den Lehrer nicht in den Pfuhl getaucht hatten, so war ihm doch vor Angst der Schweiß am Leibe herunter geflossen, wie das Wasser den Mädchen beim Dyngus. Er hatte von seiner nächtlichen Flucht eine böse Erkältung davongetragen. Mit pfeifendem Atem hatte er die zwei nächsten Tage noch Schule gehalten. Seine Wangen glühten wie zwei feurige Rosen, und immer röter wurden sie, immer brennender, denn in der Miene eines jeden Kindes glaubte er eine versteckte Drohung zu lesen. Die Knaben mit den breiten Backenknochen und den schmalen Augen blitzten so unternehmend in der Klasse umher, und die Mädels hoben die Stumpfnasen so frech in die Luft — ja, ja, sie alle hatten zu Hause gehört: deutsch sollte unterrichtet werden! Und das würden sie sich nicht gefallen lassen!

Ein sonderlich großer Respekt vor dem Lehrer war nie vorhanden, aber heute war in den drei Knabenbänken zur Rechten eine ewige Unruhe; in den drei Mädchenbänken zur Linken war nicht grade eine so offenkundige Respektlosigkeit, aber ein immerwährendes Kichern verwirrte Ruda ganz. Er fühlte sich machtlos. Es zuckte ihm wohl in den Fingern, nach dem Stock zu greifen, aber er traute sich nicht — würden ihm die Eltern nicht auf den Hals kommen?! Heute morgen, vor Beginn der Schule, hatte mit Kreide an der Schultür gestanden — kaum zu entziffern war das unorthographische Gekritzel —:

‚Du Hund, wenn du unsre Kinder nicht auf polnisch lehrst, so schlagen wir dich tot!‘

Wer das wohl geschrieben haben mochte?! Es war das rechte Mittel, eine bange Seele ganz zu verängstigen. Ein gewaltiger Schreck war dem Lehrer in die Glieder gefahren. Gewiß, ja, er wollte gern auf polnisch unterrichten, aber da saßen doch die drei kleinen Ansiedlermädchen in der vordersten Bank und sahen ihn verständnislos an mit den Blauaugen, und hinter ihnen tauchte wie ein Riese der Vater auf und drohte mit der Faust: „Deutsch wird gelehrt!‘ Und überall, wohin er auch blickte, bäumte sich ihm mit erhobenem Finger ein Gespenst entgegen: die Behörde.

In seiner Not versuchte der Geängstigte jetzt allen gerecht zu werden. Erst stellte er die Fragen auf polnisch und wiederholte sie dann auf deutsch, oder umgekehrt. Aber ein unbändiges Füßescharren und Räuspern entstand, sowie er das erste deutsche Wort sprach, und als er sich nicht irre machen ließ, sondern unentwegt weiter stockerte — das Übersetzen wurde ihm sauer und sehr genau brachte er's nicht zuwege — meldete sich kein Kind zur Antwort. Sie waren auf einmal sämtlich taub, mochte er noch so sehr schreien.

Auch Settchen, die älteste der Bräuers, die doch verständig genug war, jede Frage zu begreifen, hob nicht den Finger und stand nicht auf. Sie weinte. Die Schwarzäugige neben ihr hatte sie schmerzhaft in den

Arm gekniffen, und die hinter ihr hielt sie an den Zöpfen fest.

Der Lehrer sah das Kneifen und hieß die Schwarzäugige sich in die Ecke stellen. Da erhub diese ein lautes Geheul und klemmte sich in der engen Bank fest, und in den Knabenbänken stand einer auf, hob gar nicht erst den Finger, sondern sagte ganz dreist:

„Panie Lehrer, die Nisia soll nicht in der Ecke stehn, die Niemka*) soll in der Ecke stehn!"

In den wirren Fieberträumen, die diesen bösen Schultagen folgten, ängstigten den Lehrer immer das schwarze und das weiße Schaf, von denen ihm einst seine Mutter gesungen; aber sie hatten Hörner bekommen und stießen wie Böcke, sie waren polnisch und deutsch und quälten ihn.

Ignaz Ruda glaubte seine letzte Stunde nahe. Vergebens hatten die Schulkinder am dritten Morgen an die Tür gepocht, er war nicht mehr imstande gewesen, ihnen zu öffnen; da hatte er gehört, wie sie, vergnügt johlend, davonliefen. Niemand kam, nach ihm zu sehen; er lag ganz verlassen. Drüben beim Jezierski schrieen die Kinder, man hörte die Mutter mit ihnen schelten — wenn doch wenigstens die Jezierska einmal herüber käme, ihm das trockne Hemd zu reichen, was er dort im Schub hatte! Er hatte so sehr geschwitzt, nun schüttelte ihn der Frost. Und auch einen Trunk begehrte er, die Lippen waren ihm ganz verbrannt. Aber das Weib hörte nicht den Ruf seiner schwachen Stimme.

Aus den Augen des Kranken liefen die Tränen.

---

*) Die Deutsche.

So elend auch sein Leben war, er hing doch daran — wenn nur jemand zu errufen wäre, den er zu Doktor Wolinski schicken könnte! Er versuchte, aus dem Bette zu kriechen, aber halb ohnmächtig sank er zurück, er hatte die Kräfte nicht. Und dann begann er wieder zu rufen, zu schreien, bis seine kranke Brust das nicht mehr ertrug, und ein würgender Husten ihm blutigen Schaum über die Lippen drängte.

In der kalten Kammer rang der Verlassene mit Todesnot. Er fühlte sich unsäglich elend. Was hatte er verbrochen, daß sie ihn so krepieren ließen?! War er ein Hund? Hatte ihn nicht auch einstmals eine Mutter gewiegt? Die Mutter war jetzt ein altes Mütterchen geworden und wohnte zu Wschowa*) im Spital — wenn die ihn so sehen könnte! Weinen würde sie über ihn, aber fluchen würde sie dem, der ihren Sohn so weit gebracht hatte. Ja, Fluch dem, der an allem Übel schuld war, der schlimmer war als die Pociechaer, als die Schulkinder, als der große Ansiedler mit seiner Prügeldrohung, schlimmer als der Teufel selber — Fluch dem Niemczycer! Möchte die heilige Muttergottes es dem heimzahlen, was er leiden mußte!

In ohnmächtiger Wut ballte der Armselige die zitternden Hände, und dann streckte er sich — weh, jetzt kam der Tod! Daß er an dem Niemiec gerochen werde!

Aber nur wilde Fieberphantasieen kamen, in denen des Lehrerchens schwache Gestalt gegen den hohen Niemczycer ankämpfte. — — —

Als Ruda wieder zu klarem Bewußtsein kam, saß

*) Fraustadt.

der Vikar an seinem Bett, und im Ofen knisterte ein Feuer. Eben war Doktor Wolinski dagewesen; jetzt würde er bald eine Medizin schicken aus der Miasteczkoer Apotheke. Die Jezierska, die eine Suppe aus der Propstei geholt hatte, von Zuzanna, der Köchin, aus lauter purem Fleisch gekocht, weinte vor Rührung: so gut wie eine Mutter hatte der Herr Vikar für den Herrn Lehrer gesorgt!

Sie waren alle sehr freundlich zu Lehrer Ruda. Er konnte sich nicht mehr beklagen; er hatte Suppe aus der Propstei und Hühnchen und Wein, wie der Herr Vikar es verordnet hatte. Die Mütter der Schulkinder brachten, obgleich Eier jetzt rar waren, deren genug, da der Herr Vikar es geheißen hatte. Die Buben und Mädchen bezeigten gar keine Freudigkeit über die unverhofften Ferien, bescheiden klopften sie an die Tür und fragten nach des Herrn Lehrers Befinden und stammelten gute Wünsche, die der Herr Vikar sie gelehrt hatte. —

Aber es waren der Wochen doch viele, die hingingen über des Lehrers Krankheit. Er hatte weder beim Podkoziolek aufspielen, noch den Karneval durchgeigen können bis Aschermittwoch. Nun ging's schon auf die zweite Hälfte der Fastenzeit.

Sankt Mattheis hatte viel Schnee heruntergeschüttet, noch lag der auf den Äckern, aber er hatte nicht mehr die starre Eiskruste des Winters; es gelang der Sonne, die zuweilen um die Mittagszeit scharfe Strahlen sandte, hier und da schon das schmutzige Weiß-grau abzulecken. Noch dampfte in allen Hütten der Zur, die gewohnte Fastensuppe aus Sauerteig, aber die Herzen freuten sich schon in der Hoffnung der Osterspeisen.

Der Niemczycer ließ fleißig Mist fahren und pflügen.

Alle Gespanne waren draußen auf den Feldern. Man stand schon wieder früher auf als in der dunkelsten Winterzeit.

Es war am Tage nach Mittfasten, daß der neue Inspektor von Deutschau, der alte Hoppe, in aller Frühe über den Hof stapfte. Da sah er vor der Scheune Nr. 1, von den Leuten die Katarynka, der Leierkasten, geheißen, weil drinnen die alte Häckselmaschine zum Drehen stand, Knechte und Mägde in hellem Haufen versammelt. Was gafften sie da? Eben stieg das Sonnenrot aus der östlichen Ebene und schaute über die Hofmauer und warf Licht auf das, was mit vier großen rostigen Nägeln am Scheunentor angenagelt war.

Was gab's da zu buchstabieren?!

„He!" Der Inspektor stieß die Gaffenden zur Seite und sah und las selber und rieb sich die Augen und las wieder, was auf grobem weißen Papier, wie auf einem Plakat geschrieben stand.

Wenn der Herr Inspektor doch einmal laut vorlesen wollte, bitte! „Lesen, lesen!" Die Weiber reckten sich auf den Zehen; auch die Männer trauten ihren eignen Augen nicht recht.

Wie kam das hierher?! Über nacht mußte es angenagelt worden sein, denn gestern abend spät hatte der Inspektor selber noch einmal die Runde gemacht und mit dem Nachtwächter geprüft, ob auch alle Scheunen verschlossen seien; der Nachtwächter hatte mit der Laterne geleuchtet, und sie hatten nichts, gar nichts bemerkt am Torflügel der Katarynka. Es mußte einer genau die Stunde des Morgengrauens abgepaßt haben, in der der Nachtwächter und sein Hund heimzugehen pflegten, und mußte dann über die Hofmauer gekrochen sein, gewandt wie eine Katze, trotz der Höhe und der spitzigen Glasscherben und des Stacheldrahtes. Unübersteiglich war hier eben nichts!

„Hm, hm!" Noch stand der Inspektor kopfschüttelnd, und die Leute standen um ihn her und gafften bald ihn an, bald das Scheunentor. Da hörte man einen raschen Schritt die Freitreppe herunterkommen.

Der gnädige Herr! Dumm lachend stießen sich Knechte und Mägde an. Was würde der für ein Gesicht machen?!

Inspektor Hoppe machte eine Bewegung, als wolle er das Plakat herunterreißen, aber es war zu spät, schon hatte Doleschal es ins Auge gefaßt.

Und er las. Hastig überflog sein Blick die polnischen Buchstaben, die so hingemalt waren, wie ein Kind sie mühsam auf die Tafel schreibt, und die doch eine geübtere Hand nicht verleugnen konnten.

‚Teufel, Schwein, Schächer erster Klasse! Gauner, der du dich ein Christ nennst, du bist schlimmer als ein Heide, denn du willst Gottes Werk zerstören, du willst, daß eine Nation, von Gott erschaffen, untergehe, und die Deutschen allein sich breit machen. Ihr Hakatisten, wir sprengen euch die Köpfe mit Dynamit wie Hunden, denn mehr seid ihr nicht wert! Und ich schwöre dir, daß ich an dir meine Rache nehmen werde! Ich speie dich an! Du Ketzer, wir werden dich ans Kreuz schlagen wie den Schächer, aber du wirst nicht am dritten Tage mit Jesus Christus im Paradiese sein. Meinen Knippel werde ich dir zwischen die Rippen stoßen, daß du zur Hölle fahrest, denn durch dich bin ich elender geworden wie ein kriechender Wurm!'

Doleschals Gesicht war tief verfinstert. Er hatte leise für sich gelesen, aber unbewußt hatten seine Lippen die Worte mitgeformt.

Die dummen Mägde hatten das Lachen aufgegeben, auch die Knechte blickten betroffen. Der Inspektor scheuchte sie alle an die Arbeit; und als nun niemand mehr auf dem Hof war, der Herr aber immer noch stand und auf das Plakat starrte, ging er zurück zu ihm und stellte sich neben ihn hin. Der Herr sah ihn nicht, da räusperte er sich stark; und als der andre immer noch nicht aufmerkte, wagte er es, ganz sacht seine harte Hand auf den Ärmel der sammetnen Hausjoppe zu legen.

„Herr Baron, die Frau Baronin werden mit dem Frühstück warten!"

„Ach so — ja, ja, ich danke Ihnen!" Doleschal war aufgefahren. Schon im Weggehen drehte er noch einmal um und sagte hastig und leise: „Lassen Sie das Dings da abreißen — hören Sie, abreißen und verbrennen! Meine Frau darf nichts davon erfahren!"

„Sehr wohl, Herr Baron!" Mit raschem Griff löste Hoppe die haltenden Nägel und warf sie fort, das Papier aber faltete er zusammen und steckte es in die Tasche. „Man weiß nicht, wozu es gut ist, so was aufzuheben!"

Und als der andre ihn darauf wie fragend, aber ganz verstört ansah, hielt er nicht mehr an sich in seiner Empörung: „Herr Baron, das ist 'ne Gemeinheit, 'ne ganz miserable Hundsgemeinheit, so ein echt polnisches Bubenstück! Ich werde aber schon den Schreiber 'rauskriegen, da können sich der Herr Baron drauf verlassen!"

„O bitte, bitte" — Doleschal hob abwehrend die Hand — „lassen Sie die Sache auf sich beruhen!" Und dann, sich gewaltsam zwingend, sagte er in gleichgültigem

Ton: „Sie lassen heute die große Brache hinterm Lysa Góra in Angriff nehmen, nicht wahr? Damit wir bei guter Witterung dann bald mit dem Sommerroggen ins Land können!“

Kopfschüttelnd sah Hoppe ihm nach: immer so hastig, viel zu hastig trotz der anscheinenden äußeren Ruhe! Jetzt schon an Sommerroggen denken — Torheit, Schnee lag ja noch, zehnmal noch würde die Saat ausfrieren! Da war Kestner doch ein vorsichtigerer Mann gewesen, ein besserer Wirt! Und eine gewisse Sehnsucht stieg in dem alten Inspektor auf nach den so lange bebauten, gesegneten Feldern von Przyborowo. —

Es hatte Doleschal doch tiefer gegriffen, als er es zeigen mochte. Dieses: ‚denn durch dich bin ich elender geworden wie ein kriechender Wurm‘ hielt ihn gepackt. Wenn er sich auch zwingen wollte, nicht mehr daran zu denken, er riß sich nicht los davon. Wem hatte er denn so viel Leides getan, daß der ihn dafür mit solchem Haß bewerfen konnte?! Grübelnd rührte er in der Tasse Tee, die ihm seine Frau eingeschenkt hatte.

Helene saß ihm gegenüber am Frühstückstisch. Ein wenig blasser und ein wenig schmaler hatte der Winter sie gemacht. Sie war jetzt selten herausgekommen, die Knaben hatten die Masern gehabt und die Mutter ganz und immerwährend beansprucht. Aber ihr zartes Gesicht hob sich lieblich über der dunklen Hausbluse, lieblicher noch, als es gewesen war mit der Sommerröte auf den runderen Wangen.

Ein wenig die Brauen hochziehend, sah sie ihren Mann beobachtend an: was hatte er nur? Die nervösen Fältchen um seine Augenwinkel zeigten sich heute tiefer als sonst, und ein bitterer Zug war um seinen Mund. Er hatte Ärger gehabt und eben erst, des war sie sicher, denn beim Aufstehen war er noch vergnügt gewesen, hatte, was er selten tat, sogar gescherzt wie ein ganz Junger.

Geräuschlos stand sie auf, stellte sich hinter ihn und legte ihre Wange auf seinen Scheitel. „Woran denkst du? Haben sie draußen Dummheiten gemacht?"

„Wieso — wieso?"

„Mein Gott, wie du auffährst! Ich fragte ja nur!"

„Du sollst mich nicht fragen, du weißt, ich kann es nicht vertragen, ich — ich — es macht mich ganz rasend!"

„Verzeih!" Es lag keine Verletztheit in ihrer Stimme, aber eine stille Trauer in der Bewegung, mit der sie nun von ihm fort trat und sich wieder an ihren Platz setzte. Sie strich ihm ein Butterbrötchen.

„Willst du auch ein bißchen Honig darauf haben?"

Er gab keine Antwort. Aber als sie auch noch Honig über die Butter gestrichen und ihm das Brötchen stillschweigend auf den Teller geschoben hatte, aß er es stillschweigend auf.

In dem behaglichen Zimmer tickte die Uhr, die Zeit ging unaufhaltsam weiter — schade um jede Minute, die da verstrich, unwiederbringlich dahin war, ohne genossen worden zu sein! Ja — mit einem tiefen Atemzug sah Doleschal auf —, er war doch glücklich, wirklich glücklich, hier im Hause, bei seiner Frau, bei seinen Kindern! Daran mußte man sich eben halten!

Helene saß nicht mehr am Tisch, sie war ans Fenster getreten, wo zwischen den Doppelscheiben Hyazinthen, Tazetten und Primeln blühten, ein ganzer Flor. Sie begoß ihre Blumen, ein süßer Duft umschwebte sie. Ach, sie war doch seine gute, seine geliebte Frau! Wie konnte er nur einen Augenblick wähnen, daß das Glück ihn fliehe, daß alles sich verschworen habe, ihn zu kränken, zu peinigen, zu reizen?!

Reuig trat er zu ihr und küßte ihre Hand: „Helene, es war nicht böse gemeint!"

„Das weiß ich, das ist selbstverständlich, daß du's nicht böse meinst!" Ihr reines Gesicht ihm zuwendend, sah sie ihm tief in die Augen. „Wenn du nur glücklicher wärest, Hanns!"

„Bin ich denn nicht glücklich? Warum fragst du mich? Wie kommst du darauf?" Er sah sie argwöhnisch an. „Du bist wohl nicht glücklich, daß du so von mir denkst?! Ich bin glücklich, sehr glücklich — wer sagt, daß ich nicht glücklich bin? Aber freilich, wenn du nicht glücklich bist, dann —" Er zuckte die Achseln.

„Ich bin glücklich!" Sie sagte es ruhig, mit einer felsenfesten Zuversicht.

„Nun denn also — was wollen wir dann noch mehr?!" Er schlug einen heiteren Ton an: „Weißt du, du mußt es nicht gleich tragisch nehmen, wenn ich mal irgend welchen Verdruß habe!"

„Sage ihn mir," bat sie rasch.

„Wozu? Männersachen sind keine Frauensachen. Ich will ja auch nicht alles wissen, was du an deine Eltern, an deine Dutzend Freunde schreibst!"

„Hanns“ — sie sah ihn innig an — „du weißt sehr gut, daß ich nur dich auf der Welt habe. Selbst meine Eltern sind mir ferner getreten. Nicht, daß ich sie weniger liebte, o nein, aber hier bei dir, nur hier wurzle ich jetzt ganz. Und du läßt mich jetzt so oft allein! Ich meine nicht,“ sagte sie rasch, als er sie unterbrechen wollte, „daß du nicht aufs Feld gehen sollst, aufs Vorwerk, dich nicht um deine ganze Wirtschaft kümmern sollst! O nein!“ Tränen stiegen ihr in die Augen, aber sie unterdrückte sie tapfer. „Deine Seele ist nicht bei mir! Du hast viel im Kopf, ja, aber ich würde mich gern darein finden, wenn ich nur sehen könnte, daß es dich froh macht. Du hast mir's zwar nicht gesagt, aber ich weiß es doch: du möchtest dich gern aufstellen lassen zur nächsten Wahl — wie soll es dann erst werden?!“ Sie rang leicht die Hände ineinander und blickte starr geradeaus: „Ich fürchte, wir werden bald gar nichts mehr von dir haben, die Kinder und ich!“

„Setze dich,“ bat er und drückte sie in den nächsten Sessel. Auf der Lehne Platz nehmend, legt er vertraulich den Arm um ihre Schultern.

„Sieh mal, wenn du meinst, ihr hättet dann weniger von mir, dann irrst du. Im Gegenteil, ihr hättet mehr! Denn ich würde so viel freudiger sein, so viel zuversichtlicher, so ganz andrer Stimmung. Das verstehst du eben nicht. Ihr Frauen seid zufrieden, wenn ihr für Mann und Kind und Haus gesorgt habt, aber wir Männer — ja, wir haben eben noch etwas andres! Und das quält mich, daß ich nicht wirken kann, wie ich möchte, daß ich hier lebe wie auf einer wüsten Insel!“

„Unser Deutschau eine wüste Insel?!“ Sie machte einen schwachen Versuch zu scherzen.

„Du weißt recht gut, wie ich's meine,“ sagte er, schon wieder leicht gereizt. „Daß ich Deutschau nicht lieb hätte, davon kann wohl keine Rede sein. Aber gerade weil ich's liebe, so sehr, daß mir jede Hufe deutschen Bodens so teuer ist, wie — wie —“ er suchte nach einem Vergleich —, „ich finde nichts, was mir teurer wäre! Es ärgert mich, es kränkt mich, es schmerzt mich tief“ — seine Stimme wurde erregt —, „wenn ich sehe, wie —“

Er brach plötzlich ab; die Stirn furchend, versank er wieder in Grübeln.

Leise strich sie ihm über die Wange. „Sprich dich aus, Hanns, sprich! Es wird dir gut tun. Du sagst, ich verstehe es nicht, Frauen könnten so etwas nicht verstehen, nun, ich werde es lernen, zu verstehen. Und wenn ich es nicht ganz lernen kann, so wird mir Gott doch ins Herz geben, was ich zu tun habe. Immer!“

„Mein Gott, Helene, quäle mich nicht! Das sind eben undefinierbare Dinge; man fühlt sie — sie liegen in der Luft — aber erzählen kann man sie nicht. Ich habe nichts zu erzählen!“

Er wurde rot — da ertappte er sich auf einer Lüge, hatte er denn wirklich nichts zu erzählen?! Aber warum ihr von dem Drohbrief sagen? Sie würde sich beunruhigen, ihre Augen würden ihn ängstlich begleiten, ihre Sorge ihm folgen, überallhin. War es nicht genug, daß er sich erregt hatte? Wer wohl den Brief geschrieben haben mochte? Da war niemand, dem er eine solche

Gemeinheit zutrauen konnte. Auch war er sich nicht bewußt, jemanden beleidigt zu haben.

Es klopfte. Der Diener überreichte die Post, die der Milchwagen aus Miasteczko mitgebracht hatte: Zeitungen, allerlei landwirtschaftliche Offerten und zwei Briefe. Einer mit gerichtlichem Stempel, der andre in einem dünnen Kuvert von bläulich-weißem, geringem Papier, wie es die Landleute für wenige Pfennige beim Dorfkrämer kaufen.

Ach, dieser zweite war jedenfalls ein Bettelbrief! Erst den andern! Doleschal riß das Siegel ab und warf dann das gerichtliche Schreiben hastig auf den Tisch: das fehlte noch, mußte das auch heute gerade noch kommen?!

Eine gerichtliche Vorladung war's in Sachen der Anna Sierakowska, Witwe des Dorfmusikanten Waclaw Sierakowski, wohnhaft zu Pociecha-Dorf. Sie klagte auf eine lebenslängliche Rente, da sie durch die ihr am 20. November vergangenen Jahres zugefügte Körperverletzung zu andauernder Betreibung ihres Gewerbes außerstande gesetzt sei, laut Gutachten des Doktor Zygmunt Wolinski zu Miasteczko.

War's möglich?! Jetzt kam die Ciotka mit einer Klage?! Doleschal faßte sich an die Stirn. Da begegnete sein Blick dem Blick Helenens, und er lächelte. „Warum siehst du mich so besorgt an, mein Herz?"

Sie antwortete nicht.

Er griff nach dem zweiten Brief, aber er öffnete ihn jetzt nicht. „Der hat Zeit," sagte er nachlässig und steckte ihn ein. Aber kaum hatte seine Frau für Augenblicke das Zimmer verlassen, so riß er ihn in nervöser Hast aus der Joppentasche — da — da — natürlich wieder etwas! Wieder las er, mit heißen Augen, die Zähne aufeinander gesetzt, was er heute morgen schon einmal gelesen hatte am Tor der Katarynka. Fast denselben Inhalt hatte dieser Brief wie das Plakat: Schimpfworte, wahnsinnige Beschuldigungen einer getretenen, geknechteten Kreatur.

* * *

Vierzehn Tage waren verstrichen seit dem Empfang des Drohbriefes, aber es war Doleschal, als hätte er ihn gestern erhalten.

In der Kreisstadt zankten sich sein Anwalt und der Rechtsbeistand der Witwe Sierakowska herum; ihm war es augenblicklich ganz gleichgültig, ob er verurteilt werden würde, arm würde es ihn ja noch nicht machen, der Ciotka eine Rente zu zahlen. Nur das fraß an ihm, daß er nicht wußte, woher er auch diesen Schlag erhalten hatte. Im Kopf des halbverrückten Weibes war dieser Anschlag sicherlich nicht geboren, jemand hatte ihn ihr eingegeben — aber wer, wer?! Seine Gedanken irrten umher, suchten und fanden nicht. Und das regte ihn seltsam auf.

Wenn er jetzt einsam über seine Felder ging, allein, wie er es oftmals seit Jahren getan hatte, fühlte er sich doch nicht mehr allein und nicht frei auf seiner Flur — der Nachhall seines Trittes auf der Scholle erschreckte ihn. Ihn umlauerte etwas, was er nicht mit Augen sah, nicht mit Händen greifen konnte, und was doch da war. Wer mochte das Plakat und den Drohbrief verfaßt haben?! Stand die Klage der Ciotka mit ihnen in

Zusammenhang? Die Ciotka war der einzige Mensch, dem er Übles getan, freilich wider Willen — aber geschrieben hatte sie's doch nicht, sie konnte ja gar nicht schreiben. Diktiert vielleicht — wem?! Wem denn nur?! Dieses immerwährende Denken darüber machte ihn ganz wirr. Alle Menschen, die er kannte, ließ er an sich vorbei passieren, vom untersten Knecht an bis zum vornehmsten Besitzer, vom Nachbar links — dem Polen auf Chwaliborczyce — bis zum Nachbar rechts, Herrn Kestner auf Przyborowo. Mit einem gewissen Argwohn klammerte sich sein Geist an Garczyński: der war viel zu geschmeidig, um immer aufrichtig zu sein! Aber, nein — mit Unwillen gegen sich selbst wies er diesen Gedanken weit von sich — Garczyński war ein Edelmann, und ob deutscher oder polnischer, Adel bleibt Adel. Und dann — er schlug sich vor die Stirn — wie konnte er das vergessen, das: ‚Durch dich bin ich elender geworden wie ein kriechender Wurm?!' Das stimmte ja gar nie zu Garczyński. Es war doch die Ciotka — nein, nein, sie war's doch nicht! Aber wer — wer?! In tollem Wirbel drehten sich die Gesichte um ihn: Bürger und Bauersleute, Städter und Dörfler, Förster und Inspektor — auch nicht einer war unter ihnen, bei dem er hätte rufen können: der ist's!

Er hatte unruhige Träume. Und wie er sich auch gegen die Niedergeschlagenheit sträubte, die ihn gleich beim Erwachen überkam, sie befiel ihn doch.

An den Weiden um den Luch im Niemczyceer Acker zeigten sich die ersten Kätzchen, die man weihen läßt am Palmsonntag; auch die erste Lerche ließ sich hören am Feldrain, und grüner schien die Wintersaat zu grünen. Ein Ostern war im Nahen, ein Auferstehen aus Winterdunkel, aber der Deutschauer Herr schritt mit gesenkter Stirn über seinen Acker, und seine Füße wurden kalt und naß von den getauten Schneelachen, in die er achtlos trat.

Löb Scheftel fuhr auf Niemczyce zu. Vor der Karwoche war er immer auf der Tour, denn zu Ostern aßen auch die kleinen Leute Fleisch, die sonst das ganze Jahr keines kauften. Wenn die gnädigen Herren nur nicht gar so teuer sein wollten mit dem ‚Lebend-Gewicht‘!

Der Handelsmann sah den Baron schreiten, so ganz in Gedanken verloren, daß er seinen respektvollen Gruß mit tief abgezogener Mütze gar nicht bemerkte.

„Gott soll hüten, was der gnädige Herr macht for'n Ponum!“ sprach Löb Scheftel zu seinem Sohn. „Isidor, halt an, laß mer absteigen! Wer' ich mal hingehn zum Herrn Baron, wer' ich zu ihm sprechen: ‚Kein Kälbchen zu verhandeln, Herr Baron? Kein Lämmchen auf Passah?‘ Und wer' ich ihm dabei ins Auge blicken, daß er sieht, er hat wenigstens eine treue Seele. En freisinniger Mann, en aufgeklärter Mann — ae, was tu ich mit der ganzen andern Meschboche?!“

Mit leisem Schritt machte sich Löb Scheftel an des Niemczycers Seite. Hui, wie fuhr der auf!

„Bitte um Verzeihung, daß ich habe erschrocken den gnädigen Herrn Baron! Nix zu handeln heute, Herr Baron? Der Herr Baron werden doch nich verkaufen dem Meïr Götz aus der Kreisstadt? Lassen Se mir zukommen den kleinen Verdienst! Die Zeiten sind schlecht, die Zeiten sind teuer, aber ich zahle de höchsten Preise, das wissen doch der gnädige Herr Baron!“

„Ich habe nichts zu verkaufen, Scheftel,“ sagte

Doleschal müde. Aber dann dauerte ihn des Händlers enttäuschtes Gesicht. „Sie können ja mal auf den Hof fahren und den Schweizer fragen. Ich weiß nicht, hat er was oder hat er nichts.“

„Ach, der Herr Baron, en guter Herr, en einsichtiger Herr! Aber der Herr Baron wissen doch, der Schweizer,“ — Scheftel hob, die Schultern hochziehend, beide Hände — „eiweih! Wenn der gnädige Herr Baron doch lieber möchten selber —“

„Fragen Sie den Inspektor, meinetwegen, aber mich lassen Sie in Ruhe!“

Es klang ungeduldig. So war der Niemczyncer doch sonst nicht gewesen?! Von der Seite blinzelnd, guckte Löb Scheftel schlau. Und dann sagte er geschmeidig: „Wer' ich fahren zum Herrn Inspektor, wer' ich mer berufen auf den Herrn Baron, wer' ich nich länger belästigen den gnädigen Herrn Baron selber!“ Er zog die Mütze, aber schon im Fortgehen hielt er noch einmal an: „Der Herr Baron hat jetzt wichtigeres in seinem Geiste. Er wird sich wählen lassen. Wann werden sein die Wahlen, wer' ich geben dem Herrn Baron meine Stimme, und alle von unsre Leut' werden geben dem Herrn Baron ihre Stimme. So 'n Mann“ — er hob die Hände — „Gott der Gerechte, wie heißt, wie kann man antun dem Herr Baron so'ne —“

„Was — was — was meinen Sie?“ fuhr Doleschal ihn unwirsch an.

„Nu,“ — Scheftel hatte die Daumen in die Armlöcher seines Rockes gesteckt und spreizte die übrigen vier Finger jeder Hand — „nu, mer weiß doch, was der Herr Baron hat gefunden an seiner Scheune. So 'ne

Frechheit, so 'ne — so 'ne Chuzpe! Aber Gott der Gerechte wird sie strafen bis ins vierte und fünfte Glied! Was meinen wohl der Herr Baron, wer's geschrieben hat?!" Er drängte sich ein Schrittchen näher und lugte dem andern bedeutungsvoll von unten herauf ins Gesicht. „Unsereins kommt viel unters Publikum — en armer Jüd, vor dem geniert man sich nich! Meine Hochachtung dem Herrn Baron — Baron is er, aber er hat 'n Herz für den Fortschritt und für unsre Leut'! Soll ich dem gnädigen Herrn Baron ins Ohr flüstern, wer's Papierchen hat an die Scheune geklebt?"

Er näherte seinen Kopf dem Ohr des Niemczycer.

Da fuhr dieser zurück, als habe ihn ein widriges Insekt gestreift. „Nein," sagte er hochfahrend, „ich will es nicht wissen!" Schroff wendete er sich ab, mit einem flüchtigen Greifen an den Rand seines Hutes. Rasch entfernte er sich querfeldein.

Löb Scheftel stand wie begossen und sah ihm nach.

Isidor kam angefahren: „Nu, nu, was hat der Herr Baron gesagt? Wird er dir verkaufen — und wie billig?"

„Dreh' um! Wir werden nich fahren nach Niemczyce," sagte der Alte ganz melancholisch, und ein Zucken wie von wirklicher Betrübnis ging über sein spitzbärtiges Gesicht. „Ich bin nich gekommen zu Rande mit dem Herr Baron. Er is 'n Rosche, so gut wie die Gojim alle!"

Da hätte er's nun erfahren können, was ihn so quälte! Das sagte sich Doleschal in einem fort. Aber nein, so nicht, aus dieser Quelle nicht! Er rümpfte die Nase, ein Ekel zog seine Oberlippe in die Höhe. Und was hatte der Jude noch gesagt?! — ‚Ich werde geben dem Herrn Baron meine Stimme‘ — unverschämt! Vom Hofe jagen sollte man den Menschen für diese Frechheit!

Aufs tiefste verstimmt, stapfte Doleschal durch den aufgeweichten Acker. Er fühlte sich beleidigt: also der Jude warf sich auf zu seinem Protektor?! Nein, es war doch zu unsäglich naiv! Darüber konnte man wirklich nur lachen.

Aber er fand kein erlösendes Lachen. Alles ärgerte ihn, die Furche, in die sein Fuß sank, die Sonne, die sich aus den Wolken losgewunden hatte und grell herunterstach, die Bestellung, die ihm viel zu weit zurück schien. Warum zögerte Hoppe so? Es mußte voran gemacht werden — voran! Alle andern waren schon viel weiter!

Ohne daß er's wußte, war er hinauf gestiegen zum Łysa Góra. Den Rücken gegen die Kiefer gelehnt, von Deutschau abgekehrt, sah er mit gerunzelter Stirn hinaus ins weite Land.

Da grünte die Saat von Przyborowo, da blaute der Chwaliborczycer Wald in der Ferne, die Äcker von Deutschau umwitterte erdiger Duft. Drei Grenzen übersah hier der suchende Blick. Und über allem der Himmel, mit schlängelnden Bändern von einem lichten Blau, wie man ihn lange nicht gesehen hatte. Frühling wollte es werden auf Erden. Nur schwarz wie immer reckte sich der Turm von Pociecha-Dorf gegen den Horizont, und die Häuschen von Kolonie Augenweide lagen noch immer wie nackte Würfel auf dem Brett der großen Ebene.

Es verwunderte Doleschal weiter nicht, als er, nach

Hause zurückkehrend, den Ansiedler Bräuer dort vorfand. Hatte er nicht eben beim Anblick der Kolonie dieser Leute gedacht? Hoffentlich hörte er jetzt endlich einmal etwas Gutes!

Aber die Miene des starken Mannes war in sich gekehrt.

Eine Aufforderung der Gutsherrin, drinnen Platz zu nehmen und im Zimmer ihren Gatten zu erwarten, hatte Bräuer abgelehnt. Über den Hof war er hin und her getrottelt in einer gewissen Unruhe, hatte flüchtige Blicke in die Ställe geworfen und mit seinem derben Knotenstock gedankenlos im Mist gestochert. Nun hatte er auf die Frage des Gutsherrn, wie es denn bei ihm zu Hause stehe, nur ein mißvergnügtes Brummen.

Wie sollte es wohl bei einem Ansiedler stehen, der hierzuland so aufgeschmissen war, so aufgeschmissen wie — no, gar nicht zu sagen wie! Das neue Haus war feucht. In der trocken-kalten Winterzeit war es noch leidlich gewesen, aber nun sickerte und rieselte es von allen Wänden; die tauten. In der guten Stube war nicht nur an der Wetterseite die Tapete abgefallen; in der Küche stand auf dem Estrich alle Morgen ein ganzer Pfuhl, das Grundwasser drang aus dem Boden. Alle Türen klafften, sie hatten sich geworfen; kein Fenster ging auf, alle Rahmen waren verquollen. Aber was das Schlimmste war: die Frau konnte das Klima nicht vertragen, die war krank. Den ganzen Winter hatte sie Zahnreißen gehabt, jetzt hatte sie's im Leibe und immer Schmerzen in Seite und Rücken. Das harte Schaffen war sie eben auch nicht gewohnt; sie würde noch zum Liegen kommen.

„Jeses Maria —," der Ansiedler fuhr sich mit der flachen Hand über das verzogene Gesicht — „ein' Frau hab' ich als verloren — dem Valentin sein' Mutter war noch zehn Jahr jünger als dat Kettche, als se sterben mußt. Wenn ich dat nu noch einmal erleben sollt, häng' ich mich an der nächste starke Baum, den ich find'!" Er lachte bitter auf: „Nit emal 'ne anständige Baum hat mer hier! Mein' Obstbäum' kann ich als nur auch im Schornstein schreiben, da wird sein Leben nix draus. Der Wind biegt die, als wären se dünne Haar'; im Winter hat ich sie so eingepackt wie en Pupp', mit Moos un Stroh un Säck' drum. Jawohl, abgekratzt haben mir die Luders, die Hasen, die ganze Verpackung, und die Bork' abgeknabbert. Die Bäum' gehen kaput. Un wat glauben Sie wohl, werd' ich nu en Entschädigung kriegen? Ne, so wat is hierzuland kein Mod'. Dat sollt emal bei uns am Rhein passieren! Wenn da dem Graf Spee sein Wild oder dem von Ahrenberg seinet dem Bauersmann der Acker verbuddelt oder der Garten verruiniert, da muß de große Herr gleich Schadenersatz leisten. Da gibt et doch noch Recht und Gerechtigkeit! Da sind überhaupt nit eso viel Unterschied'! Ne," — er ballte die Rechte zur Faust und klatschte unwillig mit dieser in die offene Fläche der Linken — „wat mich dat ärgert, dat wir nit nach Amerika gezogen sind! En größer Risiko war dat auch nit als hierhin, un wenn einer schnell reich werden will, kann er dat da drüben viel besser!"

Immer dieselben Klagen! Doleschals Auge, das sich beim Anblick des deutschen Mannes erhellt hatte, wurde wieder trüb. War denn das schnell Reichwerden das einzige Ziel, nach dem sie strebten? Hatte dieser Mann hier, der so recht das Urbild eines Deutschen schien, dessen Sohn soeben erst im Heere gedient hatte, denn gar kein nationales Empfinden?!

„Warum sind Sie eigentlich vom Rhein fortgezogen, Bräuer?“

„Ja, wissen Se“ — der Ansiedler kratzte sich den Kopf — „no ja, darum! Et stand ja so viel dervon in den Zeitungen, von den ‚großen Vergünstigungen‘ un wat weiß ich noch alles. Un da dacht' ich mir: de große Jung hat sein Teil von der Mutter selig, aber Vatersteil muß er doch auch kriegen, und da sind die vier kleine Mädches, die wollen doch auch mal wat haben. Un du selbst bist doch auch noch nit alt, wer weiß, vielleicht kriegste noch Kinder, un dich dein ganz Leben lang plagen möchtste doch auch nit, aber am Rhein is et so teuer, da wirste ganz gries, bis de dich ausruhen kannst. Wissen Se, et is so wie so da nix mehr mit der Landwirtschaft. Alles Fabrikken. Selbst die Sieben-Berg' möchten se abkloppen, für Stein zu kriegen zum Fabrikkenbauen. Wat soll da noch de Landmann? Ich hab' en ganz hübsch Vermögen, aber am Rhein is dat gar nix, da sind ihrer viel, die Geld haben. Im Posenschen is et aber noch wat, die Polacken sind power. Un ich dacht': jedenfalls is et da genug für 'ne schöne Anfang. Als ich zum Valentin dervon sprach, war de gleich Feuer un Flamm'. De hat schon auf der Schul' immer gern Indianerbücher gelesen, und wat die Geschichten vom Karl May sind — hau, de kann schön schreiben! Die mocht' ich selber noch gern lesen! Da kriegt mer ja so en Lust! Un denn, sehn Se, da hatt' de Valentin in Köln eine von seiner Soldatenzeit her — guter Bürgersleut' Kind war se un wat Geld hatt' se auch —, aber er mocht doch nu nit mehr recht, loskommen wollt er. Drum weit fort. Ach —" er seufzte plötzlich auf und wiegte bedauernd den Kopf hin und her — „hätt' er lieber die geheirat', et hätt besser gegangen, denn nu — ach du lieber Gott!"

Er brach plötzlich ab.

Und dann, nachdem er ein paar Sekunden starr vor sich hingeguckt hatte, fuhr er plötzlich auf: „Der Teufel soll ihn holen, den Kerl, den Frelikowski! Kömmt de Schweinhund, de Polackenspion, mir auf einmal in meine Garte gestiegen, findt da en erbärmliche Hasenschling' und macht 'ne Schkandal, als wär dat 'ne Strick, wo 'ne Mensch dran gehängt is. Will mich aufnotieren, will mich auch seinem Herrn anzeigen, vor't Gericht bringen, Gott weiß wat! Aber ich hab' dem heimgeleucht': ‚Macht, dat Ihr eraus kommt! Eraus aus der Tür!' Aber de Kerl is so stark wie ich. Un de Valentin wollt nit mit anpacken, de stand wie vernagelt. Da hat de Schuft mein Flint' mitgenommen, die geladen über mei'm Bett hängt — Donner un Doria!"

Bräuer atmete hastig, die Stimme zitterte ihm vor Erregung: „Herr, nu sagen Sie mir, muß ich mir dat gefallen lassen? Ich mir gefallen lassen von — dem — dem — dem Polack?! Ne, ich laß et mir nit gefallen! Un ich laß et mir nit gefallen! De Valentin sagt zwar, ich hätt' unrecht — ach wat, de Jung is Partei! Ich laß et mir nit gefallen. Un wenn dat Wild mir mein' Bäum' ruiniert, schieß ich et eben, wie mer en Katz' schießt, die auf die Vögel geht. Den will ich doch sehn, der mir dat verwehrt!"

Protzig reckte er seine breitschulterige Gestalt, die Röte des Zorns brannte ihm auf der Stirn. Begierig nach Zustimmung suchte sein Blick den Doleschals.

In diesem regte sich der Unmut: war der Mann denn ganz ohne Disziplin? Wie sollte man von Polen Gesittung verlangen, wenn Deutsche ein so schlechtes Beispiel gaben?!

„Hören Sie, Bräuer," sagte er scharf, „Sie sind wohl ganz des Kuckucks? Ich habe Ihnen, wenn ich nicht irre, schon früher gesagt: wir leben hier in einem zivilisierten Lande. Wie können Sie Wild schießen, einfach, weil es Ihnen paßt? Dann sind Sie ja nicht besser als ein Wilddieb!"

„Oho!" Der Ansiedler schlug eine grobe Lache auf. „Auf meinem Grund un Boden bin ich doch Herr. Ne, dann haben Sie eben keine richtige Begriff von der Sach'! Un mit dem Wilddieb, da seien Sie nur ganz still von! Ich bin keine Wilddieb. Ich bin 'ne anständige Mann, un wer wat spricht von ‚Wilddieb', de is meine Freund nit mehr. Ich will nur lieber gehen. Sie haben viel Freundlichkeit für uns gehabt, Herr — danke! — aber verstehn tun wir uns doch nit. Adjüs!"

Er grüßte kurz, mit dem ganzen Stolz eines Mannes, der sich in seinem guten Recht beleidigt fühlt, und ging, weitausholenden Schritts, den Knotenstock fest aufsetzend, zum Hoftor hinaus.

Es gab dem Zurückbleibenden, der ihn forteilen sah, einen Stich durchs Herz. Auch der ging unzufrieden!

Auch der, auf den er so viele Hoffnungen gesetzt hatte, war nicht das Holz, aus dem man die Männer schnitzt, tauglich für die Scholle, welche, gedüngt mit Blut, jetzt beackert sein will mit liebender Hingabe, auf daß sie Frucht trage!

Nun — er tröstete sich damit — diese Generation, Leute wie Bräuer, waren eben nicht geeignet zu der Mission. Sie waren nicht erzogen dazu. Aber ihre Kinder! Der Sohn zum Beispiel, der Valentin, wenn der sich hier festsetzte, der war noch jung genug dazu, das Land lieben zu lernen, in dem er zwar nicht geboren, aber zum Manne geworden war. Und wenn der sich eine Familie hier gründete, so konnte sie eine Pflanzstätte deutschen Wesens werden, eine Feste gegen das Slawentum.

Voller Sympathie gedachte Doleschal des schmucken Ansiedlersohnes, der offen und heiter jedem ins Gesicht sah mit seinen blauen Augen.

Als er zu Helene eintrat, lächelte er. Sie saß in der Kinderstube. Erfreut über sein erheitertes Gesicht ging sie ihm entgegen, umfaßte ihn und hob die Stirn zu ihm auf, daß er sie küsse.

Die Knaben umsprangen ihn. Früher hatte Väterchen sie oft reiten lassen auf seinen Schultern, das wollten sie auch heute wieder gern. Und er willfahrte ihnen.

Er lachte, als er einen nach dem andern seiner Söhne auf die Schultern hob. Schwere Burschen schon, das mußte man sagen; aber er fühlte die Last nicht. Wie ein wildes Pferd galoppierte er um den großen Tisch, an dem sie eben ihre Nachmittagsmilch getrunken hatten; noch standen die silbernen Becher, auf jedem der

Name seines Besitzers, der Reihe nach: Hanns-Martin, Friedrich, Erich, Werner, Kurt.

Ganz außer Atem ließ sich der müde Vater endlich auf einen Stuhl fallen. Aber als Helene den Knaben, die nun stürmisch seinen Schoß erkletterten, wehren wollte, sagte er leise: „Laß sie!“

Sein Auge war schnell wieder ernst geworden. Lange ruhte es, wie prüfend, auf den noch kindlich-unentwickelten, weichen Zügen seiner Knaben. Seiner Frau zunickend mit einem Lächeln, das heiter, aber nicht ohne Wehmut war, sagte er: „Ja, ja, mein Herz, man wird alt! Und müde schon. Unsre Söhne wachsen heran!“

14

Peter Bräuer — der ‚große‘ Ansiedler, wie sie ihn in Pociecha-Dorf nannten — suchte eine Magd. Die Frau konnte die Arbeit nun wirklich nicht mehr allein schaffen. Reinlich war sie's gewöhnt, reinlich mußte es um sie sein; so war sie eines Tages beim Scheuern der Dielen, die all die kotigen Füße, die vom aufgeweichten Frühlingsacker hereintappten, immer wieder und wieder beschmutzten, zusammengebrochen.

Der besorgte Ehemann lief ins Dorf, um eine Hilfe zu suchen. Aber da konnte er lange reihum gehen und hier und dort anklopfen. Im Winter vielleicht, da könnte er ja mal wieder anpochen! Jetzt würde sich kein Mädel bereit finden lassen, jetzt ging man in die Ernte und hatte weit größeren Verdienst. Am Osterfeiertag hatte der Agent, der Meïr Götz aus der Kreisstadt, im Kruge beim Eiweih gesessen und Burschen und Mädchen angeworben nach Sachsen und Anhalt zum Schnitt und für die Rüben nach Hala*).

Ganz verzweifelt kam Bräuer heim. Dieses gottverlassene Land, nicht einmal für sein gutes Geld konnte man eine Hilfe kriegen! Er machte sich selber an die

*) Halle.

Hausarbeit, denn die Frau lag im Bett, hatte das Gesicht gegen die Wand gekehrt und wimmerte leise.

Verschüchtert drängten sich die kleinen Mädchen in einer Ecke zusammen, es war ihnen so ungewohnt, daß die Hand der Mutter nicht für sie sorgte. Am Abend half zwar Settchen den jüngeren zu Bett, aber am Morgen konnte sie mit dem Zöpfeflechten nur langsam fertig werden; aus Furcht, zu spät in die Schule zu kommen, machten sich alle drei heulend auf den Weg, und das Kleinste, das seine Milch nicht zur gewohnten Zeit bekommen hatte, schrie daheim Zeter.

Die heiße Stirn gegen die Scheibe gedrückt, starrte der Ansiedler hinaus ins unwirtliche Land. Der Regen troff, der Wind peitschte ihn gegen Fenster und Hauswand, und die Weite war grau verhangen. Aus dem Stall tönte das hungrige Brüllen des Viehs.

„Peter," rief schwach die Frau vom Bette her, „hat dat Vieh dann noch nix?"

„Ne."

„Un sind die Küh dann noch nit gemolken?"

„Ne."

„Ach Jesus!" Frau Kettchen seufzte; mühsam richtete sie sich auf und guckte nach ihrem Mann hin. Der stand in verbissenem Trotz.

Als er gleich danach hinausgegangen war — sie hörte ihn draußen mit den Melkeimern rasseln und dazu laut auf den Valentin, den Bummler, schelten — raffte sie sich doch wieder auf. Es half ja nichts, ganz allein kam der Peter nicht zustande! Ja, wenn der Valentin noch so wäre wie früher! Aber der hatte jetzt gar keine Augen, keine Ohren, keinen Sinn für seine Eltern.

Immer war er hinter dem polnischen Mädchen her. Alle Abend bis spät saß er in der Försterei. Und heute, statt den Stalldünger auf den Schlag fürs Wickengemenge zu schaffen, hatte er den Braunen angespannt und war nach der Kreisstadt gefahren: er müsse notwendig den Chilisalpeter holen für den Gerstenschlag. Gewiß hatte er sich mit ihr verabredet, mit der Tochter des Frelikowski, denn er hatte lange am Pferd geputzt, auch das neue Korbwägelchen genommen, trotz des schlechten Wetters; und als er dann in die Stube hineingenickt hatte zum Adieu, war er selber so schmuck anzusehen gewesen wie ein Bräutigam.

Die Mutter hatte recht vermutet. Während sie sich daheim plagten — was half's Bräuer, er mußte nun doch die kranke Frau sich allein überlassen und hinaus aufs Feld gehen —, fuhr Valentin mit Stasia zur Kreisstadt. Gestern, als er nach Feierabend bei ihr gesessen, hatte sie den Wunsch geäußert, doch auch von der Ostermesse auf dem Domplatz noch etwas zu sehen zu kriegen. Sie hatte ein Mäulchen gezogen: wie lange noch, und die Buden, die vom Fest her noch standen, wurden abgebrochen, und sie hatte nicht einmal ein Stück Honigkuchen gekauft!

Dröhnend hatte der Förster bei ihrem seufzend herausgebrachten Wunsch gelacht, und die Försterin hatte dem jungen Mann zugenickt.

Ei ja, wozu hatte man denn zu Haus Wagen und Pferd? Aber offen darum zu ersuchen, hatte der Sohn sich nicht getraut. Wenn der Vater es wußte, daß es sich um die Försterstochter handelte, würde er den Wagen sicher nicht bekommen. War der doch böse, ja geradezu wütend geworden, als er, Valentin, sich auf des Frelikowski Seite gestellt hatte. Und Frelikowski war wirklich ein ganz umgänglicher Mensch, man mußte ihn nur zu nehmen wissen. Jetzt hing freilich des Vaters Gewehr in der Försterei, aber daran war er selber schuld — warum gleich so grob?! — ein gutes Wort ist keine Schande. Hatte Frelikowski nicht auch jetzt zu verstehen gegeben, daß er die Sache gern vergessen sein lassen würde? Eine Anzeige mußte er also doch noch nicht erstattet haben. Überhaupt, daß der Vater immer auf den ‚Polacken' schimpfte, war hier ganz und gar nicht angebracht! Der Förster konnte so gut deutsch, hatte den großen Krieg mitgemacht, hatte ebenso gut den Franzosen gegenüber gestanden wie der Vater, war sogar ausgezeichnet worden durchs Eiserne Kreuz!

Förster Frelikowski hatte dem aufhorchenden jungen Mann viel von Siebzig erzählt und von jenen Tagen, in denen er seine Zeit abgedient hatte bei den Breslauer Jägern. Und Valentin war ganz umsponnen worden von dem Reiz, den die Försterstube auf ihn ausübte, die, einsam im wilden Wald gelegen, voll war von Gewehren und ausgestopften Vögeln und allerlei Gehörn, und in der das hübscheste Mädchen saß, das er je gesehen hatte.

Lange hatte der junge Bursche die Försterei umkreist und sich nicht hineingetraut. Recht erbärmlich war das Häuschen von außen anzusehen, ziemlich verwahrlost; ein großes Einkommen mußte die Stelle nicht abwerfen. Also doppelt war's anzuerkennen, daß die Stasia immer so sauber ging!

Acht Tage waren verstrichen seit jenem Abschied

von ihr beim Dornbusch am Moorrand, und Valentin hatte sie immer noch nicht wiedergesehen. Aber die Erinnerung an sie hatte ihn nicht verlassen; die neckte ihn, verfolgte ihn, zerrte ihn immer wieder zum Moorrand, daß er dastand und hinüberguckte, wo hinter den Kusseln der dünne Rauch der Försterei sich kräuselte. Endlich hatte er sie wieder getroffen — ob durch Zufall, ob durch Absicht? Jedenfalls hatte sie sich gefreut, ihn zu sehen. Sie hatte gelächelt, daß die Grübchen in ihren Wangen tief wurden. Als sie lange miteinander geständert, hatte sie ihm beim endlichen Lebewohl fest die Hand gedrückt: „Komme doch zu uns, wenn du magst! Ich werde meinen Eltern von dir sagen!“

Und er war gekommen.

* * *

„Wenn ich nur wüßt', wie ich dich zur Frau kriegen könnt',“ sprach Valentin zu Stasia, als sie miteinander von der Ostermesse zurückkehrten. Es war sehr schlechtes Wetter. Sie hatte einen Schleier um ihren Hut gebunden und duckte sich unter ihrem Regenschirm dicht an ihn. Er ließ das Pferd gehen, wie es wollte. Tief aufseufzend schlang er den Arm um ihre Schulter: „Wie krieg' ich dich nur!“

„Bist du noch nicht mündig?“ sagte sie und lächelte.

„Dat wohl — gerad' eben! Aber“ — er schob den Hut, den er keck auf ein Ohr gesetzt hatte, nach hinten und ließ den Wind die erhitzte Stirn kühlen — „mer will doch nit uneins mit ihnen werden! Wat sollt' ich auch machen, wann der Vater die Hand von mir abzieht?!“

Sie, die sich eben noch so innig an ihn geschmiegt hatte, zog sich langsam zurück. „Da müßt' ich auch danken," sprach sie kühl. „Ich schwöre dir, ich werde nicht eher unter dein Dach eingehen, als bis dein Vater mich willkommen heißt! So müssen wir eben warten."

„Aber ich kann nit warten!" Trunken vor Liebe riß er sie an sich und küßte sich satt und wurde doch nicht satt. Er war ganz unglücklich, all sein Frohmut hatte ihn verlassen. „Ich muß dich zur Frau kriegen," stöhnte er, „un dat bald, sonst — och, sonst lauf' ich weg von hier, weit weg!"

Da bekam sie doch einen kleinen Schreck — nein, fort durfte er nicht, hier bleiben mußte er, ein solch hübscher Freier war so bald nicht wieder bei der Hand! Pan Szulc war wohl ebenso hübsch — ach nein, der war doch noch hübscher! Stasia fühlte ihr Herz klopfen, wenn sie an den gedachte, an all die lustigen Stunden, die sie mit ihm verlebt, und schloß die Augen, ganz schwach, in einer ihr sonst nicht eignen Willenlosigkeit. Aber sie bekam den Inspektor ja jetzt gar nicht mehr zu sehen, seit sie beide Chwaliborczyce verlassen hatten, und — heiraten, nein, heiraten wollte der sie nicht!

So klang ihre Stimme jetzt sehr betrübt: „Wenn du fortgehst, so gehe auch ich. Was werde ich beginnen ohne dich?! O, Walek, bleibe doch bei mir!" Sie schmiegte sich an ihn, so fest, daß er bei Gott und allen Heiligen gelobte, es durchzusetzen, daß sie zusammen kämen.

„Aber nicht böse werden mit deinem Vater, o, nicht böse!" bat sie wieder.

Nein, da konnte sie ruhig sein, er würde nicht böse werden mit seinem Vater, dazu hatte ihn der viel zu lieb! Und der junge Mann verfiel in ein Nachdenken, in dem er immer wieder und hin und her überlegte, wie es anzustellen sei, den Vater für Stasia zu gewinnen.

Auch sie dachte nach. Wenn sie es nur fertig kriegte, daß der große Ansiedler sich mit ihrem Vater aussöhnte! Wenn es erst so weit war, dann war halb gewonnen, denn der Vater mit seinem langen Bart konnte viel ausrichten. Aber wie eine freundliche Begegnung zuwege bringen? Da konnte niemand helfen, als der Herrgott und der geistliche Herr zu Pociecha. Morgen schon würde sie beichten gehen!

Als sie an das Heiligenhäuschen hinterm Dorf kamen, lenkten sie ab, denn durch die Ansiedlung wollten sie lieber jetzt noch nicht zusammen fahren, des waren sie übereingekommen. So kutschierten sie seitlings über Chwaliborczyce nach der Försterei.

Seit ihrer Entlassung war Stasia nicht mehr in Chwaliborczyce gewesen; sie hatte es vermieden, denn schadenfrohe Augen hatten ihr nachgeschaut, als sie damals betränten Gesichtes abgezogen war. Nun fuhr sie stolz wieder ein.

Aus den Hütten der Komorniks guckten neugierige Weiber, als das Wägelchen vorbeirasselte. „Fahre langsamer, fahre langsamer,“ bat Stasia ihren Liebsten. Sie wollte den Moment des Triumphs ganz auskosten.

An der letzten Hütte stand Schäfer Dudek auf der Schwelle, seinen Urenkel auf dem Arm. Er war barhaupt und sah nach dem Wetter: drüben überm Lysa Góra stand ein lichter Streif, es würde sich hellen, morgen schon schien die Sonne, daß er die Schafe treiben konnte! Noch peitschte der Regen; der Wind zerwühlte sein langes

Haar und warf es mit den wehenden Härchen des Kindes untereinander.

Als er Stasia auf dem Wagen bemerkte, hielt er die Hand über die Augen, damit ihm der Wind nicht das Wasser hineintrieb und so den Blick trübte: he, wo kam denn die her und mit wem?!

Stasia nickte ihm zu, übermütig lachend: „He, weiser Dudek, guten Tag! Erlaube, daß ich dir meinen Liebsten zeige! Ich werde ihm keinen Erbsenkranz geben, wenn die Druschbas*) ihn mir zuführen!“

Der Alte trat näher zum Gefährt; sie hatten angehalten. Mit bedeutsamem Kopfnicken sprach er:

„Ackerers Leben ist allezeit,
Wie der Biene Leben, voll Emsigkeit,
Und der Ehestand ist insonderheit,
Wie der Biene Honig, voll Süßigkeit!

Wer ist der Bursche, den du dir erkoren hast? Laß mich sehen!“

Ehe Valentin wußte, wie ihm geschah, hatte des Alten hagerer Arm ihm den Hut vom Kopf gezogen. Musternd sah ihm Dudek ins Gesicht; starr, fast durchbohrend wurde der Blick. Mit einem unzufriedenen Murren schüttelte der Schäfer den Kopf: „Ich kenne ihn, er ist ein Niemiec, einer von denen, die da wohnen auf gestohlenem Acker. Schäme dich, daß du daran denkest, diesen zu freien!“

Aber Stasia lachte leichtfertig: „Ärgere dich nicht, Väterchen!“ Schmeichelnd klopfte sie dann dem Burschen, der kein Wort verstanden hatte, die Wange: „Walek,

---

*) Brautwerber.

mein Lieber, sage, werden wir nicht ein schönes Pärchen abgeben? Hihi, hihi, er gefällt mir nun einmal! Hihi!"

Zornig sprühten des Alten Augen: „Lache nur, lache du nur! Ich sage dir — ich, Kuba Dudek, der vieles sieht, was andre Augen nicht sehen — nicht lange wirst du lachen!" Sprach's und ging, das Köpfchen des Kindes an sich pressend, als wolle er das bergen vor nahendem Unheil, in seine Hütte zurück.

Was der immer faselte! Ein rechter Wichtigmacher! Stasia schrie ihm nach: „Alter Esel!" und dann noch eine ganze Menge wenig schmeichelhafter Bemerkungen.

Da öffnete sich das niedrige Fensterchen, hinter dem der Rosmarin stand, und ein brauner Mädchenkopf guckte über den Blumentopf weg: „Wer schilt das Großväterchen?"

„He, Michalina!" Stasia winkte.

„Stasia, du bist es!" Die Braune guckte ganz verblüfft und wurde dann brennend rot, als sie auch den Burschen erkannte. Fragend glitten ihre Blicke von der einstigen Schulgenossin zu dem deutschen Ansiedlerssohn.

Valentin nickte ihr freundlich zu, und daran denkend, daß er ihr noch vom Kalben der Rotbunten her etwas schuldig sei, zog er einen Rosenkranz von blauen Glasperlen aus der Tasche, den er eigentlich für das Settchen bestimmt hatte, das nun bald zur Kommunionstunde sollte. Mochte die Michalina denken, er habe den extra für sie mitgebracht!

Mit einem tiefen Knicks nahm sie die Schnur:

»Padam do nóg!« Sie wollte ihm die Hand küssen.

Als er ihr sie hastig, ganz verlegen, wegzog, fiel ihm auf einmal ein: ach, die war ja nur eine Dienstmagd! Aber vielleicht, daß er sie mieten könnte! Die Mutter hatte erst neulich sich lobend des hilfreichen Mädchens erinnert — und welch ein Triumph, wenn er, dem man erst heute morgen Teilnahmlosigkeit und Mangel an Interesse vorgeworfen hatte, nun mit einer strammen Magd heimkehrte! Der Vater hatte keine auftreiben können!

Des Burschen Augen sprachen bittend. Für seinen Mund machte Stasia den Dolmetscher, die sich gern der Mutter des Bräutigams gefällig zeigen wollte.

So wurde man bald handelseinig. Die Polin verlangte nicht zu viel; und da ihre Arme, die die aufgekrempelten Hemdärmel frei sehen ließen, voll und stark waren, würde sie ihren Lohn schon einbringen. Sehr zufrieden reichte ihr der Sohn ihres künftigen Gospodarz*) die Hand zum Abschied: also morgen wurde sie erwartet — bestimmt?!

Sie nickte und strahlte und legte die Hand aufs Herz — er konnte sich darauf verlassen. —

Als Valentin am Abend heimkam, war er selber erschrocken, wie sehr er sich verspätet, hatte er Stasia doch erst bis ganz nach Hause gebracht, war dort auch noch abgestiegen und hatte einen langen Abschied von ihr genommen im dunklen Flur. Der Vater empfing ihn nun mit lautem, heftigem Vorwurf, und die Mutter, die doch sonst immer so freundlich war, seufzte und sah ihn gar nicht an. Daß die Eltern beide böse waren,

*) Dienstherr.

tat ihm bitter leid, aber er hoffte, sie schon zu versöhnen. Und heimlich brannte in seinem Herzen der Wunsch, ihnen dann von Stasia zu sprechen.

Als der Vater schrie: „Wo haste dich dann eso lang erumgetrieben? Wir krosen hier erum im Dreck, und du fährst spazieren zum Pläsier,“ sagte er mit dem frohen Bewußtsein, einen guten Hinterhalt zu haben: „Ich hab' der Mutter en Magd gemiet'! Dat Mädchen, dat neulich hier geholfen hat, die Michalina vom Schäfer aus Chawaliborczyce! Morgen kömmt se!“

„Dunnerkiel! Wie kömmste dann an die?“ Peter Bräuer schmunzelte plötzlich: ein Teufelsjunge! Was der die Weiber — selbst so 'ne dumme polackische Viehmagd — im Sack hatte!

Auch Frau Kettchen war hocherfreut. Sie hatte sich immer vor den buntbebänderten Polenmädchen mit ihrem Singen und Tanzen, das sie leichtfertig dünkte, gegraust; aber zu der braunen Michalina hatte sie wohl Zutrauen. Die hatte so ehrliche Augen, die würde sicher nicht stehlen. Und dankbar kam sie von ihrem Stuhl beim Ofen, wo sie fröstelnd gesessen hatte, zum Tisch heran und drückte Valentin die Hand.

Der Vater belobte den Sohn: das hatte er mal gut gemacht! Hatte er auch den Chilisalpeter mitgebracht?

Valentin wurde abwechselnd blaß und rot vor Schreck: den hatte er ganz und gar vergessen! Aber es ging ihm heute hin ohne großen Verweis, denn der Ehemann war viel zu froh, eine Hilfe für sein Kettchen zu haben.

Ganz einträchtig saßen sie jetzt beisammen am Tisch,

auf dem die beschirmte Lampe friedlich brannte, während draußen die Frühlingsstürme ums Haus schnoben und wie mit begehrlichen Händen an Wand und Läden rüttelten.

Da hielt Valentin nicht länger an sich; mit brennenden Wangen, wie ein Knabe, der nach etwas giert, fing er an, von Stasia zu sprechen. Wahrhaftig, die Eltern konnten es glauben, sie war ein liebes Mädchen und klug dazu und so schön! Was schadete es, daß sie polnisch war und er deutsch — waren sie nicht alle beide katholisch? Nein, ohne sie leben konnte er nicht mehr, die Eltern mußten ein Einsehen haben! Nachts träumte er ja nur von ihr, tags dachte er ja nur an sie. Er wollte sie heiraten, sie allein war sein Glück, sie war so ganz anders als alle Mädchen bisher, sie hatte es ihm angetan — die oder keine!

Der Vater hatte den Sohn ausreden lassen, aber die Ader auf seiner Stirn war mächtig geschwollen. Also so weit ging die Geschichte wirklich? Nicht nur eine Liebelei, eine reelle Heirat sollte es werden?

„Da hört doch alles bei auf," schrie er wütend und schlug auf den Tisch, „biste geck, Jung? So en Polackenmensch willste heiraten? Noch dazu die Tochter von dem Saukerl, dem Frelikowski, der einem so tribuliert wegen 'nem erbärmliche Has'?! Ne, da wird nix draus, nie un nimmer geb' ich mein' Einwilligung!" Ganz außer sich sprang er auf und rannte mit Riesenschritten in der Stube hin und her.

Ganz betroffen saß Valentin da: so stark hatte er sich den Widerstand denn doch nicht gedacht. Es zuckte in des jungen Menschen Gesicht, als wolle er weinen, aber dann überkam ihn der Trotz. Was würde Stasia auch sagen, wenn er so schwachmütig wäre?! Verachten würde sie ihn, gar nicht mehr ansehen! Deutlich sah er sie unwillig die schöne blonde Tolle hintenüber werfen und den Mund stolz kräuseln. Nie mehr würde er's zu hören kriegen, das schmelzende ‚daj mi buzi', das so viel tausendmal schöner klang als das harte ‚gib' mir 'nen Kuß'! Nie mehr würde sie sich an ihn schmiegen, biegsam gleich den Weiden, die am Rheinufer wachsen. Nein, die Stasia war nicht so eine wie die in Köln, mit der sich's leicht poussieren läßt, die man aber auch eben so leicht wieder vergißt! O nein, der Stasia mußte man sein Wort halten!

„Ich muß sie heiraten," sagte er fest.

„So — muß! Also so weit is et schon?! No natürlich, wie kann dat auch hier anders sein," höhnte der Vater.

Die Mutter überkam das Mitleid; es war etwas in dem Blick des jungen Mannes, das sie zu Tränen rührte. „Gott, och Gott, Valentin, Jung, wie konntste dich nur eso weit einlassen?" Sie wollte ihm die Hand auf die Schulter legen, aber er schüttelte sie ab.

„Wat fällt euch ein?! So is dat dann doch nit! Die Stasia is en anständig' Mädchen, en brav' Mädchen, nit rühr' an! Schämt euch, dat ihr so wat von ihr denkt! Ihr kennt sie ja gar nit, lernt sie nur erst emal kennen! Ich muß sie heiraten — muß, sag' ich — muß, muß, muß, weil" — er schnappte nach Luft, eine heiße Blutwelle färbte wieder sein erblaßtes Gesicht — „weil ich ihr so gut bin, dat ich sterben muß, wenn ich sie nit krieg'!"

Er hatte es laut herausgeschrieen, nun warf er die Arme lang über den Tisch und den Kopf darauf.

„Jeses Maria," sagte Frau Kettchen ganz erschrocken, „de is ja rein wie behext! De arme Jung!" —

Als sie an diesem Abend ihr Nachtgebet sprach, betete sie inbrünstig für den Valentin. Mit ihrem Mann wagte sie heute nicht noch einmal von der Sache anzufangen, kurz hatte er sich jedes weitere Wort darüber verbeten. Taumelnd wie ein Trunkener war Valentin zu seiner Kammer hinaufgestiegen, ohne das gewohnte ‚Gut Nacht zusammen', ohne ein Nicken. Frau Kettchen hatte ein herzliches Erbarmen mit dem Stiefsohn. Als sie ihn als kleinen Schuljungen, der seine rechte Mutter kaum gekannt hatte, übernommen, hatte sie bei der heiligen Jungfrau gelobt, ihm eine gute zweite Mutter zu werden. Des hatte sie sich immer aufrichtig bemüht, und das wollte sie ihm auch fürder sein. Und sie nahm sich vor, wenn sie nur erst wieder ein wenig zu Kräften gekommen war, nach Pociecha-Dorf zu gehen und in der Propstei sich Rat in dieser schwierigen Angelegenheit zu holen. Mit diesem beruhigenden Vorsatz schlief sie bald ein.

Anders der Mann — er konnte keinen Schlaf finden. Er war wohl müde — hatte er doch den Tag doppelt hart geschafft, da der Sohn ihn im Stich gelassen und die Hauswirtschaft auch nicht im gewohnten Gange war — aber seine Gedanken hielten ihn wach die ganze Nacht. Als ob er das Mädchen nicht schon gesehen hätte! Der Sohn meinte wohl, der Vater habe ihm nicht längst nachgeforscht — oho, so dumm ist Peter Bräuer nicht! Hübsch war sie, ja. Er hatte sie Ostersonntag aus der Messe kommen sehen, städtisch gekleidet, fast wie eine Dame, mit einem Blumenhut auf dem Kopf statt des landesüblichen Mützchens. Ihr Gebetbuch hatte sie vor sich gehalten und den Blick darauf gesenkt. Neben ihrem Vater war sie hergeschritten, der ganz stattlich aussah in seinem Jägerrock, auf den der rötliche Bart fiel — ja, potzdonner, Ehrenzeichen hatte der Förster auch! Anständig hielt sie sich, das mußte man sagen. Sie hatte nicht gedrängelt wie die andern Dirnen, die, schnatternd gleich einer Herde Gänse, aus der engen Holztür gar nicht rasch genug ins Freie kommen konnten zu den Burschen, die sich auf dem kleinen Anger vor der Kirche hingepflanzt hatten. Aber wenn sie auch noch tausendmal sittsamer sich gehalten und das Geld hätte, das sie nicht hatte, und noch viel hübscher wäre, zur Schwiegertochter möchte er sie doch um alles in der Welt nicht haben! Was sollte die Polackin hier im Haus? Ein fremder Vogel im Nest?! Nein, niemals! Nun und nimmer durfte der Valentin so eine bringen! Aber der Junge war so rabiat!

Dem bekümmerten Vater wurde plötzlich ganz heiß. Er erinnerte sich seiner eignen Jugendzeit. Da hatte er auch gesprochen, als er des Valentin Mutter, der schlanken Traut mit den rosenroten Wangen nachgestiegen war: die oder keine! — und hatte sich keinen Pfifferling darum gekümmert, daß man ihn warnte: die ist ja schwach auf der Brust! Die schöne Traut hatte im Wochenbett die Schwindsucht bekommen, er war bald allein zurückgeblieben mit dem kleinen Jungen. Seinen Willen hatte er nun gehabt — ach ja, wenn man verliebt ist, hat man eben keine Ohren!

Wenn man nur etwas Näheres über die Förstertochter wüßte! Ob die wirklich brav war? Da kannte er seinen Valentin denn doch, wenn er dem nachweisen konnte, daß er sich an einen nichtsnutzigen Racker verplempert, dann war die Geschichte aus. Der hielt viel zu viel auf sich, um eine zur Frau zu nehmen, die seiner nicht wert war. Man mußte nur etwas in Erfahrung bringen — aber bei wem, wo?!

Rastlos warf sich der Mann, bis der Hahn auf dem Hof den Morgen ankrähte. — — —

Michalina zog früh am Tage auf. Heimlich war sie vom Großvater fortgegangen, würde er doch zu sehr schelten, wenn er erfuhr, daß sie zu einem Schwabb in Dienst wollte. Aber die Mutter war einverstanden gewesen, die hatte gesprochen: was will man machen, wenn man Geld verdienen muß?! Und so war die Michalina wenigstens nicht weit von dem kleinen Jasio und konnte zu Hause immer einmal nach dem Rechten sehen.

Ihre Habseligkeiten, in ein Bündel geschnürt, unterm Arm — die kleine buntbemalte Lade, die ihren Sonntagsputz enthielt, würde sie ein andermal holen — ging Michalina starken Schrittes aufs Haus der Rheinländer zu. Als sie den Gospodarz unter der Tür erblickte, beeilte sie sich noch mehr und grüßte ihn demütig.

Herablassend nickte Peter Bräuer ihr zu; das hatte er schon gelernt hier, daß eine große Kluft ist zwischen Herr und Gesinde. Aber Frau Kettchen behielt noch die Sitte von Hause bei und reichte der neuen Magd freundlich die Hand.

Da lachte die braune Michalina übers ganze Gesicht; wie eitel Sonnenschein ging sie ins Haus ein.

* * *

Die Bräuers hatten einen guten Griff getan, vielmehr der Valentin, dem mußten sie's danken, mit jeder Woche mehr. Frau Kettchen konnte sich ruhen, die Magd litt nicht, daß sie viel schaffte, die zwang die Arbeit schon allein. Sie wusch, sie scheuerte, sie melkte, sie fütterte und ging, war das Haus beschickt, noch zu den Männern auf den Acker, wo jetzt die Kartoffeln schon aufgingen und der erste selbstgesäte Roggen der neuen Heimat in die Halme schoß.

Es kam der Michalina gar nicht darauf an, auch Männerarbeit zu beschicken. Peter Bräuer lachte sich oft eins, wenn er sah, wie die flinke Dirne den Gaul anschirrte oder die Ochsen, und wie sie dann, die Peitsche in der Hand, oben auf dem Rand des Ackerwagens balancierte und mit gewaltigem Knallen zum Hoftor hinauskutschierte.

Und gelehrig war sie, zum Erstaunen! Ein deutsches Mädchen hätte nicht so rasch polnisch gelernt wie sie deutsch. Den Valentin verstand sie am besten, dem sah sie's an den Augen ab. Es war ihnen allen bald kein Geheimnis mehr, daß die polnische Magd den jungen Haussohn gern sah. Bräuer machte seine Späße darüber, selbst die Kinder neckten die Magd.

Sie nahm's nicht übel. Kein Rot des Beleidigtseins stieg ihr in die jetzt zur Sommerszeit tiefbraun gebrannten Wangen; sie lachte immer mit und zeigte die weißen

Zähne. Froher als sie konnte niemand sein; im Stall, in der Küche, hochaufgeschürzt, mit nackten Beinen beim Dungauswerfen oder auf den Knieen beim Dielenscheuern, am Rain beim Futterschneiden oder die Schultern tief geduckt unterm schweren Grastuch, mit dem Besen, mit dem Rechen, mit der Gabel, mit der Sichel, immer sang die Michalina. Warum sollte sie traurig sein? Sang nicht die Lerche auch am Ackerrand? War nicht die Sonne hell wie ein freundliches Gesicht?

Nach Feierabend, wenn die Arbeit getan war, saß sie gern noch ein wenig vor der Tür. Auf der Schwelle hockend, die Arme um die hochgezogenen Kniee geschlungen, sang sie hinein in die stille Welt, sich sacht hin und her wiegend im eintönigen Rhythmus. Dann kauerten die Kinder bei ihr und hörten ihr zu, und auch Valentin lehnte oft am Türpfosten, die Arme über die Brust verschränkt, und lauschte.

Sein Blick irrte verträumt in die dämmernde Unendlichkeit, auf die langsam die Nacht sank. Fern in den Kornfeldern rief traulich die Wachtel, das braune Mädchen sang — immer dasselbe, es klang einschläfernd — aber seine Seele fand keine Ruhe. Er dachte an Stasia.

Seit er ihr gesagt hatte vom Widerstand des Vaters, mied sie ihn. Viele Male war er nach der Försterei geschlichen, immer hieß es: die Stasia ist nicht zu Haus! Ei, wo war sie denn? Arglos hatte er zuerst auf ihre Heimkehr gewartet, aber sie kam und kam nicht. Da merkte er endlich, sie war wohl daheim, sie wollte sich nur nicht sehen lassen. Manchen Abend, wenn alles längst schlief, lief er noch hin bis zur Moorwiese, aus deren Saftgrün jetzt weiße Dünste stiegen und sich zu

Nebelgestalten mit winkenden Armen verdichteten. Drüben, ach drüben, auf Rufweite nah, wohnte das Mädchen! Aber wie er auch lockend pfiff und lauter und immer lauter den geliebten Namen rief, nur das Irrlicht tauchte aus dem Sumpf und zeigte dem Sehnsüchtigen sein unstetes Flämmchen.

Naß vom kalten Nachttau schlich dann der enttäuschte Bursche heim; leise, die Schuhe in der Hand, schlüpfte er an der Stube vorbei, darin die Seinen schliefen.

Aber eine im Hause hörte ihn doch; die hatte wachgelegen, bis er heimkam.

O, daß er nicht immer zu der Sumpfwiese ginge, zu dem unheimlichen „Tupadlo'! Sie ängstigte sich deswegen, wußte sie doch, daß dort, wo es heißt: ‚Hier ist untergegangen', einst ein Haus gelegen hatte mit Garten und Acker; Gottlose hatten darin gewohnt, und zur Strafe waren sie versunken mit Hab und Gut. Nun zeigte sich hier die verdammte Seele, die Hexe, das Irrlicht, das nachts auf einem Rade fährt und solche, die ihm folgen, zur Hölle lockt.

„Gott Vater, Sohn und heiliger Geist!" Dreimal schlug Michalina das Kreuz. „Heilige Mutter, laß ihn nicht folgen!"

Wie ein treuer Haushund ging die Magd dem Sohn ihres Herrn nach.

Jetzt war die Arbeit hart und der Ansiedler oft wenig zufrieden. Bräuer hatte keine guten Ernteaussichten; für den schweren Boden war die andauernd trockene und heiße Witterung wohl ganz nützlich, aber für die vielen Sandstellen, die er im Acker hatte, taugte die

Dürre nicht. Auch die Moorstrecken waren hart geworden wie getrockneter Torf. Er war ganz außer sich: also dafür war man hierher gekommen ans Ende der Welt, um immer noch zuzusetzen anstatt zu gewinnen?! Der Valentin war auch so faul, so lässig in der Arbeit, als ginge ihn alles gar nichts an. Womöglich würde man noch einen Knecht nehmen müssen oder fremde Taglöhner — aber man kriegte ja nicht einmal solche! Was nur in dem Jungen steckte? Mark hatte der gar keins mehr in den Knochen. Die Arbeit, die ihm sonst nur so von der Hand geflogen war, schlich jetzt; er, der sonst für drei geschafft, mußte sich jetzt überall von der Magd helfen lassen. Ein Glück, daß die Dirne so willig war! Morgens war sie am frühesten auf, abends am spätesten zu Bett. Aber dann schlief sie auch — nicht zum Erwecken — und das Essen schmeckte ihr, es war ein Spaß! Nur um das Pläsier zu haben, ihre weißen Zähne einhauen zu sehen, hieß der Dienstherr sie mit am Tische essen; sonst gehört sich der Dienstbote in die Küche.

Michalina empfand es, daß man sie so ehrte. Oft, wenn sie mit der Frau allein war, rührte sie heimlich, wie liebkosend, an deren Kleid. Jetzt konnten sie sich beide ganz gut verständigen, und es geschah nicht selten, daß Frau Kettchen ihrer Sorge um den Sohn der Magd gegenüber Worte lieh. Dann schaute diese ganz traurig drein, schlug das Kreuz und flüsterte: „Hat er sich Hexe gesehen auf Rad! Irrlicht böses, o weh! Muß Pani dem Proboszcz sagen, daß er liest Messe!“ — — —

Frau Kettchen war wohl früher schon in der Propstei

gewesen, heute ging sie zum ersten Mal wieder hin seit ihrem Kranksein. Die Magd hatte ihr versprochen, das Haus zu hüten, da konnte sie sicher sein, es war gut versorgt. Es war Sonntag nachmittag. Langsam wanderte sie durch die reifenden Felder, der Wind spielte mit den Bindebändern ihres Hutes und mit dem Zipfel ihres Umschlagetuches. Die Sommerlüftchen waren lustig, aber ihr Herz blieb schwer. Sie hatte sich schwarz angetan wie zum festlichsten Betgang.

Leise Klänge kamen mit dem Wind; sie hörte ein Rauschen in der Luft und ein Summen wie von fernen Kirchenglocken. Ach, waren das die Glocken des großen Domes, die man weithin hört im rheinischen Land? War es das Rauschen des Stromes, an dem die glückliche Heimat lag? O nein, nur endloses Korn schlug im Wind Wellen, und emsige Bienen surrten über den Thymian am Wegrain! Der Dom und der Rhein waren so fern — und das Glück auch!

Horch — es waren aber doch Kirchenglocken! Die einsam Wandelnde blieb stehen. Übers Windrauschen und Insektengesumme hinweg rief deutlich die kleine Glocke der schwarzen Holzkirche von Pociecha-Dorf, und die Verzagte nahm ihr Herz in beide Hände und trug's eilig hin zum tröstenden Altar. —

Frau Kettchen hatte erst andächtig der Vesper beigewohnt — daß sie nicht alles verstand, daran war sie jetzt längst gewohnt, sprachen denn nicht auch im rheinischen Dom die Priester latein? — danach klingelte sie an der Propstei.

Piotr Stachowiak war allein zu Haus, der Vikar war noch nicht aus der Kirche zurück, aber der würde gleich kommen. Piotr Stachowiak selber befaßte sich nicht mehr viel mit der Seelsorge, seine Nase war seit dem Winter entschieden röter geworden, und seine Beine waren steifer. Gutmütig, aber stumm lächelte er die Besucherin an; doch auch Frau Kettchen hätte jetzt kein Wort sagen können — nein, da war der Herr Vikar doch ein ganz andrer!

Aber er kam so bald noch nicht. Am Sonntagnachmittag hatten die Weiber Zeit, da paßten sie ihm auf an der Kirchentür. Und immer war er gewillt, zu hören. Ob es sich nun um ein ungeratenes Kind oder ein krankes Schwein, ob es sich um einen die Frau prügelnden oder sie gar zu sehr liebenden Ehemann handelte, ob es die eheliche Treue betraf oder einen Zank mit dem Nachbar — was es auch sein mochte, für alles hatte der Herr Vikar Verständnis. Die Leute fühlten es: der wußte bei ihnen zu Haus besser Bescheid als sie selbet.

Die Ciotka hatte den Herrn Vikar heute am längsten aufgehalten. Ganz außer sich vor Freude war sie — ob etwa auch vor Schnaps? Wer konnte das sagen! Sie hatte den geistlichen Herrn draußen auf dem Anger, immer wenn er sich schon zum Gehen gewandt, noch einmal am Rock gepackt und inbrünstig dessen Saum geküßt. Sie weinte und lachte: was hatte ihr der Herr Vikar doch Gutes getan! Nun hatte der gnädige Gerichtshof gestern sein Urteil gesprochen — Löb Scheftel hatte ihr's heut in aller Frühe verkündet, als er zum Sonntag eine Rinderlende gen Przyborowo fuhr — sie kriegte nun eine Jahresrente vom Niemczycer! Von dem guten, dem gnädigen, dem wohltätigen Herrn!

Aber freilich, der Herr Vikar war doch noch besser — ohne den, was hätte sie da? Nichts! Nun aber konnte sie trinken, so oft sie Durst hatte, nun hatte sie den Himmel auf Erden schon!

Auf die Kniee war sie gefallen, seine Stiefel wollte sie durchaus küssen; er hatte sich ihrer kaum erwehren können.

Ein wenig erschöpft kam der junge Geistliche in der Propstei an. Er wischte sich den Schweiß ab, und eine hohe Röte brannte auf seiner Stirn.

„Zuzanna, bring ein Gläschen Ungarwein dem Herrn Vikar!“ rief Piotr Stachowiak.

Aber Górka lehnte ab: nein, das würde ihn doch nicht laben! In seinen Augen, die ganz nach innen zu blicken schienen und doch so scharf auf die Außenwelt sahen, flackerte etwas wie Unruhe. Die Begegnung mit der Ciotka war ihm unangenehm gewesen — wenn die sich nun ganz dem Trunke ergab, niemals mehr nüchtern wurde?! War er dann nicht mitschuldig? Aber — er hatte doch das Beste gewollt! Ja, ja! Und konnte er sie nicht dazu bringen, das Trinken abzuschwören, bei der heiligen Muttergottes oder irgend einer andern heiligen Schutzpatronin? Gott sei gepriesen, ja, das konnte er!

Und was hatte nun die deutsche Ansiedlersfrau auf dem Herzen? Mit besonderer Freundlichkeit begrüßte er diese.

Frau Kettchen hatte doch immer noch eine gewisse Scheu — war es das ein wenig Fremdländische seines Deutschsprechens, das sie einschüchterte? — verlegen zupfte sie an ihrem Umschlagetuch. Aber es half ja alles nichts, wer wußte sonst Rat?! So hub sie an, die Not mit ihres Mannes Sohn zu klagen. Das Weinen kam sie an, als sie erzählte, wie sehr der Junge verfalle: hohläugig sei er, ganz still, und nichts schmecke ihm.

„Jesus, och Jesus!“ Tief bekümmert starrte sie auf ihre im Schoß gefalteten Hände. „Er wird doch nit die Schwindsucht kriegen wie sein' Mutter selig, dat Traut?!“

Fast wollte es sie bedünken, als wisse der geistliche Herr schon um ihr Leid, denn erstaunt war er gar nicht darüber, daß einer, der deutsch war, sich in ein polnisches Mädchen verlieben konnte.

„Warum will denn Ihr Mann durchaus nicht die jungen Leute zusammenkommen lassen?“ fragte er.

„Ja, eja — no, darum nit, weil — weil —“ verlegen stotterte sie. Es war ihr sehr peinlich, dem geistlichen Herrn, der doch selber Pole war, ins Gesicht zu sagen: ‚No, darum nit, weil sie polnisch is!‘

Aber, als ob der Vikar ihre Gedanken erraten hätte, sagte er jetzt mild: „Wir bieten gern die Hand. Es ist weder christlich noch klug, zu widerstreben, nur weil der eine Teil polnisch ist und der andre deutsch. Das sagen Sie nur Ihrem Manne!“

„Och, ich darf ja nix riskieren zu sagen! Sie glauben nit, Hochwürden, wie der dann falsch werden kann!“

Der Priester lächelte. „Liebe Frau, Sie verstehen es eben nicht, den rechten Zeitpunkt abzuwarten. Eine brave christliche Ehefrau hat auch das Recht, ein Wort mitzusprechen, besonders in Herzensangelegenheiten und Erziehungsfragen. Hierin haben die Frauen nun einmal das bessere Urteil. Nicht wahr?“ Er nickte ihr freundlich zu.

Da wurde sie rot vor Stolz über das Lob und bekam Mut. Ja, sie würde dem Peter nun aber auch gewiß sagen, daß er lieber nachgeben sollte! „Wenn dat Mädchen aber auch nur brav is," seufzte sie. „Ne, wenn ich wüßt', dat sie den Jung' nit wert is, nie un nimmer tät ich mein' Hand derzu bieten; ich tät' mich ja der Sünd' fürchten! De Valentin is ja so 'ne gute Mensch! Un arm is de auch nit, de hat sein Erbteil von der Mutter selig. Et wär' zu schreckelich, wenn de Malheur hätt' , de is wie zum Glück geboren!"

Der Vikar machte ein verweisendes Gesicht: wie konnte sie nur so mißtrauen?! Nach menschlicher Voraussicht machte ihr Sohn sein Glück mit dem jungen Mädchen, das brav, fleißig, gesund und gottesfürchtig war und aus einer wohlbeleumundeten achtbaren Familie stammte. Und liebte die Stasia Frelikowska den jungen Mann nicht ebenso, wie der sie liebte?!

Und nun erzählte der Seelsorger der Aufhorchenden, wie tief das Mädchen unter der Zurücksetzung, die ihr zuteil werde, leide, daß es aber viel zu viel auf sich halte, um fürder mit einem Burschen zusammenzukommen, dessen Eltern sie durchaus nicht zur Schwiegertochter haben wollten.

Das gefiel der guten Frau wohl. Sie wurde ganz gerührt. Natürlich war es schwer für ein anständiges Mädchen, sich so behandeln zu lassen! Sie hoffte es aber nun doch bei ihrem Mann durchzusetzen, daß er die Stasia wenigstens einmal kennen lernte. Dann würde sich das Weitere hoffentlich auch finden!

Ja, das hoffte der Vikar auch. Und als er ihr die Hand zum Abschied reichte, sprach er, ernst und doch freundlich: „Denken Sie daran, liebe Frau, daß Sie Ihren Mann immer zum guten bestimmen! Männer sind oft ein wenig rauh, aber eine Frau, die ihren Mann lieb hat, kann vieles zum guten wenden. Und das bedenken Sie auch: was Gott zusammenfügt, soll der Mensch nicht scheiden. Ihr Sohn und dieses Mädchen kannten sich vor einem Jahre noch nicht, aber ihre Ehe war im Himmel bereits beschlossen. Wehe dem, durch welchen Ärgernis kommt!"

Ganz erschrocken sah ihn Frau Kettchen an, seine Stimme hatte plötzlich so geklungen, als ob er drohe. ‚Wehe dem, durch welchen Ärgernis kommt!' — das hörte sie in einem fort auf dem Heimweg. Ja, der geistliche Herr hatte ganz recht, man darf nicht widerstreben, wenn Gott gesprochen hat!

Und sie stärkte ihre bange Seele in einem stillen Gebet. Ja, ja, es würde wohl schon das Rechte sein, wenn der Valentin das polnische Mädchen freite! Der Herr Vikar hatte es ja gesagt.

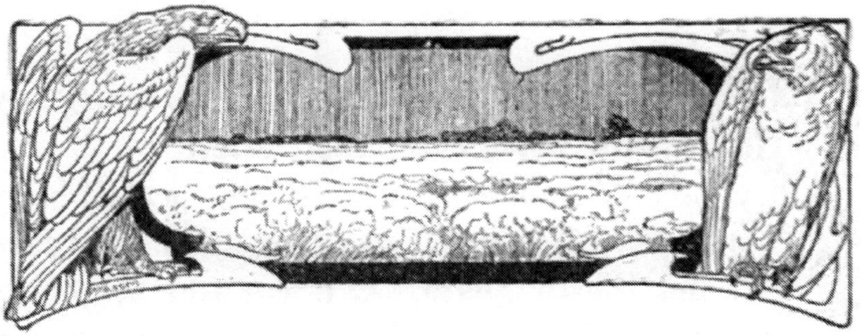

15

„Meine Mutter, Matka,
Poschla*) in die Stadtka,
Kupitsch**) Messer, Nosa,
Zu schlachten alte Kosa***) —"

sangen die drei kleinen Ansiedlermädchen und drehten sich an den Händen haltend, sich wirbelnd im Kreise.

Auf der Türschwelle saß Michalina, klatschte zum Ringelreihen in die Hände und freute sich: ei, die Kinderlein hatten schon brav gelernt! Und sie rief: „Höret zu, ein neues!" sprang mit in den Kreis und lehrte sie das Liedchen von der Mutter, dem kleinen Rebhuhn, das da schlägt die Kinderlein, während der Vater — lieber Vater — trinkt stets Branntewein.

Feurig war die Sonne hinterm Acker gesunken, die goldreifen Ähren tief bestrahlend. Nun war der Himmel wie mit Rosen besteckt, mit lauter sanften rosigen Rosen. Eine heitere Stille lag über der weiten Flur, die weiche Abendmüdigkeit eines Erntetages.

Der letzte der Halme war heute gefallen auf des Ansiedlers Land. Allzudicht hatten sie nicht gestanden und allzuschwer waren sie auch nicht, aber man mußte

---

*) ging. **) zu kaufen. ***) Ziege.

eben zufrieden sein; es war ja auch die erste Ernte, das nächste Jahr würde schon weit besser werden!

Die braune Michalina hatte sich tüchtig gebückt beim Raffen hinter den Männern; nun tanzte die Nimmermüde noch mit flinken Füßen. Sie war sehr vergnügt; heute hatte der Valentin, als sie den letzten Schwaden zur Seite gelegt, sich plötzlich umgedreht, sie um den Leib gefaßt und sie geschwenkt mit einem lauten, jubelnden Juchhe. Sie wußte nicht, warum er so froh war, aber froh war auch sie. Ob er jetzt nicht bald heimkommen und am Türpfosten lehnen würde? Fortgegangen war er zur Feierabendzeit, mit einem frischweißen Hemde angetan. Drinnen auf dem Tisch wartete die saure, die kühlende Milch schon lange auf ihn. Wenn er doch bald käme! Nun, er würde schon bald hier sein! Ihr Herz sagte ihr's.

Lustig schwang sie sich mit den Kindern. Da sah sie ihn kommen im Abendrot.

Aber er war nicht allein. Eine ging neben ihm; um deren Schultern hatte er seinen Arm gelegt. Dicht gingen sie nebeneinander, ganz dicht, als wären sie eins. Und das Abendrot war um sie her wie ein Rosenschleier, zart und weich.

* * *

Valentin hatte den Eltern seine Braut zugeführt. Nun hatte der Vater es endlich eingesehen, daß gegen Gottes Fügung kein Ankämpfen ist.

Es war Peter Bräuer bitter schwer geworden, ‚ja' zu sagen, aber was sollte er machen? Immer sah er in die bittenden Augen seiner Frau, und abends, wenn er müde war und gern Ruhe haben wollte, fing sie an, ihn zu streicheln und unterm Streicheln vom Valentin zu reden.

Frau Kettchen hatte sich der Sache ihres Stiefsohns ehrlich angenommen. Valentin hatte es bald gefühlt, daß er an der Mutter einen Hinterhalt habe, immer kam er zu ihr; wenn er gar zu unglücklich war, fern von seinem Mädchen, sah sie ihm tröstend in die hohlen Augen und strich ihm das wirre Haar aus der umwölkten Stirn. Immer mehr wurde es der Frau klar, daß es ihre Pflicht sei, die Heirat zustande zu bringen — hatte denn das nicht auch der Herr Vikar gesagt?

Und so kam denn auch der Ansiedler nach und nach zu der Einsicht, daß es ihm nichts helfe, ‚nein' und wieder ‚nein' und ‚dreimal nein' zu schreien. Mochte denn der Valentin einmal die polackische Hexe bringen! Aber sein Gewehr wollte er auch wieder haben — der Polack, der Frelikowski, sollte ihm den Buckel lang rutschen!

Stasia, die mit niedergeschlagenen Augen zum ersten Mal in der guten Stube der zukünftigen Schwiegereltern saß, sagte bescheiden, daß es dem Vater aufrichtig leid tue, den Herrn Bräuer gekränkt zu haben, und daß er gern bereit sei, die Hand zur Versöhnung zu bieten. Wenn der Herr Bräuer gestatte, würde der Vater am nächsten Sonntag kommen und das Gewehr bringen, freue er sich doch schon gar sehr, vom großen Krieg und von so manch anderm zu reden. Der Vater sei ja von deutschen Eltern, nicht gerade am Rhein zwar, aber in Oberschlesien geboren.

Was, nicht möglich, der Frelikowski kein Polack? Bräuer riß Mund und Augen weit auf.

Aber Stasia versicherte mit einem Lächeln, das sie allerliebst kleidete: der Vater sei so gut deutsch wie nur einer. ‚Fröhlich‘ sei eigentlich sein Name; ‚Frelikowski‘ hätten nur die Hiesigen daraus gemacht, und er habe das beibehalten, weil er es müde geworden sei, immer zu widersprechen.

No, dann sah sich die Sache doch einigermaßen anders an! Der Ansiedler atmete erleichtert auf.

Als Valentin gegangen war, um seine Braut nach Hause zu begleiten — strahlend glückselig — saßen die Eltern noch lange beisammen. Des waren sie sich einig: übel war das Mädchen nicht, und deutsch konnte sie fließend. Wenn der Valentin nun recht auf sie einwirkte, konnte es am Ende doch noch gut gehen! Aber wohin nur mit dem jungen Paar?! Michaeli hätte die Hochzeit wohl schon sein können — heiraten wollten die beiden gar zu gern bald —, aber hier ins Haus?! Nein, dazu wollte sich Peter Bräuer nicht entschließen, und auch Frau Kettchen hatte Angst davor.

Sollte der Junge sich vielleicht selber eine Stelle kaufen? Dann fehlte dem Vater wieder die Arbeitskraft. Nein, das ging erst recht nicht an, selbst wenn die Mittel zum Ankauf ausgereicht hätten!

„Hm, hm, wat mache mir?!“ Bräuer fuhr sich unwirsch in die Haare und kratzte sich den Kopf.

Da wußte die Frau auf einmal Rat: sie würde zum Herrn Vikar gehen und den fragen; der wußte sicherlich einen Ausweg.

Und der Mann widersprach nicht. —

Unweit vom Hause der Rheinländer ließ die Kommission diesen Sommer ein hübsches Haus aufführen, mit einer kleinen Galerie, wie eine Veranda, rundum und einer geräumigen Stallung daneben; auch ein Schuppen für Wagen war vorbedacht. Das sollte ein Wirtshaus werden für Kolonie Augenweide, sodaß die Ansiedler, wollten sie einmal ein Glas Bier trinken, nicht nötig hatten, im Pociechaer Dorfkrug einzukehren, wo man das Bild ihres Kaisers so schmählich schimpfiert hatte. Überdies konnte es nur zu Unzuträglichkeiten führen, wenn das polnische und das deutsche Element so unausgesetzt aufeinander stießen.

Es war Vikar Górka, der die Ansiedlersfrau auf den neuen Bau aufmerksam machte. Wenn ihr Mann also wirklich nicht das junge Paar in sein Haus aufnehmen wollte und doch den Sohn bei der Feldarbeit nicht entbehren mochte, konnte der junge Mann ja die Gastwirtschaft pachten, die junge Frau den Ausschank besorgen, und er selber nach wie vor dem Vater helfen.

Das leuchtete Frau Kettchen ein. Auch Bräuer verwarf den Vorschlag nicht. Er hatte nichts dagegen, wenn der Junge das Erbteil seiner Mutter selig da hinein stecken wollte, nur warnen wollte er ihn, daß er sich nicht so einseifen ließ, wie er sich hatte einseifen lassen. Denn das wurde ihm klarer und klarer, daß es hier schwer sei, viel schwerer noch als anderswo, es zu etwas zu bringen.

Stasia war mit Freuden dabei, als Valentin ihr von Übernahme der Gastwirtschaft sprach. Etwas Netteres konnte es ja gar nicht geben, als sie und Valentin allein in dem schönen neuen Haus, das tausendmal lockender war als dem Eiweih seine schmutzige Budika. Da würden schon welche zusprechen, und sie wollte wohl gut die Wirtin machen — wenn's nur erst so weit wäre! Sie trieb ihren Liebsten an, daß er sich bewerbe.

Es waren der Bewerber viele um den neuen Krug. Ein kleiner Handel mit Kolonialwaren sollte auch dabei sein, damit die Ansiedler nicht erst zu laufen brauchten bis Miasteczko, oder, wollten sie etwas Besseres haben, gar bis in die Kreisstadt. Da war Meïr Götz, eben von daher, der es emsig betrieb, die neue Wirtschaft zu bekommen; und da er viele Verbindungen hatte, immer gefällig einsprang, wo's Not tat, und nachher nicht drängte, schien er gute Aussichten zu haben. Sein eifrigster Konkurrent war Löb Scheftel; zwar nicht für sich wollte er's Geschäft, aber für seinen Sohn Isidor, der durchaus nicht mehr in Miasteczko bleiben wollte. Unermüdlich rannten diese beiden Bewerber den maßgebenden Persönlichkeiten das Haus ein, antichambrierten beim Landrat, paßten ihm auf der Straße auf, bombardierten ihn mit Briefen und suchten sich endlich in gleicher Weise der Fürsprache sämtlicher Besitzer der Umgegend zu versichern.

‚Ohne Sorge, man würde die Pacht an keinen Juden vergeben, sie dürfe ganz zuversichtlich sein,‘ wurde der etwas ängstlich werdenden Frau Kettchen in der Propstei versichert. Aber wenn sie das dem geistlichen Herrn auch gern glauben wollte, ratsam schien es ihr doch, daß der Valentin seinerseits sich auch ein wenig rühre. Und sie schlug dem Sohn vor, wenigstens einmal bei dem Herrn von Doleschal vorzusprechen; wenn der Vater auch nicht viel mehr von dem hielt, am meisten zu sagen hatte der hier doch!

In Chwaliborczyce und Przyborowo etwas auszuwirken, hatte sich Stasia bereitwilligst erboten. In Przyborowo zumal hatte sie eine gute Konnexion — war nicht gerade der Herr Rittmeister zu Besuch? Und auf den konnte ein hübsches Mädchen immer rechnen.

Valentin machte sich eines Nachmittags auf den Weg nach Niemczyce. Er hatte den Baron lange nicht gesehen; wohl war dessen Wagen öfters durch die Kolonie gerasselt, aber immer auf eiliger Fahrt, ohne anzuhalten.

Doleschal war in letzter Zeit viel abwesend gewesen; er, der sich sonst während der Ernte nie fortgerührt hatte, fuhr jetzt oft nach der Kreisstadt. Mit dem Landrat hatte er eingehende Konferenzen, und sogar in Posen an höchster Stelle sprach er vor. Wenn er auch nicht mehr die Zuversichtlichkeit hatte wie damals, als er unter lauter Deutschen an der Tafel des Polen saß, wenn es ihm bei ruhig wägender Überlegung auch klar werden mußte, wie unendlich schwer, ja beinahe unmöglich es sein würde, hier durchzukommen, die Hoffnung gab er darum doch nicht auf. Er konnte sie nicht aufgeben, er durfte sie nicht aufgeben, die sehnliche Hoffnung, einst doch noch seinen Kreis zu vertreten. Und wenn es nicht dazu kommen sollte — nun, wenigstens gehört wollte er werden im Geschwirr der Parteien, im Durcheinander der Stimmen, deren jede etwas andres schrie!

Baron von Doleschal suchte Fühlung zu gewinnen mit den Vertrauensmännern der Reichspartei. Bis zum nächsten Frühsommer, in dem die Neuwahlen in Aussicht standen, war es ja noch lange hin; wie vieles konnte sich bis dahin ändern, zum guten wenden! Und überdies, war man nicht äußerst entgegenkommend gegen ihn? Es verging fast kein Sonntag, an dem nicht der Landrat herausgekommen wäre nach Deutschau, oft mit der ganzen Familie. Und verließ sich nicht der Regierungspräsident gern auf sein Urteil? Hatte man ihn nicht geradezu aufgefordert, dies und jenes über die Zustände in der Provinz zu Papier zu bringen?! Gott sei Dank, man hörte ihn bereits!

Daran klammerte sich Doleschal in Stunden, die unabweislich waren, Stunden, denen er nicht entrann — Stunden des Verzagens. Dann trieb es ihn in die Einsamkeit, hinauf zur alleinstehenden Kiefer auf dem Łysa Góra.

Er hatte sich ein Bänkchen dort zimmern lassen, ganz einfach aus weißrindigen Birkenstämmen zusammengeschlagen. Man hatte es ihm zerstört. Er hatte es neu errichten lassen — vielleicht, daß der Gewittersturm einer Nacht es über den Haufen geworfen! — aber schon am folgenden Tag, als er sich darauf niederließ, brach es unter ihm zusammen. Man hatte die Bankbeine zersägt und sorglich wieder zusammengefügt — das war heimtückisch! Er mußte es aufgeben, dort oben wenn er müde war, einen bequemen Ruheplatz zu finden.

Hart sitzend auf den holperigen Kiefernwurzeln, die der Regen vom Sand blank gespült, und der Wind, der den Wipfel schüttelte, mit spitzigen Nadeln übersät hatte, verweilte Doleschal oft Stunden. Die Wange in die Hand gelegt, den Arm aufs Knie gestützt, sah er hinunter auf sein Deutschau. Der See schwamm wie eine perlmutterne Muschel im tiefen Grün, als köstliche Perle blinkte das weiße Haus, und eine sehnsüchtige Liebe zog ihn hinab. Aber kehrte er diesem engen Rahmen den Rücken, dann schaute er offenes Land, dann glänzten die Kornbreiten, unabsehbar, wellig wie sanftes Meer bis hin zum fernsten Horizont, und ein Gefühl noch sehnsüchtigerer Liebe quälte sein Herz — wem würde dieses Land einst gehören?!

Keine Antwort — alles still.

Doch, horch! Weit über alle Felder getragen vom Wind, kam der Klang der Pociechaer Abendglocke. —

Auch Valentin Bräuer traf den Niemczycer Herrn im Begriff, zum Lysa Góra hinaufzusteigen. Er hatte ihn von ferne gehen sehen, nun kam er atemlos nachgestürzt: „Herr Rittmeister, Herr Rittmeister!"

Doleschal wendete sich um; ein erhellender Strahl glitt über sein Gesicht, als er den Ansiedlerssohn erkannte.

„Herr Rittmeister!" Valentin stand stramm, die Hacken zusammen genommen. „Bitte gehorsamst um Entschuldigung!" Die angeborene Zutraulichkeit und der anerzogene Respekt kämpften miteinander, aber die Zutraulichkeit siegte jetzt: „Ich möcht' Sie so sehr gern emal um wat fragen!"

„So — nun, dann fragen Sie doch!" Des Gutsherrn Ton war freundlich. Sein Wohlgefallen an dem jungen Rheinländer war immer dasselbe geblieben; heute weidete er sich förmlich an dem offenen jungen Gesicht. Selbst der breite, etwas singende Dialekt gefiel ihm; es lag so viel Gutmütigkeit darin.

„Eja, wat ich dann sagen wollt'!" Es wurde dem

Burschen, der noch niemals in eigner Angelegenheit jemanden um eine Gefälligkeit gebeten hatte, schwer, sein Anliegen zu formulieren. Schwerfällig nur brachte er es vor. Aber als es kaum heraus war, reute es ihn auch schon — was setzte denn der von Doleschal auf einmal für eine Miene auf?!

Es war dem Herrn von Deutschau, als habe er einen Schlag ins Gesicht erhalten. Die Augenbrauen zusammenziehend, fixierte er den jungen Mann scharf:

„Wen — wen wollen Sie heiraten?! Ich habe wohl nicht recht verstanden?!"

„Die Stasia, die Stasia Frelikowski!"

„Die — Frelikowska?! Der Vater ist der Förster auf Chwaliborczyce, nicht wahr?"

„Zu Befehl, Herr Rittmeister, die is et!"

„Mensch, sind Sie toll?!" Doleschal hielt nicht mehr an sich. Er sah den jungen Mann an, als wolle er ihn durchbohren, eine jähe Röte stieg ihm dabei ins Gesicht.

Valentin erwiderte den Blick. Toll sollte er sein? Ei, warum denn? Was war denn an der Stasia nicht recht?! Trotzig stellte er sich auf. „Die Stasia Frelikowski is mein' Braut. Heimlich waren wir als schon lang versprochen. Zu Michaeli heiraten wir!"

„Und Ihr Vater — was sagt Ihr Vater dazu?" Doleschal hatte sich besonnen: hatte er denn ein Recht, hier dreinzureden? Sein Ton klang gemäßigter, nur maßlos erstaunt.

„Och de!" Valentin lachte. „De hat zuerst mächtig räsonniert, aber nu hat er sich als drein gefunden!"

Also ‚darein gefunden' hatte sich der Ansiedler —

und so schnell schon?! Ein Schmerz ergriff Doleschal: Seine Stimme zitterte — der andre hielt's für Unmut —, als er nun sprach: „Sie — Sie — gedenken Sie denn nicht mehr Ihres Fahneneides? Wissen Sie denn nicht, daß Sie diesen Ihren Eid verletzen, wenn Sie eine Polin heiraten?! Sie begeben sich ja Ihres Deutschtums! Mensch, noch gehen kein halbes Dutzend Jahre ins Land, so haben Sie Ihr Vaterland schon verleugnet, Ihren ehrlichen deutschen Namen ‚Bräuer‘ in ‚Browar‘, ‚Browarski‘ oder in Gott weiß was umgewandelt!“

„Oho!“ Nun blickte der junge Mann schnell erheitert und sagte treuherzig: „Och, Herr Rittmeister, ne! Wenn dat das einzige is, wat der Herr Rittmeister fürchten?! Da können der Herr Rittmeister ganz beruhigt über sein. Meinen guten Namen, den ich dreiundzwanzig Jahr' getragen hab', den so viel anständige Leut' tragen bei uns zu Haus am Rhein, den halt' ich auch. Un wat mein Soldatsein anbelangt, da denk' ich immer an. Ich hab' et geschworen:

meinem allergnädigsten Landesherrn, Kaiser von Deutschland und König von Preußen, in allen Nöten zu Wasser und zu Lande und an welchen Orten es auch immer sei, getreulich zu dienen, allerhöchstdero Nutzen und Bestes zu fördern, Schaden und Nachteil aber abwenden zu wollen und mich so zu betragen, wie es sich für einen rechtschaffenen und braven Soldaten gebührt — so wahr mir Gott helfe!

Sehen der Herr Rittmeister, wie gut ich dat noch weiß?!“ Er triumphierte. Aber dann wurde sein lachendes Gesicht plötzlich ernst, fast ängstlich: „Oder wissen der Herr Rittmeister sonst wat über dat Mädchen?“

„Ich kenne das Mädchen gar nicht!“

Sichtlich erleichtert nickte nun der Bursche: „No, dann wär' et ja all ganz gut. Dann werden der Herr Rittmeister auch gewiß für mich sprechen, dat ich de neue Krug in Pacht krieg'. Denn, sehen der Herr Rittmeister," — wieder zutraulich geworden, dämpfte er seine Stimme — „der Vater is nu mal eso komisch, de meint: jeder soll für sich bleiben. Un ich — ja, dat muß ich ja auch gestehn, ich möcht' auch hunderttausendmal lieber mit meiner jungen Frau für mich allein en Wirtschaft haben, als bei den Eltern wohnen bleiben!"

Er setzte alles breit auseinander, das Herz floß ihm über, nun er seiner baldigen Heirat gedachte; er konnte gar nicht genug davon sprechen.

Mit trübem Lächeln hörte Doleschal sich alles an, er hätte dem frischen Jungen gar nicht diese Empfindsamkeit zugetraut. Überschwänglich pries Valentin seine Stasia: wie gut sie war, wie klug, wie hübsch! Welch fleißige Hausfrau sie abgeben würde! Alle Welt mochte die Stasia gern leiden, denn immer war sie fröhlich! Welchen Zuspruch würde der neue Krug durch sie haben, und wie glücklich würden sie miteinander werden! Seine Augen glänzten, er atmete rasch.

Der Erfahrenere hatte nicht mehr den Mut, dem glücklichen Bräutigam gegenzureden; er schwieg.

Sie standen zusammen auf dem Gipfel des Lysa Góra und schauten weit übers flache Land.

„Un nit wahr, Sie sehen zu, dat ich die Wirtschaft krieg'," bat Valentin.

Doleschal nickte.

Da strahlte der Bursche. „Och, danke, danke! Jeses, ne, ich möcht' schreien vor Pläsier, wie mer schreit, wenn mer en Schanz' stürmt. Nu krieg' ich der Krug sicher, wenn Sie davor sind. Un wenn ich den hab', steht der Hochzeit nix mehr im Weg. Herr Gott, ne, bin ich eso froh! Nu geh' ich aber auch direkt beim Propst, de soll uns nu 'schwind aufbieten!"

Man fühlte förmlich, wie es den Glücklichen drängte, davon zu stürmen, mit großen Schritten den Sandhügel hinunterzueilen und die Weite zu durchmessen bis hin zu jenem Turm, als wäre die Entfernung vom Berg bis zum Dorf nur eine kurze Spanne. Aber sich des schuldigen Dankes erinnernd, reichte er treuherzig die Hand:

„Vergessen werd' ich dat dem Herr Rittmeister nie, dat de so gut zu mir war!" Sich verabschiedend nahm er wieder die Hacken zusammen: „Gestatten der Herr Rittmeister meinen allerbesten Dank!"

Doleschal sah ihn laufen. In ein paar hastigen Sprüngen war er den Hügel hinuntergestürmt, und nun stürmte er weiter, sehr eilig. Nun würde er bald ganz entschwunden sein — nein, so durfte man ihn nicht gehen lassen! Man mußte ihn zurückhalten, man mußte ihm die Gefahr klar machen, in die er ahnungslos hineinrannte!

„Bräuer — Valentin — Valentin Bräuer!"

Aber der Ruf kam nicht weit genug. Der Wind trug ihn nicht fort, sondern blies ihm entgegen. So sehr Doleschal auch seine Stimme anstrengte, sie reichte nicht bis zum Ohr des in seiner Fröhlichkeit laut Pfeifenden. —

Am Luch, im Niemczycer Acker, nicht weit von der Przyborowoer Grenze wollte Valentin seine Stasia treffen.

Am gestrigen Abend hatte sie ihm gesagt, daß sie heute nach Przyborowo gehen und versuchen würde, dort jemanden zu sprechen. Daß sie in Chwaliborczyce um Fürsprache bitten ging, dagegen hatte der Bräutigam sich entschieden gewehrt. Wenn Stasia ihm zuliebe auch gern das Opfer bringen wollte — nein, dahin sollte sie um keinen Preis, wo man sich so unziemlich gegen sie betragen!

Um die Stunde des Abendläutens hatten sie sich an der Grenze verabredet. Nun hatte das Glöckchen längst ausgeläutet, aber Stasia war noch nicht da. Ach, die gute Stasia, wie lange mußte sie wohl in Przyborowo warten! Der Verliebte sah im Geist deutlich, wie sie ungeduldig hin und her trippelte und sehnsüchtig nach dem Stand der Sonne spähte, die sich schon neigte. Aber nur Geduld, Geduld, desto heißer würden nachher die Küsse sein!

In verliebtem Träumen lag der Bursche unter den Weiden am Luch und starrte ganz verloren, mit glückselig-müden Augen in das flimmernde Gespinst, das die untergehende Sonne über den Äckern wob.

Stasia war am zeitigen Nachmittag von Hause aufgebrochen. Das helle, rotgetupfte Sommerkleid stand ihr gut, es ließ den Hals ein wenig frei, und sie hatte, wie zum Schutz gegen die Sonne, mehr aber noch, weil es ihrer zarten Haut schmeichelte, ein leichtes Mulltüchelchen darübergelegt. Einen Hut trug sie nicht, wohl aber spannte sie über das wohlfrisierte, im Sonnenlicht wie silbrige Seide glänzende Haar den Sonnenschirm, den ihr einst die Herrin geschenkt hatte. Heiter summend, den freien Arm lustig schlenkernd, schlenderte sie an den

Rainen entlang. Wenn der Herbstwind hier über die Stoppel wehte und der Altweibersommer seine weißen Fäden spann, dann würde sie ein junges Weib sein und ein glückliches dazu! Der gute Junge würde ihr ja alles an den Augen absehen!

Sie hob ihre linke Hand und ließ den goldenen Ring, den er ihr bereits angesteckt hatte, in der Sonne funkeln. Ein breiter Reif war's und ganz von massivem Gold, der kostete gewiß seine zehn Taler!

Ja, sie hatte ein ganz gutes Los gezogen, das mußte sie sich eingestehen. Wenn sie nun auch nicht nach Paris kam, wie die Herrin ihr's einst versprochen hatte, der Krug in Pociecha-Kolonie war auch nicht zu verachten. Und langweilig würde es da auch nicht sein, es würden schon welche einkehren, mit denen sie schwatzen und lachen konnte, und — eine heiße Blutwelle färbte plötzlich ihre trotz der Sommerhitze ungebräunte weiße Wange — würde nicht auch der neue Inspektor von Przyborowo vorsprechen? Der neue Inspektor! Da mußte sie doch in sich hineinlachen — ihr war er nicht neu, sie kannte ihn ja so gut!

Eine Sehnsucht erhob sich plötzlich in ihr, Pan Szulc wiederzusehen. Was würde er wohl sagen, wenn er hörte, daß sie sich verlobt hatte und bald heiraten würde? Ob es ihm nicht ein ganz klein bißchen leid tat? Hoffentlich! Und hoffentlich kriegte sie ihn auch heute in Przyborowo zu sehen — o, sie wollte wohl ihre Augen umhergehen lassen! Auf dem Felde würde er sicherlich sein, beim Schobersetzen. Daß sie ihn doch träfe!

Rascher setzte sie ihre Füße, den Schlendergang aufgebend. Wie dumm, daß sie ins Herrenhaus hinein mußte!

Wenn es das Unglück wollte, ging er vielleicht gerade dann draußen vorbei, während sie drinnen ihr Anliegen vortrug! Und nachher — wenn sie ihn nun nachher nicht mehr fand?! Daß der Teufel die ganze Bittstellerei, den Valentin samt dem Krug hole! Nur den Pan Szulc mußte sie sprechen, wollte sie sprechen, und wenn's auch nur auf ein ganz kleines Viertelstündchen wäre! Was lag ihr 'jetzt daran, ob der schöne Offizier ihr wieder Augen machen würde, wie damals, als sie ihm Kaffee und Likör präsentiert hatte, in Chwaliborczyce — nur den Szulc wollte sie sehen, nur den!

Hastiger schritt sie zu; schon perlte ihr der Schweiß in Tröpfchen unter der Nase, und doch war sie noch nicht über Chwaliborczyce hinaus. Ach, ist das lästig, so weit wandern zu müssen, wenn man darauf brennt, jemanden zu sehen!

Da, wo ihr Weg sich mit dem von Pociecha kommenden kreuzte, nicht weit von Dudeks Hütte, stieß Stasia auf die Michalina. Dieser hatte man erlaubt, jetzt, da die Arbeit nicht mehr so drängte, und da sie den vorigen Sonntag, an dem Förster Frelikowski zu Besuch gekommen und ein großartiges Traktament gewesen war, nicht zu ihrem Kleinen gekonnt hatte, auch einmal am Wochentag nach Hause zu gehen.

Die beiden Mädchen begrüßten sich.

Michalina hatte etwas Niedergeschlagenes in ihrem Blick, als sie Stasia die Hand reichte.

Damals, als sie miteinander schreiben und lesen und die Religion gelernt hatten, war Michalina mit den schwarzbraunen Zöpfen die hübschere gewesen; jetzt war sie plump, und ihre breiten Hüften erschienen doppelt breit neben der zierlichen Taille der andern.

„Hast du ein schönes Kleid an,“ sagte sie bewundernd und befühlte mit ihrer rauhen Arbeitshand den rotgetupften lichten Jakonett.

Stasia lächelte geschmeichelt: „O, ich werde viel schönere haben! Wenn ich mich verheirate, werde ich dir dies gerne schenken — oder ein andres!“

„Was sollte ich wohl damit?“ Die braune Michalina schüttelte den Kopf. „Behalte nur alles!“

Stasia zuckte die Achseln: so ein dummes Mädel, eine recht einfältige Bauerntrulle! Schon wollte sie weitergehen — was sollte sie mit der Gans? — aber dann schoß ihr plötzlich ein Gedanke durch den Sinn. Das war ein Einfall! Ganz vertraulich faßte sie die andre unter den Arm.

„Höre, Michalina, weißt du auch, daß Pan Pawel, der schöne Offizier, wieder zu Besuch ist in Przyborowo?“

„Ich weiß es nicht. Was geht es mich an?“

„Nun, ich meine doch: recht viel!“

Stasia kicherte und gab der Gefährtin einen leichten, scherzenden Rippenstoß: „Tu nicht so gleichgültig, weiß doch ein jeder, wie du einmal gestanden hast mit dem Herrchen. Sage, willst du mir einen Gefallen erweisen — oder noch besser, willst du dem Walek etwas zuliebe tun? Ja, ja, dem Walenty — sieh mich nur nicht so ungläubig an!“

„Dem — Wa — Wa —?!“ Michalina stotterte, und dann wurde sie rot, als sie den Namen vollends ausgesprochen hatte. „Ich — dem Walenty?!“

„Dem Walenty, ja! Etwas sehr, sehr Liebes!"

Stasia kannte sich aus, sie wußte sehr genau, wie man die Michalina gewinnen konnte. „Michalina, meine Seele, er wird es dir ewig danken," sagte sie eifrig. „Höre! Komme du jetzt mit mir nach Przyborowo, und gehe du nach Przyborowo hinein, meine Taube, — ich werde draußen auf dich warten — sage, du willst den Herrn Offizier sprechen. Und dann bittest du den, daß der Walenty den Krug bekommt in Pociecha-Ansiedlung. Höre, du mußt es recht dringend machen! Bitte ihn, bis er dir gibt sein Wort! Dann wird er sich sicher verwenden!"

„O nein, er wird nicht!" Michalina schüttelte den Kopf. „Warum sollte er mir sein Wort halten?! Und ich mag auch nicht. Er wird böse werden. Und ich fürchte mich auch vor der Pani!"

„Unsinn!" Stasia wurde ärgerlich. „Du bist zu dumm! Was hast du dich zu fürchten? Ein gutes Recht hast du, zu kommen. Ist der Herr Offizier nicht Vater zu deinem kleinen Jungen?"

„Das ist er, das ist er!" Michalina nickte bestätigend, aber dann kauerte sie sich plötzlich am Grabenrand nieder, zog die Kniee hoch, schlang die Arme darum und legte den Kopf auf die Kniee.

„Du willst nicht, du willst wahrhaftig nicht?" Stasia war ganz empört. „Ei, warte, das werde ich dem Walenty sagen! He, du bist eine Schöne! Nicht einmal so viel kannst du ihm zu Gefallen tun? Nicht diesen einzigen, kleinwinzigen Gefallen! ‚Ich habe mich sehr getäuscht', wird er sprechen, ‚ich habe geglaubt, sie ist eine Freundin zu mir, eine gute — o, ich bin traurig!'"

„Ich kann nicht, ich kann nicht!“ Michalina hob den Kopf. Ihr Gesicht war ganz von Tränen überströmt; in ihren weinenden Augen war ein verängstigter, zweifelnder, unglücklicher Ausdruck. „Was soll ich tun?! Heilige Mutter! Ach ja, ich möchte ja schon, — ach nein, ich kann nicht, nein! Sage, Stasia,“ — sie haschte nach der Hand der Braut — „wird der Walenty mir wirklich böse sein, wenn ich nicht für ihn gehe zu Pan Pawel?“

„Sicherlich!“

„O heilige Mutter — er wird mir böse sein! Was tue ich?!“ Traurig ließ das Mädchen wieder den Kopf auf die Kniee sinken.

„Du bist schuld, wenn der Walenty den Krug nicht bekommt,“ sprach Stasia vorwurfsvoll. „Und er möchte ihn doch so gerne haben, seine Seele hängt daran!“ Sie seufzte: „Armer Walenty, wie wirst du dich grämen!“

Nein, grämen sollte er sich nicht! Entschlossen sprang Michalina auf. Mit dem Handrücken wischte sie sich die Tränen aus den Augen, und dann zupfte sie ihren Rock zurecht und die Schürze.

„Ich werde gehen. Wiederhole nur noch einmal, was ich sagen soll, daß ich es nicht vergesse!“

Stasia studierte ihr's ein. Es kostete einige Mühe, bis die braune Michalina begriff, *wie* sie zu bitten hatte, *wie* sie drängen sollte.

„Du darfst dich nicht abweisen lassen,“ lehrte die Klügere, „bist du erst draußen, kommst du nie wieder hinein! Und nicht gar so demütig! Auf dein Recht pochst du, hörst du?!“

„Ich höre wohl, aber auf was soll ich pochen?

Auf mein Recht, sagst du? Weiß ich doch nicht, ob ich Recht habe! Hätte ich Recht, hätte die Pani mich nicht gejagt. Werde ich lieber bitten. ‚Bitte, gnäd'ger Herr, bitte!'" Und sie hob die Hände und sah mit einem so herzbewegenden Ausdruck drein, daß Stasia ihr um den Hals fiel und sie küßte.

„Dafür muß Walenty dir auch einen Kuß geben — denke nicht, daß ich eifertüchtig bin, o nein! Er soll dich küssen!"

Hand in Hand, wie zwei Freundinnen, setzten sie nun ihren Weg nach Przyborowo fort.

Je näher sie dem Gutshof kamen, desto schärfer lugte Stasia aus. Richtig, dort auf jener Stoppel kreuzten die Erntewagen, und hoch zu Roß hielt einer dabei! Noch konnte man das Gesicht nicht sehen, aber Stasia erkannte die Gestalt von weitem.

„Geh jetzt, geh," sagte sie hastig zu Michalina und gab der noch einen Augenblick Zögernden einen ungeduldigen Puff in den Rücken. „Psia krew, so geh doch!"

Und als die andre mit gesenktem Kopf gehorsam davontrottete, rief sie erleichtert hinter ihr drein: „Laß dir Zeit! Übereile ja nichts! Ich werde hier auf dich warten!"

Ganz verloren kam sich Michalina vor, als sie den ihr bekannten Hof betrat. Ihre Füße waren schwer wie Blei. Kaum konnte sie die Schritte heben. Aber ihr Herz war ein noch viel schwererer Bleiklumpen. Und sie hatte auch große Angst. Scheu sah sie sich um: wie sollte sie ins Haus hineinkommen? Ach, sie getraute sich doch gar nicht! Den Weg hinauf würde sie wohl noch finden zu Herrn Pawels Zimmer — aber wenn ihr unten die Pani begegnete! Wie würde ihr's dann gehen? O weh! Sie zitterte, und ihr Herz, das schwere, schlug wie ein Hammer.

Kaum daß sie sich ein paar Schritte näher wagte, von Stallwand zu Stallwand drückte sie sich. Wenn doch ein Mensch käme, den sie nach Pan Pawel fragen könnte! Vielleicht, daß er einmal herauskam auf den Hof?! Da hieß es warten. Und sie flüchtete hinter die zurückgelehnte Tür des Schweinekobens und verharrte dort regungslos im Winkel zwischen Tür und Mauer, kaum wagend, zu atmen.

Eine halbe Stunde mochte so vergangen sein, sie erschien ihr viel länger; niemand war ihr zu Hilfe gekommen. Ihre Angst hatte sich jetzt ein wenig gelegt, denn sie hatte in einem fort an den Sohn ihres Herrn und an seinen Wunsch gedacht. Der Walenty wollte den Krug doch nun einmal für sein Leben gern haben — also darum voran, voran! Sie durfte nicht zögern.

Wie ein Stoßgebet den Namen ‚Walenty' auf den Lippen, schickte sie sich an, aus ihrem Versteck herauszutreten und geradewegs aufs Haus loszugehen, als sie drinnen im Schweinestall eine helle Mädchenstimme hörte.

„He, ihr meine lieben Kinderlein, habe ich ein Schläfchen gehalten? Verzeiht der kleinen Marynka! War kleine Marynka sehr müde, hat sie nicht geschlafen die ganze Nacht, hat sie eurer Mutter aufgepaßt, daß alte Sau nicht frißt liebe Kinderlein! He, dalej, Rozyczka, alte Sau, laß hungrige Kinderlein trinken!"

Marynka — Marynka?! Michalina lauschte erfreut: war das vielleicht die kleine Marynka, die zu ihrer Zeit noch ein Kind gewesen war, das niemandem angehörte ein Kind, das hier zwischen den Ställen aufgewachsen war? O, vor der brauchte sie sich nicht zu fürchten! Und so schlüpfte sie schnell hinein in den Koben. — — —

Der Rittmeister, der gegen die Zeit der abendlichen Kühle mit der Gouvernante seiner Schwester im Garten promenierte, war fast verblüfft, als aus einem dichten Gebüsch im Rücken des versteckten Bänkchens, auf dem er eben mit Fräulein Wollenberg Platz genommen hatte, ein leises ‚Pst-pst' ertönte, so zart wie das zirpende Rufen einer Grasmücke. Eine Weidengerte berührte mit einem mahnenden Tupfen seine Schulter. Er drehte den Kopf — da stand die kleine Marynka, die Hühner- und Schweinemagd, winkte eifrig und legte dann ihren nicht gerade tadellos sauberen Zeigefinger zum Zeichen des Schweigens auf die Lippen.

Was fiel dem kleinen Wechselbalg ein?! Wollte die etwa auch schon kokettieren?! Da müßte man ja einen netten Geschmack haben! Aber — na! Gutmütig erhob sich Paul Kestner. Er bat das Fräulein, einen Moment zu entschuldigen.

Nun, wo steckte denn jetzt die kleine Marynka?! Der Rittmeister bog um das Boskett. „He, Marynka!" Die war nicht mehr da, wohl aber stand auf dem Kiesweg, über den der sonnige Abendglanz tanzende Lichter warf, ein rundes braunes Mädchen und blinzelte ihn scheu an.

Ein: „Donnerwetter!" entschlüpfte dem Rittmeister. Das war gerade keine angenehme Überraschung. Er hatte die Michalina, das einstige Stubenmädchen seiner Mutter erkannt. Hastig fuhr er in die Tasche, er wollte ihr ja gern etwas schenken. Da brachte sie stockend und stotternd ihr Anliegen hervor.

Also heiraten wollte sie, die Michalina?! Erleichtert atmete er auf. Na, das war ja ganz reizend, ganz famos! Und den neuen Krug wollte ihr Bräutigam gern pachten? Bräuer — Valentin Bräuer — den Namen wollte er sich merken — ganz famos! Nun natürlich, der kriegte den Krug und kein anderer! Da konnte sie sich fest darauf verlassen!

Er schüttelte ihr die Hand: das war recht, daß sie zu ihm gekommen war!

Sie küßte seine Hand: »Padam do nóg!« Mehr konnte sie nicht stammeln. Ihr Herz war so schwer; es drückte ihr fast den Atem aus.

* * *

„Warum weinst du?" sprach die kleine Marynka, als sie miteinander aus dem Garten schlichen. „Er ist doch ein guter, gnädiger Herr! War er nicht gut zu dir?"

„Doch, doch, er ist sehr gut gewesen," schluchzte Michalina und befühlte das große Silberstück, das der Herr Rittmeister ihr in die Tasche gesteckt hatte. Fünf Mark — was konnte sie alles dem Jasio dafür kaufen! Aber die Freude wollte nicht kommen in ihr Herz. Ja, wenn sie wirklich die Braut gewesen wäre, für die er sie gehalten hatte! Es war süß gewesen, ihn so sprechen zu hören; sie hätte seinen Irrtum nicht verbessern mögen, um alles in der Welt nicht. Aber, o — sie legte die Hand aufs Mieder —, was hatte sie da für einen bösen Schmerz!

„Weine doch nicht!“ sprach die kleine Marynka und drückte ihr mitleidig die Hand. „Hast du Ursache zu weinen? Nein, du hast gar keine Ursache! Du hast einen Großvater. Wenn ich meine Gänse treibe auf die Stoppel, da“ — sie hob den Arm und deutete nach dem Lysa Góra hinüber, der sich wie ein Wahrzeichen jenseits der drei Grenzen reckte — „so treibt der alte Dudek nebenan seine Schafe auf Chwaliborczycer Stoppel, und wir treiben nebeneinander, und ich höre ihm so gerne zu. Ich wünschte, ich hätte auch ein so liebes Großväterchen! Und du hast auch noch eine Mutter — o, wie ich wünschte ein Mütterchen!“

„Und ein Bübchen, ein kleines,“ ergänzte Michalina schnell und trocknete mit dem Schürzenzipfel ihr beträntes Gesicht.

Da seufzte die kleine Marynka: „Wünscht' ich doch, ich hätte auch so ein Bübchen, ein kleines! Mit dem läßt sich gut schwatzen, nicht wahr? Ich habe nur meine Hühnchen und Gänse, und die Ferkelchen von der alten Rozyczka. Aber alle sie werden geschlachtet werden. Das Bübchen nicht! O, du Glückliche!“

In ihrem kurzen Röckchen, auf ihren bloßen Füßen stand die kleine Marynka am Hoftor unter der Akazie und sah noch lange, lange der Davonschreitenden nach.

Michalina eilte sehr: was würde Stasia wohl sagen, daß sie so lange hatte warten müssen?! Aber wie sie sich auch umschaute, nach rechts und links und vor und zurück, keine Stasia war zu erblicken. Der hatte es sicherlich zu lange gedauert, die war schon nach Hause gegangen! —

Aber Stasia hatte die Zeit nicht zu lange gewährt;

sie hatte gar nicht gemerkt, wie die dahineilte. Schon läutete das Abendglöckchen — jetzt war es die Stunde, in der sie am Luch ihren Bräutigam treffen sollte — aber sie dachte gar nicht an diesen.

Mit Pan Szulc saß sie unten im tiefen Wassergraben, den die Sommerhitze so ausgetrocknet hatte, daß kein Tröpfchen mehr darinnen war. Aber Gras wuchs da unten, Gras, so weich wie ein Pfühl. Sie küßten sich. Sie hatten sich unendlich viel zu erzählen, und noch viel mehr sich zu küssen, und so viel zu lachen. Und dann verabredeten sie, daß sie sich öfters hier treffen wollten im Wassergraben, der wie ein tiefer Schnitt durch die Felder schneidet, und in dem man sitzen kann, ohne daß jemand, der über die Felder geht, eine Ahnung davon hat.

Sie verabschiedeten sich auch hier unten. Es war ein langes, heißes Umfangen. Daß sie des Niemiec Braut war, darauf nahm Pan Szulc keine Rücksicht — für den war sie doch viel zu schade!

Mit zerrauften Haaren, das Gesicht glühend, kletterte Stasia endlich, sich an den Grasbüscheln hinaufhelfend, zum Rande hinan. Noch einen Blick — ein Grüßen mit den Augen — ein Spitzen des Mundes — und dann lief sie fort, während der Inspektor unten noch eine Strecke weiter ging, um dann am ganz andern Ende des Grabens aufzutauchen.

Atemlos näherte sich Stasia den Weiden am Luch. Was würde sie nur schnell vorbringen, sich zu entschuldigen? Was sollte sie sagen, um den so lange vergeblich Harrenden zu versöhnen?! Und was die Michalina ausgerichtet hatte, das wußte sie nun auch nicht — recht dumm! — was erzählte sie denn jetzt schnell für ein Märchen?!

Mit zitternden Fingern ihr verwirrtes Haar zu ordnen versuchend, hielt sie an — nun war sie am verabredeten Platz. Ganz still lag der Luch, so still, daß das leise Rauschen der Schilfhalme im Abendwind wie ein mächtiges Brausen klang. Unter einer grünhaarigen, wehenden Weide lag Walenty, die Arme als Kissen hinterm Kopf, das klare Gesicht frei nach oben gekehrt.

Friedlich schlief er in glückseligem Behagen, ohne Harm wie ein Kind. Er konnte auch schlafen, unbesorgt wie ein Kind, denn er war sicher bewacht. Neben ihm kauerte Michalina. Die Kniee hochgezogen, die Arme um die Kniee geschlungen, wiegte sie den Oberkörper hin und her in lautlosem Rhythmus und hielt die Augen unablässig auf den Schläfer gerichtet.

16

Doleschal hatte sich die Sache lange überlegt: nein, unter keinen Umständen würde er zum Wunsch des jungen Ansiedlers fördernde Hand bieten! Es tat ihm leid, wenn Valentin Bräuer sein Versprechen zu haben glaubte — mochte er ihm denn zürnen und seine Dankbarkeit sich in Unmut verkehren! Es war jedes Mannes Pflicht, diesen Knaben von dem unbesonnenen Schritt zurückzuhalten. Wenn die Pacht des Kruges ihm nicht zugesprochen wurde, hatte die Heirat wohl noch gute Wege.

Aber nichts Heimliches wollte Doleschal unternehmen, und so fuhr er, ungefähr eine Woche nach dem Besuch des jungen Rheinländers, hinüber zur Kolonie. Dort hatte der Bau des neuen Wirtshauses große Fortschritte gemacht; ein frischrotes, leuchtendes Ziegeldach war schon aufgesetzt, und die Sonne spiegelte sich schon in den Fensterscheiben. Bei den am Neubau Beschäftigten trieb sich Valentin Bräuer herum, aber Doleschal vermied es, den ganz in Anspruch Genommenen zu begrüßen. Er fuhr gleich beim Alten vor.

Sowie der Wagen hielt, kam die Frau herausgestürzt, streckte beide Hände in den Wagen und drückte und schüttelte Doleschals Hand:

„Ne, Herr, wat Sie doch eso gut sind! Ne, Herr, wir danken Ihnen auch eso vielmals! Wat is de Valentin eso glücklich! Nu hat er die Wirtschaft — die andern mußten all' abziehen — gestern haben se mit ihm der Kontrakt gemacht!"

Was — Kontrakt?! Doleschal war ganz betroffen: wie war das möglich, wie war das nur so rasch gekommen?! Vor acht Tagen schien der junge Mann doch noch gar keine bestimmte Aussicht zu haben!

„Gott, och Gott, is dat en Glückseligkeit!" Man sah Frau Kettchen die frohe Teilnahme an. „Mer wird selber noch emal jung derbei, wenn mer dat Pläsier mit ansieht! Dat vergessen wir Ihnen nie, Herr von Doleschal!"

„Ich — nein, ich bin ganz unschuldig daran! Ich — ich habe keinen Schritt dafür getan," wehrte Doleschal ab.

„Sie hätten nix dafür getan?" Die gute Frau blieb dabei. „Wat Sie sagen! Ach ne, dat reden Sie mir nit vor, Herr Baron, dat Sie sich nit für de Jung verwend' haben!"

„Nein, mein Wort! Ich bin nicht derjenige!"

Und als Frau Kettchen ihn noch immer ansah, so ungläubig, so zweifelnd wie ein Kind, mit dem man seinen Spaß treiben will, sagte er ernst: „Ich würde mich hüten, meine Hand zu so etwas zu bieten. Ich halte es geradezu für ein Unrecht, für einen Unfug, Ihrem Sohn die Pachtung zu übertragen, da man doch weiß, daß er sich mit einem polnischen Mädchen verehelichen will!"

„Och, Herr!" Gekränkt zog die Mutter ihre Hand

zurück. „Dat is doch keine Unfug, wenn de Valentin die Wirtschaft kriegt! De is 'ne ordentliche Jung', und sein' Braut is auch en sehr ordentlich' Mädchen, sie wird uns alle Tag' lieber. Un in drei Wochen, auf Michaelis Tag, is die Hochzeit!"

So, also die Hochzeit war schon festgesetzt, und der Pachtkontrakt war schon unterschrieben?! Was war da noch zu tun? Gar nichts! Da konnte er nur gleich wieder fortfahren. Eine Unterredung mit dem Vater, dem alten Bräuer, hatte nun auch keinen Zweck mehr. Zu spät!

Doleschal fühlte die plötzliche Kühle deutlich, mit der sich Frau Kettchen von ihm verabschiedete. Er hatte das freundliche, saubere Weib immer gern gehabt, nun tat's ihm leid, daß er ihr hatte so schroff erscheinen müssen. Ein plötzliche Verzagtheit kam über ihn — ach, er machte es eben keinem Menschen recht! Da waren doch so viele, die nicht halb das Interesse hatten für die Kolonisation wie er, und doch wurden sie freundlicher gegrüßt und mehr angesehen wie er. Vor ihnen flogen die Hüte — vor ihm, der jetzt den Kutscher langsamer fahren hieß durch die Ansiedlung, wurden die Hüte lässig gezogen. Oder dünkte ihn das nur so?!

Mit einem gewissen Mißtrauen flogen des Deutschauers Blicke nach rechts und links; er gierte förmlich nach einem treuherzig-fröhlichen ‚Grüß Gott' des Schwaben, an dessen Häuschen er jetzt vorbeifuhr. Aber das ‚Grüß Gott' des Mannes, der vor seiner Tür Holz sägte, klang gedrückt.

Warum war der nicht heiterer?! Nun, natürlich, auch der hatte etwas gegen ihn — wie alle — alle!

Den Grübelnden überlief plötzlich ein Schauer. Sich ganz in seine Wagenecke drückend, ließ er den Kutscher Trab fahren. Er wollte nach der Kreisstadt zum Landrat — der wenigstens war sein Freund! Schneller! Warum denn wie mit Schneckenpost? Schneller! Der Kutscher hieb auf die Pferde.

Als sie durch Pociecha-Dorf rasten, war gerade die Religionsstunde der Kinder, die nächste Ostern zur heiligen Kommunion gehen sollten, zu Ende. Mit ihrem Katechismus unterm Arm standen die Knaben und Mädchen am Pfuhlrand, zwischen Schule und Propstei, und ließen den Wagen passieren.

Keines der Kinder grüßte; sie glotzten nur. Aber als der Wagen vorbeigesaust war, kam ein Steinwurf nachgesaust, und eine Knabenstimme kreischte gellend hinterdrein:

„Niemiec, Niemiec, Hundeblut!"

* * *

Die drei Wochen bis zum Michaelistag waren schneller dahingegangen, als selbst Valentin Bräuer, der ungeduldige Bräutigam, es geahnt hatte. Mit den Schwalben, die fortgezogen, waren auch die Tage geflogen.

Nun war die Stasia sein Weib; sie schwur ihm Treue fürs ganze Leben vor Gott. Der Priester weihte ihren Bund.

Valentins Brust hob sich unter schwellendem Atemzug des Glückes: nun war sie sein! Sein, die hier so schön, so zierlich neben ihm stand! Es fiel ihm darüber gar nicht auf, daß er eigentlich kein Wort verstand von dem, was da am Altar gesprochen wurde.

Piotr Stachowiak, der Propst, lag an einem neuen Gichtanfall, so traute sie der junge Vikar.

Aber er hielt die Traurede polnisch. Nur als er sich direkt an den Bräutigam wandte: ‚Ich frage dich, Valentin Bräuer, Junggeselle, willst du diese hier anwesende Jungfrau Stanislawa Marianna Frelikowska, als dein christliches Eheweib hochhalten und lieben dein ganzes Leben lang, so antworte: ja' — sprach er deutsch. Aber er lispelte es rasch, leise und unsicher, wie man eine fremde Sprache spricht, die man nicht ganz meistert.

Desto lauter klang des Bräutigams ‚Ja!' durch die Kirche. Er rief es heraus aus voller Brust, so ehrlich-zuverlässig, daß selbst die Neugierigen, die sich aus dem Dorf eingefunden hatten, dieses ‚Ja' verstanden.

Stasia sagte ‚tak'*).

Unter dem mit Rosmarinzweigen besteckten Brautmützchen, das sie, wie alle polnischen Landbräute am Hochzeitstag trug, schaute sie beharrlich zu Boden. Es war ihr nicht so gar leicht zumute. Gestern war sie noch einmal zur Beichte gewesen, und mit weinenden Augen hatte sie den Beichtstuhl verlassen. Es war doch eine nicht so leichte Aufgabe, der sie entgegenging — des war sie sich im Beichtstuhl erst ganz bewußt geworden.

Sie machte ein ernstes Gesicht. Es hellte sich auch nicht auf, als der Kutscher des Hochzeitswagens, ein

*) Ja.

wehendes, buntseidenes Tuch ins Knopfloch geknüpft, kunstvoll mit der langen Peitsche knallte, daß es klang wie Pistolenschüsse. Sie lächelte nicht, als der Wind sie mit den vielen flatternden Bändern vom Rosmarinsträußchen ihres Hochzeiters kitzelte, lachte nicht, als beim Hochzeitsschmaus der Vater und der Schwiegervater, die beide kräftig getrunken hatten, Brüderschaft schlossen, und dann plötzlich draußen vorm Haus die Musikanten von Pociecha-Dorf, die man nicht bestellt, aber die sich doch eingefunden hatten, den Krakowiak zu spielen anfingen. Und sie spielten doch so flott, daß der nimmermüden Michalina, die den ganzen Tag Kuchen und Braten aufgetragen und Bier und Wein eingeschenkt hatte, die Füße juckten.

Sie schaute erst zuversichtlicher drein, als ihr die Brautjungfern um Mitternacht das Brautmützchen abgenommen und ihr als Zeichen der Würde die Frauenhaube aufgesetzt hatten. Die würde sie nicht immer tragen, bewahre! Auf das besorgte Flüstern ihres Ehemannes: ob sie denn von nun ab ihr schönes blondes Haar verdecken wolle, schüttelte sie lächelnd den Kopf — o nein, nein, man hielt eben nur fest an den alten Hochzeitsbräuchen!

Gegen das nun einmal Hergebrachte ließ sich nichts sagen. Das hatten auch die Eltern Bräuer eingesehen, wenngleich Frau Kettchen an dem Hochzeitstag oftmals recht unsicher blickte. Es kam ihr alles so sehr fremd vor, und sie, die die Hochzeit eifrig betrieben hatte, konnte ein paar leichte Seufzer nun doch nicht unterdrücken.

Schon daß die Braut keinen Myrtenkranz trug,

wollte ihr nicht in den Sinn — war sie denn ein Mädchen, dem die Myrte nicht mehr zukam?! Doch, doch freilich! Aber der Rosmarin war nun einmal hier Sitte anstatt der Myrte.

Verstohlen suchte ihr Blick überm Sofa das Glaskästchen, darinnen ihr eigner Brautkranz hing — ach, den hatte sie immer so hoch gehalten! Und sehnsuchtsvoll flogen ihre Gedanken zurück zu jener Zeit, da in der kleinen Dorfkirche am Rhein ihr Glück begründet worden war. Und eine Sorge kam sie an: ob die hier denn auch glücklich werden konnten?!

Vater Bräuer war es auch nicht einerlei gewesen, daß der Sohn aus dem Hause ging. Aber darüber nachzudenken, dazu kam er vor der Hand nicht. Es war nun vor Winter noch eine Menge Arbeit zu erledigen, und auf den neugebackenen Ehemann war in dieser Zeit nicht viel zu rechnen. Der mußte nun erst einmal die eigne Wirtschaft begründen, und — hatte man wohl je ähnliches erlebt? — der hing seiner jungen Frau ja förmlich am Schürzenzipfel. Alle seine Gedanken waren nur bei ihr, kaum war er einmal weg vom eignen Herd, so saß er auch schon wieder daran.

Das würde sich ja hoffentlich legen mit der Zeit. Ein Glück, daß die Schwiegertochter nichts Unbilliges verlangte, denn wahrhaftig, — Vater Bräuer schüttelte oft genug mißbilligend den Kopf — der Junge ließ ja alles mit sich machen!

Nun war der Winter gekommen. Weiß lagen die unabsehbaren Flächen, und Schneehaufen gleich, kaum sich hebend vom Boden, die niedrigen Hütten der Komorniks.

Der Ackerbau ruhte. Die Pflugschar rostete.

Tief unterm Schnee schliefen die winzigen Hälmchen. Wer konnte jetzt schon sagen, ob sie einst hoch und kräftig emporschießen, reife, wiegende Ähren werden würden, die sich neigten unter der eignen Fülle — oder ob sie verkommen würden, ersticken unter der Last, die der Himmel mit jedem Tag auf sie heruntersenkte?!

Von November an fiel der Schnee stetig. Kein Sonnenwetter gab's mehr. Auch kaum einen Wind. Ruhig blieb der weiße Mantel liegen; kein Ast, kein Ästchen der Akazien von Przyborowo und der Pappeln von Chwaliborczyce war nackt. Jeden Morgen das gleiche Weiß, dieselbe weiche, fleckenlose, jeden Schall dämpfende Hülle. Lautloser Friede lastete überm Lysa Góra.

Auf dem platten Lande machte sich die Langeweile breit. Zu Sommerzeiten wurde nie so viel geklatscht. Löb Scheftel brauchte, wenn er jetzt mit seinem Wägelchen herumfuhr, immer länger und länger zur Tour. Und das war nicht die Schuld des Schnees allein, der sich den Rädern anklebte, Schuld trug auch nicht, daß er nun alles allein zu besorgen hatte — sein Sohn Isidor half ihm nicht mehr, der war im Herbst fortgezogen — das Schwatzen machte es, das ihn in jeder Küche festbannte, beim kleinen Mann sowohl wie in der Herrschaftsküche.

„Gott der Gerechte und Weh geschrieen!“

Der Händler hatte viel zu jammern: wie sollte es werden, wenn die neuen Zölle durchgingen?! Wie teuer würde man dann 's Fleisch erst einkaufen! Gott soll hüten!

Wie man in der Zeitung las, die der Herr Kestner hielt — der Briefträger, den Scheftel auf seinem Wägelchen täglich ein Stück Wegs mitnahm, ließ ihn zum Dank dafür immer ins Kreuzband gucken —, war Zollerhöhung auf die Einfuhr vom Ausland das einzige Mittel, die heimische Landwirtschaft zu heben.

Klug gesprochen! — das meinte Löb Scheftel auch. Mochten sie nur immer die Einfuhrzölle erhöhen, hierzulande wuchs ja auch Getreide, und Kälber wurden auch geboren und Lämmer und Ferkel! Aber — weh geschrieen — nun wollten die großen Herren auch gleich denselben Preis für ihre Produkte machen, wie der für die auswärtigen war, die doch den hohen Zoll auf sich hatten. Ja, auf diese Weise verdienten wohl die großen Herren — aber andere?!

Wenn die Futtergerste, der Mais, die Ölkuchen, überhaupt alle Futtermittel so teuer wurden, wie sollte da der kleine Besitzer die Aufzugskosten erschwingen? Dann mußte der ja ein Stück Vieh fast so teuer verkaufen, wie früher zwei, und hatte doch noch keinen großen Profit dabei. Und der Händler, der 's Rind und 's Schweinchen und 's Hämmelchen so hoch bezahlen mußte, konnte das Fleisch nun doch auch nicht mehr so billig weggeben!

„Schlechte Zeiten! Teure Zeiten!“ Löb Scheftel rechnete es allen, die ihm mit besorgten Mienen zuhörten, an den zehn Fingern vor, warum er auf alles Fleisch zehn Pfennige pro Pfund aufschlagen mußte. „Wenn der Isidor würde sein noch hier, würde 's Fleisch gewiß aufschlagen um fünfzehn Pfennige, denn der rechnete besser, und“ — Scheftel zog die Achseln hoch und machte ein bedauerndes Gesicht — „wer kann wissen, ob's nicht zu Ostern schon kosten wird zwanzig Pfennige mehr per Pfund?!"

Also nicht einmal mehr zu den Festtagen sollte der kleine Mann Fleisch essen?! In der Woche hatte man ja so wie so nie Fleisch im Topf. Da war der Lehrer in Pociecha-Dorf, der hatte, seitdem er krank gelegen und aus der Propstei gespeist worden war, keinen Braten mehr gerochen. Und nötig hätte der's wahrlich, denn Doktor Wolinski hatte Schwindsucht festgestellt.

Und so waren viele wie Lehrer Ruda, die gerne Fleisch gegessen hätten und es nicht bezahlen konnten, denn zehn Pfennige mehr für das Pfund, ist zuviel.

War es jemals früher hier so gewesen? Nein, niemals! Es gab noch Leute, die sich erinnern konnten, daß man das Rindfleisch um zwei ‚Grosze' gekauft, ein ganzes Ferkel für einen halben polnischen Gulden, und eine gute Legehenne noch zugekriegt hatte.

Ja dazumal, dazumal! Schäfer Dudek, der am liebsten von ‚dazumal' erzählte, deutete ernsthaft mit seinem Finger auf ihre Stirnen. Hatten sie denn ganz vergessen, daß ‚dazumal' nicht ‚heute' war?! Dazumal, ach, da war das Land noch gut polnisch gewesen, und wenn einer Hunger hatte, ging er zum Nachbar und sprach: ‚Du, gib mir zu essen!' Und wenn der Nachbar nichts hatte, so ging er mit dem zusammen zum zweiten Nachbar, und wenn der auch nichts hatte, so ging man zu dritt wieder zum nächsten Nachbar, und so fort, bis man endlich zu einem kam, der etwas hatte. Und der speiste sie dann alle, und sie blieben bei ihm, solange es reichte.

Ja, dazumal war noch Gastfreundschaft in Polen gewesen, und Liebe und Treue und Gutherzigkeit und Mildtätigkeit! Wo waren die Zeiten hin?!

Traurig schüttelte der alte Schäfer den Kopf. Aber dann richtete er den verlorenen Blick seiner Augen auf den Urenkel, der am Boden spielte, und sein Blick wurde hoffnungsvoll: Jasio, der Knabe, das kleine Hänschen da, der würde wieder leben in dem gelobten Lande, in dem Polen, wie es einst gewesen war, in dem großen Polen! Noch lag der Lysa Góra unterm Schnee, aber wenn der Schnee schmolz, und das Wasser hinuntertroff in die Ebene, dann schmolz auch die Erde, die die Schläfer deckte, und herauf stieg das Heer aus dem Berg mit klirrenden Schwertern und blinkenden Sensen: ‚Es lebe Polen!' Und die Niemcy flohen wie Hunde, wenn der Wolf heult.

„Ich sage euch," sprach Schäfer Dudek, „wenn die bösen Leute auch reden, daß Polen tot sei, es ist nicht wahr. Es liegt nicht im Grabe, es liegt nur und schläft, wie ein Kind in der Wiege. Und es zählt im Traum die vielen langen Frühlinge, die es schon geschlafen hat, es hört die Fichten rauschen an seinen Flüssen und die Ähren in seinen Feldern, es hört seine Kinder in den Spinnstuben klagen über die blassen Eindringlinge mit den blutigen Händen, und es fühlt, daß sie sich sehnen. Und es erwacht und schüttelt sich: ‚Die Stunde ist da!'"

„Werden wir dann das Fleisch billiger haben und immer Brot genug?" fragten die Weiber, die sich allabendlich, wenn das Licht angezündet war, beim alten Schäfer einfanden.

„Ihr werdet alles genug haben, ihr werdet glücklich sein," sprach der Alte. „Betet, daß das Reich komme!"

Und sie beteten alle eifrig und freuten sich schon. —

Es war vor Winteranfang gewesen, — der Schäfer und die kleine Marynka hatten noch einmal ihre Herden geweidet, unfern des Berges, an dem entlang Telegraphendrähte sich spannen, — als sie ein seltsames Surren gehört hatten. Ein Klingen war über ihnen gewesen, ein Wehen, wie von geisterhaften Tönen.

„Was ist das?" hatte die kleine Marynka gefragt und die Kinderaugen aufgerissen in abergläubischer Neugier.

Auch der Schäfer hatte nach oben gehorcht, aber sein halbtaubes Ohr hatte den Wind nicht erkannt, der in den Drähten sauste und harfte; sein sehnendes Auge sah nur die Kiefer oben auf dem Berge wie eine Flagge winkend wehen, und er kauerte sich nieder und legte das Ohr lauschend auf den Boden und winkte dem Kinde, das Gleiche zu tun.

Also hatten sie lange geharrt.

Aber wenn sie auch damals nichts weiter vernommen hatten, das erste Zeichen war doch gegeben, des war Dudek ganz sicher. Und er nahm sich vor, in der Nacht des 24. Dezember, wenn der erste Schlag der Mitternacht anhebt und in der heiligen Stunde die Bäume grünen, wenn alle Tiere zu reden beginnen, alle Wesen, die sonst stumm sind, wieder zum Berge gehen. Dann würden die, die da unten schliefen, das zweite Zeichen geben.

Und als die geweihte Nacht kam, tat der taube Alte also und ging zum Berge und hörte, was er hören wollte, und alsbald lief ein Gerücht um in den Hütten und ging von Stube zu Stube, von Mund zu Mund: ‚Der Dudek hat in der geweihten Nacht das schlafende Heer im Berge gehört, es hat ihm ein Zeichen gegeben — das zweite Zeichen!'

Und man wurde immer gewisser: wenn Ostern herankam, dann gaben die Ritter im Berge das dritte Zeichen und standen auf wie ein Mann! —

Noch jemand hatte gleich Schäfer Dudek in der heiligen Nacht die Zukunft ergründet. Das war seine Enkelin, die Michalina.

Michalina war noch immer bei den Bräuers.

Die Hausfrau war zwar gesünder und konnte wieder ihre Wirtschaft beschicken, aber sie hatten sich zu sehr an die Magd gewöhnt.

Und wenn die eben zu Hause nichts mehr zu tun fand, lief sie hinüber zum neuen Krug und half dem jungen Ehepaar. Dort war immer etwas zu schaffen.

Die junge Frau war nicht an derbe Hausarbeit gewöhnt; ihre Hände hatten stets weich und fein sein müssen, um der Herrin aufzuwarten. An Geschick fehlte es ihr freilich nicht; niemand konnte so zierlich wie sie in der Gaststube bedienen. Wenn sie das Glas am Bierkran voll laufen ließ, daß es eine Haube trug, frischgewaschen-weiß, wie die einer Frau am Festtag, und wenn sie es mit einem »Na zdrowie«*) vor den Gast hinstellte, dann schmeckte es dem besser als irgendwo anders, und er bemerkte nicht, daß der Holztisch ungescheuert war und noch die Kringel der übergelaufenen Biergläser und

*) Wohl bekomm's.

der verschütteten Schnapsneigen von vor acht Tagen zeigte. Wenn sie das Schnapsgläschen übervoll goß, mit einem Haufen schier, und dann mit spitzen Lippen daran nippte, mußte schon einer ein Stockfisch sein, der diese roten Lippen nicht gern hätte plaudern hören. Aber das Fegen in Stube und Flur, das auf den Knieen im Nassen Liegen und die Dielen weiß Scheuern mit Lauge und Sand, das stand Stasia nicht an. Lässig wischte sie einmal über alles hin; sie sah gar nicht, daß der Schmutz in den Ecken wuchs.

Dagegen machte sich Michalina ein Fest daraus, im Kruge zu scheuern. Des Valentin zufriedenes Kopfnicken und das behagliche Lächeln, das über sein Gesicht zog, roch er den Duft frischen Seifenwassers in der Wirtsstube, machte sie glücklich.

Stasia haßte den Scheuergeruch. In Chwaliborczyce war niemals gescheuert worden, wenigstens niemals, wenn man davon etwas bemerkte. Das taten nur die Schwabby, alles mit Wasser überschwemmen und dann sagen, sie machten rein! Der Scheuergeruch, der ihre Nase beleidigte, war auch der erste Anlaß zu einem Zank zwischen ihr und ihrem Walenty. Was fiel ihm denn ein, ihr den Vorwurf zu machen, daß sie's nicht sauber halte?! War sie eine Magd? Dann hätte er sich eine solche heiraten müssen — vielleicht die da!

Und sie hob die Fußspitze und deutete nach Michalina, die eben auf den Knieen unterm Tisch herumrutschte und die achtlos hingeworfenen, halb zertretenen Zigarrenstummel zusammenlas, die des jungen Wirts Ärger erregten. Diese Stummel hatte Pan Szulc, der Inspektor, gestern, als er hier ein Stündchen gesessen und geraucht, fallen lassen. ‚Lagen die etwa nicht gut da? Störten die etwa jemand?!‘ meinte Stasia spitz.

Nein, die störten gar nicht, das fand auch die Michalina. Aber trotzdem suchte sie sie eifrig auf. Der Walenty war's eben so von seiner Mutter her gewöhnt, die konnte auch kein lächerliches Stäubchen liegen sehen — hatte die nicht sogar erzählt, daß bei ihnen zu Hause, wo der Rhein so viel Wasser gibt, selbst die Straßen gescheuert würden?!

Drollig genug war's, aber warum sollte man den Leuten, die so gut waren, nicht etwas zuliebe tun?!

Michalina hatte die braunen Augen gehoben und das Gesicht des jungen Ehemannes gesucht. Aber er sah ihren Blick nicht, er suchte nur den seiner Frau.

Jedoch Stasia schmollte.

Sich den Armen, die sie reuig umschlingen wollten, entziehend, schlüpfte sie zur Tür hinaus. Draußen hörte man sie gleich darauf hell lachen und dann des Försters rauhen Baß dröhnen.

Frelikowski war heute gekommen wie alle Vormittage und wie alle Abende auch, seinen Schnaps hier zu trinken; der neue Krug lag ihm viel bequemer als der in Pociecha-Dorf. Überhaupt, wer würde zu einem Juden gehen?! Wenn man beim Juden ein Gläschen anschreiben läßt, machte er gleich drei daraus!

Frelikowski führte der Tochter gute Kundschaft zu; die meisten Leute der Umgegend kehrten jetzt im neuen Krug ein. Wenn die Ansiedler am Sonntag abend, wo man doch gern vom Einerlei der Woche eine Abwechslung hat, einen Tisch haben wollten, fanden sie keinen. Sie mußten schon Platz nehmen zwischen den andern Gästen.

Und warum auch nicht?! „Ein Wirtshaus ist für alle da!" sagte Stasia. Wem's nicht paßte, polnisch zu hören, konnte ja zu Hause bleiben! Daheim konnten sie deutsch genug reden mit ihren Hühnern und Gänsen; hier mußten sie's schon machen wie der Vater, der sprach halb polnisch, halb deutsch, je nachdem — und verstand den so nicht ein jeder?!

Es war Valentin nicht recht, daß der Trunk polnisch begehrt, polnisch kredenzt und polnisch angekreidet wurde. Wenigstens das Eine setzte er durch: daß nicht mehr so viel angekreidet wurde. Das ‚auf Rechnung Schreiben' hätte Frelikowski gern eingeführt, aber es gelang ihm nicht; der Schwiegersohn war pünktlich, was getrunken wurde, wurde auch bar bezahlt.

Stasia fand das gar nicht gutherzig: lieber Gott, wenn nun einer nicht genug Geld mit sich hatte und doch noch gerne trinken wollte! Sie stundete. Eine Wirtsfrau muß gefällig sein, das bewies sie ihrem Valentin klipp und klar. Wo hätte er wohl soviele Kunden her, wenn sie nicht wäre?! Von den paar Ansiedlern konnte der Krug doch unmöglich bestehen! So aber kam die Pacht ganz gut heraus. Und darum ließ auch Valentin mit der Zeit mehr nach, mochte er doch ohnehin seiner Stasia nicht gerne widersprechen.

Es war ganz natürlich, daß Stasia diejenige war, an die sich alle wendeten, beherrschte sie doch das Polnische und das Deutsche gleich gut und verstand die Ansiedlersfrauen ebenso wohl, die Salz und Zucker und Griesmehl verlangten, wie die kleinen Dorfbuben, die sich für ein paar Pfennige »Cukierki« und »Lakrycya«*)

*) Zuckerchen und Lakritzen.

holten. Und die Gäste, die ‚Bier‘ begehrten, bediente sie ebenso lächelnd wie diejenigen, die »Piwo« riefen.

Aber bald riefen sie alle »Piwo«, macht es doch viel Spaß, sich gelehrig in einer fremden Sprache zu zeigen. Auch Valentin, der so oft das Wort »Piwo« hörte, sagte jetzt so — warum auch nicht?!

„Es macht mir Freude,“ sagte Stasia, „ich höre es gern. Kein Mensch spricht so hübsch polnisch wie du, mein Walenty! Walek!“ Und sie lehnte sich an ihn und rieb ihre blonden Haare an seine Wange: »Daj mi buzi!«

„Jung, 'ne ganze Polack bist du schon geworden,“ brummte Peter Bräuer; aber es war ihm nicht Ernst darum, er sagte es nur aus Spaß. Zum Spaß brauchten sie ja alle polnische Brocken — eigentlich wußte man es gar nicht mehr, daß man sie brauchte — war's denn auch wohl anders möglich? Da war die Michalina, die schwatzte einem ja den ganzen Tag die Ohren voll, aber wer mochte ihr das wehren?!

Und wer mochte der fleißigen Magd dawider sein, daß sie nun auch das Weihnachtsfest herrichtete, ganz nach landesüblicher Weise?

Michalina war voller Freude aufs Fest und die Kinder nicht minder. Auch vorige Weihnachten, zu Hause noch, hatte man keinen Lichterbaum gehabt — 's war ja auch am Rhein nicht überall Sitte — aber dieses Jahr fastete man den ganzen 24. Dezember, und erst als der Abendstern am Himmel aufzog, trug die Michalina das Mahl auf: neun Speisen nach der Reihe, wie es die Sitte erheischte. Die Überbleibsel jedes Gerichts kamen in den Eimer zum Fressen fürs Vieh. Und ein

Bund Stroh breitete die Michalina unter den Tisch zum Andenken, daß das Jesuskindlein einst in der Krippe gelegen hatte auf Heu und auf Stroh. Das machte den Kindern viele Freude.

Gegen zwölf Uhr nachts machte sich Bräuer mit den wohlvermummten Seinen auf nach Pociecha-Dorf. Die Frau hatte ihm keine Ruhe gelassen, hatte doch der Herr Vikar aufgefordert, in die Pasterka zu kommen — nein, die Hirtenmesse durften sie nicht versäumen! So gingen sie durch die sternklare Winternacht dem Läuten der Glocke nach, und die Kinder guckten beständig hinauf zu den Sternen: ‚so viele Sterne am Himmel stehen, so viele Eier werden die Hühner legen künftiges Jahr‘, das hatte ihnen die Michalina gesagt.

Michalina war allein zu Hause geblieben. Aber sie schleuderte nicht den Pantoffel vom Fuß rückwärts über den Kopf, um zu sehen, ob sie bald Hochzeit machte — wenn der auch noch so weit geflogen wäre, sie würde doch nicht Hochzeit machen!

Und sie klopfte auch nicht am Schweinestall und horchte, ob sich zuerst ein junges oder ein altes Schwein meldete, — ob's ein junger oder ein alter Mann wurde, was kümmerte sie das?! Sie wollte keinen!

In den Garten schritt sie und schlang vom Strohbund, das unter dem Festtisch gelegen hatte, kleine Bänder um die jämmerlichen Obstbäumchen, damit die wachsen und brav Früchte tragen sollten dem Gospodarz zur Freude. Und dann ging sie, immer mit feierlichem Schritt und ernstem Gesicht, zum Stall.

Jetzt war die heilige Stunde da. Die ungeheure Stille der Winternacht hatte ihr den ersten Klang der fernen Glocke zugetragen. Sie bekreuzte sich fromm und bewegte betend die Lippen: jetzt ward Christ geboren! Jetzt tat sich auf, was bis dahin gebunden war — jetzt sprachen die Tiere!

Unterm schneebleichen Nachthimmel, der sich wie die Kuppel eines heiligen Doms, von goldenen Kerzen erhellt, über den stillen Hof wölbte, stand schauernd in Andacht und Furcht das einsame Mädchen. Es hatte die gefalteten Hände gegen das pochende Herz gedrückt. Horch, rührte sich drinnen noch nichts?

Michalina neigte das Mützchen an die Tür des Kuhstalls, sie preßte das Ohr fest an die Spalte. Alle Wunder der heiligen Nacht waren nichts mehr für sie, nur das eine wollte sie wissen, mußte sie wissen, und wenn sie auch ihr Leben darum lassen müßte: was brachte das künftige Jahr dem Sohn ihres Herrn?! Ward es ein glückliches Jahr oder ein trauriges für den Walenty?! Welche Antwort würden die Kühe geben?! Ach, sein Blick war jetzt manchmal so trüb — plagte ihn die Stasia, plagten ihn Schulden, plagte ihn Krankheit? Ach, heilige Mutter, Allerbarmerin! Was plagte ihn denn?!

Was niemand sah, das hatte die braune Michalina gesehen. Valentins Gesicht war nicht immer froh, seine Stirn nicht immer frei. Wenn er in Stasias Armen lag, wenn die Welt draußen stumm war und dunkel, und nichts da, als er und sie, dann war er wohl glücklich, so glücklich, wie er sich's erträumt hatte. Aber am Morgen im nüchternen Licht war's nicht mehr so. Mit dem Kehricht in den Ecken, den Stasias Röcke, die sie lang trug wie eine Dame, aufwirbelten, flog auch die Verstimmung auf.

Schon der Schwiegervater mit dem roten Bart, der sich pünktlich jeden Tag einfand und ungezählte Gläser leerte, war ihm nicht lieb. Der erzählte jetzt nicht mehr vom großen Krieg und von seiner Militärzeit, der schimpfte auf Kaiser und Reich und war wilder auf Polen versessen als die Polnischen selber.

Und der Inspektor, der bald nach dem Förster eintraf, war Valentin noch weniger lieb. Er war gut Freund mit dem Förster; sie spielten mitsammen Karten. Und wenn der Ansiedler, der Szleger, der hier aus der Provinz stammte und die polnischen Weiber im Hause hatte — Frau und Schwiegermutter und Schwägerin — sich noch dazu fand, dann war das ein Gerede, eine lebhafte Unterhaltung, von der der deutsche Wirt kein Wort verstand.

Valentin sah ein, es ging nicht anders, er mußte verstehen lernen, was in seinem Hause gesprochen wurde; er mußte wissen, was Stasia sagte, worüber sie mit den Männern lachte. Sie waren immer so eifrig. Wenn sie alle die Köpfe zusammensteckten, trat er wohl auch an den Tisch, wollte auch teilnehmen an ihrer vertraulichen Unterhaltung, aber dann traf ihn ein Blick Stasias, so fremd, so kalt, daß ihn fror. Sie war wohl seine Frau, vor Gott und Menschen ihm angetraut — aber war sie ganz sein? Er fühlte es dumpf, ohne sich dessen selber recht bewußt zu werden: ihre Seele war nicht sein. Die war zu Hause hier auf dieser Ebene, die wie ein Teller unter der Glasglocke des Himmels liegt — ihre Seele war polnisch!

Und eine jähe Trauer kam in sein Herz. Hastig riß er dann wohl ihren Kopf an sich und küßte sie und sah ihr tief in die Augen; sie ließ sich's gefallen. Aber schaute er auf, so traf er auf den spöttischen Blick des Inspektors und hörte das Lachen des Försters. Dann war ihm der Kuß auch verleidet, und er ging aus der Wirtsstube hinaus auf den Hof in den Schnee; kälter dünkte ihn die Winterluft nicht als drinnen die Stube. Er machte sich draußen zu schaffen mit dem Gefühl, innen ein Fremder zu sein, nur ein Geduldeter im eignen Haus.

Was die nur immer zu schwatzen hatten?! Merkwürdig, die Michalina konnte er immer verstehen, obgleich die das Deutsch so verschimpfierte, daß es eine Schande war. Aber sie gab sich viel Mühe. Oft wenn er draußen allein stand, das Beil in der Hand, um Brennholz zu spalten, aber nicht zuschlug, sondern wie verloren auf den Hauklotz starrte, trat sie zu ihm.

Sie zupfte ihn am Ärmel, zeigte ihm lachend die Zähne und ermunterte ihn:

„Dalej, dalej, daß junge Frauchen sich nicht friert in Kuchnia*)."

Dann schlug er zu, daß die Kloben splitterten, und sie sammelte die Scheite in ihre Schürze und half sie ihm ins Haus tragen. Er war oft unwirsch gegen sie und sagte ihr nicht ‚Danke', aber das bemerkte sie gar nicht. Heilige Mutter, liebreiche Mutter, wenn er nur wieder froh werden wollte! Was hatte er nur, daß seine Wangen nicht mehr so rot waren wie früher und seine Augen nicht mehr so blank glänzten?!

Michalina hatte Valentin Bräuer schon viele Male in

*) Küche.

ihr Gebet eingeschlossen, ihn hundertmal der Muttergottes ans Herz gelegt — was sollte sie sonst für ihn tun?! Würde er glücklicher werden im nächsten Jahr?!

Das sollten ihr jetzt die Kühe sagen in der heiligen Nacht.

Aber wie sie auch begierig harrend auf dem einsamen Hof stand, der totenstill war, so still, daß das leiseste Wörtchen vernehmbar sein würde, wie sehr sie auch das Ohr an die Tür des Stalles preßte, kein Ton wurde drinnen laut. Nicht einmal das gewohnte Schnaufen war zu hören. Wie versteinert standen die Kühe, wie erstarrt.

Da wurde die Horchende plötzlich von Grauen geschüttelt: o weh, o weh, die Kühe sprachen heute nicht in der heiligen Nacht! Denen hatte die Muttergottes den Mund verboten! Die sollten gewiß nichts sagen, weil es gar so etwas Trauriges war?!

Und sie gab, von Angstschauern gerüttelt, Fersengeld, stürzte hinein ins Haus und auf ihren Strohsack, versteckte den Kopf in den Pfühl und weinte. Weinte angstvolle Tränen in der heiligen Nacht. —

Von Weihnachten ab wußte Michalina es ganz genau: dem Walenty drohte etwas. Ach, das kam davon, daß er früher so oft nach dem Tupadlo gegangen war! Wäre er doch fortgeblieben vom Sumpf, dann hätte das böse Irrlicht, die Mora auf dem Rad, nicht seine Seele behexen können!

Das sich ängstigende Mädchen beschloß, einmal den Großvater zu fragen, der war ja so klug, beinahe allwissend.

Der alte Dudek zürnte seiner Enkelin noch immer:

was hatte sie bei den Schwabby zu suchen?! Er machte auch keine freundliche Miene, wenn sie ihm Tabak, den sie für ihn gekauft hatte, und den er so gern schnupfte, mitbrachte, sah auch kaum hin, als sie dem Jasio ein schönes Kleidchen anzog, das Frau Kettchen ihr geschenkt hatte. Und wenn sie erzählte, wie gut es ihr gehe, wie freundlich die deutsche Frau sei, sie nicht schlage und nicht schelte, so hatte er auch dafür kein anerkennendes Wort.

Aber als sie ihm angstvoll sprach vom jungen Sohn ihres Gospodarz, daß der bleiche wie das junge Gras, das zu heiß in der Sonne steht, da erhellte sich seine finstere Miene: so mußten sie alle dahin gehen, die Niemcy — was hatten sie hier zu suchen?!

Als sie ihn bat, ihr ein Mittel für den Bleichen zu geben, auf daß ihm geholfen werde, schüttelte der Schäfer finster den Kopf:

„Ich könnte dir wohl ein Mittel geben, aber ich gebe ihm keines. Laß ihn krepieren!“

Michalina bat flehentlich: was hatte der arme Walenty dem Großvater denn getan? Warum war der Großvater so hartherzig?

„Ich bitte dich, Großväterchen, sage mir doch, ist es der Wind, der hart über unsre Felder streicht und den seine Brust nicht ertragen kann? Ist es der Staub unsrer Äcker, der seine Augen trübt? Ist es unser langer Winter, der ihn so traurig macht? Du weißt doch sonst alles! Ich bitte dich, sage mir!“

„Nimm das alles zusammen,“ sprach Dudek gewichtig. „Ich sage dir, er ist nicht hier geboren, er ist hier eingedrungen — darum muß er sterben. Und wenn ich drei gequollene Erbsen nehmen würde, am Morgen,

Mittag und Abend, und sie für ihn in den Brunnen würfe, und wenn ich das Wort ‚Kalas‘ auf ein Stück Papier schreiben würde und ließe ihn das verschlucken, es würde ihm doch nichts helfen. Das sind Mittel, die das Fieber heilen. Ihn heilen sie nicht!“

„Aber ich glaube, er hat das Fieber,“ versicherte Michalina rasch. „Ich sehe zuweilen, daß in seinen Augen ein Licht brennt. Es brennnt, wenn seine Frau mit den Männern am Tisch sitzt und schwatzt — sie lacht so viel — und ich sehe, daß dann auch auf seinen Wangen ein Rot brennt, und das Rot steigt ihm in die Stirn, und dann sehe ich, daß er die Hand krampft, als schmerze ihn etwas. Und gestern — ach, Großväterchen! — gestern habe ich ihn gesehen im Schnee hinter der Stallwand. Da stand er und weinte! Großväterchen, o du mein liebes Großväterchen“ — sie fiel vor dem Großvater nieder und umfaßte seine Kniee — „ich bitte dich, hilf ihm!“

Aber der Alte blieb hart: aufstehen sollte sie und sich schämen, was ging sie der Niemiec an?! Hat denn ein Niemiec Barmherigkeit mit den Polen? Nein, keiner von den Deutschen! Nicht der, der da hinterm Łysa Góra am See wohnt, der Ober-Teufel, der die Ciotka in den Rücken geschossen, den Schulkindern ihre Sprache geraubt und den Lehrer krank gemacht — und auch nicht der Ansiedlerssohn, der dreiste Knabe, der ein gut polnisches Herz gestohlen hat, daß es ihm gefolgt ist zum Altar!

„Tausend helle Blitze zucken, die Sensen sind schon geschliffen, sie, die da mähen das Hundeblut!“ Mit rollenden Augen stand der Alte.

Der Enkelin grauste es: nein, so liebte sie den Großvater nicht! Wenn er betrunken gewesen wäre, dann wäre er doch noch zu begreifen — aber so?! Ach, er war ja grausam!

Mit einem Gefühl der Entfremdung schied sie von der Hütte; es war ihr, als wohnten gar nicht mehr die Ihren darin.

Raschen Schrittes eilte sie zur Ansiedlung zurück. Sie eilte sehr, aber ihr Herz flog ihr noch voraus: die Frau würde ja schon auf sie warten, die Kinderlein ihr entgegen eilen! Würde nicht auch Walenty, der blasse Walenty, darauf harren, daß die Michalina ihm fegte in Stube und Küche?!

Ach, und würde nicht, wenn der Winter vergangen war, wenn die Sonne den Schnee vom Lysa Góra leckte und die Saaten grünten, alles wieder froh und glücklich werden?!

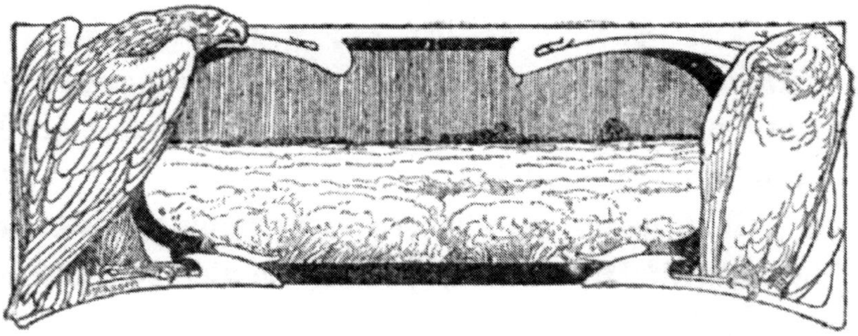

17

Der Winter war vergangen, schon grünten die Saaten frisch im Feld, aber froh war niemand.

Löb Scheftel hatte recht gehabt: das Fleisch war aufgeschlagen. Noch war nicht Ostern ganz herangenaht, und schon kostete das Kälberne zwanzig Pfennige mehr pro Pfund, und ebenso das Rindfleisch, wenn es nicht lauter Knochen waren; von dem fetten Schweinernen gar nicht zu reden. In Miasteczko murrten die Leute — lauter kleine Leute, Ackerbürger und Handwerker, die von der Hand in den Mund lebten — wie leicht die Brote waren und wie klein die Semmeln! Die Kinder aus Pociecha-Dorf, die sonst für einen Groschen eine Reihe von fünf Wecken für den Sonntag kaufen durften, mußten jetzt ihre Augen anstrengen: fünf Wecken sollten das sein? Ei, es waren ja eigentlich nur ihrer vier, davon konnten sie nicht satt werden!

Im Religionsunterricht hatte der Herr Vikar von den sieben fetten und den sieben mageren Kühen erzählt — o weh, o weh, jetzt war die Zeit der mageren! Und der Herr Vikar hatte ihnen auch erklärt: warum die jetzt war.

Weinend kamen die Kleinen nach Hause. Und nun wußten die Großen es auch bald: die kam darum, weil Gott der Allmächtige die Menschen strafen wollte. Man war zu lässig im Glauben, man hielt nicht genug auf seinen Glauben. Warum riefen die Kirchenglocken immer so laut? Sie riefen, damit man nichts andres hörte, nichts, was nichts nützte fürs zeitliche und ewige Heil!

Vikar Górka hatte jetzt mehr denn je zu tun; da waren unzählige, die zur Beichte gehen wollten vorm heiligen Osterfest. Männer und Frauen, alle schlugen an ihre Brust: ja, sie hatten viel gesündigt, sie hatten ihr Vaterland verläugnet und das Brot der Niemcy gegessen! Sie hatten ihren Glauben verraten und deutsch gesprochen!

So einer jetzt nach der Messe deutsch mit seinen Knechten und Mägden gesprochen hätte, der wäre nicht verstanden worden. Herr Kestner auf Pryborowo versuchte es auch gar nicht erst, er sprach lieber gleich polnisch. Wenn es ihm auch nicht so fließend glückte wie seiner Frau — der Frauen Zunge ist gewandter — so verstand er sich doch mit seinen Leuten. Übrigens half Pan Szulc nach.

Es war, als sei der polnische Inspektor immer in Przyborowo gewesen; dort war jetzt ein Regiment, wie man es sich nur wünschen konnte. Pan Szulc verstand das Volk zu nehmen: ordentlich mit der Ledergeknoteten eins übergezogen — wo's trifft, trifft's — aber hernach auch einen Schnaps.

Alle Tage freute sich Kestner des Tausches. Auch Frau Kestner nannte den neuen Inspektor einen tüchtigen und dazu artigen und wohlerzogenen Menschen. Es war ja geradezu entsetzlich gewesen, dieses stete Knausern des alten Hoppe mit den Pferden — als wenn sie ihm selber gehört hätten! Und hatte man eine Kiste an die

Jungen schicken wollen, war's immer der gleiche Ärger wegen eines Boten gewesen! Jetzt waren stets Pferde zu haben und auch Boten vorhanden. Alle Welt in Przyborowo war zufrieden mit dem neuen Inspektor.

Wahrhaftig, der war doch was andres als der ‚alte Knopp'! Die junge Tochter des Hauses hatte das gleich am ersten Sonntag, an dem der Inspektor mit bei Tische aß, konstatiert. Als sie dann nach dem Kaffee einen Spazierritt unternommen — sie hatte an ihrem fünfzehnten Geburtstag mit Unterstützung des Vaters bei der Mutter durchgesetzt, von nun ab in Reitkleid und Herrenhütchen den kleinen Schecken reiten zu dürfen — hatte ihr der neue Inspektor so elegant in den Sattel geholfen wie ein Kavallerieoffizier. Und was für ein allerliebstes Schnurrbärtchen hatte er!

Wenn Cornelia nun in der Studierstube des Vaters, in der Fräulein Wollenberg ihr den Unterricht erteilte, verdrossen an der Feder kaute, sah sie, reckte sie den langgeschossenen Hals noch ein wenig länger, über die Scheibengardinchen weg, oft den neuen Inspektor auf den Hof reiten. Wie gewandt er absprang, dem Pferd einen Klaps auf den Bug gab und der kleinen Marynka, die statt des Pferdeknechts dienstbeflissen herbeieilte, die Zügel an den Kopf warf!

»Psia krew!« Was hatte er für famose Beine in den enganliegenden gelben Reithosen!

Die junge Cornelia träumte in mancher Nacht von dem neuen Inspektor, und als sie in der deutschen Literaturstunde Goethes ‚Torquato Tasso' durchnahmen, fragte sie Fräulein Wollenberg, ob es denn unpassend sei, einen Untergebenen zu lieben?

Fräulein Wollenberg war ziemlich verblüfft über diese Frage: natürlich war es unpassend! Aber als die Stunde zu Ende war und sie dem Postboten entgegen-eilte, um einen Brief in Empfang zu nehmen, dessen Adresse, wie Cornelia ganz genau wußte, von Bruder Rittmeisters Hand geschrieben war, lachte die Schülerin hinter der Erzieherin drein: haha, unpassend?! Was die sagte! Dann wäre es ja auch unpassend, daß Pawel die Wollenberg poussierte!

Eine schläfrige Eintönigkeit lag winters über dem verschneiten Gut, eine große Langeweile, deren sich selbst der junge Backfisch, der doch zeitlebens nichts andres gewohnt gewesen war, nicht erwehren konnte. An den Vormittagen ging es noch an, da hatte man die Stunden und Klavier zu üben, aber dann — hu, die Abende waren gräßlich! Schon die Nachmittage waren wie die Abende. Fräulein Wollenberg korrespondierte, Papa und Mama schliefen im Winter nach Tisch ausgiebig, Besuch konnte man nicht erwarten, denn die Wege waren zu Wagen ganz unpassierbar — junge Mädchen, mit denen man hätte befreundet sein können, gab's überdies nicht in der Nachbarschaft — mit was sollte man sich nun unterhalten?

Es blieb nur das einzige Amüsement, durch den langen dunklen Gang nach der Küche zu schleichen und die Mägde und die Knechte zu überraschen. Die junge Cornelia hatte Ohren wie ein Luchs; was auch in der Gesindestube gesprochen wurde, hörte sie.

Und wenn sie das Gesinde also belauschte, mit angehaltenem Atem, den Rock dicht an den schlanken Körper ziehend, im Winkel des Flurs hinter der Küchentür stand, hörte sie oben Pan Szulc hin und her trappeln; er wohnte gerade über der Küche. Ob der sich wohl auch so langweilte?!

Seine meiste freie Zeit, deren der tüchtige Inspektor, trotz der allmählich beginnenden Frühjahrsbestellung, doch noch übrig hatte, verbrachte er im neuen Ansiedlungskrug. Es war angenehm, während der Ehemann draußen herumwirtschaftete, gemütlich drinnen bei der jungen Frau zu sitzen.

Valentin zog sich jedesmal zurück, sobald Pan Szulc erschien. Wenn er auch schon manche Redensart gelernt hatte — Stasia hatte sich alle Mühe mit ihm gegeben, und er auch aufgepaßt, als gelte es sein Leben — das Polnisch war doch so schwer, zu schwer, er würde es nie ganz begreifen. Er würde es nicht sprechen können, weil seine Zunge zu ungelenk war, nicht verstehen können, weil er nicht polnisch dachte. Und wenn gar die zwei Landsleute sich mitsammen unterhielten, so rasch, so fließend, so alert, dann summten ihm Kopf und Ohren. Er verstand nichts, gar nichts, und er fühlte sich wie beleidigt.

Pan Szulc lachte über den nichtsverstehenden Ehemann. Stasia lächelte: ja, der gute Walek war wirklich dumm, sehr langsam im Begreifen!

Und ungeniert rückten sie näher zueinander: vor wem sollten sie sich denn Zwang auferlegen? —

Am Tage von Mariä Verkündigung plante Stasia, zum Ablaß zu gehen.

Es stand eine kleine Kapelle, keine Meile weit von Pociecha-Dorf, mitten im Ackerfeld, die Schnitter suchten im Sommer Schutz darin vor Ungewittern. Die stand schon da seit vielen hundert Jahren, und viele Hunderte waren dort schon hingewallfahrtet; ein Blitz war einst niedergefahren und hatte die wundertätige Muttergottesfigur überm Altar geschwärzt, aber verbrennen hatte er sie nicht können. Und unter der Kapelle, grade unter den Füßen der heiligen Mutter, entsprang eine Quelle, und wer kranke Augen hatte oder blind war und wusch mit diesem Wasser die Augen, der ward sehend.

Die junge Frau versprach sich ein besonderes Fest von diesem Gang zum Ablaß. Sie forderte Pan Szulc auf, auch hinzugehen: sie würden sich dann dort treffen, und hernach würden sie tanzen!

Auch Frau Kettchen hegte die Absicht, zum Ablaß zu pilgern. Nun waren sie schon über ein und ein halbes Jahr hier im Land, und sie hatte noch immer ihr Gelöbnis einer Wallfahrt nicht erfüllt.

Aber nun war es an der Zeit. Gefiel es ihr denn nicht schon besser hier? Ja, ja — wenigstens meinte das der Herr Vikar. Hatte sie nicht alle Ursache, zufrieden zu sein? Einen guten Mann, gute Kinder — der Herr Vikar lobte das Settchen, das nun zu ihm in den Vorbereitungsunterricht ging, sehr — und war die Schwiegertochter nicht auch ganz nach Wunsch?! Ja, ja, das schon, aber . . . Frau Kettchen sprach vor sich selber den Satz nicht zu Ende. Sie hätte es ja auch eigentlich nicht in Worte fassen können, was ihr nicht gefiel; es war eine Gedankensünde, die durfte sie nur in der Beichte flüsternd ahnen lassen. Aber der Priester stärkte sie durch sein mahnendes und zugleich tröstendes Wort, und sie wurde stark genug, den Argwohn, der sie beschleichen wollte, wenn sie Valentins trüben Blick sah, von sich zu weisen — täte sie denn damit nicht der freundlichen Schwiegertochter bitteres Unrecht? Und unrecht würde es auch sein, darüber zu klagen, daß das Settchen den heiligen Religionsunterricht empfing zusammen mit den polnischen Kindern. Es war ja wirklich ganz gleich, ob man die Gebote Gottes aus dem Katechismus auf polnisch hörte oder auf deutsch — Gottes Gebote bleiben immer dieselben, darin mußte sie dem Herrn Vikar auch wieder recht geben. Und daß das Settchen jetzt gut genug polnisch verstand, war ja auch wahr; man konnte es von dem Herrn Vikar, der ohnehin so unendlich viel zu beschicken hatte, wirklich nicht verlangen, daß er um eines einzigen Kindes willen den ganzen selben Unterricht auch noch einmal auf deutsch wiederholte.

Das alles sah Frau Kettchen ein, und daß sie nicht alles und jedes ihrem Mann zutragen durfte, das war ihr nun auch klar geworden. Herzenssachen und Kindererziehung, das sind Angelegenheiten, die die Frau am besten versteht — hatte so nicht der Herr Vikar zu ihr gesprochen, als sie in die Propstei gegangen war, sich Rat zu holen? Es war ihre Pflicht, immer zum guten zu wirken; darum durfte sie auch beileibe nichts verlauten lassen, daß das Settchen jetzt betete:

»Ojcze nasz któryś jest w niebiesiech!«

anstatt:

„Unser Vater, der du bist im Himmel!“

Ängstlich wachte sie darüber, daß ihrem Peter nichts hiervon zu Ohren kam. Aber etwas Unruhiges kam dafür in ihre Seele und etwas Scheues in ihr Auge, das, früher so licht und offen, jetzt den Blick des Mannes mied.

Peter Bräuer empfand das veränderte Wesen seiner Frau wohl, aber er hatte nicht Zeit, darüber nachzudenken, er hatte der Sorgen jetzt so viele. Es waren der Sorgen noch immer nicht weniger geworden als im Anfang, im Gegenteil, es wurden ihrer immer mehr und mehr, und wenn er ganz aufrichtig gegen sich sein wollte, mußte er sich's eingestehen, daß es ihn schon längst reute, die rheinische Heimat verlassen zu haben. War's nicht ein Übermut gewesen? Ja, ja! Aber gerade deshalb nun: Zähne aufeinander und sich durchgebissen! Mit wahrer Wut warf sich der Mann auf die Ackerbestellung. Er kaufte neues Saatgetreide — Herrgott, war das teuer! Das vom Niemczycer bezogene mußte nichts getaugt haben, sonst wäre die vorjährige Ernte besser gewesen — natürlich, was liegt den großen Herren daran, ob der kleine Besitzer zuschanden geht?! Wenn die nur Geld in ihren Säckel kriegten und wie die Fürsten auf ihren Gütern sitzen konnten, alles andre war denen ja egal!

Der Ansiedler warf einen rechtschaffenen Haß auf den Großgrundbesitz. Da sind sie erst immer so herablassend, die vornehmen Herren, tun wie auf ‚du und du‘, und wenn man's glaubt, und wenn man denkt, man kann ‚du‘ sagen, dann sind sie auf einmal zugeknöpft bis an den Hals.

Wie das Kettchen nur je hatte glauben können, daß der Valentin durch die Fürsprache des von Doleschal die Wirtschaft gekriegt hätte!

Der von Doleschal — haha, das war gerade der Richtige! Bräuer lachte bitter. Selbst der eigne Inspektor mochte den ja nicht leiden — das heißt, gesagt hatte der Hoppe kein Wort gegen seinen Prinzipal, das zu behaupten, wäre eine Lüge gewesen, aber man hatte es ihm doch angemerkt: warm war ihm noch nicht geworden auf Deutschau!

Bräuer und Hoppe hatten sich im Ansiedlungskrug getroffen. Der Ansiedler hatte ein Schnäpschen dort heruntergegossen, gerade als der Inspektor eingetreten war. Gesehen hatten sie sich wohl früher schon, aber nun kamen sie zum ersten Mal ins Gespräch. Sie vertieften sich ganz, denn da war vieles, in dem sie gleicher Ansicht waren.

Die junge Wirtin saß derweilen in einem Eckchen und schien über einer Häkelarbeit zu druseln; aber sie schlief nicht, unter ihren halb geschlossenen Lidern flog ab und zu ein schneller, schlau-neugieriger Blick zu den beiden deutschen Männern hin.

Die schalten wacker auf die hiesigen Verhältnisse. War's nicht eine Schande, daß der Polack sich so duckte? Wären die Herren nicht von altersher an die Kriecherei von Sklaven gewöhnt, so hätte der freie Mann jetzt eine bessere Existenz!

„Da sollten Sie mal bei uns kommen, am Rhein! Da is et doch ganz wat anders," prahlte der Rheinländer, „en ander Werk als hier in der lausigen Ostmark!"

Trüb nickte der Posener: nur Herren und Knechte gab's hier, darin hatte der Herr Ansiedler wohl ganz recht. Aber nein, auf die Provinz selber durfte er nichts sagen, das Land war gut — ach, das Land war ja so dankbar! Hatte man je so schöne Felder gesehen wie die von Przyborowo?!

Und mit Augen, die von Liebe leuchteten, erzählte der alte Inspektor von dem Weizen, den er dort geerntet, von dem Hafer, der so tief die schweren Fahnen geneigt hatte, von der Roggenstoppel, dicht wie eine Bürste, und von den Rüben. „Solche Stücken!" Er zeigte mit beiden Händen einen Umfang, dick wie ein Kinderkopf.

„Ich hab' ihrer in mei'm Land noch kein' solche gesehen!" sagte der Ansiedler trübe.

Das wollte Hoppe wohl glauben. Betriebskapital, ja, das gehörte dazu, und dazu nicht nur ein kleines, und dann Kenntnis der Bodenbedingungen, genaue Kenntnis der hiesigen wirtschaftlichen Verhältnisse. Er freilich war geboren hier in der Provinz und immer hier gewesen, er wußte ganz genau, was der Boden verlangte!

„So, hm!" Der Ansiedler sah ihn zweifelnd an. „Un doch, Herr Inspektor — nix für ungut — un doch haben Sie et grad' nit zu wat Extra'm gebracht, wie ich mir hab' erzählen lassen!"

Des alten Mannes Gesicht, das eben noch von einem fast zärtlichen Lächeln erhellt gewesen war, wurde schnell finster. Er fuhr sich über die Stirn, die durchfurcht war wie gepflügtes Ackerfeld.

„Das lag nicht am Boden," sagte er rauh, „das lag an ganz was andrem. Hören Sie mal" — mit einer hastigen Bewegung legte er Bräuer die Hand schwer auf die Schulter und sah ihn fast beschwörend an — „machen Sie, daß Sie hier wegkommen! Sie bringen es hier auch zu nichts! Sehen Sie zu, daß Sie Ihre Stelle wieder los werden! Sie sind ja noch jung genug, auch noch kräftig genug, fangen Sie lieber in Ihrer Heimat wieder von vorne an!"

„Den Kuckuck werd' ich tun! Herr, Sie sind wohl geck?" schrie grob der Rheinländer und schlug auf den Tisch, daß die Gläser tanzten und Stasia, in ihrer Ecke auffahrend, die Ohren spitzte. „Darum bin ich ja extra hiehin gekommen, um in kürzerer Zeit wat vor mich zu bringen. Wenn ich dat hab', dann werd' ich schon wieder gehn. Meinen Se," — er lachte auf — „ich möcht' mein Leben zu End' führen hier in Ihrer Provinz? No, so dumm bin ich doch nit!"

„So denken sie alle!" Traurig nickte der alte Mann. „Das Land ausnutzen und dann in die Städte ziehen — so denken ja die Polen selber!"

„Och, gehen Se mir weg mit Ihren Polacken!" Geringschätzig zuckte Bräuer die Schultern.

„Die Polen sind gut," sagte der Inspektor rasch. „‚Gut', damit meine ich das Volk, die Männer und die Weiber, die den Acker bestellen im Schweiß ihres Angesichts. Die kennen Sie ja gar nicht, wie ich sie kenne — kindgut sind sie, sag' ich, fleißig, anhänglich, dankbar, treu wie ein Hund seinem Herrn!"

„Och, hören Sie auf!" Bräuer machte eine ungläubig-abwehrende Bewegung. „Spitzbuben sind se, stehlen wie die Raben! Un boshaft sind die Kanaillen! Denken Se an," — der Zorn überkam ihn, er sprang auf und schüttelte anklagend die Faust — „haben se nit letzthin in einer Nacht all meinen Obstbäumcher de Kronen abgebrochen?! Vierzig Obstbäumcher, all eingeknickt, all kaput! Un ich dacht' schon, dies Jahr wat zu ernten!"

Die Erinnerung überwältigte ihn noch; mit einem Laut des Schmerzes und der Wut ließ der schwere Mann sich auf einen Stuhl fallen und stierte, die geballten Fäuste an die Stirn gedrückt, finster auf den Tisch.

Der Inspektor nickte.

„Ja, ja, so was kommt hier schon vor! Und doch

sage ich noch einmal: der Boden ist gut, und das Volk ist auch gut. Man hat nur zu viel an ihm gesündigt. Das ewige Gebete macht's nicht, das auf den Knieen Rutschen, zur Messe Laufen und in die Beichte Gehen. Und — hören Sie, Herr Ansiedler, wenn dazu noch einer, der großartig auf seinem Herrenhof sitzt, wenn dazu nun so einer sagt: ‚Wozu Schulen, wozu Bildung, dumm müssen sie bleiben, je weniger sie wissen, desto bessere Arbeiter sind sie!‘ — Herr Gott, wenn ein großer Herr so was sagt, was kann man da vom armen Volk verlangen?!"

„Hm, ja, — no ja!" Bräuer strich sich das Kinn. „Donnerwetter, Sie sind ja 'ne Sozialdemokrat!"

„Bin ich das?" Der alte Mann lächelte verlegen und strich sich ganz verwirrt über das stopplige Gesicht. „Das weiß ich nicht, das weiß ich wahrhaftig nicht!"

„No un ob!" Der Rheinländer lachte dröhnend. „Aber Sie brauchen sich deswegen nit zu genieren. Weiß Gott, mer kann hier derzu kommen! Stasia" — er drehte sich nach seiner Schwiegertochter um — „bring' noch en Flasch Bier und zwei Gläser, dadrauf müssen wir ens anstoßen!"

Stasia brachte das Gewünschte. Mit einem »Na zdrowie« stellte sie es vor ihren Schwiegervater hin. Lächelnd ging sie dann hinaus, sie hatte genug gehört. Ei, was würde der Herr Vikar sagen, wenn sie ihm das erzählte?!

Die beiden Männer hatten dann auch bald den Krug verlassen. Sie gingen miteinander fort bis hinüber zu Bräuers Haus. Dort trennten sie sich mit einem Händedruck. ‚Ein schnurriger alter Kerl,‘ dachte der Ansiedler, ‚dumm, daß er so wenig auf seinen eigenen Profit Bedacht genommen hat; hätte er das getan, hätte er's wohl auch weiter gebracht im Leben als so, — no, ganz bieder ist er jedenfalls, man kann sich von ihm schon hie und da mal beraten lassen!"

Hoppe hatte, als er über die jungen Saatfelder in der Richtung des Lysa Góra hinwanderte, ein seit langer Zeit nicht empfundenes, wahrhaft befriedigtes Gefühl: da hatte er endlich einmal einem Menschen seines Herzens Meinung sagen können. Ach, wie tat das gut! Man war doch sonst gar zu vereinsamt. Der Prinzipal war immer höflich, auch gerecht, — aber gemütlich, nein, gemütlich war's nie mit dem. Ein Ehrenmann war er, sicherlich, aber hochmütig, und aus lauter Hochmut verschlossen, so verschlossen, daß es beleidigend war für den, der täglich mit ihm zu arbeiten hatte. Warum sprach er sich denn nie aus? Seine Worte dünkten ihm wohl zu kostbar?! Damals, als das Plakat gehangen hatte am Tore der Katarynka — man hatte es ihm angesehen, wie ihn das wurmte — aber bewahre, kein Wort hatte er gehabt auf den ehrlichen Ausdruck der Entrüstung, nur ein kühl ablehnendes: ‚Ich danke'. Er war eben trotz aller guten Eigenschaften ein hochmütiger Aristokrat!

Und der alte Inspektor vergaß ganz, als er, den Kopf schüttelnd, über die schmalen Fußpfädchen quer durch die Saatfelder stapfte, was er diesem Hochmütigen eigentlich zu danken hatte.

* * *

Doleschal hatte sich zu einer Reise nach Berlin entschlossen — sein Freund, der Landrat, hatte ihm auch dazu geraten — hatte er doch noch viele Verbindungen dort von früher her, von jener Zeit, als er, ein schneidiger Kürassier, auf den Hofbällen getanzt und bei allen Festlichkeiten der vornehmen Welt, bei Bazaren und Wohltätigkeitsfesten eine gute und beliebte Figur abgegeben hatte. Man würde ihn dort wohl noch nicht ganz vergessen haben. Er würde herumfahren und seine Karte hineinschicken und die Gelegenheit finden, bei maßgebenden Persönlichkeiten sich und seine Kandidatur zu empfehlen.

Er war voll der besten Hoffnungen. Den ganzen Winter hatte er sich in trüben Tagen trübe gequält, nun kam ihm mit der grünenden Saat eine frohere Stimmung. Vom Lysa Góra herunter sah er auf lauter hoffendes Land. Und er tadelte sich: hatte er nicht unrecht gehabt, mitunter so zu verzagen? Schlimme Elemente gab es überall, aber wenn man sie erkannte, war es nicht schwer, ihnen zu begegnen. Das Deutschtum besaß doch eine so große, so überzeugende Kraft, seine Segnungen lagen so auf der Hand, daß es mit der Zeit selbst die verstockteste Gegnerschaft überwinden mußte. Nur Zeit, Zeit, eine Masse Zeit mußte man haben. Man mußte die Zeit haben, zu warten, bis in allen Schulen nur deutsch gelehrt wurde. Bis deutsche Kinder, von deutschen Eltern hier geboren, den Acker bestellten. Zeit, bis die polnische Dirne, die der deutsche Bursche freite, ihr Vaterland da fand, wo ihre Liebe war!

Doleschal, den Valentin Bräuers Hochzeit mit so viel Unwillen erfüllt hatte, hörte jetzt Gutes von dem

Paar, und er hatte die jungen Leute auch schon einmal zusammen gesehen. Er war am Kruge vorbei gefahren, da hatten sie miteinander auf der Haustreppe gestanden; sie fütterte die Hühner, die emsig pickten, mit eifrig lockendem ‚Put, put,‘ und er hatte ihr gefällig den Futterkorb gehalten. Sie schienen so recht einträchtig; die hübsche Frau mit ihrem glänzenden Haar, sauber angetan, gab ein freundliches Bild. Und die Fenster des Hauses waren auch blank gewesen und weiße Gardinchen hingen daran; selbst die Straße vorm Krug war sauber, eine derbe Magd war eben dabei, mit Schaufel und Besen den Schmutz von Rossen und Kühen beiseite zu schaffen. Es hatte Doleschal mit einer wahren Freude erfüllt, das so zu sehen: hier konnte junge Saat aufgehen, kräftig und verheißungsvoll! Gottlob!

Helene freute sich der heiteren Stimmung ihres Mannes — Gott sei Dank, er konnte doch noch lachen! Oft hatte sie geglaubt, er habe es ganz verlernt. Aber ihn nach Berlin zu begleiten, hatte sie abgelehnt. Was sollte sie da? Seine Interessen konnte sie nicht unterstützen, und — sagen durfte sie's ihm freilich nicht — sie wollte die auch gar nicht unterstützen. Wenn er mit ihr über seine Pläne gesprochen hätte, so würde sie ihm gesagt haben, wie schwer die Befürchtung einer Enttäuschung für ihn auf ihr lastete. Wie konnte er nur denken, hier durchzudringen?! War denn sein Auge so ganz umschleiert, daß er nicht sah, was so deutlich zu sehen war, so zum Greifen nah, wie vom Lysa Góra der schwarze Turm von Pociecha-Dorf?! Er würde hier nicht siegen!

Doleschal war enttäuscht, daß seine Frau ihn nicht

nach Berlin begleiten wollte, aber zuletzt sah er's doch ein, daß sie bleiben mußte, wenn er fern war. Er würde nun seine Berliner Besuche so sehr als möglich zusammendrängen, um zu den Osterfeiertagen wieder bei den Seinen zu sein. Die Knaben quälten ihn um Ostereier — ja, ja, er würde ihnen welche mitbringen, viele! Voller Freudigkeit versprach er's ihnen; er hätte noch ganz andres versprochen, er war wie neu belebt.

Helene brachte ihn zur Eisenbahn. Die Kinder empfahl sie derweilen der Obhut der Gouvernante und der alten Pelasia. Es würde ziemlich spät werden, bis sie zurückkam, da sie ihren Mann, der mit dem Nachtzug fuhr, noch bis zum Coupé begleiten wollte.

Doleschal wußte selbst nicht, was ihn plötzlich überfiel gleich einer jähen Traurigkeit, als er, die Hand seiner Frau in der seinen haltend, der Kreisstadt zufuhr.

Heute war ein ungewohntes Treiben, Kommen und Gehen auf den sonst so stillen Feldern. Der Märzwind wehte in Röcken von Weibern, lüftete Rockschöße von Männern und ließ viele rote, blaue, grüne und violette Bänder in der Luft flattern.

Sie waren alle im Sonntagsputz, wie zum Kirchgang gerüstet, im höchsten Staat. Den Rosenkranz trugen sie um die Hände geschlungen; die Frauen hatten am Arm ein Körbchen, das scharlachene Sacktuch trug der Mann wie ein Bündel. Gleich großen bunten Blumen wehten die Gestalten über die schwachbegrünte Ebene, einzeln oder auch in Trupps gesellt; aus allen Richtungen kamen sie her, alte und junge Männer, alte und junge Weiber, Knaben und Mädchen. Und vom Pociechaer Dorfturm tönte die Glocke in einem fort.

Wohin strömten die nur alle? Jetzt war doch nicht sonntägliche Kirchgangszeit?!

„Mariä Verkündigung, gnädiger Herr — Ablaß!“ sagte der Kutscher und drehte sich herum nach den Herrschaften.

„Fahren Sie heute abend auf dem Nachhauseweg so schnell als möglich,“ befahl ihm Doleschal, und dann wendete er sich besorgt zu seiner Frau: „Hoffentlich habt ihr keinen Krawall mit Betrunkenen! Fatal!“ Seine Stirn zog sich kraus, wie mit einem Schlag war seine ganze gute Laune dahin. Er faßte die Hand seiner Frau noch fester, eine plötzliche Sorge packte ihn: „Es wird dir doch nichts passieren?!“

Sie sah ihn dankbar an: „Mein guter Mann, wie du immer sorgst!“

„Ich mag dich gar nicht allein lassen. Ich möchte lieber bei dir bleiben,“ murmelte er.

Sie nickte lächelnd, aber Tränen waren ihr jäh in die Augen geschossen. „Es wäre mir auch lieber, du bliebest hier! Ach ja!“

Das Scheiden von ihm wurde ihr auf einmal so unsagbar schwer. Wie töricht, es handelte sich ja nur um kaum eine Woche! Aber ihr war, als sollte die zur Ewigkeit werden. Dichter zu ihm rückend, legte sie ihre zweite Hand auch noch in die seine.

„Bleibe,“ flüsterte sie innig, „bleibe bei mir!“

„Aber ich kann ja nicht, ich muß doch fort!“

„Ja, du mußt fort!“ Traurig nickte sie. Und dann zog sie ihre Hände aus der seinen, faltete sie im Schoß und sah still darauf nieder. Sie wagte jetzt nicht mehr zu sprechen, denn dann hätte sie weinen müssen, und sie wollte nicht weinen — nein, nicht wehleidig sein! Und sie biß die Zähne aufeinander.

Auch er schwieg. Ohne zu sehen, glitten seine Blicke über die weiten Felder und die geputzten Menschen, die alle zum Ablaß eilten. Er wandte den Kopf noch einmal zurück in der Richtung nach Deutschau — da schwand eben der Lysa Góra.

Es war heut wenig Hoffnungsfreudigkeit in der grauen Luft, am Tag von Mariä Verkündigung. —

— — — — — — — — — — — — — — — —

Auch die Bräuers hatten sich auf den Weg zum Ablaß gemacht: der Mann, die Frau, das Settchen, der Sohn und die Schwiegertochter. So waren sie ein ganzer Trupp. Valentin hatte erst nicht mitgewollt, aber die Mutter hatte ihm zugeredet: warum wollte er sich ausschließen? Weiß Gott, er kam auf viel bessere Gedanken, wenn er mitging! Und ein forschender Blick hatte sein nachdenkliches Gesicht gestreift: fühlte er sich nicht wohl, warum war er jetzt oft so still? Aber er hatte sie beruhigt: nein, er war ganz gesund, sie brauchte sich nicht zu sorgen. Er war eben nur nicht mehr der ledige Bursche, er war nun ein Ehemann, der was zu bedenken hatte. War es nicht zum Beispiel unrecht, daß er jetzt fortging und den Krug allein ließ?!

Darüber war Stasia nun ganz ruhig. Sie lachte: allein —?! Der Vater war ja da und führte die Aufsicht!

Valentin erwiderte nichts hierauf, aber sein Gesicht zeigte, daß ihn das durchaus nicht beruhigte.

Stasia sah es, und ihr Ton wurde gereizt: dann hätte er doch zu Hause bleiben sollen, hatte sie ihn etwa dazu gedrängt, mitzugehen, he?

Das war es ja gerade. Daß sie ihm so wenig zugeredet hatte, das hatte Valentin nun doch bestimmt, mitzugehen. Er wollte nicht immer derjenige sein, der beiseite stand, wenn sie mit Pan Szulc schwatzte. Und daß dieser sich einfinden würde, des war er gewiß. Ein dumpfer Groll gegen den Inspektor erfüllte ihn. Der hatte ihm zwar nie etwas zuleide getan, war stets höflich, aber wenn der nur die Wirtsstube betrat, wurde ihm schon heiß und kalt. Er mochte es nicht, wenn der so vertraut mit Stasia sprach, wenn der mit Stasia lachte und er nicht mitlachen konnte. Ha, wie er ihn haßte, den — den — Polacken!

Vormals hatte er sich oft über den Vater verwundert — war's nicht gleich, ob polnisch ob deutsch?! Aber jetzt — ach!

Er seufzte, als er Stasia vor sich hergehen sah, mit der ganzen Zierlichkeit, die ihr eigen war. Wie er dieses Weib liebte, so von ganzer Seele, so über alle Maßen, — aber liebte sie ihn?

Die heißen Blicke seiner weit gewordenen Augen hingen sich an sie. Ach, wenn sie doch von Glas wäre, daß er sie durch und durch gucken könnte! Mochte sie ihn wirklich leiden?! Oder war er doch immer noch der Niemiec, der Fremde?!

Er wollte ihr ja alles zuliebe tun. So viel polnisch hatte er schon gelernt, aber immer noch nicht genug, immer noch nicht genug — sie war noch immer nicht sein!

Gehörte sie nicht jemand andrem viel, viel mehr? Aber wer war dieser andre? Wenn er das nur wüßte! Alle Menschen, mit denen sie sprach, ließ er bei sich vorüber passieren: ihre Eltern, den Vikar, Pan Szulc — alle — er haßte sie alle.

Aber allein schuld waren die nicht!

Mit einer trostlosen Frage irrte sein Blick über das weite Land — was trennte ihn denn noch von ihr?

Ach nichts, gar nichts, es war ja nur seine eigne Dummheit, die ihn quälte! Konnte man wohl eine bessere, eine schönere Frau finden?

Und war's nicht auch schön hier in Polen? Auch in Polen ließ sich's leben, so gut wie am Rhein. ‚Valentin, Valentin Bräuer,' sagte er zu sich selber und gab sich mit der flachen Hand einen Schlag vor die Stirn, ‚sei doch nit eso dumm!' Und mit einem plötzlichen Entschluß nahte er seinem jungen Weibe leise von hinten und drückte ihr einen Kuß auf die Schulter.

Sie schrie auf. „Psia krew, was für ein Frecher!" Aber dann lachte sie unbändig: ach, der Walek war's! Der küßte ja die Schulter, wie einer von hierzuland! „Da — da — auch den Kleiderärmel!" Sie hielt ihm ihren Ellbogen hin. Und: „Da — da auch: ‚padam do nóg'!"

„Laßt doch die Dummheiten," sagte Vater Bräuer. Es ärgerte ihn, daß der Junge sich so zum Narren halten ließ. „Gebt dat doch auf," brummte er.

Aber die Schwiegertochter lachte: „Wenn er doch will!" Und Valentin an der Hand fassend, zog sie ihn mit sich, ein wenig abseits von den andern und fiel ihm da, gedeckt von einem strauchartigen Holzbirnbaum, der am Grabenrand stand, um den Hals. „Walek, mein Lieber, o du meine Seele, komm, küsse mich!"

So liebeheiß war sie lange nicht gewesen. Es durchrieselte den jungen Mann wie ein Feuer. Ach, wenn er nur erst Vater wäre, wenn sie nur erst einen kleinen Jungen kriegten oder ein kleines Mädchen, gleichviel, nur ein Kind, dann würden sie sich doch ganz anders verstehen! Ein Licht ging ihm plötzlich auf am grauen Horizont, eine Hoffnung, leuchtend wie die Sonne: ein Kind, ein Kind mußten sie nur erst haben! Wenn das in der Wiege lag, dann war alles, alles gut!

Zärtlich seine Frau an der Hand behaltend, ging er mit ihr auf die Kapelle zu. —

Dort war der Ablaß in vollem Gang. Vikar Górka, unterstützt von dem Geistlichen eines Nachbardorfes, versah den Dienst. Er sah blaß und erschöpft aus; die Anstrengung war sehr groß.

Die Bräuers zogen auch um den kleinen Altar, von dem die schwarze Muttergottes herunter sah, in der Reihe mit den andern, feierlichen Schrittes. Nun hatten sie auch gebetet und geopfert und dann den Ablaß bekommen wie die andern. Nun wollten sie auch noch aus der als wundertätig geltenden Quelle schöpfen; es waren ihrer viele da, die daran glaubten. Müde und vom Staub des Ackers entzündete Lider hatten sie alle, und ein paar Greise bückten und bückten sich immer wieder und bespülten mit der hohlen Hand lange und unablässig ihre erloschenen Augensterne.

Stasia, die drinnen in der Kapelle ein Gesicht gemacht hatte, fromm wie das Madonnenbild selber, war hier außen übermütig lustig. Auf den sprossenden Rasen hatte sie sich niedergesetzt. O, sie hatte es nicht nötig, sich die Augen zu waschen! Sie schöpfte nur zum Trinken und spritzte dann ihrem Mann vom Wasser ins Gesicht: „Auf daß du sehest!“

Er wischte sich lachend mit dem Rockärmel die Tropfen ab, die ihm vom reichlichen Guß über Stirn und Lider rannen. Als er wieder schauen konnte, sah er plötzlich Pan Szulc stehen, — zum Donnerwetter, hatte der sich doch eingefunden?!

Der Inspektor schloß sich den Bräuers an; auf dem Nachhauseweg ging er mit Stasia. Vergebens suchte Valentin bei ihnen zu bleiben — bald waren sie weit vor, bald allein zurück — er wußte sich's nicht zu erklären, wie es zugehen konnte, daß sie ihm immer wieder entschlüpften.

Zuletzt gab er's auf und ging allein. Er ließ den Kopf auf die Brust hängen und brütete vor sich hin.

Vor ihm her gingen Vater und Mutter und führten das Settchen in der Mitte; andächtig gingen sie alle drei und sprachen wenig. Frau Kettchen betete jetzt nicht mehr den Rosenkranz wie auf dem Hinweg, aber es war gewiß, daß sie noch in ihrem Innern betete; ihr Blick war fromm.

Warum war Stasia nicht auch so? Der junge Bräuer hörte das Kichern seiner Frau hinter sich. Warum war die nicht auch so? Ach, daß sie doch der andern da mehr gliche! Valentin hatte seine Stiefmutter immer herzlich gern gehabt, aber heute, jetzt auf einmal hatte er noch ein andres Gefühl für sie. Es trieb ihn, die Vorangehenden mit ein paar hastigen Tritten einzuholen und dann neben Frau Kettchen ein Weilchen herzuschreiten. Als kleiner Junge hatte er sich gern der Stiefmutter an den Rock gehangen, nun drängte es ihn wieder, ihr Kleid zu berühren. Wie in Ehrfurcht streifte seine Hand darüber hin. „Mutter,“ sagte er leise, „gute Mutter!“

Und dann ging er wieder ganz allein hinten nach, bis sie nach Pociecha-Dorf kamen. Hier zupfte ihn Stasia am Rockschoß. Droben beim Ablaß hatte sie eine der sauren Gurken haben müssen, die das schmutzige Weib an der Kapellentür feilbot, und von dem Krüppel auf der andern Seite, der Heringe aushökerte, hatte sie auch gekauft und den Fisch verzehrt, aus der Salzlake heraus, wie alle taten; jetzt wollte sie auch tanzen in Pociecha-Dorf.

Heute, heute wollte sie tanzen, in der Fastenzeit?! War sie toll?! Valentin faßte nach ihrem Kleid.

Sie machte sich los. Taten das denn nicht alle, und war sie's nicht gewohnt so, immer, an jedem Ablaßtag? So war es Mariä Verkündigung, so Mariä Kräuterweih, so Mariä Geburt. Wer hieß denn diesmal den Ablaß so unglücklich gerade in die großen Fasten fallen?

Ihre Augen blitzten, sie wurde ganz rot, als ihr Mann verneinend den Kopf schüttelte. „So geh du doch nach Hause, geh nur,“ drängte sie.

Ein rascher Blick des Einverständnisses war zwischen ihr und Pan Szule hin und her geflogen, unmerklich fast; sie zwinkerten nicht, sie stießen sich nicht an, sie sagten kein Wort, und sie verstanden sich doch.

Valentin sah den Blick. Und plötzlich fiel ihm etwas von den Augen — hatte das gepriesene Wasser der Quelle so rasch ein Wunder gewirkt?! — er sah, sah, wie man bei einem Blitzstrahl sieht, der durch schwarze Nacht fährt. Sah und fühlte mit einem Schmerz, der ihm gleich einem ohnmächtig machenden

Stich durch Leib und Seele ging, die Hoffnungssonne wieder sinken, die er vorhin am Horizont wie eine goldene Kugel hatte emporsteigen sehen. Nichts, nichts, auch ein Kind nicht, konnte ihm helfen! — —

Aus dem Krug bei Eiweih summten Tanzmelodieen; Bratsche und Geige, Dudelsack und Horn mußten an der Wand hängen bis nach Ostern, aber man durfte wenigstens singen.

Alle Ablaßgänger traten ein in die Schenke.

„Das Mädel ist mein,
Das Mädel ist mein —
Im Kopf schwarze Augen,
So wie ich, so wie ich!

Das Mädel ist mein,
Das Mädel ist mein —
Am Schuh gold'ne Schnallen,
So wie ich, so wie ich!

Das Mädel ist mein,
Das Mädel ist mein —
Im Sack keinen Groschen,
So wie ich, so wie ich!"

sang ein Bursche, der aus dem Krugfenster herauslehnte und winkte die lachenden Mädchen herein.

Pan Szulc summte mit, auch Stasia summte:

„So wie ich, so wie ich!"

Unruhig trippelte sie, sie konnte die Füße nicht mehr ruhig halten, ihre Hand fingerte nach des Partners Hand.

Da stieß Valentin heraus, mit einer verzweifelten

Anstrengung, seiner brechenden Stimme Trotz zu verleihen:

„So bleib du, bleib du! Ich geh' nach Haus!"

* * *

Der Ablaßtag, der grau verhangen über die schwach begrünte Ebene gegangen, war zum schwarzen Abend geworden. Schwer lastete sich ballendes Nachtgewölk.

Die Fenster von Eljakim Hirsch, die erst wie helle Sterne gestrahlt hatten, waren jäh dunkel geworden. Man hatte zum guten Glück sich noch der österlichen Zeit erinnert: wie würde der Herr Vikar sonst schelten, wenn er's erfuhr, daß man der Fasten so wenig geachtet?! Wie konnte man auch der Leiden Christi so wenig gedenken?! Tanzen — das war heut, selbst am Ablaßfest, eine Sünde, die sich nicht gut machen ließ durch hundert Rosenkränze. Rasch waren die Lichter gelöscht worden; nun saß man fast im Dunklen, bloß ein ganz erbärmliches Lämpchen überm Schenktisch warf ein wenig Schein. Aber die Dunkelheit hinderte nicht, daß man im Krug sitzen blieb und, da man nicht tanzen durfte, desto eifriger trank.

Stasia war erst sehr enttäuscht, daß es zu keinem Tanze kam. Wie lange, ach, wie lange — sollte man es glauben? — seit sie verheiratet war, hatte sie nicht mehr getanzt! Und sie hub an, sich bitterlich zu beklagen: nein, glücklich war sie nicht, der Valentin war ein ganz guter Mensch, aber, ach, hatte der eine Ahnung davon, was sie brauchte?! Nein, keine Ahnung!

Und sie warf sich Pan Szulc an die Brust, schlang die Arme um seinen Hals und küßte ihn leidenschaftlich.

Sie waren allein in dem kleinen sogenannten Herrenstübchen, das Eljakim neben dem größeren Wirtszimmer hatte. Mit einem Schmunzeln hatte er sie gleich da hineingewiesen. Nun ging Pan Szulc und drückte leise die Tür zu, die bis jetzt nach der Wirtsstube offen gestanden hatte.

18

Das Deutschauer Herrenhaus lag ganz still. Seine Läden waren geschlossen, man sah kein Licht mehr, nur am Hoftor flackerte trübe die Laterne; Frau Helene war noch nicht von der Fahrt nach der Eisenbahn zurück.

Der alte Hoppe hatte sich in seinem Stübchen im Seitenflügel schon zu Bett gelegt, — warum sollte er noch so einsam aufsitzen? Morgen mußte er so wie so doppelt früh heraus, da der Baron in Berlin war und er allein für alles aufzukommen hatte. Nun, aufkommen würde er schon, hatte der Gutsherr sich doch in letzter Zeit so wie so nicht viel um die Wirtschaft gekümmert. Merkwürdig, wie zerstreut der Herr jetzt oft war, ganz wie abwesend! Seit der Geschichte mit dem Plakat an der Katarynka war er förmlich verstört. Wenn er nun erst gar wüßte, wieviele solcher Plakate sein Inspektor mit der Zeit gefunden hatte! Gewiß an die zwanzig. An dieser Scheune und an jener, am Stall, am Speicher, sogar an der Haustür, überall auf dem Gehöft. Und letzthin hatte es auch außen an der Hofmauer gestanden, mit großen Kreidebuchstaben, so recht jedermann sichtbar:

‚Hakatist! Schwein! Schächer! Hundeblut!‘

Immer waren es die gemeinsten Schmähungen,

und immer war es ungefähr derselbe Wortlaut. In der Tat, wenn das einer immer und immer wieder zu hören kriegte, konnte er schon närrisch darüber werden!

Der Inspektor, bereits im Begriff, sich niederzulegen, war noch einmal an seine Kommode gegangen. Dort verwahrte er in einem alten Zigarrenkästchen, in wohlverschlossenem Schub, die schmähenden Zettel. Jetzt sah er sie noch einmal durch: pfui, pfui, pfui! Aber dann kam ihm der Gedanke: wie mußte man die Seele eines Menschen erbittert haben, daß der solches schrieb?! Wer jener arme Kerl wohl sein mochte? Ein Mitleid überkam ihn mit diesem, fast mehr als mit dem Niemczycer. Aber — warum nachforschen?! Der Niemczycer war zu hochmütig, um sich darum zu kümmern, und ihn, den Inspektor, was ging's ihn denn eigentlich an? Er tat genug, wenn er die Insulten am frühen Morgen auf seinem ersten Rundgang, wenn noch alles schlief, absammelte und seinem Herrn so den Ärger aus den Augen räumte. Was seit Generationen am Volke gesündigt ist, läßt sich nicht aus der Welt schaffen. Nun traf die Rache einen, der vielleicht besseren Willen hatte; aber gerade den traf's doppelt hart!

Der alte Inspektor schüttelte den Kopf, als er müde vom Tage in sein Bett kroch: im Grunde waren sich die Herren doch alle egal, da war nicht viel zu erhoffen! Eine neue Generation mußte erst kommen, um ein Volk zu erziehen, das jetzt noch wie ein kleines Kind in Windeln war.

„Unser Vater im Himmel," murmelte der alte Mann und faltete die arbeitsharten Hände über der Brust, „der du deine Sonne scheinen läßt oben auf den Lysa Góra und ebensogut unten auf den Luch im Feld, willst du uns nicht einen schicken, der da weiß, wie man säen muß, um Frieden zu ernten? Amen!"

Mit diesem schlief er ein. Er hatte schon ganz fest geschlafen, als ihn ein Schrei weckte. Ein johlender Schrei war's, wie er schon einmal hier erklungen war am Abend des Erntefestes — ein trunkenes Gröhlen sinnloser Freude.

* * *

Aus dem Pociechaer Krug hatte sich eine Schar aufgemacht. Es war ihnen zu langweilig geworden, zusammen zu sitzen ohne Tanz und Gesang.

Mit Johlen und Pfeifen strömten sie aus der Schenke und trieben sich draußen herum. Dicht an der Propstei trabten sie vorüber — wollten sie etwa wieder hin zum Lehrer Ruda?! O nein, der war ja jetzt brav! So machten sie wieder Kehrt. Noch einmal ging's an der Propstei vorbei mit Lachen und Geschrei und mit Pfiffen, die durchs Dunkel stiegen wie Alarmsignale.

Wo wollten sie denn hin?! Das wußten sie selber nicht. Nach Hause natürlich nicht; da gab's kalte Stuben und kein Fleisch im Topf. Jetzt war's freilich noch Fastenzeit, aber zu Ostern würde auch kein Fleisch da sein, und das behagte ihnen schon lange nicht.

»Psia krew!« Sie ballten die Fäuste. Wohin mit dem Ärger! Wohin denn nur?

Fern schimmerten die Lichtchen von Pociecha-Ansiedelung. Ein Stern flimmerte heller als die andern. He, da war ja auch ein Krug! Den mußte man mal probieren! Und wenn etwa die Schwabby sich breit darin gemacht haben sollten: „Schmeißt sie hinaus, die nichts drin zu suchen haben!“

In hellen Haufen zog man zum deutschen Krug.

Dort saßen in der Tat einige Ansiedler; da die Wirtsstube heute leer geblieben war, hatten sie sich an dem großen Tisch in der Mitte niedergelassen, über den die schaukelnde Hängelampe das hellste Licht warf.

Aber Frelikowski, der Förster, saß bei ihnen. Da wagten die Dörfler keinen Streit anzufangen, sondern sie forderten nur ungestüm vom schweigsamen jungen Wirt einen ‚Sznaps‘, gossen den hinunter und trabten dann wieder auf die Straße.

Heftig gestikulierend, mit Fäusteschwingen standen sie noch ein Weilchen draußen. Friedlich lagen die Häuschen unterm schwach besternten Himmel, kein Ansiedler zeigte sich, wohl aber trat der Förster, wie nach dem Himmel spähend, einen Augenblick unter die Krugtür. Da zogen sie ab, knurrend zwar, aber sie zogen doch: was sollte man denn hier krakeelen?! Arme Kerle waren die Ansiedler auch, die sich quälen mußten um ihr Stückchen Brot! ‚Betrogen sind sie, wie wir betrogen werden, psia krew, laßt sie leben, die Schwabby!‘

In der ungeheuren Nachtweite, durch die sie zogen, blinkte ab und zu ein Sternchen auf, und Hundegebell hörte man von ferne, wie Wolfsgekläff in einsamer Wüste. Das waren Zeichen der Herrenhöfe, von denen selber man nichts sah, die versunken lagen flach in der Fläche. Aber der Lysa Góra tauchte jetzt auf und reckte seine Stangenkiefer wie einen Galgen, dräuend, herausfordernd. Da fingen die Trunknen an, laut zu gröhlen:

„Nach Niemczyce! Laßt uns dem Hundeblut, dem Hundesohn, dem nichtsnutzigen Hakatisten das Dach überm Kopfe anstecken!“

Die Schritte, die eben noch so unsicher umhergetappt hatten, richteten sich plötzlich zielbewußter. Nun wußte man, was man wollte. Hatte nicht der Herr Vikar gerade auf den Niemczyer gezielt, als er das letzte Mal in der Sonntagspredigt von dem Wolfe gesprochen, der in Schafskleidern einhergeht und sich wählen lassen möchte, um beim deutschen König das Land zu vertreten?! Ei, das wäre — der?! Da wäre man nicht vertreten, verloren wäre man da!

„Schlagt ihn tot!“ heulte einer. Und zehn andre griffen den Ruf auf: „Schlagt ihn tot, schlagt ihn tot!“

Sie fingen an, zu laufen. He, dem drohenden Berg da auf den Kopf gespuckt! Nach Niemczyce hinunter ging die Jagd.

Ahnungslos träumte der See, und das Haus schlief auch.

Das Hoftor stand offen, die Laterne zeigte den Weg. Schon waren sie im Hofe, schon vor dem Hause, als ihr Schrei des Triumphs sie ankündigte.

Nun hatten sie ihn sicher, den deutschen Spion, den Verräter, den Polenfeind!

Ein Reißen an der Klingel, und dann ein donnernder Faustschlag, vom Vordersten mit aller Gewalt gegen die Tür geschmettert, weckten ein dröhnendes Echo im stillen Haus.

„Pst, nicht so laut!“ Häusler Jezierski, der Hausbewohner von Lehrer Ruda, er, der die neun Kinder hatte, und dessen Weib das zehnte erwartete, hielt seinem Vordermann beim zweiten Ausholen die Faust fest: „Bruder, nicht gar so gewaltig, ein Weib schläft darinnen und kleine Kinderlein!“

„Daß dich der Donnerstein erschlage!“ schrie der also Gestörte. Aber der zweite Schlag war nun doch wenigstens ein Klopfen zu nennen. „He, aufgemacht, wir wollen den Niemczycer sprechen! He, he! He, Antwort, ist der Herr zu Haus?!“

Das Fenster, oben im ersten Stockwerk, das gerade über der Tür gelegen war, klirrte leise.

„Der Herr ist nicht zu Haus!“ antwortete eine helle Stimme von oben herab.

„Wo ist er denn?!

„Nach Berlin gefahren!“

„Wir glauben es nicht! He, aufmachen soll er! Aufmachen soll er! Auf den Hof kommen soll er! Der Feigling, der Schächer, das Schwein! He, he, he, aufgemacht! Möge dich der Blitz zerschmettern! Daß dich der Donner erschlage! Mögen dich hundert helle Blitze treffen! Möge dich der schweflige Blitz anstecken! Niemczycer, komm heraus!“

Die Tür ächzte unter den Fausthieben; unter Fußtritten erzitterte sie.

„He, Niemiec, Niemiec, du Hundeblut!“

Der aus tiefem Schlummer geschreckte Inspektor hatte nicht rasch genug ans Fenster kommen können; schlaftrunken taumelnd riß er es auf: was ging da vor am Hauptbau? Träumte er noch, tobte da nicht eine Bande? Betrunkene? Was wollten die?!

Er schrie ihnen zu, sie hörten ihn nicht.

„Niemczycer, Spion, Verräter, verfluchter Niemiec!“

Ein Steinwurf mußte eine Scheibe getroffen haben, Scherben klirrten. Das waren die dicken Milchglasscheiben der Haustür!

„Leute, seid ihr des Teufels?“ Der Inspektor war in die Kleider gekommen, er wußte nicht wie; die steile Stiege des Seitenflügels stolperte er im Dunklen herunter, seine alten Füße wollten ihn kaum so rasch tragen.

Jetzt war er am Platze: „Leute, Leute!“ Er drängte sich zwischen den Haufen, es gelang ihm, die Freitreppe zu gewinnen. Die Arme hob er beschwörend: „Leute, was fällt euch ein? Ruhe! Was wollt ihr denn vom Herrn?! Der Herr ist nicht zu Haus!“

„Glauben wir nicht! Der Niemczycer soll kommen, hierher, zur Stelle! Niederschlagen werden wir den Herrn wie einen Hund! Wie einen Hund, den Herrn! Hierher, hierher!“

Sie stampften mit den Füßen. Durchs Dunkel, das schwacher Laternenschein mühselig durchzitterte, blitzten ihre Augen wie Augen von Raubtieren, die lange hinter Eisenstäben gesessen haben. Ihr Atem dünstete Alkoholgeruch aus. Aber sie waren noch nicht völlig trunken, noch nicht in der Trunkenheit, in der der Geist schon schläft und der Körper sich willenlos schieben läßt.

Hoppe sah's mit Schrecken: die hier waren gefährlich! Was tun?! Wo steckten denn die Knechte?! Ließen sich die denn nicht sehen zum Beistand? Drüben, ganz nah, schliefen doch die Fornals in den Pferdeställen?!

„Fornal, Fornal!“ Keiner kam.

Und wohnte dort bei der Schmiede nicht der deutsche Stellmacher Krauz?!

„Krauz, Krauz!“ Er schrie.

„Halte dein Maul, du Kaldaunenfresser!“ Ein harter Schlag traf seinen Mund.

Um Gottes willen, wenn die hier das Haus demolierten?! Wenn sie nur die Fenster einschlugen und die Kinder entsetzten, das war schon des Unheils genug. Die Knaben waren allein zu Hause, die Herrschaft abwesend! Mit ausgebreiteten Armen sprang der alte Mann vor die bedrohte Tür.

„Leute, Leute, macht euch nicht unglücklich!“ Er rief es flehentlich.

Sie lachten schallend.

Erregt streckte er ihnen abwehrend die Arme entgegen: „Schert euch vom Hof, dalej!“

Ein derber Hieb auf seine ausgebreiteten Arme belehrte ihn, daß der Kommandoton heute gar nicht am Platze sei.

„Scher du dich! Geh zum Teufel!“

Wie eine Welle drängte es gegen ihn an. Für einen Augenblick sah er sich ganz umgeben von drohenden Fäusten; er fühlte sich von der Freitreppe heruntergezerrt — er verlor den Boden unter den Füßen — jetzt, ein Lupfen, ein Schwung — weit lag er, zur Seite geschleudert, unten auf dem Pflaster.

Da stieß er einen langgezogenen Schrei aus, der das rauhe Geschwirr der tobenden, jauchzenden, schimpfenden, lachenden, fluchenden Stimmen, das laute Getrampel der vielen stampfenden, wie besessen springenden und hüpfenden Beine übertönte:

„Zu Hilfe!"

Er versuchte, sich aufzuraffen. Um Gottes willen, die Kinder, die Kinder! Alle Glieder schmerzten ihn, sie waren ihm wie zerbrochen; es gelang ihm, einen Ellbogen aufzustemmen, aber seine Beine versagten, er kam noch nicht auf die Füße. Einen angstvoll spähenden Blick sandte er umher — nichts, nur die Nacht! Niemand kam! Als seien die Knechte gestorben!

Verzweifelt rang er, aber halb aufgerichtet mußte er am Boden bleiben. Über ihn weg sprangen die Rasenden, er fühlte ihre Tritte auf seinen Händen. Alle stürmten jetzt die Freitreppe hinan. Die Tür krachte.

Die Kinder, um Gottes willen, die Kinder! „Zu Hilfe, zu Hilfe!"

Da öffnete sich die Tür.

Ein breiter Lichtschein fiel heraus auf den Hof.

Sie johlten alle jubelnd auf.

Das schrumplige, angstverzerrte Gesicht und die zitternde Gestalt der alten Pelasia zeigten sich; sie hielt eine Lampe, aber sie zitterte so, daß diese fast ihrer Hand entfiel.

Was?! Herr des Himmels, steh uns bei, war dieses Weib denn ganz verrückt?! Ächzend rutschte der Inspektor auf allen vieren ein Stückchen näher heran. Statt die Kinder zu verstecken oder mit ihnen herauszuklettern über die Veranda und hinten herum in den Park zu flüchten, statt dessen kam diese blödsinnige Alte und — da — da —!

Die Augen drangen Hoppe fast aus dem Kopf.

Da stand der Junge, Doleschals Ältester, der Hanns-Martin, auf der Schwelle und sah ganz unerschrocken die Bande an.

Es war plötzlich still geworden.

„Papa ist nicht zu Haus," sagte der Knabe mit seiner hellen Stimme; man hörte sie deutlich bis in den fernsten Winkel. Und man sah auch die kleine Gestalt ganz deutlich von überall. Vornehin, auf die oberste Treppenstufe, war er jetzt getreten, nur mit Nachthemd und Unterhöschen bekleidet; der Zugwind fuhr in die blonden Haare und wehte sie empor über der freien Knabenstirn. Im zitternden Schein von Pelasias Lampe sah man klar das frische Gesicht.

„Schlagt die Brut tot, schlagt sie tot," heulte einer auf. Aber der Ruf wurde nicht wiederholt.

„Warum wollt ihr uns was tun?" sagte der Junge. „Wir haben euch ja auch nichts getan!"

„Doch, jawohl, schlagt ihn tot, den Hundesohn!"

„Nein, psia krew, laßt den Bengel in Frieden!"

„Laßt uns das Hündchen hängen ans Scheunentor! Nagelt es an durch Hände und Füße!"

„Reißt ihm die Kaldaunen aus dem Bauche, dem Herrensohn!"

„Was fällt euch ein? Sünde wäre das! Wollt ihr ins Fegefeuer kommen?"

„Sünde?! Fegefeuer?! He, ihr seid wohl toll?! Gott der Herr wird sich freuen, wenn er vom Himmel schaut und sieht das!"

„Wir leiden es nicht!"

„Aber wir!"

„Nein, niemals!"

Zankend schrieen die Stimmen untereinander.

„Fürchte dich nicht, kleines Herrchen," sagte Häusler Jezierski und bemühte sich, deutsch zu sprechen. „Hab' ich Kinderlein w domu — zu Hause — dürfen sie dir nicks tun, sag' ich!"

Für Momente hatte es um den Kindermund gezuckt wie von nahendem Weinen. Die Wimpern hatten geblinzelt, die Augen wollten sich zupressen angesichts der drohenden Gefahr. Nicht alles hatte Hanns-Martin verstanden, doch immerhin genug; er sah die wild erhitzten Gesichter und die Arme, die sich nach ihm ausstreckten, und eine Angst wollte ihn beschleichen.

Aber nun, da er eine gutmütige Stimme hörte, lächelte er tapfer. Vertrauend faßte er die Hand des fremden Mannes: „Sie werden nicht leiden, daß man uns was tut, meinen Brüdern und mir, nicht wahr? Mein Vater wird Ihnen Geld dafür geben, aber ich werde Ihnen die schönen bunten Ostereier geben, die er mir mitbringt. Und meine Brüder sollen Ihnen auch von ihren Ostereiern geben für Ihre Kinder. Bitte, sagen Sie den Leuten doch, daß die nach Hause gehen!"

Drinnen im Flur ertönte jetzt ein jämmerliches Gekreisch. Die kleineren Doleschals wollten ihrem ältesten Bruder nach; vergebens versuchten Pelasia und die jetzt auch zum Vorschein kommende, vor Furcht ganz fassungslose Gouvernante, sie zu halten.

„Höre!" sagte Hanns-Martin, „wie sie weinen! Die haben Angst. Ich habe keine Angst!"

Er reckte sich auf den Zehen und warf den Kopf in den Nacken.

„Brauchst auch keine Angst zu haben, Herrensohn!"

Irgend jemand sagte es, und ehe der Knabe sich's versah, hatte ihn sein Freund, der ein breitschultriger und stattlicher Mann war, emporgehoben. Hanns-Martin strampelte mit den Beinen: nein, auf den Arm wie ein kleines Kind wollte er nicht! Aber es half ihm nichts, auf die Schulter mußte er.

„Paniczek, sage du ihnen, und sie werden gehen! Sage du ihnen, daß du geben wirst deine bunten Ostereier, und sie werden dir danken!“

Der Knabe besann sich nicht lange, fühlte er sich nun doch viel sicherer hoch oben auf der breiten Schulter. Vergnügt lachte er, ein wenig ängstlich und doch stolz zugleich, wie einer, der zum ersten Mal ein feuriges Roß unter sich fühlt.

„Geht nach Hause!“ rief er keck. „Meine kleinen Brüder sind müde, wir möchten gern ruhig schlafen. Ich gebe euch auch die bunten Ostereier, die ich kriege — ja, ja!“ Er nickte eifrig, als er in die Gesichter sah, die ihn ungläubig anstarrten, und legte dann, ganz ernsthaft, die Kinderhand aufs Herz. Mit einem Ausdruck über seine Jahre sagte er:

„Was ich versprochen habe, halt' ich auch. Ihr kriegt sie, auf Ehre!“

Es war so still gewesen bei den Worten des Knaben, daß der Inspektor einen neuen, noch heftigeren Ausbruch von Wut fürchtete; unheimlich dünkte ihn diese Stille. Mit einer gewaltigen Anstrengung gelang es ihm jetzt, auf die Kniee zu kommen; jetzt setzte er den ersten Tritt auf die Erde — hin, hin um jeden Preis, sich hinstellen vor den tapferen Jungen und ihn schützen! Wenn sie dem was tun würden, dann —

Er erschrak fast. Ein Gelächter war plötzlich losgebrochen. So einmütig aus allen Kehlen kam es und so überraschend, daß es ihn förmlich packte.

Er taumelte und sank wieder auf die Kniee. Wie im Traum hörte er sie alle untereinander schreien.

„Was, was sagt das Herrchen?!“

„Bunte Ostereier will er uns schenken, sagt er!“

„Guter paniczek!“

„Ein Liebling ist er, ein Herz von Gold!“

„Ostereier will er uns schenken, das Bürschchen! Seine Ostereier, die er geschenkt kriegt! Daß die heilige Mutter ihn segne!“

Wie vorhin, so drängte auch jetzt die Rotte gegen die Freitreppe an. Wie vorhin, so blitzten auch jetzt die Augen, wie vorhin, so streckten sich auch jetzt die Hände aus. Aber Inspektor Hoppe konnte ruhig auf den Knieen liegen bleiben und starren und starren mit weitgeöffneten, erstaunten Augen. Diese Hände da, diese heftig gestikulierenden, sich reckenden Arme, wollten jetzt den Herrensohn nicht mehr herunterreißen, sein Blut nicht mehr vergießen am Scheunentor.

„Kleiner paniczek! Lieber paniczek! Goldener paniczek!“ Ein Durcheinander von Zärtlichkeiten schwirrte zur Schwelle des Herrenhauses empor.

„Die heilige Dreieinigkeit soll ihn hüten!“

„Daß er gesegnet sei mit goldenen Ähren und langen Jahren!“

„Daß er groß wachse wie ein Baum und Schatten gebe!“

„Daß er lebe: hoch!“

Jezierski hatte das geschrieen und sich hochgereckt unter der leichten Last, die seine starken Schultern nicht spürten. Den Hut vom Kopf reißend, schwenkte er ihn mit gellendem Jauchzen. Und gellendes Jauchzen gesellte sich dem seinen.

Weithin tönte es durch die Nacht, ein Jauchzen, das Kraft hatte, Tote zu erwecken. Über den Hof, übers Herrenhaus weg, über den See hörte das der Lysa Góra.

„Der junge gnädige Herr soll leben! Er lebe hoch! Hoch! Hoch!"

Jetzt knarrten die Stalltüren, jetzt ließen die Fornals sich sehen, und auch des Stellmachers Stimme wurde laut aus der Schmiede:

„Holla, was ist denn da los?!"

Nun bedurfte man dieser Hilfe nicht mehr.

Des Inspektors Augen wurden starrer und starrer, er wußte nicht, wie ihm geschah. Sah er denn recht: das deutsche Kind hoch auf polnischen Schultern?! Und schwielige Männerhände, hart wie Eisen vom Lenken des Pfluges, vom Führen der Sense, reckten sich liebkosend nach der weichen Kinderhand?!

Ein Schauer überlief den alten Mann. Eine Erregung schüttelte ihn so mächtig, daß er aufschluchzte. Nebel legten sich vor seinen Blick, die Tränen liefen ihm übers Gesicht. —

Als Inspektor Hoppe wieder seiner selbst mächtig war, zog die Rotte eben zum Tor hinaus.

Horch, wie Donner rollte es vom Lysa Góra! Nein, das Gewitter war abgezogen, es waren nur die Räder einer Kutsche, die auf dem Fahrweg längs des Sees holperten. Frau von Doleschal kam zurück.

Besorgt eilte Hoppe auf die Straße hinaus: die Trunkenen würden doch der Heimkehrenden keinen Krawall machen?!

Dreist genug hatten die Männer in den Wagen gestiert, aber als sie die Darinsitzende erkannt hatten, waren sie zur Seite getreten und hatten die Hüte gezogen: »Padam do nóg!«

Es war die Mutter des gnädigen jungen Herrn, die grüßten sie ehrerbietig.

* * *

Still lag bald wieder das Herrenhaus von Deutschau unterm matt gestirnten Himmel. Wie ein Schatten schwand jetzt auch der Łysa Góra. In einem großen Frieden schliefen die nächtigen Äcker. Die Lichtchen der Ansiedlung, die weithin geblinzelt hatten, blinzelten nicht mehr; selbst die Tierstimmen von Herrenhöfen, die versunken lagen, flach in der Fläche, schwiegen nun.

Aber die Rotte rastete noch nicht, die zog weiter. Sie alle hatten etwas in ihren Adern, das floß wie Feuer, das ließ ihnen keine Ruhe.

Erst toblustig, dann voller Zärtlichkeit, jetzt wieder zerstörungswütig. Die Milchglasscheiben in der Herrenhaustür hatten so lustig geklirrt, als sie aufs Pflaster prasselten — hei, mehr, mehr so! Das war eine Musik, anfeuernd wie der Krakowiak — immer toller, toller, toller — immer wilder, wilder, wilder! Das kleine Herrchen im weißen Hemdchen, mit den nackten Beinchen in den kleinen Schuhen, schlief jetzt wohl wieder in seinem Bettchen. Und fest schlief es, man würde es nicht stören, denn nun war man ja schon weit von ihm!

„Psia krew, was werde ich nach Hause gehen, wo die Kinder schreien und mein Weib schilt!“ schrie Häusler Jezierski und zog sich den Gurt fester um die heruntergerutschte Hose.

Sie drückten sich alle die runden Hüte fester auf die straffhaarigen Köpfe. Der Wind ging lau, die Nacht war lind, recht dazu angetan, draußen verbracht zu werden. Was hat denn der Bauer anders als die Freiheit in der Nacht? Ist er nicht immer leibeigen dem Acker? Am Tage, ja, da muß er ihm dienen, dienen, dienen! Aber jetzt läuft er keck über ihn weg und zertrampelt die junge Saat — wer will's dem freien Mann wehren? Jetzt rennt er dem Herrn übers bestellte Feld, spuckt rechts und spuckt links, tritt hin, wo er will, und schert sich nicht an Grenzgräben und Grenzsteine, recht wie ein Herr selber. Der Flurwächter schläft, und der deutsche Gendarm, den Gott verdammen möge, ist heute wohl noch nicht daheim in Miasteczko, dem Städtchen; der Gendarm ist noch beim Ablaß, hat noch, wie der Teckel vorm Dachsbau, bei der kleinen Kapelle Posto gefaßt und kläfft wachsam. Ei, daß er wache bis morgen früh!

„Huch, hoho, huch, hoho!"

Hin wie die wilde Jagd geht's über die Äcker querweg. Einer, der keinen Braten im Bauch hat, nicht mal ein Stück Kochfleisch, der kann schon rennen. Ja, die Kaldaunenschlucker, die Fleischfresser, die sich vollmästen an andrer Leute Fett, die können nicht nachsetzen! Hei, das wäre ein Spaß, denen die Fenster einzuschmeißen — warum hatten die denn satt?!

Weit dort drüben, hinter Pociecha-Dorf noch weit, lag die Ablaßkapelle; wenn der Gendarm dort lange genug gelauert haben würde, keine Laus mehr zum Ablaß kam, dann würde er in den Krug zum Eiweih stolpern und hinterm Schnauzbart brummen: ‚Getanzt wird nicht zur Fastenzeit! Wo sind die Spektakler?!‘

Such sie, such sie doch! Sie sind nicht im Krug, sie sind nicht im Dorf, sie sind, wo du nicht bist! Sie sind lustig:

„Es lebe Polen!“

Mit lautem Zuruf feuerten sie sich an. Um sich in der tiefen Dunkelheit nicht zu verlieren, hatten sie sich an den Händen gefaßt; Mann bei Mann, so bildeten sie eine feste Kette. Mitunter strauchelte einer, fiel hin, tat sich weh, hatte nun des Rennens genug und wäre ganz gern nach Hause umgekehrt, aber die andern rissen ihn mit.

Es war ein Spiel, wie ein Ringelreigen; aber Ernst war im Spiel. Furmaniak, der Maurer, fluchte plötzlich laut auf und unterdrückte dabei einen Schmerzensruf. In ein Tellereisen war er geraten, der Schnepper quetschte ihm fast den Fuß ab. Verflucht, war man etwa schon gar in den Gärten der Miasteczkoer?! Also so verwahrten die sich? Welch eine Gemeinheit! Ein Bubenstück war's, jetzt, wo's in den Gärten noch keine Pflaume, keine Gurke, gar nichts zu holen gab, Tellereisen zu legen!

Mit Mühe befreiten die andern den Genossen.

Jetzt kam der Mond hinterm Gewölk hervorspaziert; aber nur wie ein Schläfriger schob er mit zwei Fingern ein wenig den Vorhang der Wolken beiseite und lugte mal dahinter hervor. Jetzt ward's schon wieder dunkel. Aber sie hatten doch genug gesehen, nun wußten sie genau, wo sie zu gehen hatten. Da, weiter vorwärts, lag der See von Miasteczko. Wenn man den Finger naß machte und dann emporhielt, fühlte man, woher der Seewind kam; und neigte man das Ohr nach derselben Richtung, so hörte man in der Stille des schlafenden Städtchens die Wellen leise glucksen am sandigen Uferzipfel.

Hier führte der Weg! Einer ging hinter dem andern, leise traten sie auf wie Diebe.

Unter den Füßen fühlten sie jetzt Pflaster; ein Brunnen rauschte — das war der Brunnen des heiligen Nepomuk mitten auf dem viereckigen Markt, den die Häuser von Miasteczko umstehen. Nur wie dunkle Klumpen zeigten die sich.

He, die Faulenzer drin schliefen wohl schon?! Warum sollten die auch wachen? Die hatten ja den Bauch voll, und die wähnten sich ja so sicher, hatten sie doch Tellereisen gelegt. Aber warte, das sollte ihnen heimgezahlt werden!

Dem Furmaniak tat der Fuß erbärmlich weh, leise fluchend hinkte er. Schon bückte er sich, einen losgebröckelten Pflasterstein, über den er gestolpert war, zur Seite zu schleudern, da flüsterte sein Nebenmann ihm eifrig zu: „Schmeiße du, schmeiße du zuerst, dann werde auch ich schmeißen!“

He! Sie stutzten. Ein Lichtlein war plötzlich aufgeglommen — dort — im Hause neben der Bäckerei und Gastwirtschaft von Isak Prochownik, die heute ausnahmsweise keinen Lampenschimmer mehr zeigte hinter geschlossenen Läden.

„He, Brüder, seht da!“ Sie machten sich gegenseitig aufmerksam.

Brannte das Licht nicht im Hause des Löb Scheftel?! Ei, der Halunke, der Jude, der saß natürlich noch auf, während alle Christenmenschen schliefen, und zählte sein Geld. Daß er in die unterste Hölle fahre! Alle Christenmenschen, die Übles getan haben, schickt Gott ins Fegefeuer zur Strafe, aber der Jude ist auch dafür zu schlecht, den muß man schon hier auf Erden strafen.

„Gebt ihm Prügel zu kosten, daß er nicht sitzen kann auf seinem Wägelchen drei Tage, daß er nicht ziehen kann auf den Schacher und uns betrügen!“

„Er hat meiner Anusia zwei Groschen zuviel abgefordert für das Pfund Speck zum Backen in Brotteig,“ raunte einer.

Und Furmaniak mit dem gequetschten Fuß hetzte: „So wird dein Weib nicht backen können, natürlich nicht! Und meines auch nicht, denn ich werde zum Doktor müssen, daß er mir heilt den Fuß. So werde ich gar kein Geld übrig haben, Fleisch zu kaufen!“

Der Haufen murrte: kein Fleisch zu Ostern, nachdem man so lange gefastet hatte?! Das wäre! Nein, Fleisch mußte man haben!

„Es ist so teuer,“ seufzte Jezierski, „meine Kinder werden bald nicht mehr wissen, wie Fleisch schmeckt. Wie können neun Kinder Fleisch essen, wenn der Jude so teuer ist?!“

„Schlagt ihn tot, den Juden,“ brüllte Furmaniak, den der Schmerz peinigte.

Sie hielten ihm den Mund zu: „Pst, nicht so laut!“ Aber recht hatte der Furmaniak, ja, ja!

„Laßt uns dem Juden tun, wie er Jesu Christo getan hat! Es ist schon lange her, aber die Gotteswunden bluten frisch, naht die heilige Karwoche!“

„So ist es!“ Sie bekreuzten sich alle: „Jesus

Christus, Sohn der Maria, um deiner heiligen Wunden willen!"

Mit funkelnden Augen drängten sie dem bescheidenen, wie ängstlich zitternden Lichtlein näher.

Die reine Nachtluft hatte sie nicht ernüchtert, im Gegenteil, die Freiheit der Felder hatte sie noch mehr berauscht, der Lauf übers Unbegrenzte das Blut noch rascher durch ihre Adern getrieben.

Der Jude, der gottverfluchte Jude! War's nicht eine Schweinerei, daß ein Jude Fleisch verkaufen durfte?! Wer konnte sagen, ob es auch wirklich Fleisch vom geschlachteten Tier war, was er verkaufte? Pfui, wie das auf einmal hier stank!

Sie hoben witternd die stumpfen Nasen. Ein Dunst war plötzlich gekommen. Widerlich brenzlich und ekelhaft zog ein Geruch von der Abdeckerei her, die nicht fern hinter Löb Scheftels Haus am Rande des anstoßenden Feldes lag. Hier hatte der Schinder gestern einen alten Gaul abgeledert und dessen Fell auf Stangen zum Trocknen ausgespannt; nun stöberte der Nachtwind darin und trieb, als er sich jetzt stärker aufmachte, den Gestank bis auf den Marktplatz hinein.

„Wie das stinkt, wie das stinkt," flüsterte Jezierski schaudernd. „Gott soll mich strafen, wenn das nicht Kinderfleisch ist, was da geräuchert wird!"

Ein Grausen rüttelte die Gemüter. Erregt stieß einer den andern an: „Bruder, he, hast du nicht gehört, daß Juden Kinder schlachten?!"

Gewiß, man hatte es gehört. Und wenn der Löb Scheftel nun vielleicht auch kein Kind geschlachtet hatte, viel zu teuer war er doch mit dem Fleisch!

Ein Dutzend Stimmen heulten plötzlich laut auf:

„Schlagt ihn tot, schlagt die Juden tot. Jesus Christus haben sie geschlachtet! Kinder haben sie geschlachtet! Kälber und Lämmer haben sie geschlachtet, aber wir bekommen nichts davon!“

Die Bürger, von dem Geheul aus dem Schlafe geschreckt, zogen die Bettdecken höher über die Ohren: ei, Betrunkene, nichts Neues waren die! Ablaßtag war's — man mußte sie lärmen lassen!

Der Nachtwächter mit Signalpfeife und Spieß drückte sich fester in die Nische der Kirche, wo er zu schlafen pflegte: Betrunkene, denen ging er gern aus dem Weg!

„Gott soll hüten, haben die geschickert,“ sagte auch Löb Scheftel. Er, der nun, da sein Sohn Isidor ihn nicht mehr unterstützte, oft bis in die Nacht zu schaffen hatte, war eben noch im Keller bei seinem Fleisch gewesen. Jetzt war er mit dem Lämpchen nach oben gekommen ins Lädchen und hatte sich noch hingesetzt, Kasse zu machen, während sein Weib und Röschen, seine Tochter, hinten heraus in der dunklen Kammer schon schnarchten. Bekümmert sein spitzbärtiges Kinn in die Linke stützend, während die Rechte die Feder hielt, rechnete er. Es war nicht allzuviel an Gewinn einzutragen ins Hauptbuch.

„Gott der Gerechte, teure Zeiten, schlechte Zeiten!“

Er seufzte und kratzte sich mit der Feder auf dem Kopf. Wenn die Herren Besitzer weiter solche Preise fürs Rindvieh machten, wie sollte man da bestehen?! Von den Schweinen gar nicht zu reden. Und die Grenze gegen Rußland war gesperrt, kein Schweinchen kriegte man mehr 'rüber; und keine Speckseite von Amerika, keine Tonne Schmalz war mehr erlaubt! Nun fehlte bloß noch, daß der Sommer den Rotlauf brachte oder die Sperre fürs Rindvieh wegen Maul- und Klauenseuche, dann war's aus, dann konnte man hier gehen mechulle, bei Gott, wie der Isidor es prophezeit hatte!

„Gott Abrahams, Isaks und Jakobs!" Der alternde Händler legte die Feder hin und schraubte das Lämpchen ein wenig höher. Aber wie er auch schraubte und rückte, es wurde nicht lichter um ihn. „Gott meiner Väter, hast du denn ganz vergessen dein auserwähltes Volk? Wirst du uns nich schicken den Messias, wie du uns hast doch verheißen? 's wär' an der Zeit! Teurer wird's von Tag zu Tag, aber bei Gott dem Allmächtigen, ich will nich leben und gesund sein, wenn ich mache 'n Geschäft hier" — — —

Er stockte. Mitten im betrübten Kopfschütteln erstarrte er plötzlich; den Kopf ein wenig auf die Schulter geneigt, blieb er steif sitzen. Denn draußen vor seinem Ladenfenster — so dicht, als tutete es ihm in die Ohren — erklang ein: ‚Hepp, hepp!'

Das galt ihm! ‚Hepp, hepp' — wer hier hätte das nicht schon gehört?!

Die Erstarrung wich von Löb Scheftel. Sein Kassabuch hinter den Ladentisch schleudernd und sich selbst hinter den großen Hauklotz flüchtend, auf dem das schwere Fleischbeil blitzte, stand er mit vorgequollenen Augen, das verfettete Lederbeutelchen, mit dem er stets auf den Handel zog, fest an die Brust gedrückt.

Draußen tappten viele Schritte. Eine Faust pochte derb an den vorgelegten Fensterladen; eine Hand legte sich auf die Klinke der Haustür und rüttelte daran.

Einen wilden, verängstigten Blick warf der Jude um sich: weh geschrieen, die Läden waren nur von Holz und nicht von Eisen! Die hielten nicht lange dem Rütteln stand und die Tür auch nicht. Wo blieb der Gendarm, wo der Nachtwächter mit seinem Spieß?!

„Jude, Spitzbube, Gauner, wir wollen dich lehren, das Fleisch so teuer machen!" Unter der Wucht eines sich dagegen werfenden Körpers erzitterte die Tür und das ganze winzige Häuschen. Von Steinen — oder waren es Fäuste? — wie mit Hämmern bearbeitet, ächzte der Fensterladen. Krach, schon barst ein Spalt, und die Stange, die von innen vorgelegt war, fiel aus ihrer Klammer.

Zu Hilfe, zu Hilfe! Wo blieben die, die den Bürger schützen sollten?! Die entsetzten Augen des Juden rollten: weh, die kamen nicht!

„Jude, Spitzbube, Gauner! Du Gottesmörder —"

Da hörte Löb Scheftel weiter nichts mehr. Die schlotternden Füße in verzweifelter Anstrengung zur Eile zwingend, sprang er in die Kammer, schob den Nachtriegel vor, schrie den erschrocken auffahrenden Weibern zu: „Lauft, lauft, die Gojim kommen," und setzte zum Hinterfensterchen hinaus, daß die Blumentöpfe, die Röschen dort pflegte, in Scherben klirrten. Blindlings rannte er davon, wie das Wild auf der Jagd, sinnlos, atemlos, ein gehetztes Tier.

„Hepp, hepp!"

Er warf die Hacken fast bis an die Ohren auf eiliger Flucht; die Pantoffeln flogen ihm ab, er ließ sie fliegen, auf Socken rannte er in die Nacht hinaus.

Nun war er schon weit. Er hörte nicht mehr das

schreckliche Pochen an seiner Tür, auch nicht das Pochen an der Gastwirtschaft des Prochownik nebenan, auch das nicht am Warenhaus bei seinem Schwiegersohn Leiser Hirsch, auch das nicht bei Gedulat Veigel, bei Joël Pascheles, bei Abraham Schaul, und wie sie alle hießen. Er hörte aber immer noch das ‚Hep, hep' — das würde er hören bis an das Ende seiner Tage.

Vom Laufen erschöpft, von Furcht übermannt, sank Löb Scheftel nieder. Hier war die Abdeckerei. Einsam lag das dunkle Häuschen, ein wenig von den andern abgerückt.

Aber er traute sich doch nicht zu klopfen: weh geschrieen, jetzt nur nicht unter eines Christen Dach! Da kroch er lieber unter die Pferdehaut, die seitwärts am Giebel auf Stangen trocknete. Er kroch auf allen vieren darunter und machte sich ganz klein. Hier würden sie ihn nicht finden, die Gojim, und wenn sie ihn suchten die ganze Nacht und tagelang! Hier würde er liegen bleiben, bis die gefährlichste Zeit vorüber war und bis das Fleisch billiger wurde nach dem Fest.

19

Ostern war vorüber, Doleschal war aber nicht zum Fest zu den Seinen zurückgekehrt, wie er so fest beabsichtigt hatte. Er schrieb Helene, es sei ihm nicht möglich, sich schon so bald loszumachen, war man doch in Berlin ungeheuer entgegenkommend gegen ihn. Er bat seine Frau, es ihm nicht zu verübeln, daß er das Fest nicht mit ihr und den Kindern verlebte; sein Herz hing daran — aber durfte er seinem Gefühl, einem Wunsch, der rein privater Natur war, so viel nachgeben? Nein, das durfte er nicht! Er mußte fern bleiben in Tagen, an denen er seinen Knaben sonst immer selber die Ostereier versteckt hatte im ersten frischtreibenden Buchsbaum der Gartenrabatten. Er mußte ein Diner besuchen, das einer der Hauptführer der hakatistischen Bewegung, Großgrundbesitzer und Parlamentarier, am ersten Osterfeiertag gab.

‚Das ist zu wichtig für mich,‘ schrieb er.

‚Geliebte Frau, verstecke Du unsern Kindern die Ostereier — morgen wird das Kistchen ankommen, ich schicke die schönsten, die ich in Berlin bekommen konnte — und denke Du dabei an mich!

Sage auch den Knaben, daß sie an mich denken. Euer Vater mußte noch in Berlin bleiben, sage ihnen, aber ist doch bei euch, im Geiste um euch. Für euch bedacht, daß einmal ein Ostern komme, wie der Lysa Góra noch keines geschaut hat. Das werden sie natürlich nicht verstehen — können es ja auch noch nicht verstehen — wenn ich zwar glaube, daß unsern Hanns-Martin doch eine Ahnung davon überkommen wird, was es heißt: vom Lysa Góra auf deutsches Land blicken, auf lauter ganz deutsches Land, wenn Du, gute Mutter, ihm das in Deiner Weise erklärst.

Geliebte Frau, ich schreibe in einer gehobnen Stimmung, die Worte fließen mir nur so zu. Gestern abend traf ich mit mehreren famosen Leuten beim Landwirtschaftsminister zusammen; natürlich war's keine Gesellschaft, nur eine zwanglose Teestunde. Es tut doch wohl, unter Gesinnungsgenossen zu sein, es erquickt an Leib und Seele. Heute morgen beim Rasieren sah ich mich im Spiegel, ich war erstaunt: Du kannst es glauben, mir ist, als wäre ich um zehn Jahre jünger geworden.'

Helene lächelte, als sie diesen Brief las. Sie freute sich für ihren Mann; wie voll von Hoffnungsfreudigkeit war er! Aber doch war Wehmut in ihrem Lächeln, und die Wehmut wurde Herr über das Lächeln. Die Hände, die den Brief hielten, in den Schoß sinken lassend, neigte sie das Haupt: wie würde Hanns-Martin die Enttäuschung ertragen? Denn die würde kommen. Die schien ihr so unausbleiblich, wie heute auf den grellen Sonnenschein, der jetzt, Ende März, fast sommerlich sengend niederstach, ein Regenschauer. Gewitterig dünkte sie der Himmel, sie sah eine gefährliche Wolke überm Lysa Góra geballt. Ach, wenn doch Hanns-Martin sich nicht zu sicher in Hoffnungen wiegen wollte!

Hätte Helene es begründen sollen, woher ihr jetzt oft die trüben Gedanken kamen, so hätte sie es nicht gekonnt; ihr liebendes Herz ängstigte sich eben um ihn. Würde es ihn nicht treffen bis in die tiefste Seele, wenn man den Polen ihm vorzog? Wenn er es ihr auch selbst gesagt hatte, daß seine Kandidatur durch Garczynski stark gefährdet sei, überzeugt von seiner Niederlage war er doch keineswegs. Und auch, wenn er nun wirklich gewählt werden sollte, war er denn der Berufene, das Ziel zu erreichen?!

„Deutsches Land, ganz deutsches Land — ach, lieber Gott!"

Die blonde Frau faltete die Hände über dem Brief und schaute träumerisch durchs Fenster über die Fläche des Sees hinüber zum ragenden Lysa Góra.

Der schaute noch in polnisches Land, in ganz polnisches Land.

Und konnte denn auch ein einzelner Mann, wirklich einer allein, so vieles ausrichten, so großes erreichen?!

Wie in banger Frage hingen ihre Augen am Berge. Lange sann sie, dann schüttelte sie den Kopf: ach nein, ein einzelner konnte das nie, niemals! Da mußte schon ein Heer auferstehen, wie das polnische Volk sich eines erhoffte, dort aus dem Schoße des Lysa Góra. Pelasia, die alte Amme, hatte die polnische Sage den Knaben erzählt.

Aber sie — entschlossen stand Helene rasch auf — sie, als Mutter, würde jetzt zu den Knaben gehen und ihnen auch etwas erzählen: vom Vater, vom deutschen Land, und von — sie zögerte noch einen Augenblick und überlegte: wie sollte sie es ihnen denn verständlich machen, den jetzt noch unmündigen Kindern? — nun, von der Pflicht würde sie ihnen sagen und immer wieder sagen, die jedem von ihnen einst oblag, und die er schon begreifen lernen mußte von klein an!

Helene lächelte. Ihr eben noch so trübes Gesicht war übersonnt von diesem Lächeln, wie von Frühlingsschein die Flur.

Es war etwas Strahlendes um die Mutter, die zu ihren fünf Söhnen ging.

*　*
*

‚Bleibe,‘ hatte Helene von Doleschal ihrem Mann auf seinen Brief geantwortet. ‚Bleibe ruhig noch in Berlin, wenn Du meinst, daß es von Nutzen ist. Die Kinder gehorchen mir, und wir denken Deiner allezeit.‘

So war er sogar noch ein paar Tage über das Fest fortgeblieben. Das hatte er wirklich nicht erwarten können, daß man ihm so viel Freundlichkeit in Berlin entgegenbringen, überhaupt dort so viel Interesse zeigen würde für die Verhältnisse in der Provinz.

Er, der so lange einsam auf seiner Insel gesessen, hatte doch davon keine Ahnung gehabt, wie die Wellen, die am Lysa Góra brandeten, auch in der Reichshauptstadt anspülten. Man drückte ihm warm die Hand und glaubte ihm versichern zu dürfen, daß man alles daran setzen werde, seiner Wahl nachzuhelfen. Er hetzte sich unendlich ab in diesen Berliner Tagen. Dahin — dorthin — immer noch gab es einen Weg, einen Besuch, eine Konferenz, aber er fühlte nichts von jener Müdigkeit, die ihm auf seinen Feldern so oft die Füße gelähmt hatte und den Mut auch. Elastisch überwand er die Anstrengung, und als er endlich im Coupé saß, um wieder nach Hause zu fahren, hatte er schon das beseligende Gefühl eines halben Sieges.

Er hatte Helene nicht bestimmte Nachricht über seine Ankunft zukommen lassen, nur geschrieben, er würde noch telegraphieren. Aber dann hatte er auch dieses nicht getan — wozu? Er würde lieber in der Kreisstadt einen Wagen beordern, und während dieser angespannt wurde, die Gelegenheit wahrnehmen, um ein paar Augenblicke bei seinem Freunde, dem Landrat, vorzusprechen. Es drängte ihn, diesem sofort von der erfolgreichen Reise zu berichten.

Es war in Berlin schon recht frühlingsmäßig gewesen, der Winterpaletot war lästig geworden; auf allen Schmuckplätzen und in der Siegesallee hatten die Ziersträucher gegrünt, aus den Körben der Händlerinnen waren Wolken von Veilchenduft aufgestiegen.

Doleschal war schon am frühen Morgen, am geöffneten Fenster sitzend, abgefahren, aber noch war er nicht drei Stunden unterwegs, als er das Fenster schloß. Je weiter nach Osten, desto niedriger die Temperatur. Ein scharfer Wind wehte erkältend. Noch hatte man Posen nicht erreicht, als Doleschal den als lästig oben ins Netz geschleuderten Winterpaletot wieder anzog; ihn fröstelte, und ein Unbehagen kroch ihm über den Rücken. War denn die Temperatur wirklich so erheblich kühler hier, oder ließ nur die Angeregtheit, in der er sich befunden hatte, plötzlich nach?

Der Blick, der bald durchs Fenster links, bald durchs Fenster rechts schweifte, sah nichts als Felder, Felder, Felder. Wenige Bäume, wenige Häuser, wenige Menschen. Die große Monotonie des Ostens war da. Und wo der Zug hielt, fremdartige Stationsnamen — das Reich des Ostens war da.

Die Stirn runzelnd saß der deutsche Mann, und die lähmende Traurigkeit, die er schon glaubte ganz abgeschüttelt zu haben, war auch plötzlich wieder da.

O, wie grau war der Himmel! Und jetzt — war's möglich? Wahrhaftig, hier schneite es noch! Regen mit Schnee untermischt ging in dichten Schauern nieder, und der Wind, der ungehindert über die weite Fläche schnob, peitschte sie gegen das Fenster.

Ein Gefühl grenzenloser Vereinsamung überkam den ganz allein im Coupé erster Klasse Sitzenden. Wie dumm war es von ihm gewesen, nicht Paul Kestner von seinem Aufenthalt in Berlin wissen zu lassen! Vielleicht wäre der jetzt auf ein paar Tage mit nach Hause gefahren? Und wie töricht, Helene nicht zu benachrichtigen! Nun würde kein Wagen an der Bahn sein, und sonst wäre Helene sicher dagewesen, ihn abzuholen; er hätte ihre Hand ein paar Stunden früher in der seinen halten können!

Die Sehnsucht, die bis jetzt zurückgedrängt gewesen war, scheinbar geschlafen hatte, regte sich. Hätte er ihr doch depeschiert! Aber nun war's zu spät; auch wenn er von Posen aus noch ein Telegramm schickte, konnte sie doch auf den schlechten Wegen nicht mehr zur rechten Zeit mit dem Wagen an der Bahn sein. Allein mußte er ankommen, wieder allein sein, wie immer! In einem Gefühl der Verbitterung, so weggesetzt zu leben, so fernab der Kultur, schloß er die Augen und drückte die von einem dumpfen Schmerz befallene Stirn gegen das Polster.

So fuhr er in der Kreisstadt ein; den Paletot zugeknöpft, den Kragen hochgeschlagen, schritt er vom Bahnsteig.

Bekannte Laute grüßten ihn wieder. Alles polnisch: ‚Was befiehlt der gnädige Herr? Dem gnädigen Herrn zu dienen! Falle zu Füßen, gnädiger Herr!‘

Über den bespuckten Flur schritt er durchs Bahngebäude nach der Straße.

Dort saß eine Höckerin mit einem Fäßchen auf der untersten Treppenstufe des Portals, ein triefäugiges, schmutziges Weib, und eine Frau in polnischer Haube stand bei ihr und feilschte um einen Hering. Das alte Weib fuhr mit den schwarzen Fingern in die Tonne — die Salzlake troff — und die andre nahm den Hering auch in die Hand und fraß ihn auf, stehenden Fußes, mit Kopf und Schwanz, mit Schuppen und Salzlake; nur die Gräte des Rückgrates spuckte sie vor sich hin.

Ihn ekelte. Tief verstimmt schritt er in die Stadt hinein.

Kein einziges deutsches Firmenschild. Alles polnische Namen und jüdische. Polnisch-jüdisch — wer konnte das trennen?! Ebenso unlöslich diese beiden Elemente miteinander verbunden, schier unzertrennlich verwachsen, wie die ganze Provinz mit dem Polentum! Es schien Doleschal auf einmal, als seien all seine Bestrebungen, lang Bestehendes auszumerzen, fruchtlos-kindisches Bemühen.

Er sah nicht mehr rechts und links. Ihn ärgerten die Schilder der Läden, ihn ärgerte der Dom, der so uralt mit seinen wie von Zyklopen gebauten Mauern auf den Markt heruntersah. Hier an den eisernen Buckeln der Domtür zeigte man die Spuren der Axthiebe, mit denen einst heidnische Feinde die Kirche des weißen Adlers zu erstürmen gedacht — die Beile waren zersplittert, die Tür hatte jedem Anprall getrotzt.

Den Besuch beim Landrat gab Doleschal auf, ihm war plötzlich die Lust vergangen.

Was er dem Freund eigentlich so Freudiges mitzuteilen gehabt hatte, wußte er nicht mehr. Leere Versprechungen deuchten ihn plötzlich die Berliner Versicherungen, die ihn gestern noch mit solcher Ermutigung erfüllt hatten; nichtige Redensarten schienen sie hier auf dem Platz, an dem rechts der Dom empor ragte, links das Palais des Kirchenfürsten und dicht dabei das Priesterseminar in all ihrer massiven Stattlichkeit lagen.

Ganz ohnmächtig kam er sich auf einmal vor.

Hier, hier an der Ecke der Gasse, die ihn nun der Wagen, in den er am Domplatz gestiegen war, hinabfuhr, stand in großer Schrift der Straßenname auf polnisch und ganz klein darunter die deutsche Bezeichnung. Herrgott, Herrgott! Er fuhr sich über die Augen, als müsse er's fortwischen, das Trugbild —, hier war ja noch ganz, ganz polnisches Land!

In einer Betrübnis, die auch die Aussicht, bald sein Deutschau wiederzusehen, bald Helene, bald die Knaben ans Herz drücken zu können, nicht lindern konnte, fuhr er dahin.

Regen und Schnee, die gegen die Eisenbahnfenster geprasselt, hatten nachgelassen; aber er saß noch in eine Ecke des Wagens gedrückt, den Kragen hochgeschlagen, die Reisedecke, die er gar nicht mehr zu gebrauchen gedacht hatte, bis zur Brust hinaufgezogen. Er fühlte nicht, daß ihn jetzt wieder eine lindere Luft umwehte. Aprilschauer waren vorübergerauscht, nun lachte Aprilsonne. Im blanken Sonnenschein wogten grüne Saaten. Er sah das alles nicht. Das Kinn auf die Brust gedrückt, die Augen niedergeschlagen, verharrte er unbeweglich. Er grüßte nicht, als in der Nähe des ersten

Dorfes, das man passierte, ein Sämann am Ackerrand den Hut bis zur Erde zog: »Dobry wieczór!« Er erwiderte auch den Gruß des Mädchens nicht, das, hübsch und leichtfüßig, trotz einer schweren Last, die seinen Rücken beugte, eine Weile neben dem Wagen herschritt. Er sah alles nicht, nicht das Wachsen der Saaten, nicht den Fleiß der Leute, auch nicht die helle Sonne; er fühlte nicht den erdigen Duft, der von der Scholle aufstieg und mit belebendem Hauch um seine Stirn strich. Um ihn her war es finster.

Er hörte auch nicht das leise Trillern einer Lerche am benäßten Grabenrain. Aber er hörte jetzt das Läuten der Glocke von Pociecha-Dorf. Das Sechsuhrläuten. Weithin über die Felder wehte der Klang. Die Leute, die vereinzelt da und dort arbeiteten, verneigten sich; er sah, wie sie sich bekreuzten und dann schleunigst, ihr Arbeitsgerät zusammenraffend, sich zum Heimweg anschickten. Sie hatten genug geschafft, die Feierabendglocke rief sie. Ach, wann, wann würde sie *ihn* rufen?! Würde auch er bald Feierabend machen können nach vollendetem Tagewerk? Nein — aber vielleicht bald Feierabend machen *müssen* nach nicht vollendetem, nach fruchtlosem Ringen!

Schwermütig nickte er vor sich hin: Feierabend nach fruchtlosem Ringen. Und dann durchfuhr es ihn jäh mit einem Schrecken: um Gottes willen, das war ja schon fast Melancholie!

Sich einen Ruck gebend, richtete er sich aus seiner Ecke auf; die Hände zusammenballend, biß er die Zähne aufeinander — nein, sich nicht unterkriegen lassen, den schwarzen Vogel scheuchen, der die Flügel senken wollte!

Da fühlte er den Hauch der Scholle. Gott sei Dank! Und er riß den Paletot voneinander und atmete tief. Gott sei gedankt für diesen Duft der Felder!

Den Hut von der Stirn zurückschiebend, sah er freier um sich. In seinem zerquälten Herzen wachte die Liebe auf; so groß auch die Qual war, die Liebe war doch noch größer. Nein, diese Felder hier waren schön, schöner als alle andern in der Welt! Wie hatten sie ihn nur monoton dünken können? Und ihre Dankbarkeit mußte versöhnen für vieles, was sonst verstimmte.

Doleschals Stirn glättete sich: war hier nicht Tau und Sonnenschein, nicht Wachsen und Gedeihen? Ja, ja und dreimal ja!

Sein Landmannsherz tat sich auf, als er jetzt die Saaten betrachtete — so frisch, so dicht, so regennaß, so sonnenbeschienen standen sie im Feld! So weit das Auge reichte, bis dorthin, dort zum Lysa Góra nichts als grüne, grüne Breiten. Ein ganzes Heer von junger Saat, eine Welt von Hoffnungen. Und da wollte er verzagen?! Nein! Er atmete wie befreit auf. Seine müden Züge belebten sich, sein blasses Gesicht rötete sich. Und jetzt, siehe da! Ein freudiges Aufleuchten kam in seine Augen: sieh, das schönste Wunder der Ebene!

Über die große Fläche spannte sich der Regenbogen. Er stand auf hinter der schwarzen Holzkirche von Pociecha-Dorf, wölbte sich über Ansiedlung Augenweide und über Chwaliborczyce, über den Lysa Góra und Deutschau und stellte dort jenseits sein andres Ende auf Przyborowoer Grund. Unter dem Bogen des Friedens lagen sie alle miteinander. Und dort, ganz im Geflimmer der sich neigenden Sonne, hinterm Lysa Góra sich zeigend wie ein Traum, strahlte ein Abglanz wider der siebenfarbenen Herrlichkeit.

Die Weite war still, wie erschauernd in Bewunderung. Nur die Glocke schwieg nicht, sie läutete dazu: Friede, Friede!

* * *

„Dobry wieczór! Verehrtester Nachbar, guten Abend!“

Doleschal fuhr zusammen; eine Stimme, die ihm weh tat, hatte ihn geweckt. Mit einem Ruck hielt sein Mietswagen, ein bequemer Landauer war dicht neben ihm. Wie schon einmal hier unweit der Kolonie, war der Deutschauer mit den Chwaliborczycern zusammengestoßen. Geschwind waren sie dahergekommen und leise auf dem noch regenfeuchten, heute sammetweichen Grund. Blaß wurde Doleschal bis in die Lippen, so erschreckte ihn diese Begegnung in seiner Versunkenheit.

„Herr Nachbar, außerordentlich erfreut! Ich bin entzückt, Ihnen noch Adieu sagen zu können,“ rief Garczyński. „Ich bedauerte unendlich, Sie gestern nicht angetroffen zu haben. Wir verreisen!“

„So?“ Doleschal wußte weiter nichts zu tun, als sich zu verneigen. „Empfehle mich der gnädigen Frau!“

„Leben Sie wohl!“ Lässig nickte die Garczyńska, und dann sandte sie ihm einen raschen Blick zu, so voll von Zorn, Anklage, Haß, Vorwurf, Wut und Verachtung, daß er ihn sich nicht zu erklären wußte. Was hatte er dieser Frau denn getan, daß sie ihn so anblitzte? Ewig lange hatte er sie ja gar nicht gesehen!

„Werden gnädigste Frau länger fortbleiben? Und zum Vergnügen?“ Sie hatte ihn scheinbar nicht gehört — oder war er etwa nicht da für sie? Fast schien es ihm so. Sie hatte den Kopf nach der andern Seite gewendet und starrte gleichgültig in die Luft.

Garczyński beantwortete die Frage durch ein Achselzucken: „Vergnügen? Mein Lieber, Verpflichtungen, Verpflichtungen! Und Einladungen, unendliche! Ich denke, vier Wochen werden daraus werden!“

„So.“ Es war Doleschal ganz gleichgültig, was die Chwaliborczyer machten — mochten sie hier sein, reisen oder fernbleiben! — nur aus höflicher Gewöhnung fragte er: „Und wohin reisen die Herrschaften?“

Garczyński lächelte malitiös und winkte zugleich verbindlich mehrmals hintereinander zum Abschied mit der Hand:

„Wir fahren, woher der Herr Nachbar kommen. Wir reisen nach Berlin. Kutscher, dalej, es ist Zeit!“

Nach Berlin? Die Stirn runzelnd, sah Doleschal dem Landauer nach. Jetzt sah er: ein kleineres Gefährt, darauf ein paar wahre Riesenkoffer verstaut waren, folgte noch nach. Die fuhren nach Berlin — Verpflichtungen, Einladungen, Toiletten für die schöne Frau in Riesenkoffern — warum verstimmte ihn das so?! Warum sollte Garczyński nicht nach Berlin reisen?!

Horch, Peitschengeknall, der Kutscher feuerte jetzt die Pferde an! Da jagten sie hin, der liebenswürdige Pole und seine schöne Frau!

Als Doleschal noch einmal den Kopf wandte, sah er sie schon ganz weit. Nun ja, sie mußten eilen, wenn sie den Nachtzug treffen wollten, mit dem auch er nach

Berlin gefahren war! Aber er glaubte ein Lachen zu vernehmen, das ihn höhnte, ein spöttisches Lachen, das ihm im Ohre blieb, wenn auch die wachsende Entfernung zwischen ihm und jenem Wagen längst jeden Laut verschlungen haben mußte.

Der Bogen des Friedens war verschwunden.

Mit einer jener Vorahnungen, die unabweislich Unangenehmes künden und wie Frostschauer die Seele überhauchen, drückte sich Doleschal wieder fester in seine Wagenecke. Den Paletot, den er vorhin aufgeknöpft hatte, knöpfte er jetzt wieder zu. Es zuckte nervös in seinem Gesicht, und er kaute an den Schnurrbartenden. Brütend schaute er in sich hinein: daß man doch nie, nie sich hier harmlos und ungestört an etwas erfreuen konnte! Immer fiel etwas nieder, wie jetzt die nahende Dämmerung auf die sonnbeglänzte Flur.

Schatten krochen über die Ebene, das Grün der Saaten wurde grau, der farbige Zauberschein hinterm Lysa Góra hatte sich zu Wolken verdichtet, die, zerfetzt vom Abendwind, dräuend gleich Ungetümen mit Schwertern und Spießen, das verlöschende Sonnenrot des Himmels umstanden.

Horch, wer konnte hier so lachen?! Wer hatte hier noch den Mut dazu?!

Ein fröhliches Mädchenlachen war's, das Doleschal aufmerken ließ. Langsam war sein Wagen weitergekrochen; nun war man unweit des Luchs, wo die Grenze sich zieht zwischen Przyborowo und Niemczyce. Aus der Richtung von Przyborowo galoppierten zwei Pferde heran, ein kleiner Schecke voran, ein großer Brauner hinterdrein. Das war wie eine Jagd. Lang streckten sich die Pferdeleiber, die Hufe flogen. Und nun erscholl wieder das Mädchenlachen, übermütig hell. Vor dem Mietswagen her, so dicht, daß dessen Gäule zurückprallten, setzten die beiden sich jagenden Pferde über die Straße. Ein Reitkleid flatterte um eine ganz jugendlich-schlanke Gestalt, blonde Zöpfe flogen wild, und hinterdrein — da — war das nicht der Inspektor Schulz, der dem Fräulein nachsetzte, vornüber auf den Hals seines Pferdes gelegt, die Hand ausgestreckt, um das flatternde Reitkleid zu fassen?! Auf die Weiden am Luch, die wie eine dichte Schutzwand gegen den Acker standen, ging's zu.

»Psia krew!« Der Kutscher hielt an und deutete, vielsagend schmunzelnd, mit dem Peitschenstiel.

Das helle Mädchenlachen war plötzlich in einen hellen Aufschrei übergegangen — war der ängstlich oder —?! Der große Braune hatte den kleinen Schecken jetzt eingeholt. Warum diese Jagd?! Warum dieser — dieser Aufschrei?! Und jetzt —?! Die Mauer der Weiden hielt die Gestalten verdeckt, das Pferdegetrappel war verstummt, die Mädchenstimme ließ sich nicht wieder hören. Es war ganz still geworden.

„Voran!“ herrschte Doleschal seinen Kutscher an; das Schmunzeln des Mannes dünkte ihn auf einmal ganz infam. Er wurde rot darüber. Was dachte sich dieser Kerl? Was wagte er sich zu denken?! Unverschämt! Er durfte sich nichts denken! Ein Zorn überkam jäh den Herrn von Deutschau und zugleich eine Scham: waren ihm denn nicht selber Gedanken aufgestiegen, die —

„Pfui!“ Er sagte es laut, ein Unwille gegen sich selber überkam ihn. War er auch wie der gewöhnliche

Mann, der sofort Gemeines voraussetzt? Nein, hier handelte es sich nur um ein ganz ausgelassenes, junges Mädchen, das, froh, der Gouvernante entronnen zu sein, sich einmal austobte. Das Lachen war so unbefangen gewesen, so kindlich hell! Aber der Aufschrei — dieser Aufschrei?! Grübelnd schloß Doleschal die Augen.

In dieser Einsamkeit, bei diesem Aufwachsen unter der Kreatur, diesem täglichen Sehen des Miteinanders von Knechten und Mägden, die sich wahrhaftig nicht genierten, war es da nicht möglich, daß — bah, Torheit! Kinderaugen, reine Augen sehen nichts! Aber dieser Inspektor?! Lag nicht etwas Brutales in dessen hübschem Gesicht?! Ein Mißtrauen hielt Doleschal gepackt und peinigte ihn. Wie konnte man nur sein Kind diesem Menschen anvertrauen? Alle Antipathie abgerechnet, und wenn da auch sonst nichts, nichts irgendwie Bedenkliches vorläge, das schickte sich doch nicht. Man durfte seine Tochter nicht einem Blick aussetzen, wie der ihr heute geworden war, von dem Kerl da auf dem Bock, und auch nicht solchem Schmunzeln!

Er mußte das Kestner sagen. Freilich, eine angenehme Mission war es nicht. Aber das junge Mädchen, das halbe Kind, war seines Freundes Paul Schwester, die Tochter seines Nachbarn, die Tochter eines Standesgenossen, die Tochter eines Deutschen! Er mußte dem Vater Mitteilung machen von diesem Austritt. Kestner konnte ihm ja nur dankbar sein. Vielleicht, daß er gar keine Ahnung von dieser Vertraulichkeit zwischen dem Inspektor und seiner Tochter hatte? Nun, dann war's um so nötiger! —

Doleschal kam nicht heiter zu Hause an. Ein weich

behauchter Vorfrühlingsabend lag zwar über Hof und Park, aber der Heimkehrende hatte doch die Empfindung, als ob es noch Winter sei. Helene, durch sein Kommen aufs freudigste überrascht, hatte ihn innig in die Arme geschlossen, aber die Küsse, die sie ihm warm auf Wangen und Mund, auf Stirn und Augen drückte, entzündeten ihn nicht; auch sie dünkten ihn kalt. Hatte Helene ihn vermißt, wirklich sehr vermißt?!

„Ja, ja!" Sie nickte eifrig. Und die Knaben, die mit glühenden Wangen um ihn herumstanden, nickten ebenso eifrig mit. Ein Licht glomm ihm entgegen aus den Augen seiner Lieben, aber ein Dämon beherrschte ihn, der befahl: lösche es aus, lösche es aus!

„Ich wünschte, ich wäre noch fortgeblieben," sagte er selbstquälerisch, „ihr kommt ja ganz gut zurecht ohne mich, und ich habe hier nichts als Widrigkeiten!"

„Um Gottes willen," sagte Helene langsam. Ihr Blick wurde traurig; hinter ihn tretend und beide Arme um seinen Hals legend und ihre Wange auf seinen Scheitel, wie sie so gern zu tun pflegte, weinte sie, und er fühlte ihre Tränen warm auf seinen Kopf tropfen. Das also war die Heimkehr?! Erst ihre Tränen brachten ihn zu sich.

Ja, sie hatte ganz recht, zu weinen! Sie hatte Ursache, es war undankbar von ihm, nach all den guten Tagen in Berlin, nach den Ermunterungen, die ihm dort zuteil geworden waren, nicht besserer Stimmung zu sein! Sie mußte ihn entschuldigen, es lag in einer Überreizung, ja, er war ganz abscheulich nervös!

Und er zwang sich zu einer gewissen Fröhlichkeit. Erst zwang er sich zu ihr wie zu etwas Fremdem, aber nach und nach wurde sie ihm eigner. Für diesen Abend wenigstens konnte er vergessen, was ihn drückte; er gehörte ganz seiner Frau.

Helene wollte ihm vorerst verschweigen, was sich in seiner Abwesenheit zugetragen hatte; sie war mit Hoppe übereingekommen, ihm nicht gleich davon zu erzählen, wie die Rotte hier vors Haus gezogen war und gefährlich gelärmt hatte — er würde sich ja noch nachträglich aufregen — aber nun sagte sie's ihm doch. Ein Stolz auf ihren Knaben trieb sie dazu und zugleich der Wunsch, den Vater zu erfreuen: siehe, das ist dein Sohn!

Mit einer Rührung, die sie fast beängstigte, nahm er es auf. Er ließ sich wieder und immer wieder erzählen, wie sein Sohn vor die wilden Männer getreten war.

„Also so sagte er? Also wirklich?! Erzähle, Helene, sagte er wirklich so? Und nicht geweint, sagst du, hat er? Und die Ostereier, die ich geschickt habe, hat er unter die Leutekinder verteilt — seine Ostereier, auf die er sich so gefreut hatte?! Ach, mein Junge!“ Er konnte nicht genug davon hören. Morgen, ja morgen, würde er sich's noch einmal von Hoppe erzählen lassen.

Hand in Hand mit Helene ging er zu den Betten der Kinder und stand dann lange an dem Bett, in dem sein Ältester lag. Warmrote Wangen hatte sich der Knabe geschlafen, und ruhig ging der gleichmäßige Atem der kräftigen Kinderbrust.

Der Vater konnte den Blick nicht losreißen von seinem Jungen; es war ihm, als sähe er ihn heute zum ersten Mal. Das war sein lieber Sohn, sein tapferer Sohn, das junge Reis am Stamm der Doleschals! Liebkosend strich er immer wieder und wieder über den blonden Kopf.

Helene bat: „Komm, laß uns jetzt schlafen gehen!"

Da brach es aus ihm heraus mit einem Atemzug der Erlösung, so wohlgemut, wie er lange nicht gesprochen — einen frohen Blick sandte er dabei über die Schläfer hin —: „Ja, laß uns schlafen gehen, geliebte Frau. Und wenn wir einstmals für immer schlafen gehen, diese werden erwachen!"

20

Wie einen tiefen Schmerz empfand es Helene, daß die Stimmung jenes ersten schönen Abends bei ihrem Manne nicht andauerte. Er hielt sich ganz für sich, schützte wichtige Korrespondenzen vor. Sonst lagen die fertig gemachten Briefe immer auf dem kleinen Tisch im Entree, und der Landbriefträger oder der Bote, der gerade zur Post ging, holte sie sich von dort heraus — aber jetzt lag da kein Brief, sie sah keine Adresse. Er hielt seine Tür verschlossen, was er sonst nie getan; jederzeit hatte sie sonst eintreten und ihm über die Schulter weg aufs Papier sehen dürfen. Nicht wie sonst saß er abends bei ihr in ihrem Wohnzimmer; seit Tagen stand sie allein am Fenster und sah über den dunklen See hin zum dunklen Lysa Góra, über dem Frühlingssterne funkelten.

Hatte er denn immer noch zu schreiben?! Die im Sommer bevorstehende Wahl mache ihm unendliche Arbeit — so sagte er ihr. Aber sie glaubte es nicht recht; war da nicht noch etwas andres, etwas, das ihm mehr Qual machte, als alle Arbeit und Wahlunruhe es machen konnten? Ihr schien es fast, als habe er jetzt gar nicht mehr das rechte Interesse für die Wahl. War er denn seiner Sache so sicher, oder hatte er die

Hoffnung bereits aufgegeben? Sie wußte nicht, was von beidem sie wünschen sollte.

Doleschal sah sich in einer peinlichen Lage. Er hatte, um das, was er für unbedingte Pflicht hielt, nicht länger hinauszuschieben, wenige Tage nach seiner Rückkehr von Berlin einen Besuch in Przyborowo gemacht. Er war nicht hinübergefahren, er war hinübergegangen, am gewöhnlichen Wochentag, und um ja der Sache nicht den Schein von Wichtigkeit beizulegen, im gewöhnlichen Anzug, so wie man wohl auf einem Schlendergang bei einem nächsten Nachbarn ungeniert vorspricht.

Aber er hatte sich getäuscht, wenn er geglaubt hatte, sein Besuch würde so ganz unauffällig sein. Dafür war er viel zu lange nicht bei Kestners gewesen.

Schon als er durchs Przyborowoer Tor trat, glotzten ihn neugierige Blicke an. Eine kleine Magd stand auf dem Hof und fütterte die Hühner; eine Wolke von Federvieh stob um sie auf, als sie jetzt, beim Anblick des Niemczycer Herrn, ihren Futterkorb fallen ließ und mit hurtigen Sprüngen ihrer nackten Füße dem Hause zueilte.

Als Doleschal an der Klingel zog, wurde er bereits erwartet. Herr Kestner trat ihm aus seinem Zimmer, rechts bei der Haustür, entgegen — mit Zurückhaltung — aber man sah seiner Miene doch die Genugtuung an. Der Niemczycer kam zu ihm! Gewiß wegen seiner Wahl?!

Doleschal hatte gedacht, bei Kestner in das sogenannte Studierzimmer, das den Blick über den Hof hatte, und dessen Tür von stetem Ein und Aus klappte, ganz ungeniert eintreten zu dürfen. Er wandte sich auch sofort dorthin, aber Kestner wehrte ihm mit ausgebreiteten

Armen den Eintritt: „O, ich bitte Sie — nein, das würde meine Frau nicht verzeihen! Bitte, hier herein!"

Er stieß die Tür auf zum Salon, diesen gegen jeden Sonnenstrahl und jeden Fliegenschmutz verwahrten, mit wohlerhaltenen Plüschmöbeln ausstaffierten Raum, in dem Kornelia am Flügel saß und übte.

„Meine Tochter Kornelia!" stellte der Hausherr vor. „Meine Jüngste!"

Der hochaufgeschossene Backfisch knickste und wußte nicht, ob er die Hand reichen sollte.

„Meine Frau wird gleich kommen. Entschuldigen Sie, sie war gerade dabei, an Paul zu schicken, wird aber sofort erscheinen. Darf ich bitten?" Kestner wies auf einen Plüschsessel und setzte sich dann selber dem Besucher steif gegenüber.

Doleschal biß sich auf die Lippen: wie fatal, ganz als steifer Besuch wurde sein ungezwungenes Vorsprechen beim Nachbarn aufgefaßt! Die ganze Angelegenheit bekam dadurch ein andres Gesicht. Nun würde auch gleich die Dame des Hauses erscheinen, und die Tochter war auch zugegen! Übrigens ein hübsches Mädchen!

Er hatte die Schwester Pauls lange nicht gesehen, letzthin nur so flüchtig, daß ihr Anblick ihn jetzt überraschte. Zwar war der Rock noch halblang bis zu den Knöcheln, aber was ihm im Reitkleid nicht aufgefallen war: die Formen waren schon sehr entwickelt. Heute hingen ihr auch die Zöpfe nicht kindlich lang herunter wie neulich, halb gelöst auf wildem Ritt; sittig zu einem Kranz um den Kopf gelegt war das blonde Haar. Die Wimpern niedergeschlagen auf die leicht besommersproßte, blühende Wange stand sie da — nein, das war kein Kind mehr!

Eine Befangenheit überkam Doleschal: wenn das seine Tochter wäre, wie peinlich würde es ihm sein, das zu hören, was er jetzt dem Vater hier sagen wollte — sagen mußte! Er gab sich einen Ruck. „Ich — ich — dachte — ich wollte — ich möchte Sie gern einen Augenblick allein sprechen, lieber Kestner!" Er stotterte etwas. Zu unangenehm! Immer aufgebauschter wurde so die Sache und so ganz gegen seinen Willen! Aber er konnte nicht mehr zurück. Mit einer leichten Verbeugung wandte er sich gegen Kornelia: „Gnädiges Fräulein entschuldigen!"

„Geh mal 'raus," sagte Kestner und setzte sich erwartungsvoll in Positur. Aha, allein sprechen wollte ihn also der Niemczycer?! Es schien ihm viel daran zu liegen — welch ein Triumph! Nun kam er doch, der Niemczycer, mußte er doch kommen und sich um die Gunst des Przyborowoers bewerben! Wenn doch Amalie jetzt zugegen wäre!

„Geh, ruf mal Mama," rief er seiner Tochter nach, die ihre Noten zusammengerafft hatte und nun mit einem Knicks das Zimmer verlassen wollte.

„O, bitte!" Doleschal legte ihm die Hand auf den Arm, „ich möchte Sie allein sprechen!" Er betonte das ‚allein'.

„Also —?" sagte Kestner, als sich die Tür hinter Kornelia geschlossen hatte. Er war neugierig, aber gewissermaßen auch ein wenig schadenfroh: dem Baron schien es nicht leicht, sein Anliegen vorzubringen! Ja, das kommt davon, warum stellt man sich so mit seinem Nachbarn?!

Er tat nichts, gar nichts, dem andern entgegenzukommen — mochte der ihm nur kommen!

Sich vorbeugend zu seinem Gegenüber und die Hände ineinander schlingend, daß die Gelenke knackten — half es doch nichts, gab es doch kein Zurück mehr — sagte Doleschal jetzt in möglichst leichtem Ton: „Gestatten eine Frage, Herr Nachbar! Wie alt ist Ihr Fräulein Tochter?"

„Na — fünfzehn, wird nächsten Monat sechzehn," sagte Kestner ein wenig erstaunt. Er hatte sich etwas andres erwartet, aber zugleich lächelte er auch geschmeichelt: „Schon stattliches Mädel, nicht wahr?"

„Hm — sehr!" Doleschal beugte sich noch weiter vor, und seine Stimme klang anders, als er eigentlich beabsichtigt hatte, leiser und doch gewichtiger: „Jedenfalls kein Kind mehr! Ich würde sie jedenfalls nicht mehr allein ausreiten lassen — hören Sie, Kestner, jedenfalls nicht mehr mit dem — mit dem — nun, mit dem Inspektor!"

„Mit dem Inspektor?! Wieso — warum?" Man sah's an des Vaters weit aufgerissenen, erstaunten Augen unter hochgezogenen Brauen, daß er keine Ahnung von diesem Ritt hatte.

Also richtig: Kestner wußte nichts, hatte gar keine Ahnung! Wie dankbar würde er ihm nun sein! Und rasch, ohne sich zu besinnen, erzählte Doleschal jetzt von der neulichen Begegnung am Luch. Er hatte sehr vorsichtig sein wollen, äußerst schonend, aber nun betonte er doch, wie sehr er durch sie verletzt worden sei — in die Seele des Vaters hinein — in die Ehre des Bruders.

„Welchen Mißdeutungen ist solch ein junges Mädchen ausgesetzt! Ich muß gestehen, ich selber würde, wenn ich nicht —"

Erregt unterbrach ihn Kestner. „Sie wollen doch

etwa nicht sagen, daß meine Tochter imstande wäre, etwas — etwas —" Er schnappte nach Luft; ihm war, als sollte ihn der Schlag rühren. Dieser Schreck und dann diese Enttäuschung! Nicht wegen der Wahl kam der — sondern wegen Kornelia — wegen Kornelia?!

„Da muß ich doch sehr bitten, sehr bitten!" Kestner war aufgesprungen und rannte mit großen Schritten im Salon auf und ab.

Erschrocken verbesserte Doleschal: „Pardon, ich — selbstverständlich ich — ich weiß ja natürlich, daß — ich trete ja gerade für das Fräulein ein — aber andre könnten —! Lieber Kestner!" Er war auch aufgestanden und legte dem Erregten die schlanke Hand mit dem Wappenring der Doleschals auf die Schulter: „Sie kennen doch die Welt so gut wie ich! Das Reinste ist nicht rein genug. Und dann in unsern hiesigen Verhältnissen — wir müssen doppelt Bedacht nehmen — und dieser polnische Inspektor . . ."

„Erlauben Sie, der Mann ist nicht polnisch," unterbrach ihn Kestner heftig, „der Mann heißt ‚Schulz'!"

„Aber polnisch geworden ist er! ‚Szulc' schreibt er sich — Sie gestatten!" sagte Doleschal jetzt etwas scharf. Daß Kestner jedes Rühran seiner Tochter übel vermerkte, war natürlich, aber wie man so gereizt werden konnte bei Erwähnung dieses Inspektors! Überhaupt, war es nicht unerhört, daß ein deutscher Gutsherr sich einen polnischen Inspektor hielt?!

Das hatte ihn schon lange geärgert.

„Ich traue dem Menschen nicht," sagte er mit einem Achselzucken, „den Renegaten ist nie zu trauen!"

Da fing Kestner laut an zu lachen: „Das hat Ihnen

wohl Hoppe eingeblasen, der alte Esel! Nichts wie Eifersucht von dem, Eifersucht, daß er nicht mehr hier in Przyborowo ist!“

„Ich lasse mir von meinem Inspektor nichts einblasen. Übrigens hat er das auch nie versucht.“

„So — na, wenn Sie mit ihm zufrieden sind! Ich hätte mir an Ihrer Stelle diesen alten Stoppelhopser nicht engagiert. Sozialdemokrat ist er auch noch dazu — das verträgt sich nicht mit meiner Stellung!“

Doleschal stieg das Blut zu Kopf. Schärfer, als er es eigentlich wollte, sagte er: „Und ich finde es mit meiner Stellung nicht vereinbar, mir einen polnischen Inspektor zu halten! Übrigens,“ — er besann sich, was sollte er mit dem hier disputieren? — „sind wir von unserm Thema abgekommen, Herr Kestner! Es war lediglich das Interesse für Pauls Schwester, das mich hierhergeführt hat!“

„Interesse, Interesse,“ grämelte Kestner und lief mit hochgezogenen Brauen in der Stube hin und her.

In diesem Augenblick kam die Frau des Hauses. Sie war noch im Morgenrock gewesen — sehr sauber — aber dem Baron so simpel entgegentreten? O nein! Sie hatte sich mit der Toilette beeilt, und so kam sie, etwas erhitzt, in einem schweren Wollenkleid mit Seidenbesatz.

Doleschal küßte ihr die Hand mit dem lebhaften Wunsch, bei der Mutter mehr Verständnis zu finden. Er wußte, Frau Kestner galt als sehr gute Mutter. Es war ihm so unbehaglich in diesem, nicht immer bewohnten, nur bei besonderen Gelegenheiten benutzten Salon. Ein erkältender Hauch legte sich von diesen Wänden nieder auf seine Seele. So steif war er kaum je gewesen, er fand keinen gemütlichen Ton. Konnte er sich wundern, daß die Kestners auch steif waren?

„Ein seltnes Vergnügen!“ sagte die Hausfrau spitz, wenn sie auch verbindlich dabei lächelte.

„Er kommt wegen Kornelia,“ sagte Kestner. „Unsre Tochter soll sich nicht passend benommen haben!“ Die ganze Verletztheit des eitlen Vaters brach jetzt durch — nichts auf der Welt liebte er so wie diese Tochter — er bekam einen roten Kopf, und die Stimme zitterte ihm: „Man sagt dem Kinde Abscheuliches nach! Man verdächtigt sie — womöglich eine Liebschaft mit dem Inspektor — Herrgott, Herrgott!“ Er faßte sich an den Kopf.

„Aber ich muß doch sehr bitten, bester Herr Kestner! Nichts habe ich hiervon gesagt, gnädige Frau, gar nichts, ich versichere Sie!“

Der bestürzte Besucher erhob die Stimme, aber der Hausherr erhob die seine dagegen. Nein, auf seine Kornelia ließ er nichts sagen! Und wenn es etwa galt, auf Pan Szulc zu hetzen, der ja, verhaßt wie alles Polnische, — allbekannt war das und diente wahrlich nicht zur Förderung des allgemeinen Interesses — dem Herrn Baron ein Dorn im Auge war, so mußte er sich's doch ganz entschieden verbitten, seine Tochter als Deckmantel einer Intrigue benutzt zu sehen!

Diesen Ton konnte er sich nicht gefallen lassen. Doleschal verabschiedete sich mit einer steifen Verbeugung gegen die Frau des Hauses.

Sie hielt ihn nicht zurück. Auch sie war empört. In die Stille ihres Hauses hatte dieser adelsstolze Prinzipienreiter einen Funken zu werfen gewagt wie überall, wohin er auch kam. Was hatte er denn eigentlich gesagt? Was war denn eigentlich geschehen?!

Aber Kestner rannte wie unsinnig durch die Stube, gab ihr keine Antwort und hielt sich den Kopf mit beiden Händen: dieser Doleschal, dieser verfluchte Hakatist — ein Hetzer, ein Stänker! Was mischte er sich in alles, in Sachen, die ihn gar nichts angingen?!

„Rufe mir den Inspektor — den Pan Szulc — sofort!" Was Kestner sonst nie getan haben würde, er bestimmte, daß man den Inspektor hole, vom Felde, aus der Scheune, wo er auch sei, mitten von der Arbeit weg. Er mußte ihn sprechen. Und dann würde er an Paul schreiben — Paul mußte her, und zwar sofort — das ließ er sich nicht gefallen, das war eine Beleidigung, eine ungeheure Beleidigung!

Der sonst ewig grämelnde, nie ganz ernsthaft zu nehmende Mann wuchs jetzt in der Kränkung über die Kränkung seiner Tochter über sich selbst hinaus. Es war Würde in dem Brief, den er sofort an seinen ältesten Sohn schrieb. —

Ungeleitet war Doleschal zur Haustür hinausgegangen. Ganz benommen, wie betäubt. Also das war der Erfolg?! Er kam sich vor wie ein dummer Schuljunge. Hatte er denn noch immer nicht ausgelernt? Wie anders hatte er sich sein Herausgehen aus diesem Hause gedacht! Er hatte geglaubt, Kestner würde ihm die Hand drücken, und er hatte gehofft, durch diesen wirklichen Freundschaftsdienst wieder gut zu machen, was er einmal in unbedachter Gereiztheit dem alten Herrn Unliebenswürdiges angetan. Gehofft — gehofft —! Er lachte bitter.

Wieder einmal auf Unmögliches gehofft. Warum hoffte man eigentlich immer wieder — für was — für wen?!

Die ganze Qual seines Daseins hob sich vor ihm auf und die Fruchtlosigkeit seines Ringens. So wie Kestner, so waren sie alle, alle. Ein wenig besser, ein wenig schlimmer, aber alle ohne Verständnis. Das ganze Volk. Was man ihnen auch Gutes tun wollte, sie stießen es von sich. Überall Nichtverstehen, Stupidität, Trotz — und noch viel Schlimmeres: Tücke, Haß! War es dieses Land wert, daß man es auf blutendem Herzen trug wie ein Vater ein geliebtes Kind, das ihn oft kränkt und ihm doch immer gleich teuer ist?!

Eine ungeheure Bitterkeit wallte in Doleschal auf. Dieser unangenehme Zusammenstoß mit dem Nachbarn hatte Quellen aufgerührt, die noch verschüttet gelegen hatten. Der kleine Zufall wurde ein großer Vorfall — nein, nun war es ihm deutlich gezeigt, hier war nichts zu machen! Er war am Ende, ihn ging's nichts mehr an; mochte jetzt geschehen, was da wollte, er würde keine Hand mehr heben, kein Wort mehr dazwischenrufen! Mochten sie polnisch werden bis in die Knochen, und mochten sie samt den Polacken selber verkommen in Schmutz und Suff und Verdummung! Mochte dieses Land ausgenutzt, ausgesogen werden, ganz unter die Füße kommen! Wer darin war eines besseren Loses wert?! Sich ganz zurückziehen würde er nun, sich ganz auf sich selbst beschränken. Aber da dünkte ihn plötzlich der sonnige Frühlingsvormittag dunkel und kalt; ihn fröstelte.

Als er, ohne zu sehen, über den Hof stolperte, den Blick finster gesenkt, hörte er ein Weinen. Es klang so jämmerlich wie ein hilfloses Kinderweinen. Und nun konnte er den Blick nicht zur Erde gesenkt lassen. Er sah sich um — da kauerte, wenig Schritte von ihm entfernt, beim Hofpfuhl ein junges Ding auf den Hacken. War das nicht das kleine Hühnermädel, das ihn vorhin so flink im Herrenhaus angekündigt hatte? Jetzt saß es hier wie eine Trauernde. Neben dem Pfuhl war eine Mulde im schlammigen Grund ausgeschaufelt, darin lag auf der Seite, bis an die Ohren mit Schlamm bedeckt, ein junges, noch nicht ausgewachsenes Schwein. Es war häßlich betupft, ganz blaurot angelaufen, und so regungslos lag es, als wäre es schon tot; nur die Ohren zuckten noch. Die Magd war so versunken in ihren Gram, daß sie gar nicht merkte, wie jemand zu ihr trat. Den Kopf auf die Kniee gelegt, stöhnte sie herzbrechend.

War das Mädel krank? Doleschal tippte ihr auf die Schulter.

Die kleine Marynka hob das vom Weinen verschwollene, ganz erhitzte Gesicht. Mit großen, erschrockenen Augen starrte sie den gnädigen Herrn von Niemczyce an: was hatte sie dem getan? Er sah streng aus wie Pan Keßzner, wie Pan Szulc — wie alle, alle! Unwillkürlich duckte sie sich.

„Ist das Schwein krank?“ fragte Doleschal. „O weh, Rotlauf!“ Er betrachtete es. „Schade um das Tier, es krepiert!“

Die kleine Marynka horchte auf: war der nicht mitleidig? O ja! O ja! Auf ihre Füße springend und dann tief einknicksend und nach dem Ärmel seiner Joppe haschend, stammelte sie: „Mein Schweinchen, Ringelschwänzchen, mein bestes Schweinchen! Kann ich aber nicht dafür, daß stirbt. Werd' ich doch nicht schlecht passen auf Ringelschwänzchen, mein bestes Schweinchen, wenn sich Mamsell auch so sagt. Psia krew!“ Den Kindermund aufwerfend, machte sie ein kläglich-trotziges Gesicht, und ein Strahl von Tücke blitzte in ihren scheuen Augen. „Mag sie, macht sich kleine Marynka nicks draus! Aber Schweinchen, Schweinchen, liebes Freund von kleine Marynka, darum weine ich!“

„Wem gehörst du?“ fragte Doleschal. „Gehörst du dem Kuhhirt oder vielleicht einem der Fornals?“

„Ist sie dem Herr Keßzner seine,“ sagte sie unschuldig und stieß sich mit dem Zeigefinger vor die Brust. „Weiß sie nicht, wer Eltern waren, sind sich lang tot. O weh, kleine Marynka, armes Waisenkind, sieht sterben liebes Freund!“ Die Hände ringend, fing sie von neuem an, bitterlich zu weinen.

„Da!“ Doleschal faßte in die Hosentasche, in der er das Geld lose trug.

Was er herauszog, besah er nicht — es war wirklich gleichgültig, ob es vielleicht zu viel war, — mochte das arme Ding sich einen guten Tag machen! So viel Tränen um ein Schwein, um ein Schwein — Herr Gott, diese Armseligkeit! Besaß sie denn weiter nichts auf der Welt zum Lieben als ein unvernünftiges Stück Vieh? Es schwoll ihm etwas im Herzen und stieg ihm in die Kehle; kurz wendete er sich ab.

Sie blieb zurück wie betäubt vor Erstaunen. Sie hatte ihm noch das Knie küssen wollen, den Segen aller Heiligen auf ihn herabwünschen, — nun war er schon gegangen, nun würde er gewiß denken: kleine Marynka ist undankbar. O nein, o nein! Hat sie ein Herz, die kleine Marynka!

Wie der Wind war sie hinter ihm drein. Draußen an der Akazie vorm Hoftor ereilte sie ihn noch — sieh, wie traurig er dastand! — vor ihm niederstürzend, umfing sie seine Kniee, atemlos stammelte sie: „Gnädiger Panie, guter Panie! Daß heilige Mutter ihn segne, millionenmal! Hat er sehr freundlich gesprochen mit arme Marynka, wird sie ihm dankbar sein ihr Leben lang! O!" Sieh da, lächelte er nicht schon ein wenig?! Sie küßte und drückte stürmischer sein Knie. „Ist er sehr gut gewesen, wird sie das nie vergessen, kleine Marynka! War nie jemand gut gegen arme Marynka ihr Leben lang!" Lachend und weinend rutschte sie vor ihm. —

Armes Kind! Von einem tiefen, weichen Gefühl erregt, ging Doleschal nach Hause. Über den Äckern schwebte Duft, der ganze Zauber des Frühlings. Jetzt empfand er ihn. Ach, dieses Land, ausgenutzt, ausgesogen, zertrampelt von vielen Füßen, war doch noch jungfräulich, doch noch fähig, zu empfangen und Frucht zu bringen dem Liebenden! Wie konnte er nur daran denken, den Kampf aufzugeben?! Nein, noch einmal ans Werk!

Wie durch einen Zauber neu belebt, ward Doleschals Seele fast heiter. Diese schüchternen, gestammelten, geschluchzten Worte des armen Kindes, was hatten sie nicht alles in sich an beschwörender Kraft!

In der diesem Tag folgenden Nacht hatte Doleschal sehr sanft geschlafen. Und auch den nächsten Tag war er noch heiter, er dachte gar nicht mehr an jenen unangenehmen Besuch. Aber dann —?! Was sollte er jetzt nur Helene sagen? Ihr Blick ging immer mit ihm, fragend, forschend. Nein, vorderhand durfte sie nichts erfahren! Es war ja so unglaublich von Kestner, fast albern, so über alle Maßen unverständig! Warum sollte er seine arme Frau schon jetzt mit Dingen ängstigen, die sie ja, schlimmsten Falles, doch immer noch früh genug erfuhr?!

Kestner hatte ihm einen Brief geschrieben, ihm, ihm, dem Freiherrn von Doleschal, und er, er, der Freiherr von Doleschal, der nie einen Flecken auf seiner Ehre geduldet hatte, sollte sich den ruhig einstecken? Beleidigungen fordern eine Sühne — freilich, so hatte Kestner auch geschrieben. Lag nicht eine versteckte Drohung hinter diesen Zeilen?

Doleschal grübelte viel. „Ich schreibe, habe sehr viel zu schreiben,“ sagte er zu Helene. Aber er schrieb nicht; auf Kestners Brief hatte er noch gar nicht geantwortet. Aber ihn viele Male gelesen. Am Schreibtisch sitzend, auf die grüntuchene Platte den Arm gestützt und hinausstarrend durchs blanke Fenster auf den blanken See, verbrachte er Stunden. Selbst nicht die jauchzenden Stimmen seiner Kinder, die von den Terrassen unten am See zu ihm herauftönten, scheuchten ihn auf. In Worten sagen, was ihn so niederdrückte, was langsam, langsam, aber stetig wie mit schweren Flügeln sich auf ihn niedersenkte, sich wohl einmal wieder lüftete für Minuten, Stunden, sogar für Tage, um dann doppelt schwer niederzusinken — das hätte er nicht gekonnt. War es wirklich nur das Zerwürfnis mit Kestner, das ihn quälte? O nein — darüber mußte er fast lächeln. Das war den Kummer nicht wert, das gab jetzt nur den Anlaß. Wenn der alte, kindische, eitle Mann ihn vor die Pistole fordern wollte, — nun warum nicht?

Ein Knall — und so vieles konnte vorbei sein, würde vorbei sein! Dort unten am See, vom Lysa Góra geschützt gegen die Winde des offenen Landes, schlief sich's gut.

Nun, und wenn sie ihn nicht wählen würden — ach, das hatte er ganz vergessen, nächste Woche mußte er ja in der Kreisstadt und dann in verschiedenen anderen Orten, Ackerstädtchen und Dörfern Wahlreden halten — dann war es auch gleichgültig! Ungeduldig sprang er auf: ach, er war zu müde, zu müde! Nein, er mochte nicht mehr, er konnte nicht mehr, er hatte es satt! Sollte er sich etwa von Löb Scheftel und Genossen ihrer Stimmen versichern lassen? Ein Ekel packte ihn. Und jemand anders würde wohl kaum für ihn stimmen trotz all der Liebenswürdigkeiten in Berlin, trotz der anerkennenden Versicherungen maßgebender Kreise. Was wußten die — so weit ab, so fern — was wußten die darum, wie es eigentlich hier stand?! Was man nicht im täglichen Leben so nahe vor sich sieht, so nahe fühlt, so Brust an Brust, wie der keuchende Ringer den Gegner im Faustkampf fühlt, das kennt man nicht. Aber er, er, der täglich, stündlich, immer, all die großen und kleinen Stöße parieren mußte, die dem Deutschtum drohten, er wußte wohl, was hier not tat. Aber — und zum ersten Male stieg in ihm ein Zweifel auf, ein Zweifel, der ihn erschütterte — aber war er, er nicht der nur, der gesandt war, anderen den Weg zu bereiten?! — —

* * *

Herr Kestner auf Przyborowo hatte so ziemlich die Besinnung verloren. Vergebens suchte ihm sein ältester Sohn klar zu machen, daß es unmöglich in Doleschals Absicht gelegen haben könne, Korneliens Mädchenehre anzutasten; dies ebensowenig, wie es seine Absicht gewesen sein konnte, den Vater zu kränken. So empfindlich der Rittmeister selber auch von der Sache berührt war — Teufel nochmal, wie kam Hanns-Martin dazu, das harmlose Kind zu verdächtigen?! — da glaubte er doch seinen Freund freisprechen zu müssen.

„So — so —, aber wenn er sich nun in den Kopf gesetzt hat, mir den tüchtigen Inspektor wegzubeißen, koste es, was es wolle?"

„Aber Papa!" Jetzt mußte der Sohn doch laut lachen. „Wie kannst du nur so was denken?"

„Du kennst diese Hakatisten nicht," grämelte der Vater. „Was die Kerle alle stänkern! Nie haben wir früher so viel Krakeel in der Provinz gehabt! Deutsch, deutsch, deutsch — als ob der Szulc nicht zehnmal besser mit Land und Leuten Bescheid wüßte! Wir gehen zugrunde; aber nur an diesen Wühlereien! Ich hab's satt," — er stieß mit dem Fuß — „ich ziehe nach Posen!"

„Wenn du verkauft hast, Moritz," warf Frau Kestner ein, die mit tief verstimmtem Gesicht am Kaffeetisch saß, trotzdem ihr Liebling, der Rittmeister Paul, heute, vor einer Stunde erst angekommen war.

„Nein, auch wenn ich nicht verkaufe," beharrte Kestner eigensinnig. „Seit dieser Geschichte mit dem da" — er warf einen Nicker über die Schulter nach der Richtung von Niemczyce — „ist mir's nun ganz hier verleidet. Ich werde doch mein einziges Kind —"

„Bitte, Papa, wir sind doch auch noch da," bemerkte trocken der Rittmeister.

„Ach, ich meine — ä du weißt ja schon!" Ärgerlich fuhr der Vater auf. „Tochter, meine einzige Tochter, meine ich. Ich werde doch Kornelia nicht solchen Brutalitäten aussetzen! Hier ist's mir nicht mehr reinlich genug, alle Verhältnisse sind unsauber. Ich will wenigstens auf meine alten Tage meine paar sauer erworbenen Groschen in reinlichen Umgebungen verzehren!"

Der Rittmeister, der seine langen, glänzend polierten Fingernägel angelegentlich betrachtet hatte, sah jetzt doch auf: „So, also nach Posen? Ist auch 'n netter Ort. Na, wie du meinst, Papa! Wenn ich nur meine Zulage kriege!"

„Ja" — der Vater zog bedenklich die Augenbrauen in die Höhe — „ja, lieber Sohn! Aber du kannst ja Przyborowo übernehmen!"

„Den Deibel werde ich!" Ganz empört sprang der Rittmeister auf. „Eher schieße ich mir 'ne Kugel durch den Kopf, als daß ich hier auf der Klitsche Kartoffeln buddle. Ne, Papa, alles kannst du von deinem Sohn verlangen, nur das nicht!"

„Du wirst dem Niemczycer gründlich die Wahrheit sagen!" rief Kestner rasch, und etwas wie Haß sprühte in seinen Augen auf.

„Ich? Aber Papa!" Paul sah etwas betroffen drein. „Ich denke, Papa, das hast du selber schon besorgt. Und hast du ihm nicht noch dazu einen ganz gehörigen Brief hingepfeffert, wie Mama mir sagte?"

„Hab' ich, hab' ich! Aber glaubst du, der hat mir geantwortet? Einmal schon — es ist schon eine Weile her, auf einem Jagddiner bei Garczyński war's — hat der hochnäsige Mensch sich umgedreht und mich stehen lassen ohne ein Wort, zum zweiten Mal passiert mir's nicht mehr! Wozu habe ich denn Söhne? Mein Gut will keiner übernehmen, aber für meine Ehre wird doch wohl einer eintreten. Oder nicht?" Aufgeregt war Kestner aufgesprungen, die Hände auf den Tisch stützend, sah er den Sohn mit tränenfunkelnden Augen an.

„Aber Papa, Papa! Ihr seid hier alle so schrecklich aufgeregt, direkt cholerisch, — weiß der Himmel, woher das kommt! Beruhige dich doch! Natürlich, wenn du's wünschest, werde ich mit Doleschal reden und —"

„Du wirst ihn fordern!" stieß der Alte heraus. Die Wut, die ihn überkam, erstickte seine Stimme; er zitterte.

„Moritz, Moritz!" Frau Kestner sprang besorgt auf. „Um Gottes willen, errege dich doch nicht so!"

„Aber Papa!" Des Rittmeisters frisches Gesicht zeigte plötzlich einen ihm sonst fremden Ernst. Er runzelte die Stirn, und dann sagte er gehalten: „Du scheinst dir das ‚Fordern' doch etwas leichter vorzustellen, als es ist, Papa! Ein Duell ist kein Kinderspiel, man bricht es heutzutage — selbst bei uns — nicht mehr so vom Zaun. Und noch dazu in diesem Fall. Doleschal ist mein guter Freund gewesen, als ich noch ein dummer Junge war!"

„Mich rührt der Schlag," ächzte Kestner und griff mit den Händen um sich.

„Ich werde ja zu ihm hingehen und mit ihm sprechen, Papa — wenn du es wünschest gleich! Ich bin überzeugt, daß —"

„Warte, warte nur bis morgen!“ Die Mutter zog den Sohn, der sich jetzt eben erhoben hatte, mit einer gewissen Besorgnis wieder nieder. „Wir wollen die Sache doch erst noch überlegen. Ich bitte dich, Kestner, du kannst doch wirklich von Paul nicht verlangen, daß er sein schönes, junges Leben so aufs Spiel setzt, einem Nichtswürdigen — ja, lieber Moritz, da bin ich ganz deiner Ansicht — einem Nichtswürdigen sich ausliefert!“

„Und Kornelia, Kornelia —?! Und keine Antwort, nicht einmal eine Antwort hat er mir geschrieben! Kein Wort der Entschuldigung! Dieser Hakatist, dieser hochnäsige! Was hat der hier schon alles verbrochen! Längst hätte die Kommission mir abgekauft, wenn der nicht wäre! Aber so werden nur die Polen ihre Güter los — 'raus sollen die um jeden Preis — und Preise kriegen sie, Preise! Wir Deutschen bleiben einfach sitzen — wir sollen ja bleiben! Lauter deutsche Besitzer, nur Deutsche — als wenn das Land dadurch deutsch würde! Lächerlich!“ Kestner lachte zornig auf und hatte die Stimme so laut erhoben, daß Pan Szulc, der gerade vom Hof hereinkam und einen Bericht in der Studierstube abstatten wollte, aufhorchte und vor der Tür der erregten Stimme seines Prinzipals lauschte. „Dieser Hakatist, dieser Polenfresser! Verdreschen sollte man ihn, ihm eins auf den Mund geben, daß er still wird wie ein Mäuschen! Dann erst wird es hier besser werden, wenn der zum Schweigen gebracht ist!“

„Aber Papa!“ Das war nun heute schon das soundsovielte Mal, daß der Sohn ‚aber Papa‘ sagte.

Verstimmt stand der Rittmeister auf: mit dem alten Herrn war wirklich kein vernünftiges Wort zu reden, der war so gereizt, wie der Stier, dem man ein rotes Tuch vorhält! Aber von der Mutter ließ er sich in ein stilles Eckchen ziehn. Dort flüsterte sie mit ihm.

* * *

Es war am folgenden Mittag zur Besuchsstunde, als Rittmeister Paul Kestner dem Herrn Baron von Doleschal seine Karte hereinschickte.

Warum so steif?! Doleschal, der an seinem Schreibtisch gesessen hatte, tief in Gedanken verloren, mit der Feder, an der doch keine Tinte war, allerhand krause Schnörkel auf die grüne Tuchplatte ziehend, blickte verwundert auf. Sonst war Paul nach flüchtigem Anklopfen gleich hereingestürmt — der alte, frische Junge! — und hatte ihn auf die Schulter geschlagen mit einem lachenden: ‚Da bin ich mal wieder.‘ Warum schritt er heute so gemessen durch die Tür, die der Diener vor ihm aufwarf?!

Verstört sah Doleschal ihn an.

Der Rittmeister erschrak: Donnerwetter, hatte sich der Niemczycer verändert! Das Gesicht, trotz der Gebräuntheit, fast fahl. Die Augen tiefliegend, die Stirn düster, und die Mundwinkel unter dem blonden Schnurrbart herabgezogen. Ein warmes Gefühl wallte in Paul auf, er wollte dem alten Freund beide Hände hinstrecken: ‚Wie geht's dir, Hanns-Martin, du bist doch nicht krank?‘ Aber er besann sich: nein, er mußte sich zurückhalten, heute kam er nicht in alter Freundschaft! Es wurde ihm schwer, so steif zu sein, noch schwerer, als sich jetzt des andern beschatteter Blick, fast mißtrauisch fragend, so trübe auf ihn richtete.

„Was willst du?" fragte Doleschal. Und dann lachte er hart auf: „Du bist ja außerordentlich erfreut, mich zu sehen, das muß ich sagen!" Auch er streckte nicht die Hand hin; der Besucher hatte die seine ja auch nicht gereicht.

„Willst du nicht Platz nehmen? Bitte!"

Die Arme fest an den Leib gedrückt, als hielte er den Säbel, blieb der Rittmeister stehen. Er schien den Stuhl nicht zu bemerken, den der Hausherr ihm hinschob; eine flammende Röte war in seinem hübschen, trotz der Rittmeisterwürde und der Jahre noch immer jungenhaften Gesicht. Er räusperte sich und suchte nach einem Anfang. Das war schwerer, als vor der Schwadron zu halten und zu schreien: ‚Abgesessen!'

Doleschal half ihm. „Ich weiß nicht, du bist so merkwürdig, Paul! Habe ich dir etwa auch etwas zuleide getan? Aller Welt tue ich ja was. Weiß Gott," — er stützte den Arm auf und den Kopf in die Hand — „ich bin es müde!"

„Hanns-Martin —!" Da halte sich ein andrer zurück! Man ist doch kein Stock, wenn man einen leiden sieht, zumal einen, mit dem man im Niemczycer See gebadet, in der Przyborowoer Allee Habichte gejagt und den Lysa Góra gegen die Rotznasen, die Polackis, verteidigt hat! Herzlichkeit und Vorwurf stritten in Paul Kestners Stimme, als er jetzt sagte: „Donnerwetter, was hast du für 'ne Geschichte angezettelt! 'ne nette Stänkerei, das muß ich sagen!"

„Was denn, was denn?" Doleschal blickte wieder

so seltsam verstört. „Ach so — das mit deinem Vater?! Darum kommst du? Ah, darum!“ Er atmete auf wie einer, der sich noch viel Schlimmeres erwartet hatte. „Ich konnte nicht ahnen, daß der alte Herr meine Warnung — auf Ehre, Paul, es war nur eine Warnung! — so übelnehmen würde. Es ist mir sehr fatal.“ Er seufzte. „Ich hatte es sehr gut gemeint.“

„Das glaube ich, das glaube ich!“ Rasch sagte Paul Kestner es; ein Unbehagen schlich ihm über den Rücken in diesem Zimmer, in dem er früher so oft behaglich bei der Zigarre gesessen hatte. „Ich habe mir ja gleich gedacht, daß du nicht aus Absicht meinen alten Herrn so gekränkt hast.“

„Aus Absicht — aus Absicht —?!“

„Na ja, das meint er doch! Am liebsten hätte er gesehen, ich forderte dich. ‚Komischer alter Knopp‘, wie meine kleine Schwester sagt — nicht wahr?“ Er lachte leichtsinnig auf. Aber dann wurde sein Ton ernsthaft: „Wir werden uns doch nicht schlagen, Hanns-Martin?! Aber willst du mir nicht zu wissen tun, warum du zu meinem Vater gekommen bist und meine Schwester verdächtigt hast, warum du — wie sie alle sagen — dich immer in Sachen mischst, die dich doch eigentlich nichts, gar nichts angehen?“

„Das weiß ich nicht.“ Doleschals Stimme war ganz tonlos, und dann hob er plötzlich beide Arme in die Höhe mit einer Gebärde tiefsten Schmerzes: „Glaube du mir wenigstens, wenigstens du!“

„Ja, ja, selbstverständlich — natürlich glaube ich dir,“ sagte der Rittmeister erschrocken. Merkwürdig, wie sich Hanns-Martin verändert hatte! Er, der früher immer der Gehaltene gewesen, war jetzt so, so — nun zum mindesten sehr eigentümlich war er geworden! Krankhaft erregt — damit mußte man rechnen! Und Paul Kestner tat das Beste, was er tun konnte, er rückte seinen Stuhl neben den eichengeschnitzten Sessel am Schreibtisch, legte seinen Arm um des Freundes Schultern und sagte, ihnen einen sanften und doch kräftigen Druck gebend: „Na, nun erzähle du mal! Eines Mannes Rede ist keines Mannes Rede, man muß sie hören alle beede!"

Was war da zu erzählen?! Es gibt Geschichten, die sich eben nicht erzählen lassen, man muß sie ahnen, nachfühlen, und dann verstehen. Aber so viel wurde Paul doch klar aus den ruckweis herausgestoßenen Sätzen, aus den Andeutungen und bittren Selbstanklagen, daß er sich in seinem alten Hanns-Martin nicht getäuscht hatte.

Herzhaft schlug er auf dessen ganz nach vorn gebeugten Rücken: „Weißt du was, schreibe meinem alten Herrn einen feinen Brief — du hast's ja immer losgehabt, zehnmal besser als ich! Ein paar nette Worte der Entschuldigung: du hättest es gut gemeint, aber nicht richtig angefangen, es täte dir leid und so weiter, und so weiter. Donnerwetter, wer macht nicht mal was verkehrt in seinem Leben?! Und ich versichere dich, die Geschichte ist beigelegt. Willst du?" Sein Gesicht nahe zu dem des Freundes bringend, sah er ihm in die Augen.

„Ich kann ja — gewiß — ich werde schreiben." Wie entsetzlich müde das klang! Aber dann, sich aufraffend, drückte Doleschal dem Freund die Hand: „Du solltest hier bleiben, Paul! Du bist treu, du bist ehrlich, wir brauchen solche Männer. Und du bist frisch!" Ein

Bitten lag in seinem Ton, ein dringendes Ersuchen: „Bleibe!“

„Ne, mein alter Junge!“ Das war wieder ganz des flotten Rittmeisters leichtherziges Lachen. „Papa möchte mir auch gern Przyborowo andrehen; ich werde mich aber schwer hüten, hier, wo Hasen und Füchse einander gute Nacht sagen, Hütten zu bauen. Man hat zu lange draußen gelebt, man paßt nicht mehr auf die Klitsche. Höre mal, mein alter Junge“ — den lachenden Ton dämpfend und wieder ernsthafter werdend, sagte er überredend, indem sein Blick musternd über das fahle Gesicht mit dem zergrübelten Ausdruck glitt —: „Du solltest auch lieber machen, daß du hier fortkommst!“

„Ich?!“

„Na ja, du! Meinst du vielleicht, du siehst aus, wie ein Vierzigjähriger? Nein, ebensoviel in die Fünfzig hinein. Das denkt doch kein Mensch, daß du nur fünf Jahre älter bist als ich! Hier versauert man ja. Mach, daß du fortkommst, verkaufe! Niemczyce verkauft sich schon — schön gelegen, herrschaftlich — das wirst du los zu einem Liebhaberpreis, glänzend!“

„Ich verkaufe nicht. Schande über mich, wenn ich's täte!“ Der Deutschauer Herr stand auf.

„Ne, aber“ — ganz verblüfft sah der Husar zu ihm auf —, „wenn ich du wäre, hätte ich längst verkauft. Macht denn nicht ein jeder, daß er hier fortkommt, sowohl Herr wie Knecht? Die Besitzer wollen verkaufen — alle! Lieber heut als morgen. Das Volk sieht auch zu, daß es wo anders ankommt. Jetzt wird die Ausrückerei bald wieder losgehen, mein alter Herr hat schon Angst, er kriegt keinen mehr in die Ernte. Gerade als ich in Berlin abfuhr, kam bereits ein Schub an — alles Polacken — wie die Heringe eingepökelt im Viehwagen, sage ich dir, aber kreuzfidel. Nur weg, 'raus! Ich an deiner Stelle würde mich doch auch nicht lange mehr hier ärgern. Dank hast du doch nicht davon!"

„Wer weiß!" Ein eigentümliches Lächeln zuckte für einen Moment über des Niemczycers Gesicht und es leuchtete in seinem Blick auf. „Es hat mir doch schon einmal jemand gedankt, wenn's auch nur eine in Lumpen war!"

„Aha" — der Offizier lachte auf — „du meinst wohl die Ciotka, die alte Baßgeige?! Haha! Die lebt sich ja nun einen guten Tag auf deine Kosten, höre ich. Wie ich vorhin herkam, troddelte sie gerade auf den Hof, wollte sich vom gnädigen Herrn, vom ‚zuckersüßen, goldnen, gnädigen Herrn', die Monatsrente holen, fragte mich, ob sie tanzen solle? ‚Podkoziolek, dziewcze moje' — sternhagelvoll, na, ich danke!"

„Die meine ich nicht." Des Niemczycers Gesicht verdüsterte sich rasch. Das Licht in seinem Auge erlosch.

„Nein, du mußt von hier fort," drängte Paul, „Mensch, ich habe ja einen Schrecken bekommen, wie ich hier 'rein kam! Tu mir den Gefallen, Hanns-Martin!" Er war aufgesprungen; vor den Freund tretend und ihm beide Hände auf die Schultern legend, rüttelte er ihn eifrig: „Geh!"

„Ich verkaufe nicht!" Eine unbeugsame Entschlossenheit lag in Doleschals Ton. „Unterm Stein am See werde ich bei meinen Vätern schlafen. Helene hat einmal gesagt: ‚Es muß einem im Grabe doch noch ein schönes Gefühl sein, im eignen Grund und Boden zu liegen, — das habe ich mir gemerkt. Und der Berg, auf dem ich so oft gestanden habe bei Sonnenuntergang und ins weite Land gesehen, wird über mir sein. Ich verkaufe nicht!"

„Na, du mußt ja nicht gerade verkaufen!" Paul ließ nicht nach. „Dann geh doch wenigstens 'ne Weile fort, eine kurze Zeit nur — auf ein paar Jahre, auf ein Jahr, auf ein halbes Jahr! Du mußt mal 'raus, es wird dir so gut tun!"

Doleschal zuckte die Achseln: „Es geht nicht!"

„Mensch, sei doch nicht so umständlich. Warum denn nicht? Du hast 'nen ordentlichen Inspektor — unsern alten Hoppe habe ich immer gern gehabt, er ist ein Grobian, aber 'ne ehrliche Haut und ein tüchtiger Kerl! — die Kinder läßt du so lange bei den Schwiegereltern, und deine Frau geht mit dir. Du hast so viele Konnexionen, sprich mit dem Minister! Man schickt jetzt gern einen landwirtschaftlichen Beirat zu Gesandtschaften, dazu bist du gerade der Mann, mit deiner Tüchtigkeit, mit deinen Kenntnissen. Geh nach Amerika, nach Konstantinopel, nach Rumänien — was weiß ich, wohin sie dich schicken — nur fort! Und wenn du's auch ohne Gehalt tust, nur fort, fort! Ich bitte dich, Hanns-Martin, ich bitte dich herzlich, ich habe solche Sorge um dich, ich — ich — ich bin direkt in — ja, in Angst um dich!"

Man sah es Paul Kestner an, er war in Angst; das war keine Redensart. Sein blühendes Gesicht war ganz blaß geworden. Und nun biß er die Zähne aufeinander, er konnte nicht weitersprechen; er hielt nur den Freund bei beiden Schultern gepackt und rüttelte ihn stumm.

„Alter guter Junge! Mein lieber Paul!“ sagte Doleschal.

„Wirst du fortgehen, versprich es mir, wirst du für eine Weile gehen?“

„Nein, ich gehe nicht!“ Des Niemczycers Gesicht, das eben heller geworden bei den besorgten Worten des Freundes, auf kurze Augenblicke von einem freundlichen Schein geklärt worden war, wurde wieder finster. „Fortgehen, hieße feige sein. Sie würden denken, ich habe Angst!“

„Sie, sie — wen meinst du denn damit? Sie! Wer würde denken, daß du feige bist?“

„Nun, sie — die“ — Doleschal machte eine vage Handbewegung — „alle! Aber ich habe keine Angst. Man bleibt auf seinem Posten, solange man Ehre hat. Nein, mein Guter“ — er lächelte flüchtig, und sein Blick, der starr geradeaus gesehen hatte in einer finstern Entschlossenheit, wurde milder — „ich danke dir für deine freundschaftliche Besorgnis, aber die ist nicht nötig, wirklich nicht! Ich“ — er wischte sich über die Stirn, und ein zerstreuter Ausdruck kam in sein Gesicht — „ich fühle mich hier am wohlsten, wirklich, Paul, ganz wohl! Ich könnte auch gar nicht wo anders leben. Man steckt hier doch so tief drin, man ist zu fest eingewurzelt. Du verstehst mich nicht, auch du nicht! Du meinst es wohl gut mit mir — aber, nein, sprich kein Wort mehr! Nein, ich gehe nicht fort, ich kann hier nicht fortgehen!“

Der andre wollte noch etwas einwenden, da hob Doleschal gebieterisch die Hand: „Nein!“ Und dann sich zu einem leichteren Ton zwingend, klopfte er dem Jüngeren auf den Rücken: „So, nun geh aber auch, geh zu Helene, daß sie sich nicht wundert, daß du nicht gleich zu ihr gekommen bist. Ich bitte dich, laß sie nichts von unsrer Unterhaltung wissen. Sie ist ganz ahnungslos. Und, alter Junge, beruhige dich! Du weißt wohl nicht, daß ich mich zum Reichstag habe aufstellen lassen? Und wenn ich durchkomme — na, siehst du, dann muß ich ja doch ab und zu eine Weile fort. Du kannst dich beruhigen. Also geh jetzt, geh! Ich komme gleich nach. Ich will nur jetzt sofort an deinen Vater schreiben — damit ich's nicht vergesse. Und dazu muß ich allein sein. Ganz allein!"

Er lachte plötzlich unvermittelt auf, aber dann, den verwundert-bestürzten Blick des Freundes bemerkend, faßte er ihn in die Arme und drückte ihn kräftig an die Brust.

Was sie sonst noch nie getan hatten, sie küßten sich.

Als der Rittmeister den Gang hinunterschritt, sah er sich noch einmal nach der Tür um, die sich rasch hinter ihm geschlossen hatte. Über die Schwelle hatte ihn Hanns-Martin geschoben — eins, zwei, drei — förmlich hinausgeworfen.

„Hm, hm!" Den Kopf schüttelnd, sah er sich noch einmal um. Und sein Gesicht blieb ernst, selbst jetzt, da er zu der Frau ging, die ihm vielleicht von allen Frauen auf der Welt am besten gefiel. Sein Herz war und wurde heut nicht wieder leicht — war das ein Willkommen?! Ihm war es, als sei's ein Abschied gewesen.

21

Noch eine andre dachte an Abschied — das war die braune Michalina. Oft ging sie um den Sohn ihres Gospodarz herum und sah ihn an mit bangen Augen. Was fehlte ihm? Seit dem Tage des Ablaß war's ganz schlimm mit dem Walenty geworden, so schlimm, daß sie oft dachte: ob er wohl sterben muß? Heilige Mutter, war er verhext?! Hatte die Mora ihn nachts gedrückt?! Wenn er doch erwachen möchte und die Böse festhalten in der Nacht! Michalina wußte ein Mittel. Es war einmal ein Mann gewesen, unweit von Pociecha-Dorf, den hatte auch die Mora gedrückt, so daß er zusehends verfiel, gerade wie der Walenty. Aber eine treue Seele wachte über ihm, und die sah, daß, als der Mann schlief, ein schönbackiger Apfel sich über seine Bettdecke kullerte. Weich und zart war der Apfel, wie aus Wachs gebosselt, recht zum Anbeißen — da rief sie so laut als sie konnte: „Helfe dir Gott!" Und der Mann erwachte, und als er den schönbackigen Apfel kullern sah, streckte er die Hand aus, ergriff ihn beim Stiel und aß ihn auf bis zum Kerngehäuse. Das Kerngehäuse warf er den Schweinen vor, die fraßen es, und da war die Mora auf einmal weg. Und der Mann wurde von Stund' an besser.

Wo Valentin auch sein mochte, die braune Michalina wachte über ihm. Sie ließ ihn nicht aus den Augen. Nun war die Zeit, da er mit seinem Vater viel im Felde zu schaffen hatte. Die blonde Stasia blieb zu Haus, aber die braune Michalina ging mit den Männern hinaus. Es war ihre beste Zeit, bei dem Walenty im blühenden Korn zu sein. Der Gospodarz legte sich mittags, wenn die Sonne gar zu sehr stach, unter einen Busch, zog die Jacke über das Gesicht und brummte darunter, bis ein Schläfchen ihn tröstete. Sie aber schaffte weiter; ihr tat die große runde Sonne nicht weh, die schon auf sie gebrannt hatte, als sie noch mit Bruder Jendrek im bloßen Hemdchen über die Flur gelaufen war. Michalina arbeitete immer unverdrossen, und Valentin stand bei ihr, wie damals, als er noch ein lediger Bursch gewesen war, und hielt die Arme über die Brust gekreuzt. Damals hatte sein Blick in die Ferne geschaut, wie ein recht Verliebter schaut, jetzt starrte er wieder in die Ferne, aber wie ein recht Betrübter.

Da lächelte sie ihn an aus ihren braunen Augen, wenn er sie auch nicht ansah, und sang, ihn zu erheitern, alle Lieder, die sie wußte; sang sie hell und zart, so gut sie nur konnte, sang traurige und lustige, Tanzlieder und Wiegenlieder, und das Liebesliedchen vom Bürschchen im Schornstein.

„Ich ließe mich gern herunter
durch den Schlot,
Ich käme zerschlagen herunter,
beinah tot.
Ich ließe mich gern herunter
durchs Essenrohr,
Ich käme geschwärzt herunter,
wie ein Mohr.

Ich schliche zu dir, mein Liebchen,
ganz sacht mich,
Ich höre, ach leider, mein Liebchen
verlacht mich!“

Dieses Liedchen hatte er früher immer gern gehört — aber jetzt, o, was war ihm denn jetzt?! Heilige Mutter, weinte er?! Erschrocken blickte die Magd.

Valentin hatte sich abgewendet. Mit gepreßter Stimme stieß er heraus: „Arbeite du, arbeite du weiter, ich komme gleich wieder,“ und rannte davon ins Feld hinaus. Und rannte so weit, bis ihn das Mädchen nicht mehr sehen konnte, nicht der Vater, niemand, und warf sich hin, so lang wie er war, an den blumigen Rain, schloß die Hände zu krampfhaften Fäusten um die fetten Stengel zweier großer Maßlieben und weinte. Eine dumpfe Schmerzahnung lastete schwer auf ihm. Er schluchzte wie ein Knabe ins grüne Gras und konnte lange nicht zu sich kommen. Und als er endlich aufstand vom Rain, war er so mürb und zerschlagen, als hätte er Jahr und Tag auf Steinen gelegen, auf lauter Steinen. Zur Michalina zurück mochte er nicht — sollte er sich auslachen lassen von der? Die war immer so fröhlich, was wußte die von tiefem Leid?!

Sollte er sich vor dem Vater zeigen mit verweintem Gesicht? Nein, lieber ging er heim, recht leise, daß Stasia ihn nicht merkte, und legte sich in der Schlafkammer aufs Bett, denn ihm war wie krank.

Und als er nun ganz verstohlen in sein Haus schlich, in dem er so leise auftrat, als wäre es gar nicht das seine, hörte er plötzlich durch die mittägliche Stille, durchs verzauberte ‚Sumsum‘ schläfriger Fliegen ein leises Gekicher. Und dann ein Geflüster. Wer war denn drinnen?! Saß Stasia ganz allein in der um diese Zeit immer leeren Schenkstube und lachte sich eins? Oder wer war bei ihr? Nun, gleichviel, wer es auch sein mochte!

Gleichgültig, müde, wollte er an der Tür vorbeischleichen. Halt! Nun stutzte er doch auf einmal, und der trübselige, matte Blick seines Auges funkelte auf in Zorn: das war des polnischen Inspektors Stimme! War der jetzt nicht draußen auf dem Felde? Saß der schon wieder drinnen und noch dazu allein bei ihr? Und wie eifrig sie sich erzählten! Hurtig ging das Gespräch, aber so viel polnisch konnte er jetzt doch, um wenigstens den Sinn zu verstehen. Sie sprachen von der Wahlversammlung, die heut abend hier abgehalten werden sollte. Der Name des Niemczycers fiel, da fuhr der Lauscher zusammen, so hart lachte Stasia plötzlich auf. Und der Inspektor fluchte und schlug auf den Tisch: „Der deutsche Hund, niemals, niemals!" Und dann wurde das Gespräch leise, so tuschelnd, daß er nichts mehr verstand, bis er Stasia sagen hörte: „Ach Unsinn, der wird ja nie gewählt! Das wird der Herr Vikar schon nicht leiden!"

Jetzt lachte auch der Inspektor auf: „Das wäre auch, der Hetzer, der Zuträger, der alberne Schwätzer, der — Niemiec! Psia krew! Warte mein Bürschchen, du wirst schon kriegen, was dir gebührt!"

Pfui, der gemeine Polack! In Valentins ehrlichem Gesicht zeigte sich Entrüstung: wahrhaftig, das hatte sich der Herr Rittmeister doch nicht verdient! Aber dann machte die Entrüstung, die ihm das Blut in die Wangen getrieben hatte, einer jähen Blässe Platz — er hatte plötzlich den eignen Namen gehört.

„Ach, der Walenty,“ sagte Stasia hell, recht leicht hin, wie abfällig, „was der sagt!“ Obgleich Valentin draußen stand, glaubte er doch, sie mit den Fingern schnippen zu sehen. „Was glaubst du wohl, mein Lieber, als ob man auf den hörte? Haha, so ein Schwabb!“ Sie lachte laut auf, und der Inspektor lachte mit ihr.

Valentin zitterte: Jesus, wie sprach sie verächtlich! Und nun das spöttische Lachen — das Lachen! Sie hörten gar nicht auf damit. Und ‚du‘ nannte sie ihn, und ‚mein Lieber‘! Herr im Himmel, Herr im Himmel, was war das?!

Des jungen Ehemanns Gesicht verzerrte sich: lachten sie ihn aus? Ja, sie lachten ihn aus mitsammen! Das ertrage ein andrer! Deutsche Fäuste wollte er ihn kennen lehren, den polackischen Schweinigel! Wut, Eifersucht, Zorn, Scham, Haß übermannten Valentin; die Tür aufreißend, stürzte er in die Schenkstube.

Da saßen Pan Szulc und die junge Frau recht gemütlich nebeneinander auf der Bank hinterm Tisch, und Stasia paffte mit von des Inspektors Zigaretten. Ein beißender, widerlich süßlicher Qualm erfüllte die ganze Stube.

Stasia hatte hell aufgeschrieen, als ihr Mann so mit Gekrach hereinplatzte, aber nun hatte sie sich schnell gefaßt. Sie setzte sich ruhig wieder nieder auf die Bank, von der sie im ersten Schreck der Überraschung aufgesprungen war; dreist sah sie ihn an, nur am leichten Schielen ihrer schmalen, weichgrauen Augensterne konnte man merken, daß sie erregt war. Schwer atmend stand Valentin ihr gegenüber am Tisch; er rang nach Worten.

Da kam sie ihm schnell zuvor: „Walenty, mein Lieber, spektakle nicht so! Hab' ich mich erschrocken! Man meint ja, die Tür fällt ein. Was willst du?“

„Ich — ich — —“ Die Fäuste auf die Tischplatte stemmend und sich nach Pan Szulc hinüberbeugend, ächzte er: „Heraus, heraus! Will de wohl gleich machen, dat de hier herauskömmt!“

„Was sagt er? Er ist wohl verrückt?“ sagte Pan Szulc und stieß die neben ihm Sitzende an. „Was sagt er, ich verstehe ihn nicht!“

„Ich will dich wohl deutsch verstehen lernen, du polack'scher Schweinigel,“ schrie Valentin. Seine Rechte reckte sich über den Tisch weg nach dem Kragen des Verhaßten.

Stasia kreischte laut auf. Sie wollte ihren Mann zurückreißen, aber schon war Pan Szulc aufgesprungen.

Die Zähne zusammenbeißend, totenblaß, stand Valentin und erwartete den Gegner. Aber er wartete vergebens.

Ein Achselzucken und ein ‚Sie sind wohl nicht recht bei Trost‘, und schon hatte Pan Szulc seine Mütze ergriffen, und schon war er auf der Schwelle. Als der vollständig Verblüffte, ganz wie erstarrt Dastehende, sich aufraffte, ihm nachzustürzen, packte ihn Stasia am Kittel Sie hielt ihn fest.

Pan Szulc war fort. Wutbebend kehrte sich Valentin gegen seine Frau: „Untersteh dich, — laß mich los!“ Aber sie hielt ihn fest. „Läßte mich los?“ Er wand ihr den Zipfel seines Leinenrockes aus den Händen, nicht gerade sanft.

Es tat ihr weh, sie sah ihn an mit bösen Augen.

„Ja, kuck mich nur an, kuck mich nur na! Sei nur falsch! Ich kenn' dich jetzt — wat — wat haste mit dem Kerl, dem Polack immer zu lachen? Is dat en Art? Deinen — deinen Mann — eso auszulachen!" Er schluckte.

„Ich weiß nicht, warum du so böse bist?" Sie überlegte sich, daß es wohl das Klügste sei, einzulenken. Und dann — so hatte sie ihn noch nie gesehen, so gefiel er ihr. „Walenty," schmeichelte sie, „sei doch gut! Pan Szulc ist mein alter Freund, ich kenne ihn länger als ich dich kenne. Als ich noch ein blutjunges Mädel war in kurzem Rock und zur Herrin kam, nach Chwaliborczyce, zu lernen die Religion und das Sticken, habe ich ihn schon gekannt. Was willst du, was ist unrecht? Darf ich da nicht lachen mit ihm?" Sie machte Miene, sich an ihn zu schmiegen, aber er stieß sie zurück.

„Katz'," schrie er grob, „polnische Hex'!"

Nun tat sie beleidigt. Den Kopf zurückwerfend, aber sich dabei wiegend, wie eine Bachstelze, die auf ihren zierlichen Beinchen wippt, ging sie zur Tür; krachend warf sie sie hinter sich ins Schloß.

Er blieb allein zurück in der Stube, die erfüllt war vom Zigarettenqualm. Laut stöhnte er auf; zum Tisch taumelnd, sank er auf die Bank nieder, wo das Paar eben gesessen hatte.

Stasia, Stasia — was hatte sie ihm angetan?! War sie die Liebste von dem Kerl, dem Polacken? Oder war sie es nicht? ‚Mein Lieber', und ‚Du' — ei, genügte das nicht?! Ja, ja, sie war's, kein Zweifel! Nicht nur polnisch, auch noch nichtsnutzig dazu war sie?! Nein, er mochte sie nicht mehr sehen, nie mehr wollte er sie wiedersehen! Sie, mit den falschen Augen und dem geschmeidigen Leib, sie hatte ihn betrogen — Jesus, betrogen! Wie konnte sie das nur tun? Er hatte sie doch so lieb, wahrhaftig, so lieb gehabt! Jetzt schluchzte er nicht im dumpfen Schmerzgefühl wie draußen im Feld, nicht wie ein Knabe, der unbändig ist, — jetzt saß er da wie ein geschlagener Mann, preßte die Fäuste gegen die heißen Augen und stöhnte aus tiefster Seele.

So saß er, bis es vom Turm Feierabend läutete. Da kam die Michalina. Sie war erstaunt: wie, noch nichts zurecht gemacht? He! Und heute abend sollte doch hier Versammlung sein, viele sollten kommen, und der gnädige Herr von Niemczyce würde eine Rede halten! Da hieß es die Tische beiseite rücken und Platz schaffen und Biergläser bereit stellen und frischen Sand auf die Dielen streuen. Würden nicht viele Füße kommen? Alle von Pociecha-Ansiedlung und die Männer vom Pociecha-Dorf auch. Denn Zettel waren geworfen worden in alle Häuser und große Plakate angeklebt worden an alle Mauern. An den Bäumen, sogar an der Holzwand der Kirche von Pociecha-Dorf stand zu lesen:

Wählt den
Rittergutsbesitzer
Hanns-Martin von Doleschal!
Wählt! Wählt!

Und hier, am Ansiedlungskrug an der Haustür, hing auch ein großes Plakat, hellgelb wie der liebe Mond; weithin sichtbar war es:

Heute Wahlversammlung!
Ansprache des einzigen Kandidaten
aller nationalen, staatserhaltenden
Parteien, des Rittergutsbesitzers
Baron von Doleschal
auf Deutschau.
Deutsche Männer, Ansiedler von Augenweide,
kommt alle!

Anfang 8 Uhr. Anfang 8 Uhr.

Einen Blick des Bedauerns warf Michalina auf ihre so blank geputzten Fenster. Da hatte man auch solch gelbe Wische angekleistert. War's nicht genug, daß einer in der Wirtsstube innen hing, mußten auch noch die klaren Scheiben verschmiert werden? Kein Wunder, daß die von Pociecha-Dorf die Zettel nicht leiden wollten! Michalina erzählte es dem jungen Wirt: im Dorf hatten sie gedroht, die Plakate abzureißen.

Aber Valentin zuckte nur die Achseln ohne ein Wort. Das war ihm ganz gleichgültig; seine Gedanken waren bei Stasia. Ob sie jetzt wohl hinten in der Küche saß und trotzte, oder ob sie sich in der Schlafkammer eingeschlossen hatte, wie sie schon manchesmal getan hatte, um ihm erst nach vielem Pochen und Rufen und Bitten zu öffnen? Nun, heute würde er nicht pochen. Nein, er wollte sie nicht mehr sehen!

Er verließ nicht die Schenkstube. Nur für kurze Minuten hatte ihn die Magd aufgestört, jetzt saß er wieder hinterm Tisch auf der Bank, die Ellbogen aufgestemmt, die Fäuste gegen die Stirn gedrückt. Für Michalina, die sich um ihn herum zu schaffen machte, hatte er keinen

Blick. Er hörte nicht ihren geschäftigen Tritt, auch nicht ihr inniges: „Helfe dir Gott!" — er hörte immer nur:

,Ich schliche zu dir, mein Liebchen,
ganz sacht mich,
Ich höre, ach leider, mein Liebchen
verlacht mich!'

So saß er auch noch ganz versunken, als zwei Ansiedler kamen: der Schwabe hinten aus der Kolonie und der Amerikaner, der Erbauer der seltsamen Scheune, die rund war wie ein Zirkus.

Diese beiden hatten sich pünktlich eingefunden, aber die andern zögerten. Verwundert gingen die Pünktlichen vor die Tür: kamen denn die andern noch nicht, hatten sie's denn nicht auch gelesen, wie sie es gelesen hatten: ,Deutsche Männer, kommt alle'?!

Langsam kamen endlich welche an, einer nach dem andern, vereinzelt wie Tropfen, die schwer sickern.

Aber der junge Wirt schlich jetzt aus der Schenkstube, denn Michalina hatte ihm ,Pst' gemacht und ihn herausgewinkt in den Flur. Dort stand sie ganz verstört.

„Is sich Frauchen nich mehr da!" stieß sie heraus und zitterte. „Is sich Stasia fortgemacht. Türe von Schlafkammer steht sich auf, seh' ich hinein, stehn sich Schrank und Kommode auch auf. Liegt sich vieles an Erde, und Kleider, Hemden, Strümpfe von Frauchen zusammengepackt in Lade, wo sie mitgebracht. Und wie ich noch stehe, kommt sich Stasia von Küche her, sagt, soll ich ihr schicken Sachen seinige morgen. Geht sie zu ihre Eltern, kommt nich mehr zurück. Is sie zu weh geschehen von ihrem Mann. O weh, o weh!" Jammernd rang das Mädchen die Hände.

Stasia fort — zu ihren Eltern — kommt nicht mehr wieder — zu schwer gekränkt?! „Stasia, Stasia!" Valentin schrie laut auf und taumelte zurück, wie einer, der einen Hieb bekommen; die Magd stützte ihn.

Tränen liefen Michalina übers Gesicht, aber unter den Tränen lächelte sie ihn tröstend an: „Wird sich schon wiederkommen, wird sich schon wiederkommen Frauchen, bin ich gewiß, kommt sich morgen. Man muß nicht ängstigen sich, er muß nicht ängstigen sich! Wer könnte verlassen ihn, den Walenty?"

Valentin sagte kein Wort darauf, stumm ging er in die Kammer und riegelte hinter sich zu. Michalina aber mußte in die Wirtsstube laufen, dort verlangten die Leute Bier. —

Allzu viele waren nicht gekommen, mancher fehlte. Auch Peter Bräuer war nicht da. Doleschal, dessen Blick die Versammlung überflog, vermißte ihn gleich. Warum blieb der Mann fern? Wie gern hätte er dessen breite Schultern die andern überragen gesehen! War es möglich, sollte Bräuer so kleinlich sein, weil er sich einmal über ihn persönlich geärgert hatte, darum auch sein Deutschtum zu vergessen, darum nicht die Versammlung zu besuchen?!

Das war eine Enttäuschung. Es war auch ferner eine Enttäuschung, daß nicht alle andren gekommen waren. Doleschal hatte erwartet, daß kein einziger Ansiedler fehlen würde. Und auch auf mehrere vom Dorf hatte er gerechnet, und wenn sie nur gekommen wären, um von dem Bier zu trinken, das er auf seine Kosten verabreichen ließ. Wenn er sie nur erst hier hatte, wollte er schon auf sie wirken. War's nicht so gewesen in den andern Orten auch? Gleichgültig waren sie erschienen, enthusiasmiert hatten sie das Lokal verlassen. In der Kreisstadt und besonders gestern in Miasteczko war ihm geradezu ein Triumph zuteil geworden. Das Herz schwoll ihm, wenn er des gestrigen Abends gedachte. In der Wirtsstube des Prochownik hatte er eine schöne Stunde verlebt. Sie hatten ‚Bravo‘ gerufen und in die Hände geklatscht.

Freilich, die Honoratioren hatte er vermissen müssen: den Doktor Wolinski, den Apotheker, den Bürgermeister, den Postverwalter, den Steuerkontrolleur und so manche andre. Und Nasen, ähnelnd der Nase des Löb Scheftel, waren reichlich vertreten gewesen. Aber in seinem Eifer hatte er des nicht sonderlich geachtet. Und als am Schluß Löb Scheftel sich zu ihm herangedrückt und devot geflüstert hatte: „Haben sie mir zwar eingeschmissen 's Ladenfenster und mir genommen heraus das Kälberviertel, die Speckseite und 's pikfeine Geschlinge, hab' ich doch keine Angst gekriegt, bin ich doch gekommen, zu reichen dem Herr Baron die Hand. En freisinniger Mann, en aufgeklärter Mann, wer' ich ihm geben doch meine Stimme,‘ hatte er keinen Ekel empfunden, wie noch vor nicht allzu langer Zeit, sondern die Hand des jüdischen Schlächters gedrückt — war es doch eine Hand!

Und hier, unter lauter deutschen Männern — fast alle Idiome des Vaterlandes waren vertreten — sollte es da nicht ein Leichtes sein, Hingabe zu erwecken, Liebe, Eifer zur deutschen Sache?!

Doleschal vergaß, daß Peter Bräuer ihn durch sein Fehlen enttäuscht hatte, und so noch dieser und jener. Seine erst stockend begonnene Ansprache wurde flüssig.

Die Worte strömten ihm zu; Gedanken, an die er vorher nicht gedacht, Vergleiche, Bilder drängten sich ihm förmlich auf. Er bemühte sich, volkstümlich zu sein, sich einem doch immerhin bescheidenen Denkvermögen anzupassen. Das wenigstens mußten sie doch verstehen — erfuhren sie's nicht täglich am eignen Leibe? — wenn er ihnen sagte, daß sie hier ständen, einsam wie der Soldat auf der Wacht, ebenso gefährdet und auch ebenso verantwortlich. Und daß er sie auffordere, ihrem Deutschtum Ehre zu machen, deutsch zu wählen, regierungstreu, allen Machinationen von Polen und Klerus zum Trotz!

Es war ihm eine Wohltat, einmal frei heraus sprechen zu können, ohne die Rücksichtnahme, die doch immerhin an andern Orten, wo die Zuhörerschaft eine gemischte, bedingt gewesen war. Hier waren ja lauter deutsche Männer, eine kleine Zahl zwar nur, aber tüchtige Pioniere. Pioniere des Deutschtums, Pioniere der Kultur. Und sie scharten sich um ihn.

Er bemerkte nicht, daß im Hintergrund einige Gestalten, die sich vorsichtig hinter den breiten Rücken der Vordermänner gedeckt gehalten hatten, sich jetzt leise hinausstahlen.

* * *

Der Abend war schon weit vorgeschritten, als die Versammlung sich auflöste. Doleschal war noch nie so lange geblieben. Aber heute war es ihm eine Freude, unter den Leuten zu sitzen: unter deutschen Männern, in einem deutschen Krug. Wo steckte nur der junge Wirt? Zuerst hatte man dessen Fehlen nicht bemerkt, jetzt aber fiel es auf. Warum war er nicht zur Stelle? Doleschal fragte die braune Magd, die geschäftig hin und her rannte und die Gläser füllte. Da spiegelte es in den blanken Augen der Braunen wie von Tränen, und sie antwortete, betrübt den Kopf schüttelnd: „Is sich krank junge Gospodarz, is sich sehr krank, arme Walenty!" —

Der Mond war auf seiner Bahn bereits tief hinabgerutscht, als der Deutschauer Herr aus der Ansiedlung hinausritt. Sein Pferd hatte ihm das braune Mädchen vorgeführt. Da hatte er Valentin Bräuer grüßen lassen und ihm gute Besserung gewünscht.

Schade, er hätte den hübschen Jungen gern einmal wiedergesehen! Der meldete sich nun gar nicht mehr in Deutschau. Aber seine Wirtschaft hatte er gut im Zug, trotz der polnischen Frau, das mußte man anerkennen. Selbst die Magd war gut gezogen; obgleich des Herrn Auge nicht über ihr gewesen war, hatte sie trefflich ihre Pflicht erfüllt.

Hinter dem einsam, unterm fast lichtlosen Himmel Dahinreitenden ragte der Turm von Pociecha-Dorf, und vor ihm ragte der Łysa Góra. Das waren die beiden Pole seines nächtlichen Ritts. Durch das endlose Meer der Felder, wie dahergeblasen vom Nachtwind über die endlose Ebene, trabte der Gaul. Der Hufschlag klang hart auf dem vom Sonnenbrand ausgetrockneten Boden. Man hörte ihn fernhin.

Die Brust des einsamen Reiters weitete sich. Heute empfand er das Alleinsein nicht als Qual, war es doch kein Alleinsein mehr auf einer Insel, umflutet von einem wilden Meer. Heute waren die Wogen glatt, man konnte sie durchschiffen; man war nicht abgeschnitten und verlassen, willige Hände streckten sich aus, schwielige, arbeitstüchtige Fäuste.

Doleschal hatte beim Fortgehen allen der Reihe nach die Hand geschüttelt — das waren biedere, kräftige, urdeutsche Händedrücke! Was ihm bis jetzt nie als recht möglich erschienen war: das Zustandekommen seiner Wahl — heute dünkte es ihn nicht mehr unmöglich. Zutraulich hatten sie ihn gefragt: nach seinen Ernteaussichten, nach seiner Frau, seinen Kindern; und er hatte sich nicht ablehnend verhalten wie früher wohl, er sah es jetzt ein: es tat not, daß sie auch von ihm etwas wußten, er nicht nur von ihnen. Das reichlich gespendete Bier hatte ihnen die Zungen gelöst, und bei ihm hatte ein warmes, ein ihn mächtig überkommendes Gefühl der Zusammengehörigkeit — vielleicht zum ersten Mal in seinem Leben — das Junkertum über den Haufen geblasen. Deutsch, deutsch, das ging vor allem! Deutsche, hoch das Panier! Schwarz-weiß-rot, in diesem Zeichen wollen wir siegen!

Er gab seinem Pferd den Sporn und galoppierte auf den Lysa Góra zu. Rasch heim! Was würde Helene sagen?! In die Arme wollte er sie pressen: ‚Mein liebes, mein treues Weib, vergib! Ich habe dich viel gequält! Aber wer kann für die schwarzen Gedanken, die da kommen, krächzend wie die Raben, und sich frech niederlassen? Wer kann dafür, daß ihn der Unmut übermannt, die ohnmächtige Wut, die zage Furcht — ja, die Verzweiflung — wenn er sieht, daß all sein Streben vergebens ist, daß fünfzehn Jahre des Schaffens in Sorgen und Mühen nur sind wie ein Tag?! Ja, daß das ganze Leben, nicht nur das eigne, auch das des

Vaters und des Großvaters, daß all die Zeit, die Deutschau steht, ein Nichts ist? Daß eine Minute die Fahne nieder in den Kot reißt, die stundenlange Arbeit dem Lysa Góra aufs Haupt gepflanzt hat?!'

„Aber jetzt, Helene, ich schwöre es dir, jetzt wird es besser werden!"

Doleschal sagte es laut und lächelte dabei. Er hob sich im Sattel und wiegte sich leicht. Nun dünkte er sich wieder jung. Nur ein bißchen Freude, nur ein bißchen Hoffnung, nur ein bißchen Genugtuung, wie tut das gut! Es war doch kein Traum, der Traum vom deutschen Land. Hier diese Felder würden deutsch sein, deutscher als die am Rhein, deutscher als die längs der Vogesen, denn sie waren noch schwerer errungen. Schwerer, viel schwerer ist der heimliche Kampf als der offene, und so viel länger währt er. Wo das Leben aus offnen Wunden dahinströmt, ist der Kampf bald entschieden, aber wo ein Leben verhaucht aus heimlich blutenden Herzenswunden, dauert er lange, ach so lange!

Aber nun würde es gewiß nicht lange mehr währen, daß der deutsche Herr reiten konnte über deutsche Felder und sein Haupt getrost legen konnte jedem Untertanen in den Schoß.

Mit einer fast übermütigen Handbewegung grüßte der von Phantasieen Erhitzte den Lysa Góra, der näher und näher rückte: deutscher Berg, ich grüße dich, auf deutscher Wacht! Ah — Doleschal empfand es wie eine Erlösung — kräftiger Zuruf scheucht das Raubgesindel, heute flohen ihn die schwarzen Gedanken. Was sind all die Unannehmlichkeiten und Widrigkeiten, die man durchgemacht hat? Sie schrumpfen zusammen, werden winzig klein vor einem großen Gedanken.

Es kam Doleschal vor, als habe er sich versündigt all die Zeit. An Helene, an den Kindern, an sich selber. Gleich morgen wollte er an Freund Paul schreiben — der gute alte Junge war so besorgt gewesen — ‚alles in Ordnung‘, würde er schreiben, ‚alles ruhig am Lysa Góra!‘

„Voran, Hektor, zu Frauchen!“ Doleschal trieb das Pferd, dessen Trab unter dem, in Träumereien versunkenen Reiter zum Schritt geworden war, von neuem an. Und das Roß, den Stall witternd, wieherte in die Nacht.

Da war schon die Deutschauer Grenze — dort, rechts der Luch! Gespenstisch schimmerten die silbernen Weiden an seinem Rand; in ihrem Versteck flüsterte es leis — tat das der Nachtwind?!

Und jetzt — ein Laut, ein Ruf: „He!“

Das Pferd prallte zur Seite und bäumte sich wild, eine Faust hatte ihm ins Zaumzeug gegriffen. Zitternd stand es.

Sechs, sieben Gestalten versperrten den Weg; ein Achter kroch aus dem Graben.

Doleschal gab den Sporn. Das Pferd stand wie angefesselt. Da nahm er die Reitgerte verkehrt: Wegelagerer, Strolche, die haut man mit dem silbernen Knopf!

Keine Angst erfaßte ihn, wohl aber ein jähes Stutzen. Wer waren die, was wollten die?! Er sah sich umringt. Wild hieb er drein: hier galt's, sich wehren!

Er sah kein Gesicht. Sie waren alle vermummt. Sie hatten die Mützen tief über die Ohren gezogen und die Hüte in die Stirn gedrückt. Und dazu das unsichere Licht des Himmels.

„Platz da!“ Der Baron schrie es; in der stillen Nacht hallte der Kommandoton, aber der Lysa Góra fing den Hall auf und verschluckte ihn. Deutschau war weit, kein Beistand da in der Einsamkeit.

Ein unterdrücktes, höhnisches Lachen antwortete dem ‚Platz da‘. Sie wußten wohl, hier galt nur Faustrecht.

Doleschal wehrte sich verzweifelt — hier, hier auf eignem Grund und Boden vergewaltigt werden?! Wenn nur das Pferd gehorchen wollte! Er preßte es ächzend mit wahnsinnigem Schenkeldruck. Niedertrampeln sollte es die Wegelagerer mit seinen Hufen. Aber es gehorchte nicht Sporn noch Peitsche.

Die Peitsche ward jetzt dem um sich Schlagenden aus der Hand gewunden — knick — da war sie zerbrochen. Ein derber Knüttel fuchtelte bedrohlich, der Reiter fühlte sich an den Beinen gepackt und aus dem Sattel gerissen.

„Ich bin Doleschal, ihr irrt euch! Doleschal auf Deutschau!“

Wieder das Hohngelächter. Dazwischen auch heiseres Husten, bei heiserem Lachen den Atem fast erstickend.

„Hakatist, Schwein, Schächer erster Klasse!“

Jemand spuckte Doleschal ins Gesicht. Er riß die Augen weit auf in jähem Entsetzen: das waren keine Wegelagerer, keine, die die Uhr wollten, die Börse, die Wertsachen! .... ‚Hakatist, Schwein, Schächer erster Klasse‘ ...?!

Da war er überwältigt.

Sie hielten ihn nieder mit Übermacht. Was half sein Sichbäumen? Auf je einem Bein kniete ihm einer, seine Handgelenke saßen wie in Schraubstöcken. Tritte von derben genagelten Schmierstiefeln trafen ihn, er wurde gewälzt im Staub. Und jetzt — auf die Kehrseite Schläge! Schläge, mit denen man einen dummen Jungen züchtigt.

Auf, zum letzten Mal auf! Doleschal raffte sich noch einmal unversehens empor; sie wichen zurück vor dem schon überwältigt Geglaubten.

„Polnische Halunken!" Er ballte die Fäuste, er stürzte auf sie los mit letzter Kraft — da, ein Hieb über den Schädel mit einem Knüttel:

„Hakatist! Schwein! Du deutscher Hund!"

Taumelnd brach Doleschal vornüber zusammen. Die Hände vorgestreckt, das Gesicht im Staub vergraben, lag er regungslos.

Und das Pferd, das bis dahin zitternd gehalten hatte, hob jetzt entsetzt, mit einem fast menschlichen Angstschrei, den Kopf in die Höhe, warf die Hufe und jagte davon, als seien die Wölfe hinter ihm. — —

Und über die Felder zog die Nacht wieder still, hin über das unabsehbare Meer mit den im Nachtwind brandenden Wogen noch unreifen Korns. Zwei Pole nur in der Nacht der Ebene für das suchende Auge des irrenden Wanderers: der Lysa Góra und der Turm von Pociecha-Dorf.

Einsam lag der schwarze Lysa Góra — der zerschlagne Mensch an seinem Fuß zählte ja nicht mehr mit.

Aber um den schwarzen Turm von Pociecha-Dorf wimmelte es wie von lauter Glühwürmchen.

Die Pociechaer hatten sich kurz entschlossen, in dieser Nacht, jetzt, da der Gendarm nicht mehr darüber wachte, die Plakate von Mauern und Bäumen abzureißen.

‚Reißt sie ab! Vor allem von der Holzwand der Kirche reißt das Schandblatt des Verfluchten ab!‘ Hier galt das nicht! Morgen in aller Frühe schon würden aus der Kreisstadt die andern Zettel eintreffen, die besseren, die wahren, die einzig richtigen, von denen der Herr Vikar ihnen gesagt hatte:

Wählt! Wählt!
Wählt den Polen, den wahren Christ,
den Ritter vieler Orden,
Aleksander Boleslaw, Edlen von Garczyński
auf der Herrschaft Chwaliborczyce.

Johlende Rufe tönten durchs Dorf. Im Krug quiekte der Dudelsack, im Rausch gröhlten die Männer. Kein Mensch dachte an Schlaf.

‚Im deutschen Krug haben die Deutschen gesessen — auf, laßt uns Polen drum im polnischen sitzen!‘

Jetzt, spät noch nach Mitternacht, war Leben um die Kirche. Laternengeflimmer und Pechfackelschein huschten um den Pfuhl herum. Und nun erhob sich ein Geschrei, anhaltend laut, ein Geheul wie Gebell der Meute, die den Hirsch umstellt hat. Heissa, das Werk war getan! Heissa, in Fetzen zerrissen die verhaßten Wahlaufrufe! Im schlammigen Pfuhl schwammen sie.

„Es lebe Polen!“

Ohrenbetäubendes Schreien. Und nun war mit Gesang rasch ein Zug geordnet. Um den Pfuhl zog's herum und dann im Dorf hin und her. Wild wogte es auf und ab, wild drangen die Stimmen in die Nacht hinaus, über die niedrigen Hütten weg, in die Nacht der Felder. Nichts hemmte die Töne, sie fanden keinen

Widerstand. Weit hörte man sie, bis in Pociecha-Ansiedlung, und noch viel weiter hinaus, bis am Lysa Góra. Die Nacht war erfüllt von ihnen. Die Ebene war ein Lied geworden, ein Lied des Triumphs, ein Lied des Jubels:

„Brüder, nehmt die Sensen in die Hände!
Auf, zum Kampfe laßt uns eilen!
Polens Knechtschaft hat ein Ende,
Länger wollen wir nicht weilen.
Sammelt scharenweis' euch alle,
Unser Feind, der Deutsche, falle!
Plündert, raubet, brennet, senget,
Laßt die Feinde qualvoll sterben!
Wer die deutschen Hunde hänget,
Wird sich Gottes Lohn erwerben.
Ich, der Propst, verspreche euch
Fest dafür das Himmelreich!"

22

Ein paar Tage nach der Wahlversammlung im deutschen Krug hatte sich der junge Wirt aufgemacht zu einem Gang, aber er sagte nicht, wohin er gehen wollte. Der Michalina, die sich alle Augenblicke eine Ausrede machte, von den Bräuers zu ihm hinüber zu laufen, übergab er den Schlüssel. Sie sollte auf die Wirtschaft passen, lange würde er ja auch nicht ausbleiben.

Aber er blieb doch länger aus. Vergebens schaute Michalina alle Stunde nach ihm aus, er kam noch immer nicht. Wohin war er gegangen?! Ach, gewiß nach dem Tupadlo, wo jetzt in der smaragdgrünen Wiese die Rosen des Sumpfes blühten, schneeweiße reine Blumenkelche mit goldnen Staubgefäßen. Aber deren Stengel, die tief unten im Grunde festwurzelten, waren wie Schlangen, lang und dehnbar, und rissen nicht ab, sondern zogen herunter.

Daß ihm nur kein Leides geschah! Am liebsten wäre die Magd ihm nachgelaufen, aber das ging doch nicht an, sie mußte ja auf sein Haus passen. So hockte sie sich auf seine Schwelle nieder, schlang die Arme um die Kniee, wiegte sich hin und her und sang sich eins. Eintönig traurig klang es, obgleich es ein Tanzliedchen war, monoton war es wie die Felder, in die ihr Blick starrte. —

Michalina hatte recht vermutet, Valentin war nach dem Tupadlo gegangen, führte doch daran vorbei der Weg ins Forsthaus. Er mußte Stasia sehen, sie sprechen. All die Nächte, seit sie fort war, hatte er keinen Schlaf gefunden; rot waren seine Augen, ganz überwacht. Mit offnen Lidern hatte er gelegen und ins Dunkel gestiert und gedacht und gedacht, so viel, so eindringlich nachgedacht, wie noch nie in seinem Leben.

War sie denn wirklich so schuldig? Ja, ja! Er mußte die Fäuste ballen und mit den Füßen stoßen. Aber wenn er's dann so recht bedachte, wußte er eigentlich nicht zu benennen, was sie ihm angetan hatte. Daß sie mit Pan Szulc gut freund war — zu gut freund für seinen Geschmack — das war sicher; aber, wenn es ihm nun auch nicht behagte, war es darum schon ein Unrecht? ‚Du' hatte sie zu dem gesagt — sagen die Polen nicht immer ‚du'? — und ‚mein Lieber' hatte sie zu dem gesagt — Jesus, sie kannte ihn ja schon so lange, als sie noch ein blutjunges Dingelchen mit kurzem Rock war, schon! Abscheulich war's, ganz unerträglich, daß sie immer miteinander tuschelten und lachten — aber eine Untreue war das doch nicht?! Nein, er hatte sich übereilt! Wenigstens anhören hätte er sie müssen, sie nicht von sich stoßen dürfen, als sie so lieb sich anschmiegen wollte. Die arme kleine Frau, wie weh hatte er ihr wohl getan mit seinen groben Fäusten! Ein Bedauern erhob sich in Valentin. Aber dann dachte er an Vater und Mutter: der Vater war auch oft grob, aber die Mutter nahm's weiter nicht übel — wie war das doch so anders bei denen!

Zwischen ihm und Stasia war immer ein Mißverstehen. Und sie hatten sich doch auch so lieb, wie sich die Eltern hatten — o nein, noch viel tausendmal lieber, denn sie waren ja noch so jung! Noch kein Jahr, noch kein einziges Jahr miteinander verheiratet! Er fühlte noch dasselbe Begehren in sich, das in ihm gebrannt, als er sie zum Altar geführt hatte.

„Stasia, Stasia!“ Er stöhnte auf in der Nacht und schlug die Fäuste gegen seine Stirn, auf der Schweißtropfen standen. Was hatte er angerichtet?! Nun war sie böse mit ihm — auf immer —?! Sie hatte der Michalina gesagt, man solle ihr andern Tags ihre Kleider und Sachen schicken; er hatte die zurückbehalten, denn er hatte gehofft, dann würde sie danach kommen, oder ihr Vater wenigstens würde kommen, oder ein Bote oder ein Brief. Aber niemand war erschienen. Nein, sie wollte wirklich nichts mehr von ihm wissen, es war nicht nur eine Rederei. Nun saß sie drüben bei ihren Eltern, und er saß hier! Und zwischen ihnen lag das Tupadlo.

Ob sie sich wohl um ihn grämte, wie er um sie? Das hätte er gern gewußt. Aber hatte er denn je gewußt, woran er mit ihr war?! Oft hatte er ihr sehnsüchtig in die Augen geschaut, aber sie hatte weggeguckt. Wie ging's nur zu, Vater und Mutter verstanden sich doch mit einem Blick, die Stasia mußte man erst immer fragen und fragen, und dann hatte sie doch noch oft den Kopf geschüttelt: »Nie rozumiem po niemiecku!«

Wer wollte ihr einen Vorwurf daraus machen?! Sie verstand eben wirklich nicht deutsch, wohl die Sprache, — o, die Sprache ganz gut! — aber das andre, all das andre, was sich nicht sagen läßt, nicht!

Sich im Bett aufsetzend und den Kopf zwischen beide Hände nehmend, hatte der arme Junge ganz verwirrt um sich geschaut. Wenn er nur wüßte, woran das lag, daß sie nicht zum Glück kommen konnten, zum friedlichen Glück? Hatte er ihr nicht gern was zuliebe getan — o, so vieles! Hatte sie ihm nicht was zuliebe getan? O, auch! Bekreuzten sie sich nicht vor demselben Gott? Gewiß! Und waren sie nicht verliebt miteinander? Das sicher! Und trotz allem und allem — eins waren sie darum doch nicht!

Und das peinigte. Das hatte Valentin gepeinigt fast vom ersten Ehetag an, das peinigte ihn auch jetzt mehr als die Eifersucht auf Szulc. Diese Eifersucht war ja töricht — begreiflich zwar — aber zu töricht doch! Die Stasia ihrem Walenty untreu sein?!

Und Stasia tauchte vor ihm auf im Dunkel der Nacht — silbrig und seidig schimmerte die blonde Tolle, darunter blütenzart ihr weißes Gesicht. Mit brennenden Augen starrte er sie an: sei doch gut, komm wieder, wir wollen nun glücklich sein! Sie lächelte und nickte — da sprang er aus dem Bett. Wenn es nicht Nacht gewesen wäre, die Hähne in den Höfen nicht erst zum ersten Mal gekräht hätten, er wäre zu ihr gelaufen. Ja, er wollte sie zurück holen! Das Miteinander-böse-sein war dummes Zeug! Sie sollte wiederkommen, sie mußte wiederkommen, dann wurde alles gut!

Und so hatte er sich aufgemacht gleich andren Tags. Wie ein Liebender war er gegangen, der um die Braut werben will. Beim Tupadlo fing er an, Trab zu laufen. Ihn ärgerte der weite Bogen, den er machen mußte, denn nah, ganz nah winkte hinter den Kusseln die

Försterei, und smaragdgrün, mit weißen Rosen besternt, glänzte freundlich die Wiese zwischen ihm und dem Waldrand drüben. Aber nur die Torfgräber, die vergangnes Jahr hier Torf gestochen hatten für Chwaliborczyce, kannten vielleicht die sichere Furt.

Seufzend gab er sich drein, dem Umweg zu folgen.

Schon vor der Tür der Försterei traf er den Schwiegervater. Freundlich war die Begrüßung nicht.

„Wo ist Stasia?“ rief Valentin atemlos.

„Nicht da!“

„Sie ist doch da!“ Das sollten sie ihm nicht wieder vormachen wie damals! „Ich will mein' Frau holen,“ sagte er trotzig. „Sie soll nach Haus kommen!“ Er wollte am Schwiegervater vorbei in die Tür eilen.

Aber der Förster stellte sich breit vor: das wäre! Frech sein wollte der Schwabb jetzt noch, nachdem er seine Tochter so gekränkt hatte?! Die blieb vor der Hand hier. Später würde sich's finden. Da mußte der Ehemann mal erst ganz andre Saiten aufziehen, bis die versöhnt war. Beleidigt war die — o! Und Frelikowski hatte die Hände erhoben und sich dann den langen Bart gestrichen mit unnahbarer Miene.

Da hatte sich der Schwiegersohn aufs Bitten gelegt, treuherzig die Hand des Vaters ergreifend: es tat ihm ja so leid, daß er die Stasia gekränkt hatte, bitter leid! Ja, er hatte unrecht, er wollte auch gerne alles, alles tun, sie zu versöhnen! Nur versprechen müßte sie ihm, nicht mehr mit dem Inspektor, dem polackischen Szulc, zu tuscheln — nicht, daß er was Böses dabei dächte, nein, er vertrug's nur nicht! Das war doch ein Kleines, daß sie ihm das versprach!

Aber Frelikowski hatte die Achseln gezuckt: vorschreiben ließ sich die Stasia nun einmal nichts. Mit der Zeit vielleicht würde wieder Einigkeit kommen; die Stasia war ja so fromm, die ging fast alle Tage zur Kirche!

So tröstete er den Betrübten. Und dann versicherte er dem Schwiegersohn, daß er, der gute Schwiegervater, indes kommen würde, ihm ab und zu Kunde zu bringen von der Stasia.

Damit hatte sich der junge Ehemann vor der Hand begnügen müssen.

Peter Bräuer schalt mit dem Sohn, daß der sich so demütigte und dem Weibsbild nachgelaufen war: ‚Kein Sorg', die Katz' findet sich schon wieder in't Haus, wo die Milch süß is!' hatte er gesagt. Es kränkte Valentin, daß der Vater also sprach — der hatte eben die Stasia doch nie recht leiden gekonnt!

Und auch mit der Mutter, die sonst so mild war, war der Sohn nicht zufrieden. Frau Kettchen hatte es hart getadelt, daß Stasia davongelaufen war. ‚Dat is doch kein Mod', dat sind mir nit gewöhnt — 'wahr, Peter? Un nachlaufen hätt'ste ihr nit sollen, Jung'! Die Frau muß der erste Schritt tun, nit der Mann —' 'wahr, Peter?!'

Was verstanden die, wohin sein Sehnen ging?! Konnte er denn dafür, daß es ihn zog, stärker als mit hänfenen Seilen? Einzig mit der Michalina war noch ein Wort zu reden. Die hatte wenigstens Zeit für ihn. Früh morgens, wenn er seine Kammer verließ, hatte sie schon Feuer angezündet und die Stube gefegt und die Gläser gewaschen und den Kaffee gekocht — er sah sie meist nicht mehr, wohl aber, daß sie da gewesen — und dann, wenn die Dämmerung sank und Feierabendruh über den Feldern lag, dann kam sie wieder. Sie wäre nicht spröde gewesen gegen den jungen Mann, aber er merkte das gar nicht; nur um von Stasia zu reden, darum verlangte ihn nach ihr.

Und sie hatte allezeit ein williges Ohr. Und sie tröstete ihn: Geduld, nur Geduld! Wenn das Korn gehauen wurde, war auch der Trotz geknickt, dann würde Stasia kommen. Und sie würde sprechen: ‚Walenty, mein Geliebter, meine Seele, meine Taube, du Stern, der einzig mir am Himmel strahlet, küsse mich!‘ Mit bebender Stimme, recht aus Herzensgrund, hauchte die braune Michalina diese Worte. Sie wagte es, seinen Ärmel zu streicheln: „Geduld, Walenty, Geduld!“

Aber er hatte keine Geduld. Wenn Michalina von ihm gegangen war, und die Lichtlein der Ansiedlung erloschen, machte er sich auf. Er ging durch die dunkle Sommernacht, immer nur den einen Weg — zum Tupadlo. Stimmen waren in der Nacht der reifenden Felder, die ihn riefen, Sterne über dem Geheimnis der wispernden Ebene, die ihn führten. Immer zum Tupadlo. Da kreiste er herum, wie ein Verirrter: „Stasia, Stasia!“

Wie einst als lediger Bursch, dem die junge Verliebtheit im Blut loderte, rief er den geliebten Namen. Beim Dornbusch am Sumpf saß er stundenlang. Der Busch trug jetzt Blüten, flache, zart-rosige Flatterblumen, die davon flogen, wenn man sie pflücken wollte. Geheimnisvoll schimmerten die Rosen der Sumpfwiese; am Tage waren sie geschlossen gewesen, aber jetzt öffneten sie sich zu leuchtenden, weißen Sternen. Ein Duft stieg von ihnen auf, berauschend wie Jasmingeruch. Sumpfrosen sollen nicht duften, sie haben keine Seele, er aber fühlte ihren süßen Hauch. Und seine Seele verging vor Sehnsucht. Alles, alles wollte er ihr ja zuliebe tun, wenn sie nur wieder zu ihm kam!

Aber noch war sie böse, so hatte ihm der Vater gesagt, der jetzt alle Tage kam. Aber konnte ihn dessen Kommen trösten? O nein, im Gegenteil! Es ärgerte ihn, wenn der sich in der Wirtsstube breit machte, als sei er der Herr, und Kumpane mitbrachte, die er traktierte, gastfrei, nach gut polnischer, alter Sitte. Wo blieb das Geld für das Bier und den Schnaps? Michalina hatte die Hände gerungen, aber ‚pst, still' hatte Valentin geflüstert und ihr die Hand auf den Mund gelegt. Was sollte er tun? Würde er etwas sagen, so kam der Schwiegervater nicht wieder, und er hörte nichts, gar nichts mehr von Stasia! Aber ein Ekel hatte ihn doch erfaßt vor dem Mann mit dem roten Bart, der auf drei Ehrenzeichen niederwallte. Valentin konnte es im eignen Haus nicht mehr aushalten. Morgens um zehn schon, oft auch schon um neun, saßen der Förster und seine Genossen in der Wirtsstube, sie saßen bis gegen Mittagläuten, und abends, sowie die Sonne sank, waren sie wieder da. Vertrieben war der Wirt so aus dem eignen Heim. Das würde auch nie, nie mehr wohnlich werden — es war ihm verleidet. Was sollte er noch hier, wo nur polnisch gesprochen, polnisch gesungen, polnisch gedacht wurde?! Gern wäre er bei seinen Eltern eingekehrt — ach, mit einer stillen Trauer gedachte er jener Tage, da er noch kein Wort polnisch verstanden hatte, da er hierher gekommen war, voller Begier aufs Neue, sich Wunder vom weiten Acker versprochen und sich lustig geneckt hatte mit den braunen, lachenden Mädchen am Weg, und da er das »daj mi buzi« noch nicht gelernt!

Wenn er jetzt zu seinen Eltern kam, fühlte er: er war ihnen fremd geworden. Freundlich waren sie zu ihm, wieder gut wie ehedem, die Mutter sah ihn mitleidig an, der Vater machte ein bekümmertes Gesicht, sie litten mit ihm unter seinem Kummer, aber fremd waren sie sich doch. Etwas hatte sich zwischen sie gedrängt, Vertrauen, Herzlichkeit, Verstehen gestört — das war die Stasia. Er redete nicht von ihr, und sie redeten nicht von ihr. Da trieb es ihn auch endgültig aus dem Elternhaus.

Rastlos, freudlos ging der Einsame umher, her und hin — hin und her — aus und ein — ein und aus. Die Türen klappten in einem fort; es litt ihn nicht in der Stube, nicht in der Kammer, nicht in der Küche, nicht im Stall, nicht im Schuppen, nicht auf dem Hof. Es zerrte ihn immer und zog ihn und stieß ihn voran wie mit Fäusten, er mußte zum Tupadlo. Dort fand er einzig Ruhe. Wußte er doch, drüben wohnte sie. Wenn er sie nun nicht sehen, nicht sprechen sollte, wenn sie noch immer trotzte und nicht zu ihm kam, wenigstens nahe sein wollte er ihr. Ging sie denn nicht aus, würde sie denn nicht einmal hier vorüber kommen?!

Oft glaubte er im schwimmenden Abendlicht ihr helles Kleid drüben hinter den Kusseln zu sehen — mit wem ging sie da? Ging sie allein?! Oder war wohl gar Pan Szulc drüben, sie zu besuchen?! Eine wahnsinnige Eifersucht ergriff ihn jäh. Nun lag er lauernd hinterm Dornbusch: der sollte nur kommen! Aber auch der kam nicht.

Ganz menschenleer war die selten befahrene Straße zum Forst. Wer zu schaffen hatte, schaffte in den fruchttragenden Feldern, hier am Moor knarrte kein Ackerwagen, kein Ochsengespann brüllte. In träger Ruhe lag das Tupadlo, schwermütig bei Sonnenschein, schwermütiger noch beim Mondenlicht.

Die braune Michalina sah mit Schrecken, wie mager der Walenty wurde. Noch waren es keine drei Wochen her, daß Stasia ihm davongelaufen war, und schon schlotterten ihm die Kleider am Leibe. Sie redete ihm herzlich zu, daß er doch essen möchte. Wenn man auch Kummer hat, essen muß man doch, wie soll man denn sonst arbeiten?!

Und sie schlug sich auf die volle Brust und zeigte ihm ihre dicken Arme.

Er aber lächelte trüb: das wollte er wohl glauben, daß es ihr schmeckte. Was wußte sie von Kummer?!

Da seufzte sie aus Herzens Grund und sah ihn beweglich an.

Er aber merkte es nicht. Wenn die Stasia wiederkäme, ja, dann würde auch er wieder essen. Dann sollte Barschtsch gekocht werden, die Suppe von roten Rüben, die ihm eigentlich zuwider war, und Schaschlik, und alle die Gerichte, die sie gerne aß. Er würde kein Wort mehr dagegen sagen, alles würde ihm ja schmecken. Nur den Pan Szulc, nein, den Pan Szulc wollte er nicht an seinem Tische haben und auch nicht immer den Förster! Die quälten ihn noch zu Tode.

Er vermied den Schwiegervater jetzt ganz; selbst

um den Preis, von Stasia zu hören, konnte er sich nicht entschließen, dem freundlich zu sein. Ein Widerwille erfüllte ihn, dessen er sich nicht erwehren konnte. Der würde ihm ja doch nicht die Wahrheit sagen — der log! Sie logen alle hier! Selbst Stasia, die über alles geliebte Stasia, war die immer ganz wahr gewesen?

Es war ein furchtbarer Zweifel, der ihn anfiel, wie ein bissiger Hund. Wenn sie ihn nun belogen, wenn sie nun doch mit Pan Szulc geliebelt hätte? Wenn der nun lachte jenseit mit ihr und er, als der Betrogene, hier diesseit saß?!

Er hätte sich am liebsten gar nicht mehr vom Tupadlo fortgetraut. Er mußte jetzt aufpassen, aufpassen, aufpassen. In seinen Augen brannte es und in seinem Herzen auch. Liebe und Haß, Zärtlichkeit und Strenge, Sehnsucht und Widerwille stritten miteinander. Aber die Sehnsucht war doch die größeste unter ihnen.

„Er ist verhext, er hat die Mora gesehen, weh," jammerte Michalina und schlich nachts hinter ihm drein zum Tupadlo. Sie sah, daß er ging, gleich einem, der nicht möchte und doch muß, der gezogen wird an einem Seil; sie sah, wie er niedersank beim Busch, auf die Kniee fiel und die Arme ausstreckte, verlangend, begehrend. Ein züngelndes Flämmchen rollte über das Moor — huh, fuhr sie da nicht auf dem Rade, die Hexe, die Mora?!

„Helfe dir Gott!" schrie Michalina laut.

Da bemerkte er sie. Und er war zornig: was lief sie hinter ihm her? Er wollte allein sein!

„Mach, daß du nach Haus kömmst!"

Da schlich sie weinend fort.

Das Irrlicht war untergetaucht, aber nun ging der Mond auf hinter dem Nachtgewölk und überschauerte Busch und Gras. Lange, silberne Strahlen warf er über die Wiese, daß sie besponnen schien wie von seidigem Haar. Tauperlen blitzten in den Sternen der weißen Rosen, daß sie glänzten und glitzerten wie Sterne am Firmament. Schimmernd blau ward der beschattete Grund, dem sie entstiegen — der Himmel war niedergesunken in den Sumpf. Eine Brücke von Strahlen wob sich über den tückischen Boden.

So klar konnte man sehen, so sicher konnte man gehen — hier war gar keine Gefahr! Und nah, ganz nah, nur an die hundert Schritt, und man war drüben beim schlafenden Haus! Nur die Hand ausgestreckt und auf die Klinke gelegt — die wich leisem Druck! Verschlossen war die Tür nicht, das wußte Valentin wohl; zu stehlen hätte sich hier keiner getraut, böse Hunde machten die Runde. Horch, ihr Gebell! Sie heulten den Mond an.

Aber ihn, den Valentin, kannten sie ja, sie würden ihn nicht festpacken und festhalten mit grimmigen Zähnen, leis winselnd würden sie sich an seine Füße schmiegen und die Hand lecken, die sie oft freundlich geklopft hatte. Die Hunde waren kein Hindernis, Schloß und Riegel waren es auch nicht, und der Förster schlief.

Darum sacht, schnell hinauf die wacklige Stiege! Die Kammertür steht offen in der schwülen Nacht — Mondschein fällt auf ein buntes Kissen — Mondschein auf blondes, silbriges Haar — auf ein geliebtes weißes Gesicht — — —

„Stasia, Stasia!"

Es schrie laut auf in der Mondscheinnacht, wie der Hirsch schreit nach der Hindin — — und dann, wie die Seele schreit in Todesnot. —

Als Valentin Bräuer am Morgen nicht zu Hause war, schlug Michalina Lärm.

Sie warteten auf ihn den ganzen Tag, und als er nicht kam, fingen sie an ihn zu suchen. Am Tupadlo war er zuletzt von der Michalina gesehen worden, da suchten sie nun zuerst. Peter Bräuer setzte dreihundert Mark Belohnung aus; das ging fast über seine Kraft, aber war ihm der Sohn nicht tausendmal mehr wert? Er wollte mit dem Kopf durch die Wand: der Junge sollte, der Junge mußte wiederkommen! Aber als der nicht kam, brach dem starken Mann der Wille. Er schluchzte, ganz gebrochen. Die Mutter hoffte immer noch: konnte es denn nicht sein, daß der Junge davongelaufen war, aus Ärger über das Weibsbild? Vielleicht, daß er heimgelaufen war, nach Hause, an den Rhein, in einer plötzlichen Sehnsucht?! Wäre das denn so ganz unmöglich, hatten sie denn nicht alle Sehnsucht dorthin? Vielleicht auch, daß ihn die alte Braut gezogen, daß er die doch lieber gehabt hatte als die polnische Hexe!

Frau Kettchen hatte die unmöglichsten Vermutungen, sie suchte mit diesen sich und ihren Peter zu trösten; auch zur Michalina sprach sie so.

Aber die Magd schüttelte den Kopf und rang stumm die Hände. Wußte sie's doch besser, wußte sie's doch ganz genau: ob sie auch stießen mit Stangen und das

Moor durchforschten von hüben und drüben, von rechts nach links — ‚hier ist untergegangen‘, so war's.

* * *

Helene von Doleschal war eine der ersten auf Deutschau, die von des jungen Ansiedlers Verschwinden hörte. Ein lauter, entsetzter Aufschrei der Mamsell, der gellend aus der Küche zu ihr drang, als sie eben durch die Gesinderäume schritt, erschreckte sie. Was war geschehen?! Schon wieder etwas?! Sie fing an zu zittern.

Noch waren es kaum drei Wochen her, daß der Braune, auf dem ihr Mann zur Ansiedlung geritten, spät in der Nacht ledig zurückgekommen war und mit erregten Hufschlägen so gegen das geschlossene Hoftor gedonnert hatte, daß der Wächter nicht rasch genug hatte herbeieilen können, um dem gnädigen Herrn, der so ungeduldig mit dem Peitschenknauf klopfte, zu öffnen. Aber der gnädige Herr hatte nicht auf dem Gaul gesessen. Und der alte Hoppe, in Todesangst — noch ehe man's ihr, der Frau, gemeldet — hatte sich sofort aufgemacht mit dem Wächter, um den Herrn zu suchen. Unweit des Łysa Góra, dort, wo der Weg vom Luch kommt, war er den ihn Suchenden begegnet. Aber er war gewankt gekommen, wie ein Betrunkener; sie hatten ihn führen müssen, kaum, daß sie ihn nach Hause gebracht hatten. Hektor, das sonst so sichre Tier, war gescheut vor den Weiden. Die mochten wohl im Nachtwind geflüstert und sich seltsam bewegt haben, aber fast unglaublich war's doch, daß das Pferd, das so oft diesen Weg gemacht hatte, so schreckhaft sein sollte! ‚Ein Hase sprang auf, ein Hase,‘ hatte Hanns-Martin mit verlöschender Stimme gehaucht.

Barmherziger Gott, wie war er zugerichtet gewesen! Blaue, fast schwarze, blutunterlaufene Stellen überall, die Kleidung zerrissen, am Kopf eine blutende Wunde. Der Gaul mußte ihn furchtbar getreten haben! Weinend hatte Helene diese Wunde gekühlt; er sagte gar nichts, stumm überließ er sich ihrer Sorgfalt, aber als sie anspannen hieß, Doktor Wolinski zu holen, wurde er unruhig. Seine Hände, die schlaff auf der Decke gelegen hatten, ballten sich. Es zuckte in seinem, fast bis zur Unkenntlichkeit verschwollenen, blutrünstigen Gesicht. Und als sie, unsicher geworden, ob man ihn so beunruhigen dürfe, fragend den alten Hoppe ansah, der, keinen Blick von seinem Herrn verwendend, stumm am Fußende des Bettes stand, stöhnte der mit geschlossenen Augen Daliegende: „Nicht — den — Polacken — nicht!“

Helene hatte später ihrem Manne ihr Befremden darüber ausgesprochen: warum denn nun auf einmal Doktor Wolinski nicht mehr?!

„Er würde mich vielleicht vergiften!“ War das ein Scherz? Dazu ward es mit einem zu bitteren Auflachen gesagt. War es Ernst?! Eine solche Ungeheuerlichkeit — nicht auszudenken!

Helene fand sich nicht zurecht in ihrem Mann, jetzt noch weniger, als schon in der ganzen letzten Zeit. Seufzen hätte sie mögen und weinen. Unwillkürlich rückte sie dem alten Hoppe näher. Der ging auch so, wie sie um den Gatten, um den Herrn herum und schaute besorgt. Sie wachten beide, und oft glitt ein rascher Blick zwischen ihnen hin und her. ‚Er muß fort, er muß für eine Weile fort,‘ sagte Helene. Der Inspektor versprach es ihr in die Hand: ja, sorgen würde er schon für Deutschau, als sei es ihm eigen! Und dem rauhen Mann war dabei, als er das junge Weib so vor sich in Angst vergehen sah, ein Geständnis über die Lippen gekommen, dessen er sich jetzt nicht mehr schämte: jetzt erinnerte er sich, was er diesem ‚hochmütigen Aristokraten‘ zu danken hatte. Wie der einst ein Gefühl für ihn gehabt, so hatte Hoppe jetzt hundert Gefühle für seinen Herrn, schon um der Frau und um der Knaben — ja, um der Knaben willen! Diese suchten ihn oft auf in seiner Inspektorstube. „Sst, Papa ist krank,“ sagte der Älteste, wenn die jüngeren Brüder lärmten, und sein fröhliches Kindergesicht wurde ernst.

‚Sst, euer lieber Vater ist krank,‘ wie oft hatte die Mutter das in letzter Zeit gesagt. Ja, ihr Mann war krank, viel kränker vielleicht, als sie selber es wußte! Eine Todesbangigkeit ergriff oft die liebende Frau: nur ihn ruhig halten, nur keine neue Erschütterung! Einem neuen Schrecken glaubte sie sich selber nicht mehr gewachsen, darum zitterte sie auch so, als der Aufschrei des Entsetzens aus der Küche gellte. Was würde sie hören müssen?!

Löb Scheftel stand in der Küche. Er neigte sich tief bei ihrem Eintritt: „Gott soll hüten, die gnädige Herrschaft! Gott der Gerechte, was schreit die Mamsell! Nu, was wird sein, gnädige Frau Baronin? Verzeihen die gnädige Frau Baronin gnädigst, daß ich hab' gebracht in Ihre Küche 'ne Hiobspost mit der Hammelkeule!“

haft sein sollte! ‚Ein Hase sprang auf, ein
Hanns-Martin mit verlöschender Stimme g
Barmherziger Gott, wie war er zugeri
Blaue, fast schwarze, blutunterlaufene S
die Kleidung zerrissen, am Kopf eine bl
Der Gaul mußte ihn furchtbar getreten h
hatte Helene diese Wunde gekühlt; er i
stumm überließ er sich ihrer Sorgfalt,
spannen hieß, Doktor Wolinski zu ho
ruhig. Seine Hände, die schlaff auf
hatten, ballten sich. Es zuckte im
Unkenntlichkeit verschwollenen, blutri
als sie, unsicher geworden, ob m
dürfe, fragend den alten Hoppe
von seinem Herrn verwendend,
Bettes stand, stöhnte der wi
Liegende: „Nicht — den —
Helene hatte später ih
Helene ... ausgesprochen: w
darüber ausgesprochen: wo
Doktor Wolinski nicht meh
„Er würde mich viell
Scherz? Dazu war es
gesagt. War es Ernst
— nicht auszudenken!
Helene fand
... noch weniger

s
L
w
wi
der
kan
gan
es d
aus
gelau
lichen
hatten
auch,
lieber g
Fr
sie f

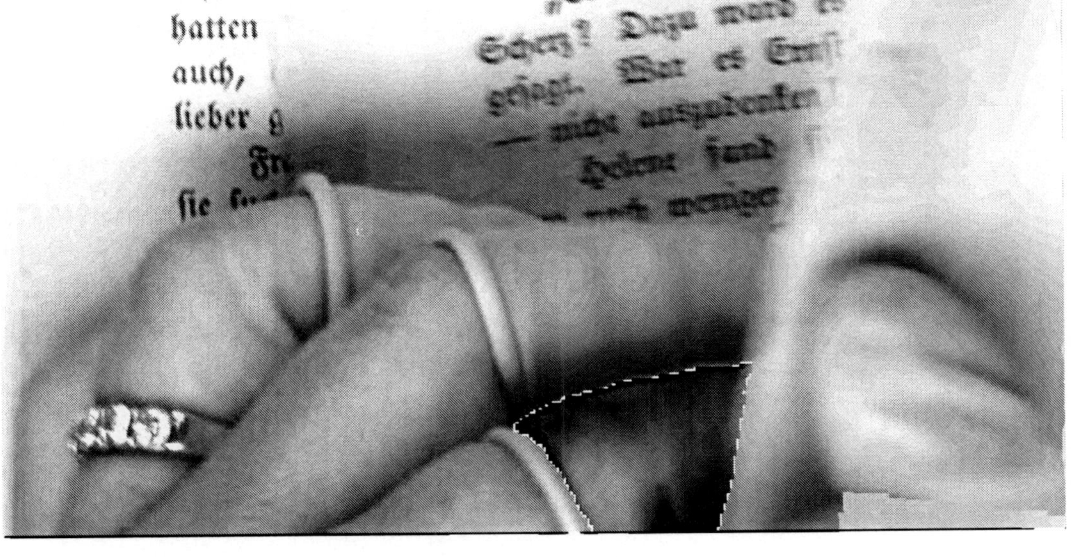

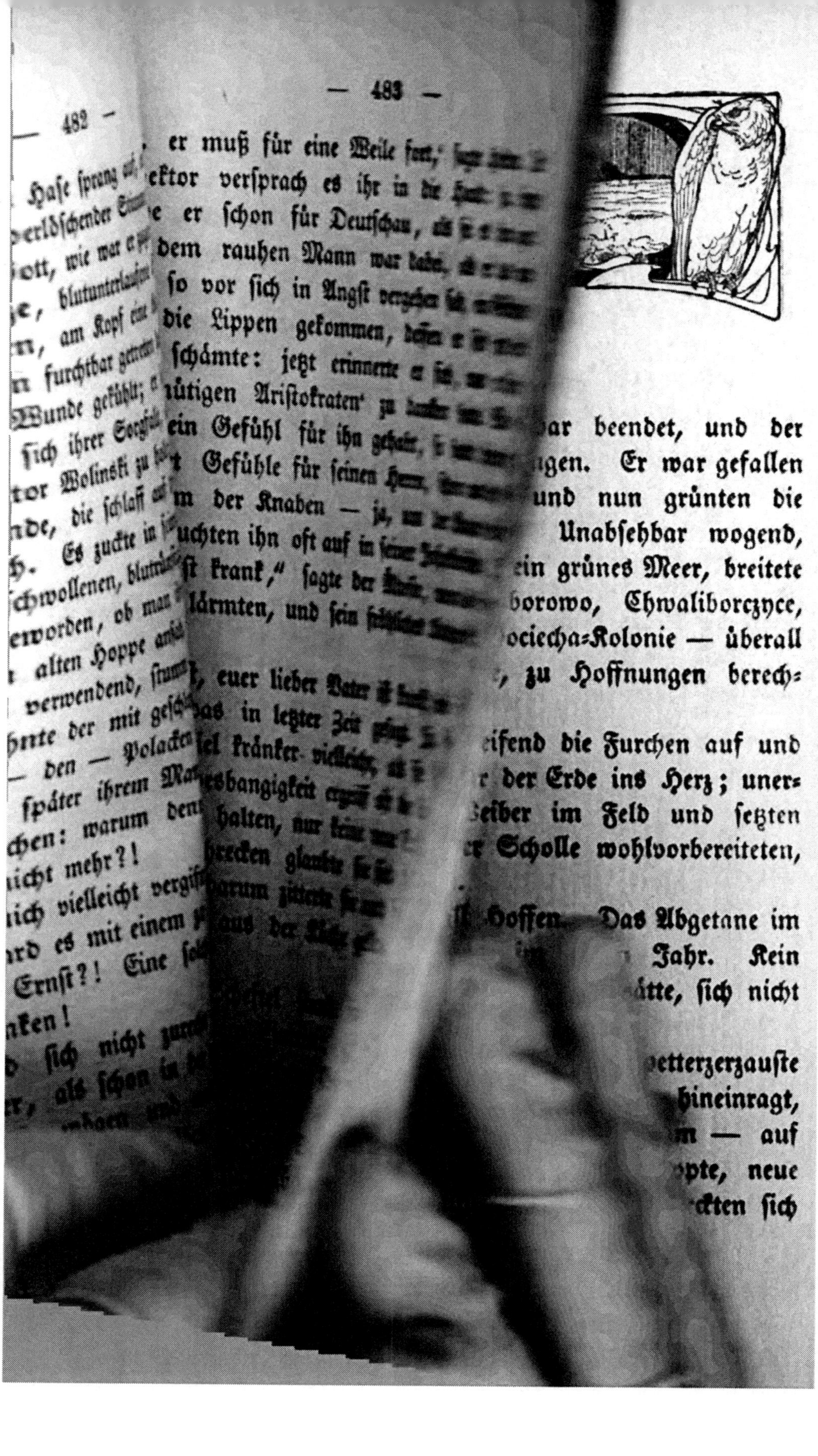
— 483 —
— 482 —
er muß für eine Weile fort,“
ektor versprach es ihr in die
er schon für Deutschau,
dem rauhen Mann war
so vor sich in Angst
die Lippen gekommen,
schämte: jetzt erinnerte
ütigen Aristokraten‘ zu
ein Gefühl für ihn
Gefühle für seinen
der Knaben — ja,
uchten ihn oft auf
st krank,“ sagte der
lärmten, und sein
euer lieber Vater
das in letzter Zeit
el kränker
esbangigkeit
halten, nur
hrecken
warum
ar beendet, und der
ngen. Er war gefallen
und nun grünten die
Unabsehbar wogend,
ein grünes Meer, breitete
borowo, Chwaliborczyce,
ociecha-Kolonie — überall
zu Hoffnungen berech-
eifend die Furchen auf und
der Erde ins Herz; uner-
Weiber im Feld und setzten
Scholle wohlvorbereiteten,
Hoffen. Das Abgetane im
Jahr. Kein
ätte, sich nicht
wetterzerzauste
hineinragt,
m — auf
ppte, neue
ckten sich
Hase sprang auf,
verlöschenden
Gott, wie war
blutunterlaufen
am Kopf eine
furchtbar
Wunde gefühlt;
sich ihrer
tor Wolinski zu
die schlaff
Es zuckte in
schwollenen,
geworden, ob man
alten Hoppe
verwendend,
den — Polacken
später ihrem
chen: warum den
nicht mehr?!
sich vielleicht
rd es mit einem
Ernst?! Eine
ken!
sich nicht
als schon in

„Was ist denn geschehen? So sagen Sie's doch schon!“

„Nu, wenn die gnädige Frau Baronin wünschen, nu, wenn die gnädige Frau Baronin es denn durchaus wünschen!“ Löb Scheftel erzählte nur zu gern, was ihm als größte Neuigkeit auf der Seele brannte: vom Verschwinden Valentin Bräuers, des Krugwirts in Pociecha-Ansiedlung.

„Also ertrunken — im Tupadlo?!“ Helene schloß erbleichend die Augen in einem jähen, sie lähmend überkommenden Schreckensgefühl.

„Untergegangen?!“ Sie schauderte.

„Sie sagen so!“ Der Händler zuckte die Schultern und lächelte dann schlau. Sich umsehend, ob auch keiner horche, als Mamsell Julchen und die gnädige Herrschaft, drängelte er sich dicht an Helene heran und tuschelte ängstlich hinter der vorgehaltenen Hand: „Mer kann's nich beschwören — Gott soll hüten, daß ich tue meinen Mund zum Bösen auf! — aber — ich will nich leben und gesund sein! — die gnädige Frau Baronin können dem gnädigen Herrn Baron nur sagen, daß es geht nich zu mit richtigen Dingen, daß der Valentin Bräuer is nich gestorben, wie man stirbt 'nes natürlichen Todes. Vielleicht, daß der Herr Baron wird zur Anzeige bringen die Sache — sonst tut's doch keiner hier, wenn er nich hat de Courage — vielleicht, daß er wird sprechen im Reichstag drüber, wenn er wird kommen nach Berlin. Ich wer' nicht lassen den Herrn Baron im Stich, kann er mer nur berufen als Zeuge. Sie, sie“ — er rückte noch näher heran, tuschelte noch leiser und machte ein zugleich noch pfiffigeres und noch entsetzteres Gesicht — „sie haben ihn beiseite geschafft — die!“

„Beiseite geschafft? Wen? Wer?“ Helene prallte zurück. „Umgebracht, meinen Sie, hat man ihn? Warum?!“

Aufkreischend klammerte sich Mamsell Julchen, allen schuldigen Respekt beiseite lassend, an die Herrin.

Löb Scheftel hob die Hände: „Gott der Gerechte, was en Geseire! Nu, die,“ — er zeigte mit dem Daumen über die Schulter — „bei mein' Gesund'! — die ‚Nierozumiemniemiecku‘ haben schuld. Haben sie mer nich auch eingeschmissen 's Ladenfenster, als meine Seele hatte kein Arg und meine Frau und Röschen, meine Tochter, haben geschnarcht in der Kammer?! Haben sie mer nich weggeschleppt 's Kälberviertel — 'n Staat war's! Und 'ne Speckseite, mindestens fünfunddreißig Pfund schwer, und 's pikfeine Geschlinge? Gott meiner Väter, ich bin en geschlagener Mann, en ruinierter Mann!“ Er hob jammernd die Hände.

„Habt Ihr sie denn nicht angezeigt?“

„Ei weih!“ Löb Scheftel duckte sich, als fühle er schon Schläge auf dem Buckel. „Wer' ich mer doch nich mengen in so was! Fort is nu mal das Kälberviertel, genau wie der deutsche Krugwirt; der kommt auch nich wieder. Aber wenn der nu nich täte liegen an einem geheimen Ort, wo sie ihn haben hinverschleppt bei nacht, und täte nich faulen bereits bei der Hitze, so täte der sprechen: ‚Verflucht soll'n se sein bis ins dritte und vierte Glied!‘“

„Aber Scheftel, Scheftel!“ Unglaube, Schrecken, Empörung stritten in Helenens Stimme. „Wie können

Sie so etwas sagen, Scheftel? Das sind ja schreckliche Phantasieen!"

„Phantasieen! Phantasieen, wie heißt! Was tu' ich mit 'ner Phantasie? Hier is keine Phantasie, hier is, mit Erlaubnis zu sagen, die nackte Wahrheit!" Der Händler wiegte betrübt den Kopf. „'ne traurige Wahrheit, 'ne garstige Wahrheit! Ne, ne, gnädiges Madamchen, mein Sohn Isidor — en gescheiter Mensch, en Mensch mit Chochme — hat gesprochen zu mir: ‚Vater', hat er gesagt, ‚was tu' ich in Miasteczko? Bin ich 'n Chammer, 'n Schlemihl, daß ich soll bleiben sitzen hier? Ich zieh nach Berlin!' Ei weih, was 'n Chochum!" Des alten Händlers Gesicht strahlte plötzlich vor Stolz, nun er seines Sohnes gedachte. „Hat er doch geschrieben, daß er sitzt nich im Dalles, daß er hat schon zu leben in Berlin. Is er getreten ein in Geschäftsverbindung mit 'nem Agenten, so einem, der schafft die Leute vom Osten nach'm Westen — 'n feines Geschäft, 'en rentables Geschäft! Wird er sich stehen gut dabei mit der Zeit. Und mir wird er kommen lassen nach, nach Berlin. Und wenn es auch dauert noch mehr als ein Jährchen — Gott soll hüten, was kann da passieren alles noch hier?!" Abwehrend hob der Jude seine beiden Hände, seine Augen waren aufgerissen, wie im grausigen Entsetzen, aber dann lächelte er: „Nu, mer hofft doch!" —

Als Helene die Küche verließ, stand es bei ihr fest, sie mußte ihrem Mann von des jungen Ansiedlers Verschwinden erzählen, lieber, als daß er es auf solche Weise erfuhr, wie sie es eben erfahren hatte. Schonend würde sie ihm das Schreckliche beibringen, ohne all die Verdächtigungen und Gräßlichkeiten, in denen Löb

Scheftel geschwelgt hatte. Diese Kunde würde ihm so wie so schon erregend genug sein, doppelt erregend in seiner jetzigen Gemütsverfassung und da sein Wohlwollen so ganz besonders dem jungen Bräuer gegolten hatte.

Zögernden Schrittes, zwischen den blonden Brauen eine nachdenkliche Falte, stieg Helene langsam die Treppe vom Souterrain hinauf und ging langsam den Flur entlang, der zum Zimmer ihres Mannes führte.

Dort saß Doleschal am Schreibtisch, genau so, wie er oft gesessen hatte, vor sich ein leeres, weißes Blatt. Den rechten Arm auf die Platte gestützt und den Kopf in die Hand gelehnt, sah er hinaus durchs jetzt geöffnete Fenster. Im Sonnenlicht ruhte der See; wie eine glänzende Metallplatte gleißte sein Spiegel. Auch der Lysa Góra gegenüber ruhte flimmernd und strahlenumwoben. Warme, satte, reifende Sommerluft drang in die Stube und Blumenduft von den Terrassen des Gartens.

Alles blühte, Hollunder und Jasmin, Rosen und Federnelken, Heliotrop und Geißblatt, die ganze bunte, lustige, düftereiche Frühsommerpracht. Aber er sah sie nicht. Die Stirn zusammengekrampft, einen müden und zugleich doch erregten Zug um den Mund, starrte er. Ach, wie tat ihm der Kopf so weh — eine unerträgliche Schwüle war's heute! Die lastete auf ihm. Hatte schon gestern gelastet — vorgestern auch — hatte schon immer gelastet und würde weiter lasten — immer, immer! Torheit, daß er geglaubt, er würde sich frischer fühlen, wenn er erst wieder bei der Arbeit! Er war auf seine Felder gerannt — kaum acht Tage hatte er sich Ruhe gegönnt nach seinem Unfall — aber dort ging alles ohne ihn, alles war in Ordnung, der Inspektor hatte gut disponiert, pünktlich konnte die Ernte beginnen. Wie ein Atemholen vor einer schweren Kraftanstrengung lag's jetzt über der Flur, noch war Ruhe — aber diese Ruhe war so schwer zu ertragen, diese Ruhe, die doch keine Ruhe war!

Sollte er wieder in die Kreisstadt fahren?!

Sollte er wieder mit zugekniffenen Augen, Schweiß auf der Stirn, die Stelle am Luch passieren, jene Stelle — wo — — —!

Sollte er wieder bei seinem Freund, dem Landrat, hören: ‚Nicht zu Hause, zu Herrn von Garczyński gefahren, nach Chwaliborczyce' — — —?!

Warum kam der Landrat nicht zu ihm?!

Warum kam überhaupt niemand, kein einziger Mensch?!

Der Blick des Einsamen, der auf den blanken See hinausgestarrt, flammte plötzlich auf: ja, jetzt wußte er's — sie mieden ihn alle! Seit vorigem Sonntag wußte er's.

Da war er, wie immer, wenn der Hilfsprediger aus der Kreisstadt einen Gottesdienst für die protestantischen Besitzer im angebauten Tanzsaal des Prochownik abhielt, mit Helene nach Miasteczko gefahren. Sie hatten auch ihre ältesten Knaben mitgenommen.

Es hatte fast keiner aus dem bekannten Kreise gefehlt; sie waren als die letzten gekommen — da hatten sich aller Augen auf sie gerichtet.

Noch fühlte Doleschal in der kaum verharschten Wunde seines Schädels das Blut klopfen und dann einen stechenden Schmerz: was waren das für Blicke — neugierige, schadenfrohe, verächtliche Blicke! — die ihn und die Seinen trafen?! Die Leute brauchten sich gar nicht solche Mühe zu geben, er hatte Feingefühl genug, diese Blicke zu verstehen. Gott sei Dank, daß Helene sie nicht bemerkt! Sie hatte sich durchaus neben Frau Kestner setzen wollen — sah sie es denn nicht, daß diese Frau nicht rücken wollte? — er hatte sie am Arm zurückziehen müssen, ihr zuraunen: ‚nicht dahin, nicht dahin!'

Auf der letzten Bank hatten sie Platz nehmen müssen. Merkte Helene denn nicht, daß niemand neben ihnen sitzen wollte? Gott sei Dank, sie bemerkte es nicht! Sie war ganz unbefangen — aber er, er hatte alles bemerkt! Nur zu gut! Drehten nicht alle den Kopf weg, um seinen Gruß zu vermeiden? Zog es ihnen nicht in seiner Nähe plötzlich so scharf, daß sie den Platz wechseln mußten? Pah, das bißchen Zugluft durch die Lücken der undicht gefügten Bretterwände, das war's nicht gewesen, das sie vertrieben! Ihn hatten sie meiden wollen, ihn hatten sie schneiden wollen!

Ein Argwohn hatte in Doleschals Seele Wurzel gefaßt, ein Mißtrauen, das sich nicht mehr herausreißen ließ. Ja, alle wußten es, daß man ihn geschlagen hatte am Weg, ihn getreten und ihm ins Gesicht gespieen! Sie erzählten sich's, daß er Prügel bekommen hatte, Prügel, wie ein Schuljunge, dem man die Hosen stramm zieht, weil er noch keine Ehre zu verlieren hat. Er aber hatte seine Ehre verloren.

Er hatte sich jetzt zu scheuen vor jedes Menschen Auge — nein, Gott sei Dank, es war gut, daß keiner zu Besuch kam, er hätte sich sonst verleugnen lassen müssen! Er mochte niemanden sehen, konnte niemanden sehen, durfte niemanden sehen! Selbst Helenens helles und doch so tiefes Auge war ihm eine Qual. Es stieß ihn aus ihrer Nähe fort.

Und doch fühlte er, wie er sie liebte, heißer denn je. Sie liebte, die ihm nur Gutes getan, ebenso heiß wie das Land, das ihm nur Bittres getan. Sie waren beide für ihn eins — er hatte ihnen beiden Leib und Seele gegeben. Aber war er der Mann, sie beide zu beglücken? Nein, er war es nicht! Wäre es nicht besser, er wäre nicht mehr da?! Vielleicht, daß sie dann, ohne ihn, beide glücklich wurden! Wenn die Knaben erst groß waren — Jünglinge, Männer — dann würden die aufstehen und preisen sie selig. Helene, die treue Mutter, würde wieder jung sein mit ihnen und glücklich, und das Land, das weite im Schmuck seiner Ähren, würde auch jung werden und glücklich!

Diese Hoffnung war die einzige, an die er sich hielt — sein einziger Gedanke. Er konnte nichts anders mehr hoffen. —

„Mein lieber Mann," sagte Helene, als sie zu ihm ins Zimmer trat, und legte den Kopf des Zusammenschreckenden an ihre Brust. „An was dachtest du eben wieder?"

„An dich, an dich, ich denke immer an dich!"

„Und an unsre Kinder!" Sie lächelte ihn tröstreich an.

„Ja, an die auch!" Mit einem tiefen Atemzug kam es aus seiner Brust, wie Befreiung, wie Erlösung; aber er lächelte doch nicht.

Sie sah's mit Angst, wie finster er war. „Wollen

wir nicht ein bißchen spazieren gehen oder fahren, Hanns-Martin? Ich habe noch nicht deinen Weizen an der Grenze gesehen!"

„Nein, dorthin nicht, nicht dorthin!" Wie kam sie darauf? Wußte sie etwas? Warum gerade dorthin, an die Przyborowoer Grenze?! Er fuhr auf und streckte abwehrend die Hand ins Leere, als sei da etwas Schreckliches: „Am Luch — was willst du da? Nein, dorthin nicht! Ich will auch nicht so in die Nähe von Przyborowo. Hast du nicht gemerkt, wie sie letzten Sonntag grüßten, so steif, zurückhaltend, fast verächtlich?! Ja, verächtlich!"

Sie hatte etwas erwidern wollen, er schnitt ihr das Wort ab. Er stampfte mit dem Fuß: „Verächtlich! Es ist so!"

„Ich habe das nicht bemerkt, Hanns-Martin!"

„Wenn du's nicht bemerkt hast, wohl dir!" Seine Stimme nahm jetzt einen weicheren Ton an, statt des herben, klanglosen: „Meine geliebte Frau!"

Zart, fast scheu nahm er ihre Hand und legte sie sich auf den heißen Kopf. „Laß sie da liegen, sie ist so angenehm kühl! Kühl wie die Erde!"

Lange blieben sie so. Er, am Schreibtisch sitzend, die Stirn tief geneigt über das leere, unbeschriebene Blatt — sie wieder über ihn geneigt, ihre Hand auf seinem Scheitel. Sie wagte nicht zu sprechen; sie fühlte es zucken unter ihrer Hand, fühlte alle Pulse vibrieren in seinem armen, geplagten Kopf. Nein, das ging so nicht länger fort! Sie mußte an ihren Vater schreiben, ihn bitten, sofort herzukommen — an Paul schreiben — an den Landrat, an alle die Leute, die Einfluß auf ihn hatten. Er mußte hier fort, er mußte sich schonen. War es wirklich die Wahl, die Wahl nur, die ihn so aufregte?!

Zweifel, Befürchtungen, Ahnungen stiegen in Helene auf, die sie nicht mehr zurückdrängen konnte: da mußte etwas mit Przyborowo nicht in Ordnung sein. In der Tat, Hanns-Martin hatte recht, die Przyborowoer waren seltsam! Als sie sich neben Frau Kestner hatte setzen wollen am Sonntag, war diese da nicht zusammengezuckt und rasch abgerückt, viel weiter, als nötig gewesen wäre?!

Was ihr damals nicht gleich aufgefallen war, jetzt fiel es ihr nachträglich auf; das Mißtrauen ihres Mannes steckte sie an. Sie empfand unbestimmt und doch deutlich: da war etwas, was nicht sein sollte. Kestner hatte steif gegrüßt, so steif, als kenne er sie kaum, als seien sie nicht seine Gutsnachbarn, als seien sie vor allem nicht die guten Freunde seines Sohnes. Und andre hatten ebenso steif gegrüßt: Klinkor auf Ustaszewo, Müller auf Wilhelmshöh, die Bismarcksauer, Amtmanns, auch der Laskowoer und aus Michalcza Frau von Libau. Mit Blicken, Blicken, von denen man nicht sagen konnte, was sie enthielten, hatten die sie gestreift.

Da war etwas! Darum war auch ihr armer Mann so verstört, so in sich gekehrt, so elend, so ganz anders als in früheren Tagen!

‚Ich werde sie fragen, sie müssen's mir sagen!‘ Der jungen Frau weiches Gesicht wurde straff in Energie. Wenn man erst weiß, was geschehen ist, dann kann man ja auch helfen — und sie würde ihm helfen, ihrem Manne, gewiß und wahrhaft helfen, mit Liebe, mit

Treue! Helfen mit ihrem festen Glauben an einen Gott, der über allem ist, über diesen Weizen- und Rübenfeldern, über dem See und dem Lysa Góra, über Deutschau und Przyborowo, über Chwaliborczyce und Pociecha — ach, da fiel ihr auf einmal wieder der arme junge Krugwirt aus der Ansiedlung ein! Wie brachte sie das nur Hanns-Martin bei?

„Ich kann nicht mit dir fahren, ich muß jetzt allein aufs Feld gehen," sagte er, pötzlich aufspringend. Helene empfand es mit Schmerz: er wollte sie abschütteln. Aber zugleich auch befiel sie ein Schreck: nun würde die Neuigkeit ihm draußen zu Ohren kommen, roh und unvermittelt, diese gräßliche Neuigkeit, die heut in aller Munde war! Besser, sie erzählte ihm selber rasch vom armen Valentin Bräuer.

Und sie gab sich einen Ruck, und mit ihrer von Mitgefühl vibrierenden Stimme sagte sie: „Ich wollte dir auch noch etwas erzählen. Denk mal an, Hanns-Martin — mein lieber Hanns-Martin!"

Mit einem Ruf, der wie ein Aufschluchzen klang, fiel sie ihm plötzlich um den Hals. Er hatte seine düstren Augen ihr zugekehrt, und sie hatte da hinein gesehen in eine Welt von Leid. Sie hing ihm am Halse. „Hanns-Martin" flüsterte sie, und Tränen, wie sie sie kaum je geweint hatte, heiße schwere, ahnungsbange Tränen flossen über ihn und sie. „Der arme junge Valentin Bräuer ist tot! Im Tupadlo ertrunken — versunken — untergegangen!"

„Untergegangen — so!" Weiter sagte Doleschal nichts. Er faßte sich nur an die Stirn.

Helene war fast erschrocken, wie ruhig er's aufnahm.

„Armer Kerl! Das Land kostet Opfer," sagte er dann nur noch. Nach den näheren Umständen fragte er nicht, aber er wischte ihr die Tränen ab, die ihr so heiß aus den Augen gelaufen waren, und verhieß ihr mit einer unendlichen Liebe im Ton, es solle alles, alles besser werden.

Was sollte sie tun, was darauf sagen?! Nur nach seiner Hand greifen konnte sie und die umschließen mit ihren beiden Händen, als wolle sie die festhalten mit aller Kraft. —

Helene hörte nach einer halben Stunde von Hoppe, ihr Mann sei soeben durch den Park hinaus gegangen. Drüben — links vom See — dort drüben konnte sie ihn jetzt auftauchen sehen, wie er, das Parkgrün verlassend, in seinem weißen Sommerrock, die Hände, die den Stock hielten, auf den Rücken gelegt, den Fahrweg erreichte, und kräftigen, weit ausholenden Ganges die von den schweren Ackerwagen durchfurchte Straße dahinschritt. Aber der Anblick der hohen, weithin leuchtenden, so rüstig zuschreitenden Gestalt schaffte ihr doch keine Ruhe, ebensowenig wie die Versicherung des Inspektors, daß der Herr Baron ganz heiter gewesen sei, heitrer, als in der letzten Zeit. Und so freundlich!

Das konnte sie jetzt alles nicht mehr täuschen. Da war etwas, und das ließ ihr keine Ruhe. Und so hieß sie schleunigst anspannen und ließ sich hinüberfahren nach Przyborowo — aber rechts vom See, damit sie dem Gatten nicht begegne.

Im leichten Korbwägelchen, in dem sie so manche frohe Fahrt mit Hanns-Martin gemacht hatte, saß Helene allein. Heute war die Fahrt nicht froh, obgleich der

Traber trabte, so flott wie nur je, und ein loser Wind lustig mit dem Schleier auf ihrem Hut spielte.

Eine seltene Heiterkeit lag heute, im Frühsommer, auf der, im Hochsommer bald so lechzenden, tagtäglich von neuem ausgebrannten Weite. Jetzt war noch alles frühlingsfrisch und doch schon ernteverheißend. Hoch stand das Korn, fast mannshoch die Ähren; der Weizen war noch grün, aber der Roggen schon gebleicht, sanft gelb wie blondes Haar. Süßer Akazienduft schwebte in der Luft, und ein Schwarm von Bienen summte vom wilden Thymian am Wegrain auf und flog mit dem eilenden Gefährt gen Przyborowo. Es blühten die dornigen Akazien in der Allee. Die Mißform der alten, knorrigen, von Wind und Wetter verkrüppelten Bäume, war jetzt ganz verdeckt vom zartgefiederten Laub; schwere Trauben von weißen Blüten schütteten nieder und mengten ihren berauschenden Duft mit dem Geruch rotblühenden, saftigen Klees. Auch die gelbe Lupine sandte einen Gruß, so süß wie Honig und doch kräftig, von irgendwoher kam noch ein Geruch frischen Heus dazu; in einem Meer von Düften schwamm die Flur, und ein immerwährend traulich-heitres Gesumme durchsegelte die Luft.

Blau war der Himmel, zart und licht, von einem freudigen, hellen Blau, das noch nicht den Stahlglanz der Erntezeit hatte. Aber Helene sah nicht hinauf, sah auch nicht umher auf die Heiterkeit, in der die Erde lächelte, wie das Angesicht eines Mädchens, das den Hochzeiter erwartet. Sie sah unverwandt auf ihre Hände, die sie im Schoß gefaltet hatte, und tat sich Gewalt an, Ruhe zu halten, nicht aufzuspringen, nicht in Hast dem hastenden Wagen noch vorauf zu eilen, zu rufen, zu schreien: was ist geschehen, o sagt mir doch, was ist geschehen?!

Keine Erinnerung kam ihr an vergangene Jahre, in denen sie mit Hanns-Martin sich all dieses Blühens und der duftenden Luft so innig gefreut hatte; ihre Gedanken gingen jetzt immer nur vorwärts: was kam nun, was kam nun, was würde sie hören müssen?!

Ah endlich, da war ja das Gutshaus! Es tauchte auf, aber man war so bald noch nicht da. Kroch denn das Pferd im Schneckenschritt? Barmherziger Gott, nur endlich hören, wissen, was geschehen!

Sie rang die Hände ineinander; in verzehrender Unruhe streifte sie die Handschuhe ab und schleuderte sie in die Wagenecke.

All ihre Ruhe, all ihre Selbstbeherrschung, alles, was man ihr anerzogen hatte von frühester Kindheit an, war plötzlich verschwunden. Ihre Unruhe steigerte sich noch von Minute zu Minute. So erregt war sie noch nicht fortgefahren von Deutschau, aber so kam sie in Przyborowo an; jede Drehung der Räder hatte sie weiter hineingebracht in sinnlose Aufregung. Nur das eine hatte noch Sinn, Wert, Interesse: was war geschehen, was hatte man ihrem Mann angetan?! Mit einem Sprung war sie vom Wagen; sie war weiter nichts mehr, als ein liebendes, angstverzehrtes, ahnungdurchrütteltes Weib.

„Wo ist Frau Kestner?"

Das junge Mädchen im weißen Kleid, das beim Rollen des Wagens neugierig an die Tür gekommen war, knickste: „Ich werde es Mama sagen" und lief dann kichernd in die große Schrankstube, wo Frau Kestner mit Erdbeereinmachen beschäftigt war. Von der Mamsell, verschiedenen Mägden und unzähligen Fliegen umgeben, fuhr diese sehr ärgerlich auf, als die Tochter sie störte. „Mein Gott, konntest du denn nicht sagen, ich wäre nicht zu Hause?“

„Sie lief aber doch gleich ins Haus 'rein, sie wartete gar nicht erst ab!“

„Unerhört! Geh du, geh du einstweilen 'rein. Ich käme gleich!“

Frau Kestner fuhr sich mit beiden, vom Fruchtsaft rot betropften Händen über den glatten Scheitel. „Sosia, wirf doch nicht immer die kleinen Erdbeeren zwischen die großen! Habe ich nicht gesagt: die großen apart? Ich muß mich doch wenigstens waschen. So geh doch schon, Kornelia, geh doch schon! In den Salon laß sie, hörst du? Ach, ist das lästig! Kommt einem die hier mitten ins Einmachen! Hanusia, was soll denn das heißen?“ Bereits im Fortgehen, das Gesicht schon abgewendet, hatte Frau Kestner doch noch gesehen, wie eins der Mädchen eine Beere in den Mund schob. „Naschkatze du, ich werde dich lehren!“ Ein rascher Schlag brannte auf dem naschhaften Mund, dann eilte die Hausfrau in ihre Schlafstube.

Kornelia, mit linkischer Höflichkeit, hatte den Besuch in den Salon gebeten. Also s o sah die für schön geltende Frau von Doleschal, Pauls Angebetete, von nahe besehen aus? Von weitem, in der Kirche und im Hut, entschieden besser! Die Augen der Sechzehnjährigen funkelten neugierig: ‚Donnerwetter, höllisch passée!‘

Da Helene kein Wort sagte, sondern ungeduldig

im Zimmer auf und ab schritt, hatte der Backfisch Muße, sie zu mustern. Und er tat es gründlich, vom Schleier des Hutes bis hinab zur Schuhspitze; nichts entging dem neugierigen, unbarmherzigen, spottlustigen jungen Blick: hu, sah die aus, nicht ein bißchen schick, da war die Garczyńska doch eine ganz andre! Kornelia hatte eine geheime Schwärmerei für die elegante Frau, die sie immer mit schneidigen Pferden fahren sah, und die schon viele Verehrer gehabt haben sollte. Die war interessant! Aber die hier sah riesig simpel aus! Und wie ihr das Haar um den Kopf hing, ganz verweht, und Falten hatte sie auf der Stirn, Falten — na, wie Paul sagen konnte, die wäre . . .

Kornelia schreckte aus ihren Betrachtungen auf.

„Kommt Ihre Mutter noch nicht bald?" hatte Helene gefragt und war dann dicht vor dem jungen Ding stehen geblieben, das auf dem Taburett vorm Klavier hockte. Mit krampfigem Griff umfaßte sie den schlanken Mädchenarm in der weißbetupften Mullbluse: „Bitte, sehen Sie doch zu, daß Ihre Mutter bald kommt, ich" — eine plötzlich von neuem auflodernde Angst erstickte ihr fast die Stimme — „ich muß sie sprechen!"

Na, so eilig hatte die's? Kornelia trödelte den Korridor hinunter, der vom Salon nach dem Schlafzimmer am andern Ende des Hauses führte. Im Vorbeigehen naschte sie noch ein paar Erdbeeren in der Schrankstube, trotz des ängstlichen Protestes der Mamsell — „Ä was, als ob sie das merkte!" — und pfiff sich dann eins.

„Die ist aber höllisch abgetakelt!" Damit platzte

sie in die Schlafstube, wo die Mutter nun doch, trotz des Einmachens, ein wenig Toilette gemacht hatte. „Nu, geh doch schon 'rein, Mama, sie ist ganz aus dem Häuschen, wie 'n Hund, den die Flöhe beißen!"

„Aber Kornelia, um Gottes willen, woher hast du solche Ausdrücke?!" Frau Kestner konnte nicht umhin, sie mußte der Tochter noch eine Strafpredigt halten — auf die paar Minuten kam's nun wirklich nicht mehr an, mochte die Doleschal nur noch warten!

Wenn sie doch bald käme, wenn sie doch bald käme! Ungeduldig wie ein eingesperrtes Tier rannte Helene im Zimmer hin und her, her und hin. So leer, so kalt war's hier! Dort hing der Klingelzug bei der Tür — perlengestickt, eine lange Blätterranke, grün auf blauem Grund — wenn sie da nun anfaßte, daran risse, daß es durchs Haus gellte: Hilfe, zu Hilfe — —?! Wenn sie doch nun endlich käme! Um den Hals fallen wollte sie ihr, die Arme um sie schlingen — war sie doch auch eine Gattin, eine Mutter — sie umklammern: ‚Sagen Sie mir, ach, sagen Sie mir, was ist geschehen?! Helfen Sie, verschweigen Sie nichts — ja, Sie wissen's, ich sehe es Ihnen an!' Ihr zu Füßen fallen: ‚Ach, sagen Sie mir doch, sagen Sie mir, was ich tun soll? Sie sehen mich in Angst — in Todesangst — mein Mann, ach, mein Mann — er — ich —'

Da öffnete sich die Tür. Frau Kestner trat stattlich ein, hinter ihr die aufgeschossene Kornelia.

„Was verschafft mir die Ehre?"

Helene hatte die Arme ausgestreckt gehalten, sie sanken ihr jetzt herab. Blaß werdend bis in die Lippen, schloß sie einen Moment die Augen, und dann öffnete sie sie weit und starr: nein, sie mußte sich zusammennehmen, hier mußte sie sich zusammennehmen! ‚Was verschafft mir die Ehre?‘ — das war kalt wie Eis!

Und sie nahm neben Frau Kestner auf dem Sofa Platz.

Drüben auf dem Taburett saß die Tochter und hielt die Füße nicht ruhig.

„Kornelia!" Ein verweisender Blick der Mutter traf die Tochter. Dann war's für ein paar Augenblicke verlegen still.

„Gnädige Frau," sagte Helene. Sie sah es ein, es war an ihr, sie mußte sprechen, die andere würde nicht aus ihrer reservierten Höflichkeit herausgehen. Aber war sie nicht Freund Pauls Mutter, eine gute Gattin, eine gute Mutter? So sagte sie denn rasch, ohne sich Zeit zum Überlegen zu lassen: „Liebe gnädige Frau, gerade heraus, sagen Sie mir, was haben Sie gegen uns? Darum bin ich gekommen. Es drückt mich. Wollen Sie nicht die Güte haben, mir zu sagen, was Sie und Ihr Herr Gemahl gegen uns haben? Es tut mir so leid! Ich würde es gern wissen — gern ändern!" Das klang wie eine auswendig gelernte Lektion, in einer angelernten Sprache.

„Ich — gegen Sie haben?" Frau Kestner lächelte verbindlich. „Sie irren, Frau Baronin, ich wüßte nicht, was wir gegen Sie haben sollten!"

„O doch, o doch! Ich fühle es, Sie haben etwas gegen uns — alle haben etwas gegen uns!" Es fiel nun doch schon etwas ab von dem angelernten Ton; und nun wurde es ein Schrei des Herzens, ein Schrei aus tiefster Herzensnot: „Was hat man gegen uns, gegen meinen Mann besonders?! Liebe Frau Kestner, sagen, sagen Sie es mir doch!“

Helene hatte die Hand der neben ihr Sitzenden ergriffen. Frau Kestner machte ihre Hand nicht frei, sie ließ sie ruhig, wo sie war, aber sie fühlte gar nicht die zuckende Angst, das verzweifelte Pressen der Finger, die die ihren umschlossen. „Meine liebe Baronin,“ sagte sie kühl, „es wäre besser, wir Frauen mischten uns nicht in Sachen, die nur unsre Männer angehen. Ich persönlich habe Sie immer sehr hoch gehalten, mein Paul hat mir immer viel Schönes und Gutes von Ihnen erzählt. Darf ich fragen, was machen Ihre lieben Kinder? Sind die Knaben alle munter?“

„Nicht so, nicht so!“ Helene hatte murmelnd die Hand erhoben. Und dann tat sie doch, was sie nicht hatte tun wollen, was ihr noch eben wie ein Vergessen ihrer selbst, wie eine Herabwürdigung erschienen war vor dem eisigen: ‚Was verschafft mir die Ehre?‘ Sie sank in ihrer tödlichen Herzensangst der andern an die Brust und schluchzte fassungslos: „Ich bin so in Angst um meinen Mann! Er ist so seltsam. Da ist etwas geschehen — ich weiß es! Frau Kestner, erbarmen Sie sich — um Gottes willen — um Pauls willen — um dieses jungen Mädchens willen!“ Sie streckte die Hand aus, auf Kornelia weisend: „Möge die nie das Leid erfahren, das ich jetzt erfahre! Sagen Sie mir, Frau Kestner, sagen Sie es mir doch, was haben alle gegen uns, was haben wir verbrochen?!“

„Aber, meine liebe Baronin!“ Frau Kestner war einigermaßen bestürzt, und zugleich schmeichelte es ihr, daß die Baronin zu ihr gekommen war — hätte die nicht ebensogut zur Garczyńska nach Chwaliborczyce fahren können oder zur Landrätin oder zu Frau von Libau oder nach Uchorowo? Die wußten doch auch alle darum. Ob sie es ihr sagte, wie scheußlich ihr Mann sich benommen hatte?!

„Kornelia, geh mal 'raus!" herrschte sie die Tochter an. Und als diese sich widerwillig hinausgeschoben hatte — sie hätte jetzt für ihr Leben gern zugehört — nahm Frau Kestner, einem mütterlichen Instinkt folgend, die junge, zitternde Frau in den Arm: „Beruhigen Sie sich, beruhigen Sie sich, liebste Seele, gegen Sie hat kein Mensch etwas! Wie sollte man wohl — nein, Sie stehen ganz hors de concours!"

„Aber mein Mann, mein armer Mann!" Helene rang die Hände. Und dann machte sie sich los aus dem sie umfassenden Arm und richtete sich auf, während ihr blasses Gesicht von einer tiefen Röte gefärbt ward. „Was meinen Mann trifft, trifft auch mich. Sagen Sie mir, was hat er getan?"

„O, sehr vieles, was nicht in der Ordnung ist!" Frau Kestner sprudelte los. „Wenn auch Paul Ihren Gatten seinen Freund nennt, darum der Wahrheit doch die Ehre — also, was Ihr Mann getan hat, wollen Sie wissen, wirklich wissen?!"

Helene nickte stumm.

Und Frau Kestner kramte alte Sachen aus, eine ganze Menge. Vom Jagddiner bei Garczyński erzählte sie, von diesem und jenem — Reibereien, Meinungsverschiedenheiten — aber dann sprach sie im Tone tiefer Kränkung vom Schlimmsten: von der Verleumdung Kornelias. Und dann von dem noch Schlimmeren:

von der feigen Umgehung eines eigentlich unabweisbaren Duells.

„Mein Mann wird ihm das nie verzeihen,“ schloß sie mit Entrüstung. „Er kann ihm das auch nie verzeihen. Und sogar ich, ich persönlich, muß gestehen, so bitter es mir auch angekommen wäre, meinen Paul der feindlichen Pistole gegenüber zu sehen, so sage ich doch —“

Helene ließ sie nicht ausreden: also das, das war alles?!

Paul und Hanns-Martin sich duellieren?! Welch eine Idee! Das war ja hirnverbrannt! Wie konnte sich Hanns-Martin darüber nur einen Augenblick Gedanken machen?! O Gott, Gott sei gedankt, das war kein Grund, um zu sterben! Aber dann fiel ihr plötzlich etwas andres ein.

„Die andern,“ sagte sie ängstlich, „aber die andern?! Sie sahen uns doch alle so seltsam an? So böse?!“

„Nun, kann Sie das vielleicht wundern, Frau Baronin?!“ sagte Frau Kestner spitz. „Mein Mann hat eben seinem Herzen Luft gemacht. Und diese andern Leute haben ebensolche Ehrbegriffe wie wir! Man ist allgemein auf seiten meines Mannes, um so mehr, da man am — gelinde gesagt — unbesonnenen Vorgehen Ihres Herrn Gemahls viel zu tadeln findet. Sagen Sie mal,“ — jetzt wurde sie heftig — „ist er denn ganz von Gott verlassen? Hat er denn gar keine Liebe zur Provinz, gar kein Zusammengehörigkeitsgefühl? Wie kann er sich nur zum Reichstag aufstellen lassen? Es ist doch ausgemachte Sache, daß Garczynski gewählt wird. Und mit Recht! Warum also solche Manipulationen? Ich will ja gern glauben, daß es ihm Freude gemacht hätte, im Reichstag zu sitzen — vielleicht gehörte eigentlich noch manch andrer hinein — aber in diesen Zeiten — und hier — man lacht ihn ja nur aus. Schlimmer: man ist empört! Sehen Sie, meine Liebe," — sie nahm freundschaftlich der jungen Frau Hand und streichelte diese — „Ihnen kann man's ja ruhig sagen, Sie können ja nichts dafür: Ihr Herr Gemahl hat sämtliche Besitzer der Gegend, große wie kleine, vor den Kopf gestoßen. Daß ein deutscher Kandidat nicht durchkommt, weiß man doch längst, und daß solch ein deutsches Kandidieren die Polen nur reizt, weiß man auch. Die Folge davon ist bereits, daß Herrn von Klinkor auf Ustaczewo — Sie wissen, dem Nachbarn vom alten Boguszynski, dem früheren Abgeordneten — der Vogt Krach gemacht hat. Und bei Riedemanns und in Wilhelmshöh und Laskowo, in Michalcza und in Zajezierce — überall spukt es. Auch unser Inspektor schimpft, und die Leute sind empört, ganz fanatisch, in ihren alten Rechten gekränkt; sie sind obstinat, sie werfen die Arbeit hin. Nichts als Ärger hat man davon, nichts als Schaden! Meine Liebe," — sie beruhigte sich nach und nach wieder ein wenig — „es mag ja sein — es gibt auch einige wenige, die das zur Entschuldigung anführen — daß Ihr Herr Gemahl geglaubt hat, Gutes stiften zu können. Aber er hat nur gehetzt. Ja, das hat er, meine Liebe!"

Frau Kestner nickte bekräftigend. Nun war sie zufrieden; sie hatte ihrem Herzen Luft gemacht und konnte zugleich stolz darauf sein, sich von persönlicher Antipathie nicht haben fortreißen zu lassen, sondern gerecht geblieben zu sein. „Tragen Sie es mir nicht nach, daß ich Ihnen das gesagt habe, sagen mußte," bat sie jetzt und küßte die junge Frau. „Mein Mann ist auf dem Felde, er dürfte vielleicht nicht ganz einverstanden mit mir sein. Aber — Sie haben mich offen gefragt, und ich habe Ihnen offen geantwortet. Ich bin immer für Ehrlichkeit und Aufrichtigkeit. Ich,“ — sie sah sich suchend um, sie hatte vergessen, daß sie Kornelia hinausgeschickt — „ich habe das auch meinen Kindern mit Erfolg eingeprägt!“

„Ich danke Ihnen, gnädige Frau,“ sagte Helene und erhob sich. Sie war wie erlöst — also das war's? Es war hart für Hanns-Martin, sehr hart, so verkannt zu werden — aber das war doch zu verwinden! Wenn es weiter nichts war?! Gott sei gepriesen!

Ganz anders, als sie aus dem Wagen gestiegen war, stieg sie nun wieder in ihn ein. „Gottlob,“ sagte sie laut, als sie zum Hoftor hinaus war. Sie hieß den Kutscher recht schnell fahren. Es drängte sie jetzt so unbeschreiblich von hier fort, wie es sie vorher hergedrängt hatte.

Und der Kutscher brauchte die Peitsche und schnalzte mit der Zunge. Und der Wagen flog hin unter den blühenden Akazien, deren duftende Trauben jetzt ein Abendwindchen schüttelte, und flog weiter durch die blühenden Klee- und Lupinenfelder, vorbei an mannshohem Roggen. Schnell, recht schnell auf den Lysa Góra zu! Um den Berg wob die Abendsonne einen Strahlenflimmer, und der Stamm der einsamen Kiefer glänzte wie Blut.

Nun würde sie bald zu ihrem Mann kommen! Und so ganz anders, als sie ihn verlassen hatte! Fort war das Zagen, die ahnungsschwere Furcht; jetzt war sie voll

Sicherheit und Entschlossenheit, voll festen Mutes, jetzt wußte sie ja, was man gegen ihn hatte. ‚Mein lieber Mann,‘ würde sie zu ihm sagen, ‚was die Leute reden, ist das wohl wert, daß du darum so verdüsterst? Was tut's, wenn keiner dich versteht, keiner dich so sieht, wie du bist, unsre Söhne — jetzt sind sie noch Kinder, aber sie werden aufwachsen — werden dich begreifen und dir danken ihr Lebenlang. Denn deine Aussaat wird ihre Ernte sein. Du kannst dich doch freuen. Hanns-Martin, freue dich!‘

Mit einem fast heitren Lächeln auf dem ernsten Gesicht fuhr Helene von Doleschal dem Lysa Góra zu.

* * *

Oben auf dem Lysa Góra, im Schoß der kleinen Marynka, lag mit zerschmettertem Haupt der Deutschauer Herr. Das rote Blut des Abends, das am Stamm der einsamen Kiefer niedertroff, mischte sich mit dem roten Menschenblut.

Finster stand der alte Schäfer dabei, hochragend, sehnig und hager, auf seinen Stab gestützt. Lang fiel ihm das Haar auf den strickgegürteten Schafpelz; er hatte das Haupt entblößt im Angesicht des Todes, frei spielte der Wind mit seinen weißen, vom Wetter mißfarbigen Strähnen.

Sie hatten ihre Herden geweidet, die Schafe und die Gänse, unten am Lysa Góra, und der schlafende Berg und die Stille rundum waren plötzlich erschüttert worden von einem scharfen Knall. Da waren sie neugierig herzugeeilt, der alte Dudek und die kleine Marynka, und sie hatten den Niemczyceer gefunden. Zwischen den Wurzeln der Kiefer lag die Pistole, aus der er sich die Kugel in die Schläfe gejagt; er selber war zusammengesunken am Fuß des einsamen Baumes. Vorsichtig hob Marynka das verwundete Haupt; sie trug keine Scheu und bettete den Sterbenden auf ihren Lumpenrock.

Der Herr von Deutschau sah nicht mehr, sein Auge war schon gebrochen; er sah nichts mehr von dem weiten Land, über das er so oft geschaut hatte, sehnsüchtig, traurig, verzagend und doch immer der Liebe voll. Unabsehbar breiteten sich die Fluren, golden bis zum fernsten Horizont, verklärt vom Abendlicht und still im Scheiden des Tages. Nur aus dem Turm von Pociecha-Dorf rief laut die eherne Zunge der Glocke.

Schäfer Dudek bekreuzte sich und hob dann feierlich seinen Stab mit der Eisenspitze wie beschwörend:

„Feinde Polens müssen alle verderben. Dieser starb, und andre werden folgen ihm. Jahre sind gekommen und gegangen, wir haben Sommer und Winter gezählet, immer in Trauer, immer in Sehnen, immer in Hoffen — aber jetzt hat Polen genug geschlafen, jetzt steht es auf!"

Wie entrückt breitete der Alte seine Arme weit — den Stock ließ er fallen — das Gesicht gegen die sinkende Sonne gekehrt, rief er laut: „Sie ist gesunken, aber morgen steigt sie neu! Polen, mein Polen, so stehest auch du auf! Freue dich, Land, mit deinen Wogen des Korns, mit deinen blinkenden Sensen! Freut euch, ihr Männer, freut euch, ihr Weiber! Ihr Kinder des großen Polen, freuet euch!"

„Horch!" sagte die kleine Marynka und neigte das Ohr nach der Ebene.

„Was hörst du? Hörtest du etwas?!“ Der Alte lauschte begierig.

Von ferne war ein Rollen gekommen — schon klang es näher und rasch immer näher. War es das Rollen eines heranjagenden Wagens auf hartem Weg? Oder grollte die Tiefe des Berges oder mahnte ein Donner mitten aus heitrer Luft?

„Gott geht durch seinen Himmel,“ jauchzte der Alte, „und die in der Tiefe sind, hören seinen Tritt. Er hat eine Kugel herunterfallen lassen, die hat unsern Feind getroffen. Die Stunde ist da!“

„Aber er war kein Feind!“ sprach Marynka traurig. „Er war ein guter Herr, er war ein gnädiger Herr. Er war Freund von arme Marynka. Wird ihn vergessen nicht die kleine Marynka!“

Und die kleine Marynka neigte ihr kindliches Haupt auf den Toten und weinte über ihn.

23

Die Ernte des Sommers war beendet, und der Schnee des Winters hatte angefangen. Er war gefallen und auch wieder geschmolzen, und nun grünten die Wintersaaten aufs neue frisch. Unabsehbar wogend, Wellen schlagend im Wind wie ein grünes Meer, breitete sich die große Ebene. Przyborowo, Chwaliborczyce, Niemczyce, Pociecha-Dorf und Pociecha-Kolonie — überall strotzende, frühlingsschwellende, zu Hoffnungen berechtigende junge Saat.

Der Ackermann schritt pfeifend die Furchen auf und ab, blitzend riß die Pflugschar der Erde ins Herz; unermüdlich bückten sich die Weiber im Feld und setzten Kartoffeln und Rüben in der Scholle wohlvorbereiteten, empfänglich-warmen Schoß.

Überall Werden, überall Hoffen. Das Abgetane im alten Jahr ward wieder neu im neuen Jahr. Kein Keim in der Erde, der sich nicht geregt hätte, sich nicht gezeigt hätte am Frühlingslicht.

Auf dem Lysa Góra hatte die wetterzerzauste Kiefer, die wie ein Merkzeichen ins Land hineinragt, — ein preisgegebener, einsam gestellter Baum — auf die dunklen Äste, die bärtiges Moos umlappte, neue Kerzen gesteckt, hellgrün und saftig. Sie streckten sich lustig hinein ins Sonnenlicht und badeten sich frei in der Frühlingsluft und schienen sich ihres jungen Lebens zu freuen. Die ganze Natur freute sich.

Um die Herrenhöfe, die wie kleine baumbestandene Inseln im alles bespülenden Meer der endlosen Felder schwimmen, knospten Pappeln nnd Akazien; an den nackten Ästen zeigten sich die ersten Blätter, und unter den Hecken der Gärten, in Boskettis und Rondellen dufteten Veilchen.

Im Park von Deutschau wanden die Kinder Sträuße und Kränzchen von den kleinen blauen Blumen und legten sie ihrem Vater aufs Grab. Der lag jetzt bei dem Großvater und dem Urgroßvater am See unterm Stein.

„Euer lieber Vater ist schlafen gegangen," hatte Helene ihren Kindern gesagt. Mehr nicht. Noch konnte sie nicht mehr sagen, die Stimme wäre ihr gebrochen. Aber die Zeit würde kommen, da sie zu ihren Söhnen sprechen würde und stark dabei sein: ‚Erwachet, nun ist es an euch!' —

Still spann sich das Leben auf Deutschau weiter. Man begegnete der Witwe mit viel Freundlichkeit, und Hoppe diente ihr treu.

„Gott sei Dank!" In einem tiefen Gefühl des Dankes legte die Witwe ihre Hände zusammen: sie würde den Knaben das Erbteil ihres Vaters erhalten! Und hier bleiben sollten sie. Nein — nicht wie Paul ihr geraten hatte, als er am Grabe des Freundes gestanden und die Tränen ihm in den zuckenden Schnurrbart gelaufen waren — nicht ins Kadettenkorps und dann ins Heer! O nein! Hier, hier sollten sie aufwachsen. Arbeiten lernen mußten ihre Hände, damit sie kräftig wurden, wie die des Volkes. Damit sie dereinst auch stark genug waren, festzuhalten, was in sie gelegt war!

„Wie Sie meinen, Helene," hatte Paul Kestner gesagt. „Und Sie mögen recht haben! Wenn mein Vater gedacht hätte wie Sie, so ginge jetzt vielleicht nicht das ewige Lied von ‚Przyborowo verkaufen', ‚Przyborowo losschlagen', losschlagen à tout prix. Dann würde ich's vielleicht lieben!"

„Unsre Kinder werden das Land lieben," sagte Helene fest.

Es war dem Rittmeister eigentümlich durch und durch gegangen, als er sah, wie die geliebte Frau im tiefen Schmerz sich über die Grabstätte neigte. ‚Unsre Kinder werden das Land lieben' — war es nicht, als gelobte sie es dem da unten wie etwas, was er zu verlangen hatte?! Sie stand und hatte ihre Hand auf die Steinplatte gestützt.

So stand sie noch, so lange er sie sehen konnte, mitten im treibenden Grün. Und er hatte sich noch oftmals umgedreht. Der Abschied war ihm sehr sauer geworden. Eigentlich hätte er schon auf dem Wege zur Bahn sein müssen; sein Urlaub, den er zum Osterfest genommen hatte, ging heut abend zu Ende, er mußte schleunigst den Nachtzug benutzen, zurück in die Garnison.

Der am Vormittag ganz heitre Himmel hatte sich jetzt umzogen, als Paul Kestner zur Eisenbahn fuhr. Ein bleiernes Grau spannte sich über die Weite, in farbloser Monotonie lagen die Felder. Himmel und Acker, nichts wie Acker und Himmel. Alles grau und ein paar kaum sichtbare graue Hütten darin. Und dieses Grau beschlich auch sein Herz. So weit der Himmel und so weit die Erde! Das war eine Melancholie sondergleichen, ein Armsein an Schönheit, das er nicht mehr vertrug. Er gähnte und zündete sich eine Zigarre an: Gott sei Dank, daß er nun wieder in die Garnison kam! Nein, auf die Dauer war's hier nicht auszuhalten! Unmutig schleuderte er die eben angezündete Zigarre aus dem Wagen und schrie dem Kutscher zu: „Schneller, fahre schneller, du Schlafmütze!“ Wahrhaftig, den armen Hanns-Martin hatte das hier auch geliefert! Armer Kerl!

Der Rittmeister schüttelte den Kopf und versank in Gedanken. Er hatte nicht acht, daß eine Britschka hinter ihm drein rasselte — nein, nicht nur eine, es waren der Gefährte drei, vier.

Von Pociecha-Dorf ab waren sie der Räderspur des Herrschaftswagens gefolgt. Auch sie wollten zur Eisenbahn; auch sie jagten, als sei jede Minute Aufschub ein Schaden, als seien sie gar nicht rasch genug zu passieren, diese tief ausgefahrenen Geleise und hier diese aufgeschütteten Schotterdämme. Zusammengedrängt fuhren Burschen und Mädchen, dicht aufeinander gepfercht mit Sack und Pack. Auf ihren Bündeln kauerten innen im Karren die Weiber, die Tücher tief in die Stirnen gezogen, blöd und stumm wie das Vieh, das verladen wird. Aber die Burschen, die vorne und hinten aufhockten, johlten laut. Sie hatten noch wacker getrunken im Krug beim Einweih, der Agent hatte spendiert. Heißa, mochten andre daheim bleiben im armseligen Nest! Wenn sie nun wiederkamen, Geld in der Tasche, neue Kleider auf dem Leib, bunte Tücher im Knopfloch, dann würden sie spendieren, dann hatten sie ja was! Dann würden sie auch etwas draufgehen lassen: Gulden und Taler, Scheine und Gold — es kam gar nicht darauf an — und trinken, tanzen und von der Welt erzählen, der bunten, lustigen, reichen Welt. Da mußte man wohl arbeiten, aber lange nicht so schwer wie hier. Und man wußte doch auch: wofür. Draußen war alles viel besser, alles viel tausendmal besser als hier!

„Heißa!" schrieen sie aus voller Kehle und pufften jubelnd die blöden Mädchen. Und diese erhoben auch ihre Stimmen: „Heißa!" Und ein Singen war auf den Wagen, ein Lachen und Schreien, daß der Agent, der, in städtischem Paletot, die erste Britschka lenkte, sich schmunzelnd umdrehte: 's erste Geschäft auf eignes Risiko, 'n feiner Schub, 'n feines Geschäft! Nu, sollte er, der Isidor Scheftel, der Sohn des Löb Scheftel aus Miasteczko, nicht kennen seine eignen Landsleute? Wenn die kamen morgen so lustig zur Ablieferung — frische Ware, gute Ware — was verdiente er da?

Er rechnete und schmunzelte in sich hinein, und schmunzelte und rechnete wieder und schnalzte mit der Zunge und rief zwischendurch:

„He, noch so 'n Lied, noch so 'n schönes Liedchen! 'n feines Lied, 'n lustiges Lied! Werdet ihr kriegen 'ne Gurke, 'nen Hering, soll mer's nicht kommen drauf an, euch zu spendieren 'n Schnäpschen in Posen! Wer' ich euch geben lassen 'nen Kaffee, wenn wir werden sein in Berlin! He, singt!"

Ein Schnäpschen, einen Hering, eine Gurke, einen Kaffee in Berlin — heißa!

Und sie sangen alle und schauten vorwärts.

Nur eine sang nicht, und die hatte doch eine gute Stimme, hatte früher so hell gesungen, wie die Lerche am Ackerrain, wie die Wachtel im Korn. Das war die Michalina. Auf dem letzten Wagen saß sie, ganz zu hinterst, und hatte ihr Bübchen auf dem Schoß. Auf ihrer Lade kauerte sie, aber verkehrt herum: den Rücken nach der Fremde, das Gesicht zurück in die Heimat gewendet. Durch den Schleier, den die Regenschauer vor ihre Blicke hingen, sah sie fern den Lysa Góra wie einen Schatten schwinden. Und Großvater Dudeks Hütte bei den Pappeln von Chwaliborczyce und die Akazien von Przyborowo sah sie, und dort — noch nicht weit und doch schon so ewig weit — das Haus der Ansiedlung, darinnen sie gewohnt hatte. Und den neuen Krug mit dem Ziegeldach sah sie wie einen brennendroten Fleck und die Saatfelder und die Kleebreiten, die Kartoffeläcker und grünen Raine und den Turm, den schwarzen Turm von Pociecha-Dorf, und den Kirchhof, darauf Großmutter Nepomucena schlief, die Heiligenbilder und Meilensteine und alle, alle Wege, über die sie so oftmals gehüpft war. Und dort — wie einen tiefblauen Strich, dort, ganz hinten, wo Himmel und Erde ineinander flossen — den Wald, die Kiefern von Chwaliborczyce! Und davor, ach, davor —?!

Tief aufseufzend schauderte Michalina, und dann weinte sie plötzlich laut auf und streckte ihre Hände zurück: dort war er versunken, untergegangen! Helfe ihm Gott!

„Daß Gott uns allen helfe!“ Und sie bekreuzte sich und das Bürschchen und dachte daran, was der Jendrek ihr geschrieben. Ihr guter Bruder! Entgegenkommen wollte er ihr bis Berlin und sie und das Kind mit sich nehmen dahin, wo er Arbeit gefunden hatte und es ihm sehr gut ging, und wo es ihr auch gut gehen würde, ihr und dem Bübchen. Freuen mußte sie sich doch: zum Jendrek, zum Jendrek! Warum trauern? Was ließ sie denn hier? Nicht viel, o, nicht viel! Eigentlich gar nichts, denn die Bräuers würden nun auch bald fortziehen, der Gospodarz hatte seine Stelle verkauft. An den Rhein würden die zurückziehen, woher sie gekommen waren. Und die Ihren — ach, die waren ihr fremd geworden! Was sollte sie nun noch hier so ganz allein?!

Und doch weinte die treue Michalina und streckte ihre Hände verlangend zurück — alles schwand, alles schwand wie ein Traum und blieb doch im Herzen ewig lebendig!

* * *

Über singende Auswandrer prasselten Regenschauer nieder, und dann stach wieder die Sonne, und der Himmel lachte hell, grau und blau in ewigem Wechsel.

Nur der Turm von Pociecha-Dorf ragte gleich schwarz, ob bei Sonne, ob bei Regen. Und schwarz auch, wie ein Schatten mitten im umflutenden Licht, stand der Vikar vor der Tür der Propstei. Da war kein Vorüber, das er nicht hörte.

Ob nun die Garczyńskis zur Bahn rollten — Herr von Garczyński saß im Reichstag und Frau von Garczyńska besuchte oft die Residenz, auf dem Rücksitz der Equipage, dem jungen Herrn gegenüber, saß wieder wie einstmals die blonde Stasia — oder ob Pan Szulc mit Fräulein Kestner vorüberritt — oder ob die Herren von der Kommission gen Chwaliborczyce rasselten, die dort bereits in Angriff genommene Parzellierung zu beaugenscheinigen — oder ob Lehrer Ruda vorüberwankte — oder die Ciotka vorbeitrollte, hinter der die Schulkinder johlten — oder ob Löb Scheftel handeln ging — der geistliche Herr kannte sie alle. Alle.

Und er sah den Auswanderern nach und den Einwanderern entgegen. Die holprigen Wege, über die um Ostern die Jugend des Landes auszog, fremde Ernten zu beschicken, zogen fremde Schnitter ein, die heimische Ernte zu schneiden. Neue Ansiedler kamen. Und in Staub und Sonnenglut und Dürre, so wie sie einstmals eingezogen waren, zogen die Bräuers wieder aus.

Ein Tag war's, wie ehedem, und doch war's nicht so. Einer fehlte bei ihnen. Und das war schlimmer, als daß die Sonne unbarmherzig brannte und kein Schatten am Wege war.

Peter Bräuer saß stumm in der Britschka, hielt die Hand seines Weibes in der seinen und ließ den Kopf auf die Brust hängen. Er sah nicht ein einziges Mal zurück nach dem Haus, das er gebaut, das er drei Jahre bewohnt hatte — drei Jahre zwar nur, aber Jahre, die doppelt und dreifach zählten an Erfahrung und Leid. Er hatte keinen Blick mehr für die im Sonnenglanz so golden schimmernden Felder. Er hatte zuviel hier verloren — würde sein Blick je wieder heiter werden?!

Frau Kettchen sann still vor sich hin; langsame Tränen tropften ihr übers Gesicht, aber ihr Mund lächelte doch ein wenig. Plötzlich stieß sie ihren Mann an:

„Peter! Peterken!“ und streckte ihren Finger aus wie: sieh da! Die Mädchen der Bräuers reckten neugierig die Köpfe.

Aus dem wogenden Kornfeld — dort an der Ecke, am Kreuzarm des Weisers, wo sich die vielen Wege verzweigen — dort war eine Frau aus den Ähren getreten. Hell ihr Gesicht, hell ihr Haar, golden wie reifer Weizen. Sie sagte:

„Guten Tag!“

Und Frau Kettchen streckte die Arme aus und verlangte anzuhalten: der Frau da mußte sie die Hand reichen! Und wenn die auch eine vornehme Dame war, vornehmer als alle hier ringsum, ein ‚Adjüs‘ mußte sie der doch noch sagen!

Helene von Doleschal trat an die Britschka.

„Sie wollen auch fort?“ fragte sie und musterte den Karren mit allerlei Gepäcksel, der dem Korbwagen nachfuhr.

„Ich hab' meine Sohn hier verloren,“ sagte Peter Bräuer finster und runzelte die Stirn, „et is mich verleid't hier. Gott sei Dank, dat ich los komm'!“

Und Frau Kettchen, mit einem mitleidigen Blick das schwarze Kleid der Dame streifend, sprach leise: „Wer hätt' hier nix verloren! Adjüs, Madam! Wir gehen fort, Sie bleiben hier — Gott tröst' Sie!“

Helene nahm die Hand der Ansiedlersfrau und drückte sie: „Gott tröste auch Sie!“ Da sah sie, die Frau war in Hoffnung. Und sie drückte noch einmal warm deren Hand und reichte dann auch dem Mann ihre Rechte: „Leben Sie wohl!“

Und sie sah der davonrollenden Britschka und dem

polternden Karren nach, bis beide verschwunden waren hinter einer Wehe von Staub, hinter einer Woge von goldenen Ähren.

Ihr Gesicht war ernst, aber nicht traurig: auch die zogen fort, alle zogen fort — nur sie blieb hier, mußte hier bleiben! ‚Sie bleiben hier‘ — wie mitleidig das die Frau gesagt hatte!

Warum?! Blieb sie denn nicht gern hier?!

O ja! Und doch — ein Schatten zog über ihr Gesicht — so allein zu bleiben, war schwer!

Ihre Brauen schoben sich zusammen, wie suchend sah sie sich um: allein, ringsum nichts als die große Weite, schlafend im Mittagszauber. Aber war sie denn wirklich allein geblieben?! Sie fühlte ihr Herz klopfen.

Horch, da plötzlich ein jauchzender Ruf, helles Lachen, die Stille durchschmetternd wie Trompetenfanfare!

Gott sei Dank, das waren die Knaben, ihre Knaben!

„Kinder, wo seid ihr?"

In den Ähren rauschte es, rasch kamen die fünf gesprungen, blühend und frisch, und umringten ihre Mutter:

„Mutter, hier sind wir!"

Da lächelte die Witwe Hanns-Martin von Doleschals, und inmitten ihrer jungen Schar ging sie durch reifende Ähren der Ernte entgegen.

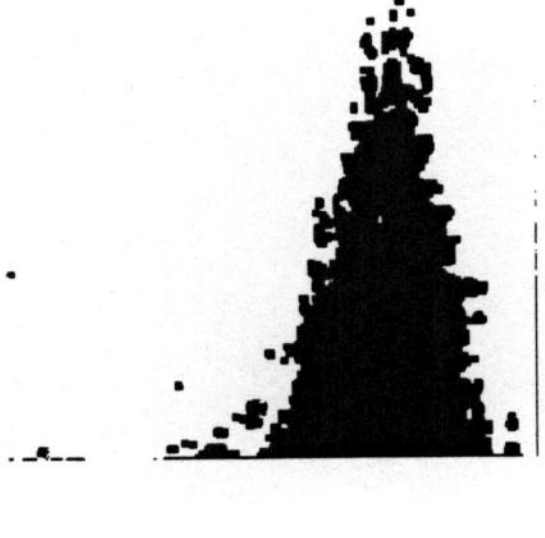

Lightning Source UK Ltd.
Milton Keynes UK
UKOW031301021111

181354UK00006B/23/P

9 781142 265144